导游学

Science of Tourist Guide

熊剑平 石洁 主编

图书在版编目(CIP)数据

导游学/熊剑平,石洁主编. —北京:北京大学出版社,2014.9
(21世纪经济与管理规划教材·旅游管理系列)
ISBN 978-7-301-24783-9

Ⅰ. ①导… Ⅱ. ①熊… ②石… Ⅲ. ①导游—高等学校—教材 Ⅳ. ①F590.63

中国版本图书馆 CIP 数据核字(2014)第 203273 号

书　　　　名:	导游学
著作责任者:	熊剑平　石　洁　主编
责 任 编 辑:	周　莹
标 准 书 号:	ISBN 978-7-301-24783-9/F·4042
出 版 发 行:	北京大学出版社
地　　　　址:	北京市海淀区成府路 205 号　100871
网　　　　址:	http://www.pup.cn
电 子 信 箱:	em@pup.cn　　QQ:552063295
新 浪 微 博:	@北京大学出版社　@北京大学出版社经管图书
电　　　　话:	邮购部 62752015　发行部 62750672　编辑部 62752926　出版部 62754962
印 刷 者:	北京虎彩文化传播有限公司
经 销 者:	新华书店
	787 毫米×1092 毫米　16 开本　23.25 印张　537 千字
	2014 年 9 月第 1 版　2021 年 8 月第 2 次印刷
印　　　　数:	3001—4000 册
定　　　　价:	45.00 元

未经许可,不得以任何方式复制或抄袭本书之部分或全部内容。
版权所有,侵权必究
举报电话:010-62752024　电子信箱:fd@pup.pku.edu.cn

丛书出版前言

作为一家综合性的大学出版社，北京大学出版社始终坚持为教学科研服务，为人才培养服务。呈现在您面前的这套"21世纪经济与管理规划教材"是由我国经济与管理领域颇具影响力和潜力的专家学者编写而成，力求结合中国实际，反映当前学科发展的前沿水平。

"21世纪经济与管理规划教材"面向各高等院校经济与管理专业的本科生，不仅涵盖了经济与管理类传统课程的教材，还包括根据学科发展不断开发的新兴课程教材；在注重系统性和综合性的同时，注重与研究生教育接轨、与国际接轨，培养学生的综合素质，帮助学生打下扎实的专业基础和掌握最新的学科前沿知识，以满足高等院校培养精英人才的需要。

针对目前国内本科层次教材质量参差不齐、国外教材适用性不强的问题，本系列教材在保持相对一致的风格和体例的基础上，力求吸收国内外同类教材的优点，增加支持先进教学手段和多元化教学方法的内容，如增加课堂讨论素材以适应启发式教学，增加本土化案例及相关知识链接，在增强教材可读性的同时给学生进一步学习提供指引。

为帮助教师取得更好的教学效果，本系列教材以精品课程建设标准严格要求各教材的编写，努力配备丰富、多元的教辅材料，如电子课件、习题答案、案例分析要点等。

为了使本系列教材具有持续的生命力，我们将积极与作者沟通，争取三年左右对教材不断进行修订。无论您是教师还是学生，您在使用本系列教材的过程中，如果发现任何问题或者有任何意见或者建议，欢迎及时与我们联系（发送邮件至 em@ pup. cn）。我们会将您的宝贵意见或者建议及时反馈给作者，以便修订再版时进一步完善教材内容，更好地满足教师教学和学生学习的需要。

最后，感谢所有参与编写和为我们出谋划策提供帮助的专家学者，以及广大使用本系列教材的师生，希望本系列教材能够为我国高等院校经管专业教育贡献绵薄之力。

北京大学出版社
经济与管理图书事业部

21世纪经济与管理规划教材

旅游管理系列

前　言

导游是中国旅游从业大军中的一支生力军,是旅游活动的直接组织者和旅游服务的提供者,是旅游形象的展示者和旅游文化的传播者,被誉为"旅游业的灵魂"和"文化传承的使者"。随着中国旅游业的持续、健康和跨越式发展,建立一支规模适度、素质精良的导游队伍的要求日益迫切,尤其是培养一批"懂理论、识规范、熟技能、能应变"的复合型导游人才。

本书注重"理论学习与案例分析相结合、规范流程与服务技能相结合、知识梳理与应变处理相结合"的研究框架,根据导游活动的客观规律,以导游学为主线,突出理论、规范、技能、常识四大板块,"一线串四珠",分四篇,共十五章。第一篇为理论篇,包括第一章导游学的概念体系、第二章导游学的学科体系、第三章导游学前沿理论研究、第四章导游业的历史沿革和第五章导游业的国别比较研究和第六章导游综合评价模型构建,全面阐述了导游学的内涵、学科体系及其相关理论知识;第二篇为规范篇,包括第七章团队导游服务规范、第八章散客导游服务规范和第九章导游辞的创作规范,系统总结了团队导游服务、散客导游服务和导游辞创作的规范流程;第三篇为技能篇,由第十章导游员的语言技能、第十一章导游员的带团技能、第十二章导游员的讲解技能、第十三章导游员的应变技能四章组成,着重归纳了导游员的语言、带团、讲解和应变四大基本技能;第四篇为常识篇,包括第十四章导游服务安全知识和第十五章导游服务其他知识两大部分,详细梳理了导游活动中需要掌握的基本知识和旅游常识。

本书在编写过程中参考了大量国内外相关文献和资料,凝聚了所有前人研究的智慧和辛劳的汗水,在此一并表示感谢。限于认识和水平,本书疏漏、谬误之处敬请广大读者、专家宽宥,并不吝赐教。

熊剑平
2014年9月于武汉

目 录

理 论 篇

第一章　导游学的概念体系 ………………………………………… 3
　　第一节　导游 ……………………………………………………… 3
　　第二节　导游员 …………………………………………………… 9
　　第三节　导游业 …………………………………………………… 12
　　第四节　导游学 …………………………………………………… 14

第二章　导游学的学科体系 ………………………………………… 17
　　第一节　导游学的学科树 ………………………………………… 17
　　第二节　核心层 …………………………………………………… 18
　　第三节　基础层 …………………………………………………… 21
　　第四节　关联层 …………………………………………………… 31

第三章　导游学前沿理论研究 ……………………………………… 38
　　第一节　服务供给与消费者行为 ………………………………… 38
　　第二节　薪酬管理 ………………………………………………… 45
　　第三节　需求层次演进与职业生涯构建 ………………………… 50
　　第四节　道德风险和社会责任 …………………………………… 57
　　第五节　三维素质理论 …………………………………………… 65
　　第六节　信息化对导游活动的影响 ……………………………… 75

第四章　导游业的历史沿革 ………………………………………… 81
　　第一节　古代导游活动的产生 …………………………………… 81
　　第二节　近代商业性导游服务的产生和发展 …………………… 82
　　第三节　导游服务的发展趋势 …………………………………… 87

第五章　导游业的国别比较研究 …………………………………… 90
　　第一节　与日本导游业的比较 …………………………………… 90

第二节　与法国导游业的比较 ………………………………………… 95
　　第三节　与英国和德国导游业的比较 …………………………………… 97

第六章　导游综合评价模型构建 ………………………………………… 102
　　第一节　导游员综合评价指标体系 ……………………………………… 102
　　第二节　导游员综合评价方法 …………………………………………… 105

规　范　篇

第七章　团队导游服务规范 …………………………………………………… 111
　　第一节　地陪规范服务流程 ……………………………………………… 111
　　第二节　全陪规范服务流程 ……………………………………………… 146
　　第三节　出境旅游领队规范服务流程 …………………………………… 158
　　第四节　景区导游员规范服务流程 ……………………………………… 172

第八章　散客导游服务规范 …………………………………………………… 180
　　第一节　散客旅游概述 …………………………………………………… 180
　　第二节　散客旅游规范服务流程 ………………………………………… 182

第九章　导游辞的创作规范 …………………………………………………… 197
　　第一节　导游辞的内涵及其类型 ………………………………………… 197
　　第二节　导游辞的内容结构 ……………………………………………… 199
　　第三节　导游辞的写作方法 ……………………………………………… 204

技　能　篇

第十章　导游员的语言技能 …………………………………………………… 215
　　第一节　导游语言的内涵及特性 ………………………………………… 215
　　第二节　导游口头语言表达技巧 ………………………………………… 221
　　第三节　导游态势语言的运用技巧 ……………………………………… 225
　　第四节　导游语言的沟通技巧 …………………………………………… 229

第十一章　导游员的带团技能 ………………………………………………… 238
　　第一节　导游员带团的特点和原则 ……………………………………… 238
　　第二节　导游员带团的方法和技巧 ……………………………………… 239

第十二章　导游员的讲解技能 ………………………………………………… 267
　　第一节　导游讲解的内涵及原则 ………………………………………… 267
　　第二节　导游讲解常用的方法技巧 ……………………………………… 271

第三节　实地导游讲解的基本要领 ·· 279

第十三章　导游员的应变技能 ·· 283
　　第一节　事故类型及应变处理原则 ·· 283
　　第二节　常见事故(问题)的应变处理 ·· 285
　　第三节　游客个别要求的处理 ··· 313

常　识　篇

第十四章　导游服务安全知识 ·· 333
　　第一节　旅游安全注意事项 ·· 333
　　第二节　旅游交通安全知识 ·· 336
　　第三节　卫生安全知识 ··· 337
　　第四节　躲避天灾的安全知识 ··· 340

第十五章　导游服务其他知识 ·· 343
　　第一节　出入境知识 ·· 343
　　第二节　交通知识 ··· 350
　　第三节　货币知识 ··· 358
　　第四节　其他知识 ··· 360

参考文献 ·· 363

21世纪经济与管理规划教材
旅游管理系列

理 论 篇

第一章 导游学的概念体系
第二章 导游学的学科体系
第三章 导游学前沿理论研究
第四章 导游业的历史沿革
第五章 导游业的国别比较研究
第六章 导游综合评价模型构建

第一章 导游学的概念体系

第一节 导 游

一、导游的定义

"导游"一词源于英文单词"Guide",其原意包括两层含义:用作动词意为"引导",即引导旅行游览的意思;用作名词意为"引导者",通常指导游员。我国学术界和旅游界对"导游"的理解主要为上述两种。本书中将"导游"作动词理解,即引导游客进行旅行游览的一种服务活动,而"导游员"将另作解释。

陈永发等认为,导游是在旅游服务供给过程中,为引导游客消费,对旅游活动进行组织、指导、沟通、协调等的服务活动;赵湘军认为,导游是引导、协助游客开展游览活动的一种服务行为,也就是导游服务;夏学英认为,导游是导游员受旅行社委派,陪同游客旅行、游览,为游客提供向导、讲解和其他服务的过程。

以上几种表述从不同的角度阐述了导游活动的内涵,侧重点虽有所不同,但基本涵盖了导游服务工作的对象、内容和性质。综合以上观点,本书所定义的"导游"是指导游员代表被委派的旅行社,接待或陪同游客旅行、游览,按照组团合同或约定的内容和标准向游客提供的旅游接待服务。

二、导游服务的内涵及类型

(一)导游服务的内涵

导游服务的内涵,主要包括以下三个方面:

(1)提供导游服务的导游员是旅行社委派的,可以是专职的,也可以是兼职的。未受旅行社委派的导游员,不得私自接待游客。

(2)导游服务的主要内容是游客的接待。一般来说,多数导游员是在陪同游客旅行、游览的过程中向其提供导游服务的,但是也有些导游员是在旅行社设在不同地点的柜台前接待客人,向客人提供旅游咨询、帮助客人联系和安排各项旅游事宜。他们同样提供的是接待服务,所不同的是,前者是在游客出游中提供接待服务,后者则是在游客出游前提供接待服务。

(3)对于团队游客而言,导游员必须按组团合同的规定和导游服务的质量标准实施;对于散客而言,则应按事前约定的内容和标准实施。导游员不得擅自增加、减少甚至取消旅游项目,也不得降低导游服务的质量标准。

(二) 导游服务的类型

导游服务包括图文声像导游和实地口语导游两种类型。

(1) 图文声像导游又称物化导游,是指作为游客旅游指导的招徕宣传品和旅游纪念品,包括多种不同形式的图文印刷资料和声像制品。具体包括:① 图册类,如导游图、交通图、旅游指南、景点介绍册页、画册、旅游产品目录等。② 纪念品类,包括有关旅游产品、专项旅游活动的宣传品、广告、招贴及旅游纪念品等。③ 声像类,如有关国情(城市)介绍和景点介绍的录像带、录音带、电影片、幻灯片和CD(VCD、DVD)光盘等。旅游业发达的国家对图文声像导游极为重视,各大中城市、旅游景点及机场、火车站、码头等处都设有"旅游服务中心"或"旅游问讯处",陈列着各种印制精美的旅游宣传资料,游人可以随意翻阅、自由索取。工作人员还会热情、耐心地解答有关旅游活动的各种问题并向问询者提供有参考价值的建议。组团旅行社通常在旅游团出发前,在领队向团员介绍目的地的风俗民情及旅游注意事项的同时,为游客放映有关旅游目的地的电影、录像或幻灯片,散发《旅游指南》等材料,帮助游客预先了解即将前往参观游览的旅游目的地。此外,许多博物馆、教堂和重要的旅游景点装备有先进的声像设施,方便游客参观游览,帮助游客较为深刻地理解重要景观景物的文化内涵和艺术价值,从而获得更多美好的享受。④ 语音导览器,自助式语音导览器具有多种语言可供选择,可通过红外无线连接,采用图、文、声、像全方位多媒体技术对展览内容进行翔实的介绍,使展览得到最大限度的扩展和延伸。⑤ 智慧旅游,即利用移动云计算、互联网等新技术,借助便携的终端上网设备,主动感知旅游相关信息,并及时安排和调整旅游计划。简单地说,就是游客与网络实时互动,让游程安排进入"触摸"时代。智慧旅游是旅游资源和信息资源得到高度系统化整合和深度开发激活,并服务于公众、企业、政府等的面向未来的全新的旅游形态。它以融合的通信与信息技术为基础,以游客互动体验为中心,以一体化的行业信息管理为保障,以激励产业创新、促进产业结构升级为特色。

(2) 实地口语导游也称讲解导游,它包括导游员在游客旅行、游览途中所做的介绍、交谈和问题解答等导游活动,以及在参观游览过程中所做的导游讲解。实地口语导游在导游服务中处于核心地位,并且将永远在导游服务中起主导作用。其原因主要有以下三个方面:① 导游服务对象是有思想和目的的消费者,需要导游员提供有针对性的导游服务。由于社会背景和旅游动机的不同,不同游客的目的不尽相同,其表达方式也各有特点。导游员可以通过实地口语导游来了解游客对旅游景点的喜好程度,在与游客的接触和交谈中,了解不同游客的想法和出游目的,然后根据他们的不同需求,在对景观景物进行必要介绍的同时,有针对性、有重点地进行导游讲解,这是高智能机器人难以做到的。② 现场导游情况复杂多变,需要导游员灵活处理。现场导游的情况是纷繁复杂的,在导游员对景观景物进行介绍和讲解时,有的游客会专心致志地听,有的则心不在焉,有的还会借题发挥,提出各种稀奇古怪的问题。这些情况都需要导游员沉着应对,妥善处理。在不降低导游服务质量标准的前提下,一方面满足那些确实想了解参观游览地景物知识的游客的需求,另一方面要想方设法地调动那些对参观游览地兴趣寥寥的游客的游兴,还要对提出古怪问题的游客做必要的解释,以活跃整个团队的旅游气氛。此类复杂情况并非现代科技导游手段可以解决的,只有人,而且是高水平的导游员才能得心应手地加以灵活处理。③ 旅游是一种人际交往和情感交流的活动,需要导游员的参与和沟通。它是客源地的人们到旅游目的地的一种社会文化活动,游客通过接触目的地居民来了解目的地的社会文化,实现不同国度、不同地域、不同民族之间的人际交往和情感交流。导游员是游客率先接触而且接触时间最长的目的地居民,导游员的仪容仪表、神态风度和言谈举止都会给游客留下较深刻的印象。通过导游员的介绍和讲解,游客还可以了解目的地的文化,增长知识,陶冶情操。经过一段时间的接触和交往,游客和导游员之间会自然而然地产生一种情感交流,建立起相互信任。这种导游员与游客之间建立起的正常的人与人之间的情感关系是提高导游服务质量的重要保证。这也同样是高科技导游方式难以做到的。

因此,随着时代的发展、科技的进步,图文声像导游在导游服务中的作用将会进一步加强,但在导游服务中的从属地位是不可改变的。换言之,实地口语导游将永远在导游服务中起主导作用。

案例 1-1

上海世博推出多语种电子导游仪

为了满足大量海外世博自助游游客的需求,从 2010 年 4 月 6 日起,上海市在 400 多家宾馆、景区以及世博会指定接待旅行社,陆续投入 1 万台世博电子导游仪,供游客租赁使用。

导游讲解内容一:世博园看点及趣闻轶事

世博电子导游仪收录中、英、日、韩、法、德、西七种语言,缓解了导游紧缺的难题。"这无疑是请了一个精通七国语言的贴身高级导游带你游览世博园。"据世博电子导游仪研发人员肖天介绍,由于导游仪带有卫星定位功能,因此,无论游客走到哪个景点,只要打开导游仪,自动播放器就会有甜美的声音为你做景点讲解。"世博园区内不设专门的讲解员,出于环保考虑,旅行社的导游又不能在园区用扩音器讲解,而世博导游仪内有世博园内 100 多个展馆的总体介绍,即使一家人出行也只需租一台导游仪,那么即使没有世博导览图,也能畅游世博园区。"

世博电子导游仪在介绍世博各个场馆时,除了将场馆的建筑理念、最佳看点娓娓道来以外,有时还会将一些场馆的由来等趣闻轶事加入讲解内容。

导游讲解内容二:上海市内"吃喝玩乐购"

世博电子导游仪除了在世博园区内能十分精准地为游客做向导,在世博园区外的市内,同样能为游客提供吃喝玩乐购的"无人导游"一条龙服务。"只要你有需求,你就可以通过世博导游仪搜到你所处位置最近的各种特色餐馆、水疗会所、医疗单位、购物天堂、洗手间、银行等各种公共服务项目,消除人生地不熟的烦恼。"

导游讲解内容三:长三角 100 多个热门景区

借助世博电子导游仪,游客也可以深入地了解上海文化。在导游仪中,不仅有外滩、南京路、豫园、东方明珠等热门景点的解说,还包含屋里厢、静安涌泉、鲁迅纪念馆、龙华烈士陵园等近1 000个讲解景点,甚至比老上海人了解的还要多。导游仪还能提供杭州、苏州、岳阳西塘等100多个热门景区的导游讲解,为游客畅游上海周边城市提供便利。

导游仪内有世博园多个展馆的总体介绍,即使一家人出行也只需租一台导游仪即可。

>> **案例分析**

"电子导游"的出现,使许多导游员增强了危机意识。随着时代的发展、科技的进步,导游服务方式必将走向多样化、科技化。我们不禁思考,导游员会不会失业呢?

其实,虽然现代化科技手段丰富,在一定程度上影响着传统导游的地位,但任何现代化的讲解手段都无法取代导游员与游客面对面的交流,无法实现针对个人的"因人施讲"。当然为了适应我国旅游发展的需要,导游员必须加强自身语言能力的提高和文化知识的学习。只有这样,实地口语导游才能更好地在导游服务中发挥主导地位。

三、导游服务的范围

导游服务的范围是指导游员向游客提供服务的领域,即导游员业务工作的内容。导游服务纷繁复杂,范围很广,食、住、行、游、购、娱、出入境迎送、上下站联络、邮电通信、医疗等,几乎无所不包(如图1-1所示)。但归纳起来,导游服务主要包括以下三大类:

(一)导游讲解服务

它包括游客在目的地旅行时的沿途讲解,参观游览地的导游讲解以及座谈、访问和某些参观点的口译服务。

(二)旅行生活服务

它包括游客出入境迎送、旅途生活照料、上下站联络、邮电通信、安全服务等。

(三)市内交通服务

这主要指导游员同时兼任驾驶员为游客在市内和市郊旅行游览时提供的交通服务。这种服务在西方旅游发达国家比较普遍,目前在我国尚不多见。

四、导游服务对象辨析

(一)旅行者、游客、旅游者和导游服务消费者

1. 旅行者

旅行者(traveller)是指在两个或两个以上地理区域间,包括在其居住国境内(国内旅行者)和在国家之间(国际旅行者)旅行的人。旅行者包括游客和其他旅行者,其中,游客是所有参与旅游活动的旅行者;其他旅行者则指那些在惯常环境中旅行的人,包括边境工人、上班族、长期移民、谋职者和无固定居住地者等,如图1-2所示。

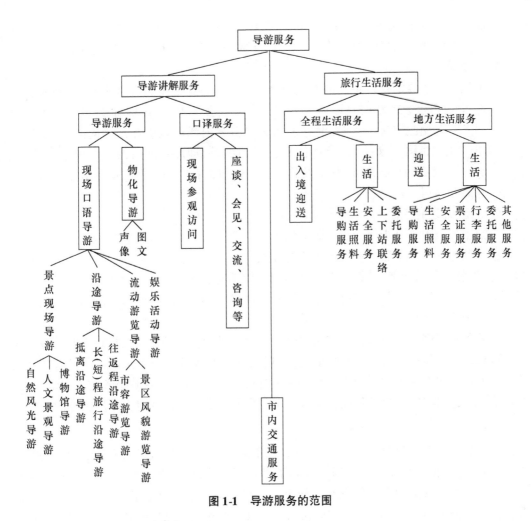

图 1-1 导游服务的范围

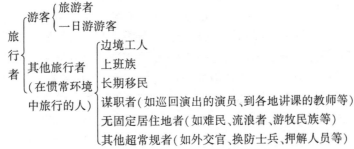

图 1-2 旅行者、游客与旅游者之间的关系

2. 游客

1963 年,联合国国际旅游大会在意大利的罗马召开,大会提出了游客(visitor)的概念,将其定义为:离开其惯常居住地所在国到其他国家去,且主要目的不是在所访问的国家内获取收入的旅行者。或者说,游客是指任何到其惯常环境之外的地方旅行,停留时间在 12 个月之内,且主要旅行目的不是通过其活动从被访问地获取收入的人。游客包括旅

游者(tourist)和短期旅游者(excursionist)。其中,短期旅游者或称一日游游客(same-day visitor)是指在所访问的目的地停留时间在24小时以内,且不过夜的临时性游客。

3. 旅游者

关于旅游者的界定存在不同的看法,1963年的罗马会议将旅游者定义为:在所访问的国家逗留时间超过24小时且以休闲、商务、家事或会议为目的的临时性游客。但并非所有的国家都采用此定义。然而,世界各国对旅游者内涵的认识却是趋同的:一是异地性,即离开居住地(国),来到另一地(国);二是目的性,即旅行的目的主要包括观光、度假、探亲等休闲性目的,或商务、学术及其他公务性目的;三是暂时性,即一般不打算迁居或永久性离开原居住地(国)。

4. 导游服务消费者

导游服务消费者是指接受导游服务的人。他们为了更好地进行旅游活动而产生了对导游服务的需求。导游服务消费者既不同于旅行者,也不同于游客和旅游者,因为无论是旅行者、游客还是旅游者,他们既有可能需要导游服务而成为导游服务消费者,也有可能根本不需要导游服务。如某些自驾车旅游者、探险旅游者可能完全不需要导游服务,因而不属于导游服务消费者。

导游服务消费者存在狭义和广义之分。狭义的导游服务消费者是指对导游服务产生实际购买行为并接受相应导游服务的人;而广义的导游服务消费者除此以外还包括在出游过程中以及出游决策过程中未进行购买就接受了某种形式的导游服务的人,如通过网络传播、图文声像传播、书面传播和景区景点的导游示意图等途径接受导游服务的人。

(二)导游服务的对象辨析

对于导游服务的对象的认识,学术界存在不同的观点:一种观点认为导游服务的对象是旅游者,即导游服务主要是针对那些除了谋职原因外,离开常住地到异国他乡达24小时以上的人。该观点的立论依据在于导游服务的内容中包括为旅游者提供旅途生活服务,但一日游游客对此并不需要,因此认为导游服务的对象只是旅游者。另一种观点认为导游服务的对象是游客。该观点的立论依据在于不仅旅游者需要导游服务,一日游游客也需要导游服务,所以导游服务的对象应该是包括旅游者和一日游游客的游客。

本书认为辨别导游服务的对象,应主要看其是否需要并接受导游服务,而不在于其是否需要全部的导游服务或有无购买导游服务的行为。像"其他旅行者"显然不需要导游服务,所以不应作为导游服务的对象;某些"一日游游客"可能只需要导游讲解服务,但同样是导游服务的对象。比如,武汉市民到黄鹤楼参观游览,停留时间不超过一天,且只需要导游员提供讲解服务,他们当然是导游服务的对象;而自助游旅游者在一些旅游目的地可以免费索取导游图、画册,并在游客中心查询信息、观看有关景点的录像片和DVD等,他们虽无购买导游服务的行为,但需要并接受了图文声像导游服务,所以也是导游服务的对象。

至于旅游者和游客,他们可能需要导游服务,也可能完全不需要导游服务,所以都不宜单独作为导游服务的对象。因此,导游服务的对象应当且只能是导游服务消费者。

第二节 导 游 员

一、导游员的定义

导游员(guide)在英语中的定义为:Person who shows others the way especially a person employed to point out interesting sights on a journey or visit,意为为他人引路者,特别受雇而为他人在旅游或参观中介绍风景名胜者。根据《旅游业词典》的定义,导游员是指"已拥有职业特许证并受雇于某公司,带领游客在当地进行旅游观光活动的工作人员";国家旅游局于1987年发布的《导游员管理暂行规定》中对导游员的定义为:为旅行者(包括旅行团)组织安排旅行和游览事项,提供向导、讲解和旅途服务的人员;1992年版的《旅游辞典》中对导游员的定义是:为游客提供导游生活服务和讲解的人员,而且特别强调不是一般的翻译工作者,而是旅行社的代表,同时对外国游客而言,也是一个国家的代表;加拿大用"旅游团领队"指代导游员,并要求:"他是受过高等教育和培训的人,他有能力进行研究,为一次旅行做好充分准备,以带领团队旅行、做旅游讲解,从而使一次旅游成为一次异乎寻常、难以忘却的经历。"美国则这样形容导游员:"他是首要的代理人和各种服务的供应商,直接和旅行者打交道,保证提供承包的服务项目、实现承诺、使游客满意,此人就是陪同或旅游团领队。"相关表述还包括:导游员是为游客在旅行游览活动中,提供向导、讲解服务和生活服务的人员;导游员是指运用专门知识和技能为游客组织、安排旅行和游览事项,提供向导、讲解和旅途生活服务的人员;导游员是持有中华人民共和国导游资格证书,受旅行社委派,按照接待计划,从事陪同旅游团(者)参观、游览的工作人员;导游员是指依照《导游员管理条例》的规定取得导游证,接受旅行社委派,为游客提供向导、讲解及相关旅游服务的人员。

国内学者对导游员的概念也有多种表述:吕宛清等认为,导游员是以游客为工作对象,以指导参观游览、沟通思想为主要工作方式,以安排游客吃、住、行、游、购、娱为主要工作任务,以增进相互了解、为国家建设积累资金为目的的接待服务人员,也是进行民间外交和地区间横向联系的第一线工作人员;夏学英认为,导游员是指在旅游活动中,为游客组织、安排游览事项,提供向导、讲解和旅途生活服务的人员。

上述定义分别从不同的角度对导游员的内涵进行了界定,其侧重点虽各有不同,但也形成了一些共识:导游员的服务对象是游客;导游员需要通过导游资格考试、获得导游资格证并持证上岗;导游员从事导游业务需经旅行社委派;导游员的工作任务是为游客提供向导、讲解及相关旅游服务。这些观点中除对导游服务对象的认识存在不同以外,其他方面都是本书关于"导游员"定义的构成要素,即导游员是指按照《导游员管理条例》的规定取得导游证,接受旅行社委派,为导游服务消费者提供向导、讲解及相关旅游服务的人员。

二、导游员的内涵

对导游员概念的理解应注意从以下几方面去考虑:

第一,在现代旅游活动中,人们暂离常住地来到异国他乡,追求物质与精神生活的满足。其活动空间非常广阔,活动内容十分丰富。但如果没有导游员的参与,这些都会黯然失色。因而,在国际旅游界达成了这样的共识:没有导游员的旅行是不完美的旅行,甚至是没有灵魂的旅行。

第二,导游员的工作范围很广。他们既要指导参观游览,提供导游讲解服务;又要安排落实游客的吃、住、行、游、购、娱等活动,提供旅途生活服务;还要与游客沟通思想、交流感情,建立相互信任。因此,导游员为游客提供的服务是智力与操作兼而有之的综合性劳动服务。

第三,旅游是当今世界最大规模的民间交往活动。在旅游活动中,导游员通过自己的辛勤劳动,增进了各国人民之间的相互了解与友谊,为国家建设积累了资金,促进了旅游业快速、健康和可持续发展。

第四,导游服务的性质和任务决定了从事这项工作的人,必须具备一定的资格和条件。只有通过旅游管理部门的审查、考核,获取从业资格证书,并在工作中不断提升自己的业务水平,方可成为一名合格的导游员。

三、导游员的分类

因导游服务的范围广泛、对象复杂,加之各国各地区的具体情况不尽相同,这使得世界各国对导游员的分类方法不一,很难有一个世界公认的统一分类标准。

(一)外国导游员的分类

1. 国际入境旅游导游员

(1)专业导游员,是指以导游工作为职业,受雇于旅行社或其他旅游企业,领取固定工资,专门从事导游接待服务的人员。

(2)业余导游员,也称兼职导游。他们不以导游工作为主要职业,而是利用业余时间从事导游工作;但仍需经过培训、考核,从管理部门领取导游执照,并与用人单位签订合同,按接待游客的人数和活动时间计酬。

(3)旅游景点导游员,是指被博物馆或景点管理部门雇用,专职从事该景点导游讲解工作的人员。他们在所有导游员中,讲解水平是最高的。

(4)义务导游员,这些人大多是业余旅游活动的爱好者,他们参与导游工作完全出于个人爱好,不计较报酬。当然,他们也必须经过有关部门考核,取得从事这项工作的资格。

2. 国际出境旅游导游员

国际出境旅游导游员,我们习惯上称其为领队。他们由所在国的旅行社雇用,带领旅游团出国旅游,既对组团旅行社负责,又代表该旅行社与接待国旅行社进行业务联系,随团活动,伴随始终。

领队也分为职业、业余和义务三种。职业领队受雇于旅行社,领取固定工资,以此作为谋生的职业;业余领队则是旅行社临时雇用的人员,他们多因熟悉旅游目的地的情况或语言而被临时雇用;义务领队往往是从旅游团成员中挑选出来的,他们既是游客,又义务为大家服务,从而可享受某些优惠待遇。

(二)我国导游员的分类

1. 按业务范围划分

按照业务范围,可将我国导游员分为以下四种类型,其区别如表1-1所示。

表1-1 按业务范围划分的不同导游员的区别

导游员	委派单位	讲解内容	陪同范围	是否提供旅途生活服务
海外领队	组团社(派出方)	旅游目的地情况(行前介绍)	全程陪同	是
全程陪同导游员	组团社(接待方)	沿途各站点情况	全程陪同	是
地方陪同导游员	地接社	接待地和当地游览景点情况	接待地陪同	是
景点景区导游员	景区景点	景区景点情况	景点陪同	否

(1)海外领队,是指经国家旅游行政主管部门批准,受经营出境旅游业务的旅行社的委派,全权代表该旅行社带领旅游团从事旅游活动的工作人员。

(2)全程陪同导游员,简称"全陪",是指受组团旅行社委派,作为组团社的代表,在领队和地方陪同导游员的配合下实施接待计划,为旅游团(者)提供全程陪同服务的工作人员。这里的组团旅行社是指接受旅游团(者)或海外旅行社预订,制订和下达接待计划,并可提供全程陪同导游服务的旅行社;这里的领队是指受海外旅行社委派,全权代表该旅行社带领旅游团从事旅游活动的工作人员。

(3)地方陪同导游员,简称"地陪",是指受地方接待旅行社委派,代表地接社实施接待计划,为旅游团(者)提供当地旅游活动的安排、讲解、翻译等服务的工作人员。这里的地方接待旅行社是指接受组团社的委托,按照接待计划委派地方陪同导游员负责组织安排旅游团(者)在当地参观游览等活动的旅行社。

(4)景点景区导游员,又称讲解员,是指在旅游景点景区,如博物馆、自然保护区等为游客进行导游讲解的工作人员。

2. 按职业性质划分

按照职业性质,可将我国导游员分为以下三种类型:

(1)专职导游员,是指在一定时期内以导游工作为其主要职业的导游员。目前,这类导游员大多数受过中、高等教育,或受过专门训练,一般为旅行社的正式职员。

(2)兼职导游员,也称业余导游员,是指不以导游工作为其主要职业,而是利用业余时间从事导游工作的人员。目前,这类导游员分为两种:一种是通过了全国导游资格考试取得导游证而从事兼职导游工作的人员,他们已成为我国导游队伍的一支不可或缺的生力军;另一种是具有特定语种语言能力而受聘于旅行社,领取临时导游证而临时从事导游工作的人员。

(3)自由职业导游员,是指以导游为主要职业,但并不受雇于固定的旅行社,而是通过签订合同为多家旅行社提供导游服务的人。他们构成了西方大部分国家导游队伍的主体,在中国也已出现,虽然人数不多,但呈现出良好的发展态势。

3. 按使用语言划分

按照使用语言,可将我国导游员分为以下两种类型:

(1)中文导游员,是指使用普通话、地方方言或者少数民族语言从事导游业务的导游员。目前,这类导游员的服务对象主要是国内旅游中的中国公民和入境旅游中的港、澳、台同胞。

(2)外语导游员,是指运用外语从事导游服务的导游员。目前,这类导游员的主要服务对象是入境旅游的外国游客和出境旅游的中国公民。

4. 按技术等级划分

按照技术等级,可将我国导游员分为以下四种类型:

(1)初级导游员。《中华人民共和国旅游法》中明确规定,参加导游资格考试成绩合格,与旅行社订立劳动合同或者在相关旅游行业组织注册的人员,可以申请取得导游证。也就是说,具有高中、中专及以上学历,通过国家旅游局或地方旅游局组织的统一考试,获得导游员资格证书并进行岗前培训,与旅行社订立劳动合同或者在相关旅游行业组织注册之后,合格者自动成为初级导游员。

(2)中级导游员。获初级导游员资格两年以上,业绩明显,经加试《导游知识专题》和《汉语言文学知识》(或《外语》),再对其技能、业绩、资历进行考核,合格者晋升为中级导游员。

(3)高级导游员。取得中级导游员资格四年以上,业绩突出、业务水平和素质修养较高,在国内外同行和旅行商中有一定影响,经加试《导游辞创作》和《导游案例分析》合格后晋升为高级导游员。

(4)特级导游员。取得高级导游员资格五年以上,业绩优异,有突出贡献,有高水平的科研成果,在国内外同行和旅行商中有较大影响,经论文答辩通过后晋升为特级导游员。

第三节 导 游 业

一、导游业的定义

导游首先是一项可作为导游员主要生活来源的工作,因此可以理解为"职业";同时很多导游员将导游工作作为自己毕生的事业,因此也可以作为"事业"来理解;导游服务隶属于旅游服务业,是工商业中的一个类别,所以导游业也可以作为"行业"来理解。导游业目前只是隶属于旅游服务业和国民经济中的第三产业部门,因此尚不能理解为产业或部门。

综上所述,本书所定义的导游业是指利用相关的知识、技能、工具和场所为导游服务消费者提供所需的各种相关服务的行业。

二、导游业的内涵

（一）导游业不是一项产业

根据《辞海》的表述，"职业"可以理解为：(1) 官事和士农工商四民之常业；(2) 职分应作之事；(3) 犹"职务"；(4) 犹"事业"；(5) 今指个人服务社会并作为主要生活来源的工作。"事业"可以理解为：(1) 所从事或经营的事件；(2) 成就、功业；(3) 有条理、有规模并有益于公众的事情。"行业"可以理解为：工商业中的类别。"产业"可以理解为：(1) 指私人财产，如田地、房层、作坊等；(2) 生产事业；(3) 特指现代工业生产部门。

对于导游业概念的理解，首先应明确导游业不是一项产业。关于"产业"的概念，除了上述《辞海》中的解释外，许多专家学者也从不同角度给予了界定：Kotler(1976)认为产业是一群提供类似且可相互替代的产品或服务的公司的总称；Porter(1985)认为产业就是一群生产相同或类似的产品，而且具有高度替代性产品来销售给顾客的厂商；吴思华(1988)认为产业通常指从事制造的行业，也就是指从事经济活动的独立部门单位，而且是以场所为单位以作为行业分类的基础；林建山(1991)认为如依需求面而言，产业是指一群从事生产且具有密切竞争关系的企业群，若依供给面而言，凡是采用类似生产技术的厂商群就是产业；余朝权(1994)认为产业是指正在从事类似经营活动的一群企业的总称。

上述表述分别从不同角度对产业给予了界定，从中可以总结出产业的一些具有代表性的特征：一方面，产业应当是一系列从事经营活动的企业或厂商群体的总称；而导游作为一项工作和职业，必须依托一定的旅游企业而存在，导游员从事导游服务工作必须接受某一旅行社的委派，所以导游业至少在现阶段下不能理解为是一项产业；另一方面，产业的构成需要必要的产业链，必须有与该项产业相关的上下游企业群共同构成完整的产业体系，而导游业目前不具备上述特征，因此不能理解为是一项产业。

（二）导游业是一个行业

关于"行业"的概念，除了上述《辞海》中的解释外，社会各界对其内涵的表述也不尽相同：有人认为行业一般是指按生产同类产品、具有相同工艺过程或提供同类劳动服务划分的经济活动类别，如饮食行业、服装行业、机械行业等；还有人认为行业就是一个职业的范围。因此不难看出，行业是一项职业的总称，是同类的经济活动类别。导游既是一项工作、一种职业，又是一类依靠提供导游服务获得报酬的经济活动。因此可以把导游业理解为是一个行业。

（三）导游业有广义和狭义之分

对导游业的理解亦有广义和狭义之分。广义的导游业囊括导游行业、导游职业和导游事业等含义。导游业首先是一项工作，是从事导游服务的人员的重要生活来源，因此导游业可以理解为导游职业；同时，导游业又是一项事业，对于大多数导游工作者而言，导游工作是他们毕生追求的一项事业，关于导游员职业生涯构建的众多研究也是基于导游业是一项事业的基本观点进行的。

狭义的导游业单指导游行业，包括以提供导游服务为主的各种经济、社会和文化活动。本书中涉及的导游业均是指导游行业。

第四节　导　游　学

一、导游学的产生与发展

导游学作为一门新兴学科，其出现是伴随着导游活动的不断发展而产生的。作为旅游学新的分支学科之一，导游学出现的时间不长，尤其是在我国，近年来导游学才开始慢慢走进学术界的研究视野。

国内关于导游学的第一本著作是吕宛青编写的《旅游导游学》，书中并未对导游学给予明确的定义，对导游学的学科性质、学科体系、导游学研究的对象和任务、导游学的研究方法均未作明确的表述。《旅游导游学》可以被视为一本介于传统的《导游业务》和后来的导游学专著之间的过渡性成果。尽管该书没有对导游学给予明确的界定，但却提供了导游学研究的新视野。也正是该书的出版使导游学作为一门独立的学科逐渐引起了旅游学术界的关注。因而，《旅游导游学》在我国导游学的发展史上起到了重要的开拓者的作用。

国内第一次明确提出"导游学"的学者是陈永发，可以说正是由他编著的《导游学概论》的出版，才真正意义上奠定了导游学的学科地位。书中探讨了导游学的研究意义，并第一次明确界定了导游学的学科性质；同时对于导游学研究的对象和任务、导游学的相关理论给予了一定程度上的表述。《导游学概论》称得上是导游学学科范围内的开山之作。

由夏学英著的《导游学原理与方法》，是继《导游学概论》之后导游学领域的又一重要著作，该书是国内学术界第一本明确界定导游学概念的专著，并首次提出了导游学与其他学科之间的关系，并对导游学的研究方法进行了阐述。该书对于导游学的定义、学科体系和研究方法给出了较为明确的表述，这为后来导游学的研究和发展提供了理论依据。此外，书中在对前人研究总结的基础之上，结合导游业的发展趋势，对导游学的研究对象和任务也给出了全新的界定。

与《导游学原理与方法》同时期的导游学著作还有赵湘军的《导游学原理与实践》。该书对导游学的定义也给予了明确表述，并且第一次涉及了导游学在旅游学中的地位，可以说这是学术界第一次将导游学明确界定为旅游学的分支学科之一，从而奠定了导游学的理论地位。此外，对于其他相关学科的知识在导游学中的具体运用进行了论述，对导游学的研究任务和意义也进行了相关阐述。该书的另一个重大特色是分章节重点解释了各学科原理与导游工作的关系。应该说该书通过明确定义导游学的理论体系及其具体运用，为导游学今后的发展奠定了理论基础。

最近的一本导游学著作是由陈建勤著的《新编导游学概论》。这本书最大的特点在于对国外的导游业进行了系统阐述，尤其在导游学国别比较研究上颇有建树，既为我国导游业的发展提供了参考和借鉴，也为导游学的学科内容的丰富提供了理论依据。

国内目前关于导游学的著作仅有上述几本。正是在这些著作的研究基础之上，我国导游学研究开始起步并日趋完善，导游学的学科体系也逐步建立起来。我国导游学相关理论的研究也随着我国旅游业的深度发展和旅游学研究的深入而逐渐深化和完善。本书的编写目的在于立足于总结前人理论成果、完善导游学理论，为我国导游学研究的发展做出一定的贡献。

二、导游学的定义

导游学在我国是一门新兴学科，伴随我国旅游业的发展而产生和发展起来，相关理论尚未成熟，因此对于导游学的概念暂无统一的表述。目前国内学术界研究导游业务和导游技巧等相关领域的成果比较多，但仅有少数学者对导游学及其相关理论进行研究，成果甚少。而对导游学进行科学的定义并建立完善的学科体系将有助于这一新兴学科的发展，具有较高的理论价值和实践意义。

国内学者对于导游学概念的表述不多。夏学英认为，导游学是一门研究旅游活动现象及其内在规律的学科，它既是一门横跨多学科的综合性学科，又是一门应用性很强的边缘学科；赵湘军认为，导游学是研究导游活动现象及其内在规律的一门学科，它以现实的导游活动为研究对象，通过将各相关学科的基本原理与导游实践相结合来揭示导游活动的客观规律，是一门集综合性、边缘性和应用性为一体的学科，其研究领域包括宏观的导游管理与微观的导游操作。

以上表述从研究对象、研究领域、学科性质等方面给出了导游学的定义。夏学英的观点侧重强调导游学的研究对象是旅游活动现象及其内在规律；赵湘军则认为导游活动研究的是导游活动现象及其内在规律，并认为导游学的基本原理来源于相关学科，是相关学科的原理在导游实践中的具体运用。本书认为，导游学的研究对象是现实的导游活动，以及与之相关的各种经济社会关系，从而揭示出导游业所具有的内在规律。与此同时，导游学作为一门应用性和交叉性较强的学科，不可避免地会受到相关学科理论的影响。这些相关学科理论必须建立在与导游实践活动相结合的基础之上，对导游实践活动进行诠释和指导，并用于揭示导游活动的客观规律。因此，导游学作为一门学科有其自身的理论体系，这些理论的源泉可能来源于相关学科，但仍属于导游学自身理论的范畴。

综合以上观点，本书所定义的导游学是一门通过研究导游实践活动及其过程中发生的各种经济社会关系，来揭示导游业的内在客观规律，并为导游实践活动提供理论指导的一门应用性学科。

三、导游学的内涵

（一）导游学的研究对象

导游学的研究对象为现实的导游实践活动，但它又不同于只注重应用的导游业务。导游学在研究导游活动的基础之上更注重研究导游活动过程中发生的各种经济社会关系，并通过揭示这些经济社会关系的内在规律提炼出自身的理论基础，为导游活动的合理进行提供理论依据。因此，导游学的理论来源于对现实导游活动中的内在规律的提炼，具有现实指导意义。

(二)导游学的研究内容

导游学的研究内容是导游活动中发生的各种经济社会关系。导游员从接站开始直到送别游客,整个过程中不断与游客、交通服务人员、饭店工作人员、景区景点工作人员、旅游商店工作人员以及其他导游员发生各种协作关系,其间发生的各种经济社会联系共同构成了导游活动中的联系体系;同时,导游员在工作过程中还与旅行社、旅游行政部门发生着各种联系,这一系列的联系共同构成了一名导游员工作过程中的经济社会联系网络。导游学就是通过对上述联系体系和联系网络的研究,发掘出其中蕴含的客观规律;通过对理论的归纳指导导游实践工作,使导游员在工作过程中可以优化处理上述关系,提升导游服务的质量。

(三)导游学的学科性质

导游工作是一项复杂的、系统性较强的工作,其工作范围广泛,涉及吃、住、行、游、购、娱六大要素,这六大要素共同构成导游工作系统的子系统,这些子系统之间伴随着物质、信息的交换发生耦合关系,共同影响整个导游工作系统。导游学要研究这些子系统之间发生的经济社会联系及其内在规律,因此,导游学首先是一门系统性较强的学科;其次,导游学研究的范围十分广泛,一次完整的导游活动贯穿了旅游的各大要素,相关的内容都是导游学研究的范围,因此导游学又是一门综合性的学科;再次,导游工作具有较强的关联性,导游学的研究需要借鉴相关学科的理论,其自身的一些理论来源于一些相关的学科,因此,导游学是一门横跨众多相关学科的边缘学科;最后,导游学研究的主要任务是运用导游学理论指导导游实践工作,以使导游员更好地服务于导游服务消费者,所以导游学也是一门应用性极强的学科。

❓ 思考题

1. 什么是导游服务?如何理解导游服务的内涵?
2. 为什么说实地口语导游在导游服务中永远处于主导地位?
3. 导游服务主要包括哪几个方面?
4. 我国导游员按业务范围、职业性质和技术等级可分别划分为哪些类型?
5. 什么是导游业?如何理解其内涵?

第二章 导游学的学科体系

第一节 导游学的学科树

导游工作的高度关联性决定了导游学学科体系的涉及范围广泛。由于导游学属于综合性的边缘学科,因此其学科树的形式不同于其他基础学科的树状结构,而是呈现出一种独特的圈层结构,包括核心层、基础层和关联层。其学科树如图 2-1 所示。

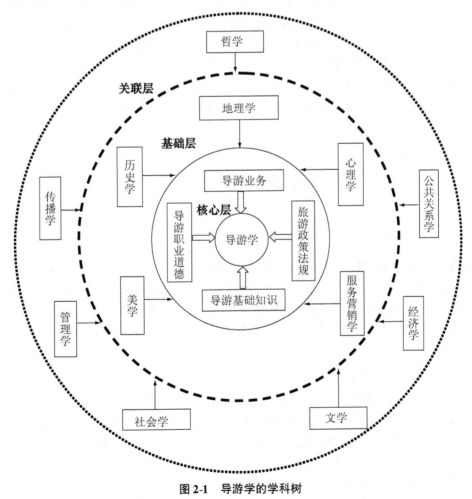

图 2-1 导游学的学科树

导游学学科体系中的核心层是导游员必须掌握和具备的相关知识，由导游业务、导游基础知识、旅游政策法规和导游职业道德共同构成。导游学是一门应用性极强的学科，其研究的主要内容是导游工作实践过程中所发生各种经济社会关系的内在规律，因此导游业务作为直接指导导游员工作的专业知识，是导游学学科体系中最为核心、最为重要的组成部分；导游员在引导游客进行参观游览活动时必须具备一定的相关知识，即导游基础知识，这是导游员能顺利从事导游工作的必备知识，也是构成导游学学科体系的重要组成部分；随着导游服务由最初的一种行为、一项业务成长为一个行业，导游业已成为旅游业中最为重要的组成部分，相应的导游活动必然受到旅游政策法规的约束和引导，旅游政策法规的知识和理论是构成导游学学科体系的核心支撑之一；与此同时，导游作为一项职业，导游员职业生涯的构建和自我价值的实现也需要职业道德方面的相关理论作为指导，导游职业道德的知识和理论同样是构成导游学学科体系不可或缺的核心支撑之一。

导游学是一门跨越不同学科的边缘学科，一名导游员在进行导游工作时会涉及方方面面的相关知识内容，仅仅具备上述四个方面的知识是远远不够的，导游工作的顺利进行还需要大量的与之联系紧密的相关学科知识作为理论支撑。因此，在核心层外应有包括美学、历史学、地理学、心理学和服务营销学等学科的基础层学科，构成导游学学科体系的中间层；与此同时，导游学理论的建立需要借鉴很多成熟的相关学科理论，因此，在基础层外还有涵盖文学、哲学、管理学、经济学、社会学、传播学和公共关系学等学科的关联层学科，作为导游学学科体系的外围层。

综上所述，依据与导游学关联的密切程度，导游学学科体系由核心层、基础层和关联层共同构成，呈现出同心圈层结构。

第二节 核 心 层

一、导游业务

导游学是研究导游服务工作过程中所发生的各种经济社会关系的内在规律的应用性学科，导游服务工作是导游学研究对象中的核心内容。而导游服务工作又是一项涉及面广、操作性强的实践性工作，需要导游员掌握和运用多方面的专业知识，尤其是导游业务知识。因此，导游业务是导游学学科体系中核心中的核心，是导游学学科构建的重要基础。

（一）导游业务与导游学的区别

导游学和导游业务都以导游实践工作为研究对象，但导游学在研究导游实践活动的基础之上还研究与导游工作相关的各种经济社会关系，并揭示其内在规律，因此导游学研究的领域更为广泛。从学科体系角度而言，导游业务是导游学的重要分支，是导游学学科系统的子系统，导游业务隶属于导游学。

从研究任务来看，导游学的研究目的除了指导导游实践工作以更为合理的方式进行之外，还从导游员的价值实现、薪酬管理、社会责任和素质修炼等角度着手研究导游工作系统,以使导游工作从系统的角度更加优化。因此,导游学的研究有助于旅游学学科体系的完善,这一目标是导游业务无法实现的。

从性质特点来看,导游业务只是一项实务知识,操作性极强,主要用于指导导游员如何规范合理地按照规范流程从事导游工作;导游学的研究目的虽然是更好地指导导游工作的实施,但导游学学科研究包含众多相关理论的提炼和总结,比导游业务更具有理论性和科学性。

从研究方法来看,导游业务的研究方法主要是定性的归纳总结法,通过对现实导游活动的分析和综合,归纳和总结出导游工作的具体流程规范。反观导游学的研究方法则既包含定性研究方法,也包括定量研究方法。其中,定性研究方法既包括实证归纳法,也有演绎的成分在里面。导游学从现实导游工作中提炼的理论基础会随着旅游业的发展而不断发展,这意味着发展的理论需要新的实践活动来验证,以便修正新的理论使之适应不断变化发展的工作需要,这是导游业务所不具备的。同时导游学不仅研究导游工作流程和实务,同时也研究导游员群体现象,包括导游员的心理状况,导游员的管理、考核及其职业生涯的构建等问题,因此这将涉及对相关数据的统计处理和模型拟合检验,这些定量的研究方法是导游业务所不涉及的。

(二)导游业务与导游学的联系

导游业务是导游学学科体系中的核心内容,导游业务与导游学均是以现实导游活动为研究对象,同时研究目的都是更好地指导现实的导游活动。导游学研究的主要领域是导游业务在发生过程中所涉及的,而且导游学研究的前沿领域也均是来源于不断发展变化的导游业务实践中所面临的新的历史背景下产生的新问题。导游学研究的数据同样来自导游员在现实导游业务工作中表征出的各项基本数据。因此,可以说没有导游业务,导游学学科体系就无法建立。

导游业务与导游学之间的关系可以用表 2-1 表述。

表 2-1　导游业务与导游学之间的关系

		导游学	导游业务
区别	研究对象	现实导游活动及其相关的经济社会关系的内在规律	现实导游活动流程及其工作技巧
	研究任务	理论提炼	规范流程
	学科性质	系统学科	实务知识
	研究方法	定性与定量相结合	定性归纳研究
联系	关系	导游学系统	导游学系统的子系统
	研究目的	指导更为优化合理科学地进行导游活动	
	前沿理论来源	不断变化发展的现实导游实践	
	数据来源	现实导游活动	

二、导游基础知识

导游工作是一项知识密集型的服务工作,要求导游员具备多方面的专业基础知识。

尤其是在向游客提供导游讲解服务时可能会涉及各个不同的知识层面，如果没有丰富的知识储备，导游员将无法胜任这项高知识含量的工作。因此，很多旅游业较为发达的国家对于导游员的知识水平都有严格的要求，目的就是确保走上工作岗位的导游员具有丰富的导游基础知识，以顺利完成导游工作任务。

导游学作为一门研究导游工作系统的学科，对导游基础知识的研究和扩充是一项必不可少的基础性工作。作为导游员的专业技能，导游基础知识是构成导游学学科体系的重要组成部分。

三、旅游政策法规

政策法规是任何一项工作得以正常开展所必要的法律依据，没有法规的相应约束，违规行为将充斥整个市场。按照"劣币逐驱良币"的理论，当市场上同时流通劣币和良币时，居民会选择成本更低的劣币作为流通工具而储藏良币，久而久之，良币将退出流通市场，即所谓的"格雷欣法则"。同样地，如果没有相应的法律法规作约束，导游员会人为地降低交易成本，长此以往，劣质的导游服务将逐渐取代标准化的导游服务而充斥整个旅游市场。因此，相关的法律法规对于导游工作的约束会使得导游员在一定框架下提供标准化服务。

而现实中很多旅游相关的政策法规已经不适应我国旅游业的快速发展，相应产生的很多负面问题也都归咎于体制上和法规上的不健全因素。因此，导游学学科体系中的旅游政策法规就是要研究与旅游业发展不适应的政策法规内容，以及如何修正这些内容并使其更好地约束和指导现实的导游活动。旅游政策法规是导游学学科体系中不可或缺的组成部分，是导游学学科体系的核心学科之一。

四、导游职业道德

作为一个导游员，职业道德是其从业敬业的基础；而把自己的全部身心融进旅游事业当中，"敬其事而后其食"，"先劳后禄"，是导游从业人员爱岗敬业的基本要求；同时，职业道德也是导游从业人员的兴业之本；导游员职业道德素质的高低，直接关系到旅游服务质量的优劣，进而关系到旅游业的整体水平和形象，关系到旅游产业的盛衰；此外，职业道德还是导游从业人员的效益之源，导游员是参观游览过程中旅游"六要素"的组织实施者，其职能是引导游客游览，尽可能地为游客提供热情周到的服务。只有这样，导游员和企业也才可能从中赚取利润，获得效益，进而赢得丰富的客源。应当看到，导游员的职业操守正越来越易受到旅游市场发展变化的影响，其职业道德也成为新的旅游经济发展时期人们所关注的问题。

导游员在工作中出现的很多问题，如收受回扣、欺诈游客、私自更改线路、讲解内容空泛甚至不讲解等，除了体制、制度、外部环境等原因之外，导游员自身的职业道德问题作为内因影响更为深刻。导游学研究需要深入探讨职业道德的相关理论，并与现实的导游实践相结合，使导游员不断提升自身的职业道德素质，正确构建合理的职业生涯，有效实现自身价值。

第三节 基 础 层

一、导游学与美学

旅游是人类社会特有的、以自然环境和人文环境为对象的、为满足游客精神愉悦要求的欣赏美、创造美的活动,审美需求是游客最基本的旅游需求之一。向不同层次、不同审美要求的游客介绍美,满足他们的审美需求,是导游工作的中心任务。因此,导游员必须掌握必要的美学知识并应用到导游服务中去。

旅游活动是一项寻觅美、欣赏美、享受美的综合性审美活动。它不仅能满足人们爱美、求美的需求,还能起到净化心灵、陶冶情操、增长知识的作用。俄罗斯教育家乌申斯基说:"……美丽的城郭,馥郁的山谷,凹凸起伏的原野,蔷薇色的春天和金黄色的秋天,难道不是我们的老师吗?……我深信,美丽的风景对青年气质发展具有的教育作用,是老师都很难与之竞争的。"因此,导游员在带团旅游时,应重视旅游的美育作用,正确引导游客观景赏美。(具体内容见本书第十一章第二节)

二、导游学与历史学

人文旅游景观中积淀了大量的历史文化内涵,这是游客体验目的地与客源地差异性的一项重要内容。对历史文化知识的掌握有助于提升导游员的讲解品位,使游客在观景赏美中陶情益智,这也是旅游活动的魅力之一。

案例 2-1

楚国兴衰史与楚文化特征

一、楚国兴衰史

1. 楚人始祖——祝融

按《史记·楚世家》和《国语·郑语》的说法,楚人是祝融的后裔。祝融是火神兼雷神,"能显天地之光明"。楚人对凤的图腾崇拜也与祝融有关。《白虎道·五行篇》记载:祝融"其精为鸟,离为鸾",鸾即凤,鸟也可算作凤。祝融部落在夏朝时已成为一个势力较大的部落集团,号称"祝融八姓";殷商时期,祝融部落集团分布于商之南境,因其地生长牡荆,被商人称为"荆"。殷人为开疆拓土,向南推移,奋伐荆楚,荆人多数臣服,少数逃散。

2. 楚人先驱——鬻熊

西周初年,荆人残部已西迁至丹水与淅水之间,鬻熊为首领时,审时度势,率楚民背弃商纣王,投奔周文王,并受到周文王的器重。周武王继位后,有图南之意,楚人觉察后,在鬻熊之子熊丽的率领下,举部南迁至睢山与荆山之间,暂时避栖于荒野之地。

3. 开国之君——熊绎

周成王时,周公避祸于楚,楚人敬之如上宾,周公回朝后诉说此事,感动了周成王,于是周成王封熊丽之孙熊绎为楚君。荆楚开始跻身诸侯之列,楚正式诞生了。熊绎建国都于丹阳(今南漳县境内),《左传·昭公二十年》记其事曰:"先王熊绎,辟在荆山。筚路蓝缕,以处草莽。跋涉山林,以事天子。"

4. 立国之君——熊渠

熊渠是熊绎第四代孙,是一位既有才识又有进取精神的君主,他整军习武,趁着中原动乱之机,开始了开疆拓土的进程。在西征中,攻打了庸国(今湖北竹山县境内);在东伐中,攻打了位于湖北中部的扬越,势力推进至江汉平原。接着远征攻打了鄂国(今湖北鄂州境内)。东征西战后,楚国逐渐兴盛起来,真正立于诸侯之林。

5. 称王之君——熊通

熊通继续熊渠的开疆拓土历程。他亲率大军征讨随国(今湖北随州境内),大获全胜后,熊通自称"楚武王",成为天下诸侯中第一个敢于自己称王的国君。随后几年里,熊通先后征服了邓国(今湖北襄阳境内)、郧国(今湖北安陆境内)、权国(今湖北当阳境内)。武王晚年,攻占了东邻卢国(今山东济南境内)、鄢国(今河南鄢陵境内)、罗国(今湖南汨罗境内)、西邻谷国(今湖北谷城境内)及南阳盆地东南的蓼国(今河南唐河境内)。

6. 称霸之争——楚庄王

楚庄王曾率领楚军,浩浩荡荡开赴伊水与洛水之间,向周天子耀武扬威,"问周鼎之轻重"。庄王武功之时,选拔孙叔敖实行文治,楚国出现了经济繁荣、文化灿烂的鼎盛局面。

7. 迁都之君——楚昭王

公元前506年冬,吴、蔡、唐三国合兵攻楚,并陷落郢都,楚昭王仓皇出逃。申包胥入秦求救,秦王发兵。秦楚联军击败吴军后,楚昭王回到破败不堪的郢都,感伤满怀,与臣僚商议后,迁都长江北岸的今湖北荆州,都名仍为"郢"。

8. 复兴之君——楚悼王

历史进入战国时代,公元前400年,韩、赵、魏合兵数次攻楚,楚国面临严峻的挑战。楚悼王谋求富国强兵之道,任用吴起开始变法,并取得了成效。一时间,楚国兵强马壮,横扫中原,初露称雄之势。

9. 强盛之君——楚威王

楚威王继续走强国之路,在其后期,楚国成了七雄中唯一能与秦国抗衡的大国,疆土西起大巴山、巫山、武陵山,东至大海,南起南岭,北至今安徽北部,幅员空前广阔。"筚路蓝缕,以启山林"的楚国至此进入最鼎盛的时期。

10. 亡国之君——负刍

楚怀王未能把握好合纵连横的机遇,致使楚国在战国争斗中处于不利的地位,楚国开始呈现颓势。顷襄王继位后,楚国每况愈下。公元前278年春,秦军对楚国国都发起总攻,并很快占领了郢。顷襄王东逃至今河南淮阳,建立新都陈郢;考烈王时,迁都寿郢(今安徽寿县)。公元前246年,秦王嬴政即位,随即开始统一全国的进程。在攻灭韩、赵、魏后,秦军于公元前224年大举伐楚。至公元前223年,秦军席卷淮北淮南,攻陷寿郢,俘获负刍,楚国就此灭亡。

二、楚文化的基本特征

楚文化因楚国楚人而得名,是兴于周并对中华文化产生广泛影响的一种区域文化,绵延800余年。随着楚国一步步走向繁荣强盛,楚文化脱颖而出,进而与中原文化分庭抗礼,共同成为中华文化的两大主流。其主要特征包括以下几个方面:

1. 民族精神层面:积极进取、开放融合、革故鼎新、至死不屈

(1) 积极进取就是不满足于既得和既知,勇于向未知领域渗透、向未知领域开拓。楚人立国之初,偏僻狭小,但却通过"筚路蓝缕,以启山林"的艰辛历程而成为泱泱大国。楚人不以处蛮地而自卑,敢于在逐鹿中原中展露自己的锋芒。其之所以能成为"春秋五霸"、"战国七雄",根本原因在于开拓进取的精神。

(2) 开放融合是一个民族永葆生机的基础。楚人有自己的文化传统,但从来不拒绝外来文化的合理因子。建国之初,楚人就提出"扶有蛮夷,以属华夏"的民族政策,在兼采夷夏之长的基础上,使自己的文化不断发展壮大。

(3) 革故鼎新是其民族精神的又一方面。在楚文化的整个发展过程中,楚人敢于打破成规,向自认为不合理的事物挑战。熊渠封儿子为王、熊通自称武王,均属离经叛道、惊世骇俗之举,别人不敢做,楚人做了;问周鼎之大小轻重,各路诸侯想都不敢想,而楚人做了。"不鸣则已,一鸣惊人"本是楚人的一种性格,最后逐渐上升为一种以藐视既存、勇于创新为主要内容的民族精神。

(4) 楚人走过的历程是一段既不服周、也不服秦的历程,是一段生不服、死不屈的历程。楚受周封,理应为周天子服务。楚人起初勉强应付,立足既稳后,就敢于使"昭王南征而不复",到后来还有了夺周鼎之意。在各路诸侯中,只有楚国敢于与强大的秦国争斗,以至于有了"楚虽三户,亡秦必楚"之说。楚国虽然被秦国打败了,但身为楚人的陈胜、吴广、刘邦、项羽还是推翻了秦国的统治。

2. 民族心理层面:崇火尚凤、亲鬼好巫、天人合一、力主浪漫、尚东、尚左

楚文化在民族心理层面与中原文化有着明显的不同。在念祖、忠君、爱国上,中原文化偏重于礼法,楚文化偏重于情感,而且楚文化比中原文化表现得更为深沉强烈(见表2-2)。

表2-2 楚文化与中原文化的区别

楚 文 化	中 原 文 化
崇火尚凤	崇土尚龙
亲鬼好巫	敬鬼远神
天人合一	天人相分
力主浪漫	力主现实
尚左	尚右
尚东	面南向北、头北脚南
念祖、忠君、爱国:偏重于情感	念祖、忠君、爱国:偏重于礼法

我国古代传说中将凤视为神鸟、鸟中之王。战国时楚人歌冠子的《歌冠子》描绘出了"凤"的基本特征:鸟类,高大,五彩金,能歌善舞,吉祥安宁,被奉为氏族图腾。楚人尊凤是由其远祖拜日、尊凤的原始信仰衍化而来的,有文物可考的历史迄今已7 000多年。楚人的祖先祝融被视为凤的化身。楚文化遗存中出现了大量人首蛇身和人首鸟身的图案,

表明正是楚之先民以"人心营构之象"经历了对鸟的崇拜,由此开启了我国传统文化中"龙凤呈祥"文化渊源的滥觞。凤不仅是神鸟,而且还是楚国尊严的象征。楚人尊凤信仰渗透到了各个领域。如在楚国的文物中,凤的图像、绣像和雕像不胜枚举;楚人衣服上的刺绣图案也是多以凤为主要内容。此外,还有"凤鸟双连环""虎座凤架鼓""凤龙虎绣罗禅衣"等,出土的楚国凤纹彩绘可谓千姿百态,无奇不有。

3. 物质层面

主要表现为漆器、木器和青铜器;丝织、刺绣和工艺品;郢都、宫殿和台榭建筑;帛画、壁画和屈骚庄文;编钟、琴弦和轻歌曼舞;祭祀膜拜等民俗。

三、导游学与心理学

心理学是研究人的心理过程发生、发展的规律,研究个性心理形成和发展的过程,研究心理过程和个性心理相互关系的规律的科学。心理过程是人们共同具有的心理活动。但是由于人们的生活条件、所受教育、经历的不同,心理活动在不同人身上就会呈现不同的表现和特点,形成了每个人较稳定的、经常表现出来的个性心理特征,如能力、气质、性格等。人的心理过程和个性心理特征是密切联系的。个性心理特征是通过心理过程形成并表现出来的,如能力主要是在认识过程中形成和表现出来,性格主要是在意志和情感过程中形成和表现出来;同时,已经形成的个性心理特征又会制约心理过程的进行和发展,如能力不同的人在处理和解决同一问题时,结果也会不同。由此可见心理学所研究的人的心理现象,是包括心理过程和个性心理在内的统一整体。人类认识世界与改造世界的一切实践活动都是在人的心理活动的参与下进行的,也都是在人的心理活动的调节指导下完成的。因此要做好导游工作,就必须遵循游客心理活动的规律性,提供具有针对性的服务。心理学理论在导游学中的运用可以从两方面来理解:

(一) 导游服务需要导游员掌握游客心理

导游服务要让游客满意,关键是要向其提供包括心理服务在内的周到细致的全方位的优质服务。心理服务亦称情绪化服务,是导游员为调节游客在旅游过程中的心理状态所提供的服务。当游客到达旅游目的地后,不仅会被眼前的景观景物所吸引,个人的想法和要求也会在心里产生,继而在情绪上、行动上有所反映。在旅游过程中,游客还可能遇到一些问题而形成心理障碍。这就要求导游员除了要提供旅游合同中规定的游客有权享受的服务之外,还必须向游客提供心理服务。

(二) 导游管理者需要掌握导游员的心理状况

了解导游员的心理状况,考察影响导游员工作倦怠的因素,同时探讨导游员的工作倦怠对生理、心理健康和工作满意度的影响。这对于不同层面的导游管理者采取相应的措施预防导游员工作倦怠的产生、维护员工的身心健康、提高员工的工作满意度、促进员工的个人成长具有重要的意义。

四、导游学与地理学

游客对旅游目的地特色各异的自然风光的观赏已成为旅游活动中非常重要的内容。

因此,导游员应具备向游客介绍自然风光,尤其是诠释自然景观科学成因的能力,真正使游客做到"既知其然又知其所以然"。这就要求导游员掌握必要的地理学知识。

案例 2-2

长江三峡与河谷地貌

一、河谷地貌的形成机理

河谷地貌主要是通过地质内部构造与河流外力的共同作用形成的。河流作用主要包括侵蚀、搬运与沉积三种方式。

1. 河流侵蚀

河流侵蚀是指河道水流破坏地表,并冲走地表物质的过程。它可分为下蚀、侧蚀和溯源侵蚀三种方式:

流水加深河床与河谷的作用称为下蚀(下切侵蚀、垂直侵蚀),流水拓宽河床与河谷的作用则为侧蚀(侧方侵蚀)。下蚀与侧蚀经常同步进行,但在河流的不同地段与发育阶段,二者也有主次之分,或以下蚀为主,侧蚀为辅;或以侧蚀为主,下蚀为辅。

溯源侵蚀是指河流向着源头方向的后退侵蚀,也称向源侵蚀,实际是河流下蚀作用在源头或河床坡度突然转折处(瀑布、裂点)向上发展的结果。溯源侵蚀一旦遇到相邻的其他河流,往往导致其水量减小甚至断流,自身水量则增大,产生河流袭夺。

2. 河流搬运

河道水流携带泥沙与溶解质,并推移床底沙砾的作用称为河流的搬运作用。主要包括推移、悬移与溶解质搬运三个过程。

3. 河流沉积

当河流能量降低,不再有足够的能量来搬运其携带的泥沙时,就会发生泥沙沉积:首先停止运动、沉积下来的是推移质中的大颗粒,随着能量进一步减小,推移质按体积与重量大小依次停积,悬移质也转化成推移质在床底停积。

二、主要河谷地貌的类型

1. 河谷基本形态

河谷最基本的形态可分为谷坡与谷底,谷坡分布两侧,常发育阶地;谷底比较平坦,由河床与河漫滩组成。谷坡与谷底的交界处称为坡麓。

2. 河谷地貌的类型

河谷按谷地形态可分为隘谷、V形谷和U形谷。隘谷谷底狭隘,全为河床所占,谷坡直立,属于河流下蚀作用塑造地形(如金沙江虎跳涧);V形谷谷底比较开阔,两侧为倾斜谷坡,坡麓常有倒石堆,谷顶间距远大于河底宽度,从河面看形成高耸险峻的地势(如雅鲁藏布江大峡谷、科罗拉多大峡谷);随着侧蚀作用加强,河床拓宽,谷坡后退,河谷横坡面呈浅宽U形,而成U形谷。

三、长江三峡的形成

根据地质学家的研究,长江三峡是在数亿年的岁月中,经过了多次强烈的造山运动所引起的海陆变迁和江河发育的共同作用下而产生的结果(图2-2)。

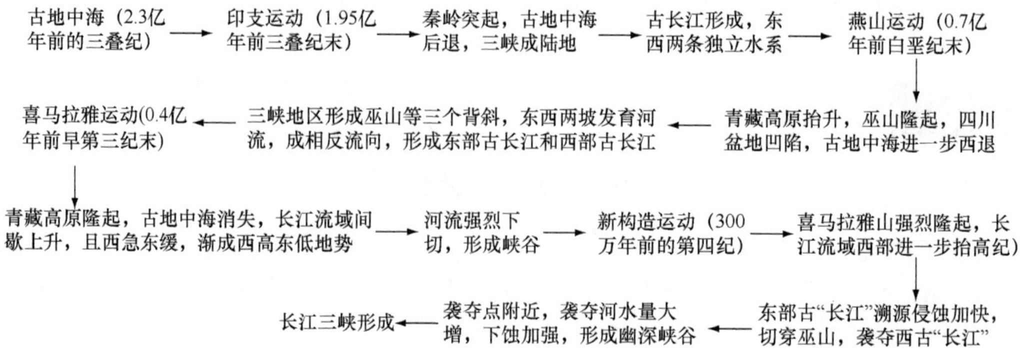

```
古地中海(2.3亿    →  印支运动(1.95亿   →  秦岭突起,古地中海  →  古长江形成,东    →  燕山运动(0.7亿
年前的三叠纪)          年前三叠纪末)         后退,三峡成陆地        西两条独立水系        年前白垩纪末)
                                                                                              ↓
喜马拉雅运动(0.4亿  ←  三峡地区形成巫山等三个背斜,东西两坡发育河  ←  青藏高原抬升,巫山隆起,四川
年前早第三纪末)         流,成相反流向,形成东部古长江和西部古长江       盆地凹陷,古地中海进一步西退
        ↓
青藏高原隆起,古地中海消失,长江流域间  →  河流强烈下   →  新构造运动(300   →  喜马拉雅山强烈隆起,长
歇上升,且西急东缓,渐成西高东低地势        切,形成峡谷        万年前的第四纪)         江流域西部进一步抬高纪)
                                                                                              ↓
长江三峡形成  ←  袭夺点附近,袭夺河水量大   ←  东部古"长江"溯源侵蚀加快,
                    增,下蚀加强,形成幽深峡谷       切穿巫山,袭夺西古"长江"
```

图2-2　长江三峡的形成

1. 海陆变迁,三峡成陆,形成古长江

在距今2.3亿年前的三叠纪,川东鄂西一带(古三峡地区)是一片汪洋大海(称为古地中海)。直至1.95亿年前三叠纪末期的印支运动,造成我国的古秦岭隆起,华南地区形成陆地与华北陆地联成整体,初步形成东高西低的地势,古地中海逐渐后退至西南地区(即形成四川湖盆),古三峡地区迅速抬升,形成较高台地,广泛发育河流、湖泊等水系,其中西部形成古长江(由四川的古金沙江、古雅砻江等水系组成),流入古地中海;东部鄱阳湖等由另一个水系(即湖南古嘉陵江)相连,共同构成古"长江"雏形。

2. 燕山运动,巫山隆起,形成东西古长江

侏罗纪后期(距今0.7亿年前),我国东西部发生了一次影响最大的地壳运动——燕山运动,导致川鄂交界区地壳发生强烈褶皱,古地中海(四川湖盆)崛起,形成巫山山脉,自北而南隆起,切断古长江,形成分水岭,把古长江分成川鄂两个水系:巫山以东的古长江即向东流(称为东部古长江),注入湖北宜昌附近的湖泊;巫山以西的古长江仍向西流(称为西部古长江),注入四川盆地的内陆湖。

3. 喜马拉雅运动,高原隆起,形成西高东低的三阶地势

距今4 000万年前新生代之初,喜马拉雅造山运动气势非凡,使中国的西部地区迅速抬升,雄伟的青藏高原(世界屋脊)隆起,成为世界"第三极",并形成西高东低的三级阶梯地势,奠定中国大陆宏观地形格局。西部高原的抬升,川鄂一带地壳发生了一次较以前更加激剧的隆起,形成一条较大断裂(裂缝),迫使西部古长江沿断裂向东流;江水随裂缝不断往下切,并产生强烈向下和向两侧的侵蚀作用(下蚀与侧蚀),日久天长,江水切穿了分水岭,二水又复合一,不断冲刷切割阻挡长江的巫山山脉;长江左突右冲,终于波涛汹涌地劈开了巫山山脉,夺路奔流形成了壮丽雄奇、举世无双的长江三峡大峡谷。

4. 溯源袭夺,河流下蚀,形成壮观长江三峡

河流袭夺、二水合一以后,奉节至宜昌一带的地壳仍在不断地向下切。因三峡地段是由坚硬的石灰岩组成,向斜部则是抗蚀力较弱的砂页岩组成,因此江水下切背斜形成峡谷,下切向斜处形成宽谷,日久天长,水滴石穿,地貌发生变化,形成举世闻名的长江三峡。

案例 2-3

桂林山水与喀斯特地貌

基本原理：$CaCO_3 + CO_2 + H_2O \rightleftharpoons Ca(HCO_3)_2$

当土壤及大气中 CO_2 不断补充于地下水时，溶蚀持续进行，上述方程式反应右行，钙质溶解流失；反之则 CO_2 减少，反应左行，$CaCO_3$ 可发生沉淀。这是石灰岩地区产生千姿百态景观的主要原理。

成　因：

1. 地表喀斯特地貌

（1）溶沟和石芽：地表流水沿岩石表面和裂隙流动时所溶蚀出来的石质小沟，称为溶沟；突出于溶沟之间的石脊称为石芽。裸露于地面的石芽因形态不同可以分成山脊式、石林式、车轨式和棋盘式。如云南路林石林高达 30 余米，它是在厚层、质纯、倾角平缓和具有较疏的垂直节理的石灰岩，以及湿热气候条件下形成的。它们挺拔林立，方圆数十里，蔚为奇观。

（2）孤峰、峰林和峰丛：孤峰是指散立在溶蚀谷地或溶蚀平原上的低矮山峰，它是石灰岩体长期在喀斯特作用下的产物，如桂林的独秀峰、伏波岩等；峰林是成群分布的石灰岩山峰，山峰基部分离或微微相连，它是在地壳长期稳定下，石灰岩体遭受强烈破坏并深切至水平流动带后所形成的山峰，如我国桂林、阳朔的峰林地貌；峰丛是一种连座峰林，顶部山峰分散，基部连成一体。当峰林形成后，地壳上升，原来的峰林变成了峰丛顶部的山峰，原峰林之下的岩体也就成了基座。此外，峰丛也可由溶蚀洼地和谷地等分割岩体而成。

2. 地下喀斯特地貌：

溶洞是地下水沿着各种构造面（层面、节理面或断裂面）逐渐溶蚀和侵蚀而开拓出来的地下洞室。在溶洞形成过程中，碳酸钙和其他物质不断沉积，就产生了洞穴堆积。沉积物按其形态、规模及洞穴水流性质，可分为以下五类：

（1）渗滴水流沉积物：① 顶板滴水沉积物，如石钟乳、石笙、钟乳石，其生成原理是地下水沿着细小的孔隙和裂隙从洞顶进入溶洞，遇到温度升高和压力降低，水中 $Ca(HCO_3)_2$ 变得过饱和，$CaCO_3$ 就围绕着水滴的出口沉淀下来，并逸出 CO_2，因而在溶洞顶面形成一条条下垂的钟乳石；② 底板滴水沉积物，如石笋、石墩、石柱，由于水滴从钟乳石滴到洞底时散溅开来，使水滴中的 CO_2 进一步扩散，剩余的 $Ca(HCO_3)_2$ 再进行分解，因而在洞底沉淀出一根根石笋；钟乳石自洞顶向下延长，石笋自洞底向上生长，上下相连，就成了石柱；③ 洞壁滴水沉积物，如石钟乳、钟乳塔、月奶石。

（2）片状水流沉积物：① 顶板片状沉积物，如石幔、石帘；② 底板片状沉积物，如石流、堤坝、石田；③ 洞壁片状沉积物，如石带、石幔、石帘、石瀑布。

（3）滴溅水沉积物：水滴洞底后，水花再飞溅于洞壁或其他沉积物上，形成表面光滑、半透明的珠状、球状沉积物，如石球、鹅蛋石、石莲、石珍珠。

（4）间歇水流沉积物：因洞底不平，出现一些水洼。坑水满后外溢，沉积物在周边堆积,状如微型梯田,故称石田。

(5) 凝结水流沉积物:溶洞内因气温湿度变化而产生凝结水,对石灰岩和石灰华进行溶解后,就地蒸发,并逸出 CO_2,重新生成多种形态的沉积物,如石珊瑚、石葡萄、雪珠(在石葡萄顶部,表面上生成绒毛状细小晶体,使葡萄球粒变成绒毛状者)。

案例2-4

武夷山与丹霞地貌

丹霞地貌是指中生代侏罗纪至新生代第三纪形成的红砂岩地层,在近期地壳运动间歇抬升作用下,受流水切割与侵蚀形成的独特丘陵地貌。它的相对高度常在300米以内,具有顶平、坡陡、麓缓的形态特征。丹霞地貌的命名是早在1928年,我国地质学家在粤北考察时,根据该地"丹霞山"特征作出的。

武夷山属于典型的丹霞地貌。武夷山及其周围地区,原来是一个长期缓慢上升的剥蚀地区。侏罗纪晚期到白垩纪初期的造山运动(1.4亿年前的早燕山运动),在武夷山坳段下陷成为一个长条形的内陆山间盆地,湖盆四周出露的变质岩、砾岩、砂页岩为湖盆堆积提供了物质来源。当时气候较为干热,氧化作用较强,使湖盆堆积的泥、砂、砾石皆成紫红色。而河流的比降较小,水流流速不大,只能携带细小的泥沙及一小部分砾石到湖盆中沉积。在早白垩世晚期至晚白垩世初期,本区又发生一次造山运动,其四周山地出现较大幅度的上升,河流比降加大,水流湍急,并携带大量砾石进入湖盆堆积。经过晚白垩世数千万年的堆积、压实、胶结(即成岩作用),形成厚达2 000多米的赤石群紫红色厚层砾岩、砂砾岩及钙质泥质砂岩夹层。距今7 000万年前的燕山运动,使武夷湖盆被抬升,由于地层受力不均,各种倾斜的角度和倾斜高度常有差异,同时相应产生不同方向的一系列节理、断层,水流沿上述的节理、裂隙进行侵蚀、剥蚀、崩塌、风化等作用,在赤石群地区开始形成丹霞地貌。

案例2-5

匡庐奇秀与断裂地貌

庐山是一座"地垒式断块山",其发育史在10亿年前的元古代就已开始。在早期阶段,这里一直处于浅海环境之中。此后经"吕梁运动",庐山一带慢慢升高,露出水面而成为陆地,并受到长期剥蚀;可在剥蚀面形成之后,庐山地区再度下沉,淹没于海水中。距今约7 000万年前燕山运动在江淮之间形成了一条西南—东北走向的淮阳弧形山脉,而庐山和鄱阳湖一带,正好处在这一山脉的顶部,庐山受到南北方向的挤压,而向东西方向伸张,这就是庐山山体呈东北—西南方向延伸的道理。由于庐山一带的基底是古老岩石,已刚化变硬,在燕山运动中不再弯曲褶皱,而主要表现为上升和断裂。因其山体朝东西方向伸张,超过了岩石的弹性限度,使岩层出现一边上升、一边下降,或是中间上升、两侧下降,或是中间下降、两侧上升的断裂。这种小断层层出不穷,互相交切,并在庐山的东南和西北麓发生了规模巨大的断层,形成了中间凸起的"地垒式断块山"——庐山。断裂构造的活动,使庐山东南面伴生了鄱阳湖断陷盆地。鄱阳湖的绚丽和庐山的俊秀,相互辉映;鄱阳湖的柔美碧波,更加烘托出庐山的挺拔之美。

五、导游学与服务营销学

随着旅游市场竞争的日益加剧,服务营销学将以它科学、系统的营销管理理论指导旅游业的营销实践活动,从而推动旅游业由传统向现代、由国内向国际、由自发向自觉方向发展。导游员在向游客提供导游服务的过程中也需要吸纳服务营销学的理念和技巧。服务营销学在导游学中的具体应用可归纳为以下方面:

(一)强化质量意识,提高服务水平

质量管理是旅行社经营管理的一项重要内容,导游员作为旅行社质量保证的执行者应该强化质量意识,随时准备为游客提供全方位、全过程的优质服务。同时,导游员还要以广博的服务知识、熟练的服务技能作为优质服务的保证,严格按照规定的程序和质量标准为游客提供服务。

(二)合理调整游客预期,提高游客满意度

游客对旅游服务是否满意,往往取决于旅游产品所带来的利益是否符合游客的预期。旅游服务的无形性使游客在消费旅游服务之前,很难对其做出正确的理解和描述,这导致他们对服务的预期往往过高或过低,不太切合实际,因而产生较大的心理落差;同时也使他们错误地评价旅游服务质量,甚至做出负面的口碑宣传。因此,导游员要善于调整游客的期望值,提高游客对导游服务的满意度。

1. 如实介绍旅游产品信息

游客期望值的高低往往取决于旅行社或旅游目的地自身的宣传介绍,一些旅行社或景点景区在市场宣传中夸大其辞,往往造成游客的期望值被调高。因此,导游员从开始和游客接触,就要与其保持经常性的沟通,主动为游客提供各种真实的旅游产品信息。

2. 尽力满足并超越游客的期望

游客在旅游活动中往往希望导游服务能达到他们渴求的最佳水平,但正所谓"没有最好,只有更好","最佳水平"是永无止境的,并且随着各种主、客观因素的变化,游客的期望值也在不断地变化中。但如果导游员提供的导游服务在某种程度上符合游客当时期望的最佳水平,游客就会对导游员和旅游产品感到满意。因此,导游员应尽可能地满足游客的合理需求,超越游客的期望,给他们以惊喜。

3. 积极有效地处理游客投诉

游客投诉的原因有很多,既有旅游接待人员的原因,如导游服务的缺陷;也有旅游协作部门方面的原因,如住宿、交通工具等不符合协议标准;还有游客自身的原因,如心情不

佳也会诱发投诉现象。对于游客的投诉,导游员应持欢迎的态度,实事求是地分析原因,对服务中的失误采取积极、有效的手段加以改进,以消除游客的不满,树立企业的品牌形象。

(三)引进客户管理,挖掘客户资源

客户关系管理可以对客户的信息进行分类、整理,建立客户档案,并运用数据挖掘技术,识别有价值的客户。导游员在服务过程中要通过自己的优质服务取得游客的信任,获取游客的各种信息,并将这些信息汇总到旅行社。旅行社可以根据客户的价值分类和客户的个人偏好、消费习惯及出游特点,开展有针对性的线路推广和营销活动,提供富有个性化的服务。

(四)诚信为本,提高购物促销技巧

购物促销是导游员日常工作的重要内容,导游员应努力提高自己的促销技巧。需要强调的是,导游员的促销必须建立在诚信的基础之上。

1. 充分准备

导游员在购物促销前,应该学习并掌握促销商品的相关专业知识,包括其属性与鉴别方法,多去旅行社合作的旅游定点商店去聆听有关商品的介绍,观察游客的喜好,整理自己的购物促销导游辞,或者在游客面前佩戴或使用所促销的商品,引起他们的注意。此外,还应对游客的兴趣、需求和购物能力有充分了解。

2. 分析心理

游客购物心理各有不同,一般有求纪念价值的心理、求新心理、求实心理、求知心理和群体心理等。不同类型的游客其购买行为也有不同。游客在购物时的心理过程也可归纳为:环视—兴趣—联想—欲望—比较—信任—讲价—接受—购买几个相互连贯的环节。因此,导游员要善于分析游客的心理,适时促销商品。

3. 把握时机

进店时间的安排要把握时机,要让游客感觉到很自然。游客旅游的首要目的是游览景点,所以进店购物不能成为每天的第一项活动;连续进店也应该避免;还要考虑到游客的生理和心理状况。

4. 事前铺垫

成功的购物促销需要事前的铺垫。导游员在接团后的首次讲解中,就应将要推销的商品融入对当地基本概况、风光风情的介绍中去,让这些商品在游客的脑海里形成一定的印象;在游览过程中也要善于借题发挥,为后面将要促销的商品埋下伏笔;在进店前15—20分钟时进行针对性的购物促销,措辞要专业、简洁。

5. 营造氛围

由于当前社会对旅游购物的误解,游客对购物促销十分敏感。因此导游员应该为自己的购物促销营造一定的氛围。首先,要通过自身的优质服务获取游客的信任,营造一种信任的氛围;其次,要与领队、全陪建立融洽的合作关系,营造一种合作的氛围;最后,要及时促进成交,营造一种愉悦的氛围。

第四节 关 联 层

一、导游学与管理学

导游服务是一项系统性的复杂工作,导游工作就是对吃、住、行、游、购、娱六大子系统的综合管理过程。管理学知识在导游学中的应用可以从两个层面来理解:

第一,导游员的管理。导游学的研究领域比导游业务更广泛,其中一个重要的研究领域就是旅行社、政府职能部门及社会各界对导游员的管理。旅行社对导游员的管理更多地运用组织管理的相关理论;政府职能部门对导游员的管理主要依据行政管理的相关理论;社会各界对导游员的管理主要依赖社会学和管理学的交叉学科的相关理论。这三个层面的管理共同构成了对导游员的管理体系。管理学知识在导游学中的具体应用有助于指导导游员提供更优质的导游服务,提升导游业的接待服务质量,促进旅游业的快速、健康和可持续发展。

第二,导游员对游客的管理。导游员的工作除了为游客提供导游讲解以外,很重要的一项工作是为游客提供游览过程中的生活服务。游客来自五湖四海,有着不同的教育背景、性别年龄、收入水平、道德修养和意识形态,他们会在旅游过程中随时提出自己的个性化需求甚至是一些无理的要求。如何协调好整个团队的共同利益,在保证提供标准化服务的同时尽量满足游客合理且可行的个性化需求,或者至少是委婉地拒绝游客的无理要求,保证整个旅游活动得以顺利地进行下去,这就需要管理学相关知识提供帮助。管理学知识特别是组织行为学的相关理论在导游员管理游客,尤其是管理团队游客时有着广阔的应用前景。

二、导游学与经济学

旅游活动是一项既有社会属性又有经济属性的复合型活动,导游员在提供导游服务的过程中不可避免地会涉及经济行为。目前我国旅游界出现的一些导游员的违规行为,如缩短游览时间,滞留商店以获取回扣;私自变动日程,增加、取消或者变更旅游项目;故意降低服务质量;私自带自己的亲属随团免费旅游;与售票人员联合减少门票购买并私分剩余费用;强制游客买景区通票等现象,究其根源是导游员为了实现自身利益最大化而做出的损人利己的不负责行为。这些行为可以找到经济学的解释,如委托-代理机制失衡、市场信息不对称、局部寡头垄断的存在,以及初级导游供给过剩等。因此,经济学的相关理论可以从服务供给的角度对导游学研究导游员的道德危险行为给予理论帮助,经济学的相关知识在导游学中同样有着广阔的应用前景。

三、导游学与传播学

导游服务是一项人际交往活动,导游员通过口语、态势语及其他形式向游客提供有关旅游景点的相关知识,这其中涉及信息的传播。因此必要的传播学知识对于导游员而言是必不可少的。如果一名导游员无法以适当有效的方式向游客传播出有用的信息,将在很大程度上影响其服务质量。传播学知识的欠缺,一方面会加重导游员自身工作的负担,使其有种"使不上劲、发不上力"的感觉;另一方面会影响受众对信息的接受。在导游工作中,信息传播是核心内容,这也决定了传播学的相关理论和知识在导游学研究中的重要地位。

对导游员而言,具备一定的传播学知识是非常重要的。导游员工作的核心内容之一就是导游讲解服务,与游客的交流和沟通同样需要很好的口头语言表达能力。对"说"的表达要求,就是对导游员的引导、讲解的要求,主要是指导游员的"说"要在不同的讲解环境中根据具体游客的情况对导游辞进行一些必要的调整,使"说"更有针对性和技巧性。

(一)导游讲解要有针对性

有针对性是指导游员要针对不同游客的不同特点和要求,在导游内容、语言运用、服务方式、导游技巧、讲解方法等方面进行针对性较强的灵活调整,使导游服务有的放矢,高质量、高效率地进行,从而为游客提供真诚、优质的服务。

在上述各个方面中,最重要的是要有针对性地实现与游客的感情共振。导游员要与游客实现感情共振,首先要学会换位思考,站在游客的立场上接待游客,并提供富于人情味的服务;其次,要以情感人,以情动人,在导游过程中营造一种轻松、亲切、融洽的氛围,使游客能够真正享受旅游的乐趣;最后,要注意尽可能地与游客去共同感受。导游员引导游客游览的景观往往是导游员去过多次的地方,而游客却往往是第一次,这样,游客与导游员之间就会有一个感受上的差距。导游员应该以高度的责任感积极调动自己的情绪,应表现出与游客一样兴致勃勃,否则就会使游客感到失落和扫兴,从而使旅游接待失败。比如,一位峨眉山导游员不知陪过多少个旅游团登过多少次峨眉山,但他每次都能充满激情。每次带游客游览遇到山猴觅食时,他都会及时地提醒游客注意保护自己,同时总是无比快乐地引导大家逗弄山猴、给山猴喂食,使游客乐而忘返。其实,这种情景对他来说根本不新鲜了,只要他表示出一点点厌烦情绪,游客的勃勃兴致就会受到影响。由此可见,导游员与游客实现感情共振十分重要。

关于有针对性地给游客提供服务的问题,著名人文学家葛剑雄先生深有体会,他说,有一次去欧洲访问,上午10:30出了慕尼黑火车站,离下午开往维也纳的火车还有两个半小时,他径直走进了欧洲设有的旅游咨询服务中心,想顺便逛一下名城慕尼黑。咨询中心服务人员问明其来意后,极有礼貌地为他设计了一条旅游线路,并马上奉送一套介绍全城风光的地图,最后建议他临上火车前可去一家咖啡店,尝一尝慕尼黑的啤酒,这位服务员胸前还挂着韩国国旗的标志。据介绍,服务员身上的国旗标志就意味着该服务员会用该国语言为游客服务,他看见有的服务员胸前佩有多块其他国家国旗的标志,这说明这位服务员能使用这些国家的语言为来自这些国家的旅游观光者服务。那天为他服务的服务员同他进行英语交流后,还用韩文表示要送他有关介绍慕尼黑的观光材料。显然,服务员是把他当成韩国人了。有了如此富有针对性的服务,外国人就会喜欢观光这座城市,旅游的功能就会得到最大限度的发挥。

（二）导游服务要有技巧性

有技巧性主要是指导游员在导游交际的各个环节，如在称呼、问候、介绍、交谈、质疑、应对、拒绝、引导、导游讲解之中都要讲究表达技巧。称呼要简洁得体，问候要热情有礼，自我介绍要镇定自信，在与游客交谈或导游讲解中置疑要主动灵活，应对要巧妙自如，拒绝要委婉含蓄，等等。

以"拒绝"为例，在导游交际时，导游员会遇到游客的各种各样的问题与要求，不可能都能使之得到满足，因此拒绝是难免的。遭到拒绝总是一件不愉快的事，所以，导游员要善于说"不"，要善于运用语言技巧来表达拒绝之意，以使其拒绝的负面影响尽量减少，将游客的不快减到最小限度。拒绝的方法有很多，常见的有借故推脱、模糊多解、先扬后抑、避实就虚等。

四、导游学与公共关系学

导游服务涉及吃、住、行、游、购、娱等诸多方面，需要协调好不同层面的各种关系。因此，导游员要善于运用公共关系学的理论知识，掌握人际交往技巧，妥善处理各种复杂的关系，维护融洽的团队氛围。

（一）正确掌握人际交往的技巧

1. 树立良好第一印象

人际接触的最初几分钟往往决定以后交往的成败，"首因效应"也就是通常所说的第一印象往往对游客的感知起到强烈的定势作用，支配着游客的思维，左右着他们对导游服务质量的评价。因此，导游员要重视树立良好的第一印象，特别是与游客的第一次接触。导游员要显示出自己良好的仪容、仪表、神态和风度，并将这一良好形象贯穿于旅游活动的始终。

2. 努力营造和谐气氛

创造一种友好、和谐的交往气氛，有利于导游员与游客的交往。因此，导游员在服务中态度要热情诚恳；与客交往应随和大方；导游语言要亲切自然，多寻找与游客的共同语言，善于"投石问路"，切忌只谈自己关注的话题而置游客的兴趣于不顾；与客交往时还应根据交往对象的性别、年龄、文化程度、职业、气质类型的不同，采取不同的方法，有的放矢、对症下药。

3. 充分展示自身魅力

导游员的魅力包括外在魅力和内在魅力。外在魅力即形象魅力，是人的仪表、相貌、服饰、气质、风格等外形形象的总和；内在魅力即人格魅力，它主要指人的道德修养、知识水平、工作能力，以及豁达开朗的个人品质、幽默风趣的工作风格等。相较于外在魅力，人格魅力更为持久，导游员应当注重人格魅力的培养与修炼，提高个人的道德修养和文化修养水平，用良好的气质、温和的个性、丰富的学识、高尚的品德去感染游客。

4. 善于表达思想感情

在旅游活动中，导游员应善于在旅游服务中加强与游客的感情交流，要准确理解对方的意图，恰如其分地表达自己的思想感情。要学会认真倾听游客的意思表达，注意掌握游客在服装、眼神、姿态等方面的态势语言信号所表达的真实含义,同时熟练地运用自己的服装、眼神、姿态等态势语言信号向游客表达自己的想法。此外,还要对游客适度地赞美,以加深客我双方的人际关系。但要注意的是,赞美必须适当,溢美之词会让人感到虚伪,甚至怀疑你的动机。

（二）妥善处理相关人员之间的关系

导游员的任务是实施旅游接待计划,为游客提供导游讲解服务和相关的旅途生活服务,导游员还是旅游服务各方面关系的协调者和旅游过程中各种问题的主要处理者,工作繁重复杂。这样繁杂的工作不是一个人所能完成的,事实上,导游工作任务通常是由全陪、地陪和领队等组成的导游工作集体来完成的。

1. 基本关系定位

全陪、地陪和领队之间的基本关系应是:分工不同,目标一致。

（1）分工不同。全陪、地陪和领队来自三方,他们代表着不同的利益,有着各自的职责和明确的分工,工作侧重点亦不相同:全陪的工作重点是实施旅游接待计划,地陪的工作重点体现在导游讲解和做好接待工作两个方面,领队的工作重点则是做好组织和团结工作。

不同的分工,加上个性、工作作风等方面的差异,易使他们对一些问题的看法、观点相左,常常会出现一些不愉快,致使关系紧张。比如,有些领队,特别是那些常跑中国的职业领队,为了自身的利益,往往对中国导游员的工作横加指责、挑剔,以求讨好游客;全陪和地陪在工作上也可能因为旅行社或者是自身的利益而出现分歧。但是,他们之间必须协作共事、求同存异,这是提高导游服务质量、圆满完成导游任务的根本保证。

（2）目标一致。在导游工作集体中,领队是旅游客源地组团社的代表,全陪是旅游目的地组团社的代表,地陪则是旅游目的地接待社的代表。他们虽然分别代表不同旅行社的利益,在工作中也有各自的职责,但在陪同和接待旅游团队时,他们的目标是一致的。

首先,全陪、地陪和领队有共同的工作对象,即同一团队的游客;其次,有共同的工作任务,即执行该团队的旅游计划,为其安排落实各项旅游服务;再次,有共同的努力目标,即组织好该团队游客的旅游活动,为其提供满意的服务,让游客获得生理上和心理上的最大满足和享受;最后,全陪和地陪还有着共同的国家利益,有维护旅游目的地国旅游业的国际声誉、发展国家旅游业的共同目标,有必须要执行的国家制定的政策、法规,这些都为他们之间的友好合作共事创造了前提。

全陪、地陪与领队之间的协作共事实际上体现了旅游目的地旅行社和旅游客源地旅行社之间的合作,旅行社之间良好合作关系的前提是平等互利、互守信用及向游客提供优质的服务,而这些前提条件的具体体现往往就是全陪、地陪和领队的友好合作,共同完成接待旅游团、执行旅游接待计划的任务。因此全陪、地陪和领队之间应友好共事、通力合作,努力实现"三赢"的局面。

2. 建立合作关系的方法

全陪、地陪和领队之间为了建立良好的合作关系,共同提高导游服务质量,应特别注意以下几个方面:

（1）尊重各方利益。导游工作集体中的三方是平等的,虽然他们的作用不同、工作各有侧重,但他们之间无高低之分。他们的交往总是双方的、互利的,切忌干预他方的活动,侵害他方的利益。

(2) 主动争取配合。全陪、地陪和领队既然有着共同的目标和任务,就必须友好协作,共同努力完成旅游接待任务;就必须反对短期行为和本位主义。

(3) 建立友情关系。全陪、地陪和领队都必须正确运用公共关系中的工作关系(即理性关系)和情感关系(即人情关系)相统一的方法,即在工作关系中适当地注入一定的情感关系,这样人际关系才会更美好、和谐。同时,要把握好三者之间合作关系的尺度和距离,尊重彼此的隐私权,不涉及工作上的保密禁区。

(4) 学习众家之长。导游工作集体的三方之间存在互补关系,也需要互补。同事间相互学习、取长补短是增长知识、提高才干的一条途径,也是搞好协作关系的又一个重要保证。如中国导游员学习外国领队的先进的、成功的带团经验就十分有必要。

(5) 勇于承担责任。在带团期间,工作中若出现问题或事故,全陪、地陪和领队都应从做好旅游团队服务工作的大局出发,在分析原因的基础上,分清责任,各自勇于承担相应的约定责任,不得相互推诿,更不得一出事就采取诋毁他人的手段来逃避责任。

(6) 保持适当距离。全陪、地陪和领队之间的关系应是君子之交,要限制在法纪和社会承认的范围之内;功利关系距离适当,异性间距离正常。

五、导游学与社会学

旅游活动是一项社会活动,商业性导游活动的产生和出现有其深层次的社会原因。同时导游员在向游客提供导游服务时,应该考虑游客不同的文化背景、社会背景和生活方式,因人而异、有的放矢地提供有针对性的导游服务,这样才能受到游客的欢迎。因此必要的社会学知识是一名导游员必须具备的。

从导游学的角度而言,社会学知识有助于研究导游活动、尤其是商业性导游活动产生的历史背景,可以用于导游学的历史溯源研究,并可展望未来导游学发展的趋势与方向;从导游员角度而言,社会学知识有助于研究旅游客体的社会属性,以便预判其旅游期望,提供有针对性的服务,更好地满足不同社会背景下游客的需求;而作为导游管理部门,研究社会学相应的理论,可帮助分析导游员在实践活动中不同行为的原因,有助于建立和健全相应的政策、法规以及社会舆论环境,使导游员在良好的社会环境下得以全方位地健康发展。由此,社会学的相关理论和知识是导游学所必不可少的。

六、导游学与文学

人文旅游资源通常伴随着文化符号的流传而成为重要的旅游吸引源,尤其对于我国这样一个拥有五千年光辉灿烂悠久文明的国度而言,历史上流传下来的众多文学作品无论是对外国游客还是对我国游客而言都是一种巨大的吸引。如果一名导游员在提供导游讲解服务时,不能确切了解与景观相关的文学知识,对于游客而言是一种巨大的损失,也是导游员未能很好完成导游讲解任务的表现。因此,必要的文学知识对导游员而言是非常重要的,这也是文学成为导游学学科体系中关联学科的原因所在。

案例 2-6

导游学与文学

导游员将"原生态"的信息加工、整理、归纳,融入自己的幽默、机智和知识,使之变成富有活力的艺术语言,储存于自己的头脑中。这样的信息,可称为"备用态"信息,其开发价值的高低,取决于导游员的性格、阅历和知识,尤其是文学知识的融入。

比如,导游员将西湖"断桥"的各种信息加工整理归纳,用艺术语言记载:"断桥"的名字最早取于唐代,宋代称保佑桥,元代又叫段家桥。它的名字和《白蛇传》联系在一起,因而成了西湖中最出名的一座桥。故事中美丽善良的白娘子,最初就是在这里遇见许仙的。两人通过借伞定情后结为夫妻。后来,许仙被法海骗到金山寺当和尚,白娘子为讨回丈夫,水漫金山,被法海战败后返回杭州,不久许仙也逃出金山寺,一路追寻白娘子重返杭州,恰好又是在断桥遇见了白娘子。夫妻重逢,百感交集。"断桥相会"描写的就是这一情景。此外,断桥背城面山,视野开阔,是冬天观赏西湖雪景最好的地方。每当瑞雪初晴,桥的阳面冰消雪融,阴面却还是白雪皑皑。远远望去,桥身似断非断,"断桥残雪"就因此得名。

经过导游员加工后的备用态信息,给断桥增添了许多浪漫色彩,更易吸引游客。

七、导游学与哲学

哲学是世界观和方法论,是指导现实社会人们行为的科学依据,因此被誉为"科学的科学"。哲学知识对导游学的作用可以从三个方面理解:

第一,从学科自身的角度来看,导游学的立论需要哲学做出科学的指导。导游学的研究方法和研究思路都需要自然辩证法和社会辩证法的有力支持。同时,导游学作为一门系统科学又需要系统论作支撑,因此,哲学知识对于导游学理论的建立和研究方法的采用具有重要的指导意义。

第二,从导游员的角度而言,导游员需要习得一些基本的哲学知识指导自身的工作学习。现在有很多评论指责我国导游员素质修养不够,并据此提出了很多解决办法,唯独没有提及哲学相关理论的学习。事实上,哲学理论对于导游员自身素质的提升有着巨大的帮助作用。有了正确的世界观和方法论的指导,导游员才可能从更深层次认识到自身工作的意义,有利于自己职业生涯的构建和自身价值的实现,才有可能从源头上解决造成导游员道德风险行为的内因问题。

第三,从导游工作的角度来说,导游员在讲解一些涉及人类社会的规律性行为时,如果没有一定的哲学基础作指导,是无法出色地完成导游讲解工作的。比如,评价我国历史朝代更替时,常用到《三国演义》里的提法:话说天下大势,分久必合,合久必分。这其中就隐含了哲学矛盾论里"矛盾是事物发展的动力"和发展观点里"事物发展是螺旋上升",以及系统论里"系统发展是由一个平衡走向另一个平衡"的三大思想。如果没有一定的哲学基础知识,是无法很好地解释上述事件发生的内在规律的。

❓ 思考题

1. 画图分析说明导游学的学科树。
2. 导游学的核心层有哪些？谈谈你对它们的理解。
3. 美学属于导游学的哪个层次，如何正确引导游客观景赏美？
4. 请你谈谈长江三峡的形成原因。

第三章　导游学前沿理论研究

随着我国旅游业的不断发展,导游学作为一门新兴学科开始成为旅游学科新的分支。同时,导游实践活动处于不断变化发展之中,相应地出现了一些新的导游研究的热点问题和研究领域,这些新的热点问题和研究领域将催生出导游学新的理论。

第一节　服务供给与消费者行为

一、概述

导游服务的出现源于旅游业的产生和发展。人类历史上有意识地外出旅行是伴随着商品交换产生而出现的。第三次社会大分工使商业从农牧业和手工业中分离出来,出现了专门从事商品交换的商人。正是他们,在原始社会末期开创了人类旅游活动的先河。他们以经商为目的,周游于不同的部落之间。此时,商业性导游服务尚未出现。公认的商业性旅游活动是1841年由英国人托马斯·库克(Thomas Cook)组织的。1841年7月初,在托马斯·库克居住的莱斯特城不远的拉夫巴勒要举行一次禁酒会。为了壮大这次会议的声势,托马斯·库克在莱斯特城张贴广告、招徕游客,组织了570人从莱斯特城前往拉夫伯勒参加禁酒大会。他向每位游客收费1先令,为他们包租了一列火车,做好了行程的一切准备,最终这次短途旅行十分成功。这次旅行也被公认为近代商业性旅游活动的开端。

伴随着商业性旅游活动的出现,商业性导游服务正式登上了历史舞台。从经济学的角度而言,当游客有了外出旅游的动机以后,对于目的地的不了解使其迫切需要熟悉当地情况的人员为其充当向导,并帮助安排其旅行游览的全过程,对导游服务的市场需求由此产生。因此,导游服务的本质属性是为了满足游客需求的一种服务供给。但导游服务供给又不同于一般的物质产品供给。随着旅游业的发展,游客对于导游服务的需求已不仅仅局限于标准化的、流程化的统一规格服务,个性化需求越来越突出地体现在现实旅游市场。因此,从服务供给的角度而言,掌握消费者行为的相关知识,建立自身的消费者行为理论是导游学面对的重要课题,同时对于不断变化的消费者行为的研究也将成为未来导游学研究的前沿领域。

二、社会各界观点

伴随着旅游业的快速发展,旅游消费者的个性化需求越来越多地涌现出来,传统的标准化服务已无法很好地满足不同消费行为模式下的游客的个性化需求。同时,旅游消费者的消费能力与导游服务供给之间的博弈关系也催生了诸如"零团费"等供给与消费不匹配的问题。社会各界对游客全新的消费行为及日益增长的旅游消费能力给予了充分的关注。

案例 3-1

产品变革:让游客决定行程

越来越多的人选择通过旅行来缓解工作的紧张与生活的压力。但事实上,旅行中有太多的不尽如人意,反而为游客增加了另一些紧张和不悦。

最为突出的是旅行社所认为的"好线路",并不一定就是游客心中的"好产品","过路游""购物游"等纠纷时有发生。一直以来,中国的旅游模式基本上是一种"半军事化"的团队管理模式:不同年龄、不同文化背景、不同兴趣爱好的人群组合到一起,被一同安排出游和住宿,甚至连几点起床、几点拿行李、几点到哪个景点,每一个环节都要被统一安排,这样容易引发游客的不满。

针对这种现状,2006 年 9 月,云南大理旅游集团联手多家网络媒体,开展了以"魅力大理"为主题的线路自组合网络大赛。

此次活动一改以往由旅游景区和旅行社来设计旅游线路的传统方式,由游客根据自身的旅游习惯与个性化需求来制定旅行线路,让广大游客参与旅游产品的设计。

此次比赛的范围相当广泛,将大理白族自治州的所有旅游资源都进行整合,包括大理古城、三塔、蝴蝶泉、苍山洱海、天龙八部影视基地等景点。针对不同的受众分别围绕经典线路自组合、探秘线路自组合、自驾线路自组合、摄友线路自组合、情人线路自组合等主题组织大赛。

参赛网友可以根据自己的优势和旅行经验,选择自己比较熟悉和感兴趣的主题,提交相应的旅游线路设计方案,参与比赛。比赛优胜者除了能赢得免费游大理的机会外,还有机会享受到普通游客少有的大理当地的高规格接待,并能获得大理旅游线路"荣誉顾问"的称号。

与此同时,中国国际旅行社的"环球行"也在尝试"产消合一"式的产品项目:由"骨灰级"旅游爱好者牵头包办设计路线、计算成本甚至团员促销,以及收集、分发、讲述目的地风土人情资料等诸多原先旅行社的"本分",而旅行社要做的就是认可与协助实施。

据云南大理旅游集团负责人介绍:旅行社按照客户的个性化需求而为其量身定做旅游方案的做法,其实在国外非常普遍,其收入有时高达旅行社总收入的 80%。

案例 3-2

"零团费"惹祸　香港游质量整体下滑

2006年"十一"黄金周结束了,对"东方之珠"香港而言,有多少内地游客乘兴而来、败兴而返,恐怕难以完整统计。但就整体而言,内地"个人游"游客减少、团体观光游客大幅下降,已是不争的事实。香港入境团旅行社协会表示,2006年"十一"黄金周的内地团数量比2005年减少三成多。

1. "购物天堂"美誉严重受损

据了解,2006年前8个月,香港旅游业议会接到超过400宗内地游客来香港购物的投诉,这已超过2005年全年的数字。其中,针对本地导游的投诉就有70多宗,比2005年同期增加了30多宗,其中7名导游因涉及强制购物或服务态度恶劣而被停牌。

"十一"黄金周期间,还有香港导游将内地旅行团游客"禁锢"在商店限令购物,并扬言买不足限额不让住酒店;有导游带游客游览根本不需任何费用的尖沙咀星光大道,竟向游客索取数百元的入场费;还有的导游甚至出言讥讽:"穷就不要来旅游,出来就要花钱。"总之,软则欺哄,硬则恐吓,手法层出不穷。

香港一向有"购物天堂"的美誉,但根据最新的《联合国国际罪案受害者调查》显示,香港市民遭受消费诈骗的比率,位居已发展国家或地区的首位,25%的受访者都曾遭受各式各样的消费欺骗,其中超过一半都是和购物有关,然后是对电信服务业和酒店餐饮业的投诉。本地市民尚且如此,外来游客的情况就可想而知。

2. 导游接"零团费团"无底薪

香港旅游业议会负责人认为,投诉数字激增反映香港旅游服务水平下降;而九成由内地到港的旅行团为"零团费团",这种情况也极不健康。

行内人士指出,"零团费"旅行团屡禁不止,导游以近乎禁锢、勒索的手段强迫旅客购物,直接与旅客发生冲突,是旅客投诉数字激增的主要原因。香港注册导游协会负责人分析说,导游强迫旅客购物与导游薪金机制有关。本地导游接待内地"零团费团"基本无底薪,他们主要靠佣金和小费作为收入,购物佣金是其中占比较大的收入。

据了解,香港旅游业议会和内地已经签署了多项合作备忘录,表示将全力打击"零团费",其中包括承诺不强迫游客购物、不收取离团费及按国家旅游局规定一日只到一个购物点等。

3. 内地、香港应共同遏制

据香港媒体报道,为招揽游客,内地一些旅行社不惜推出所谓的"零团费",吸引内地游客到港后,香港接待导游为了其切身利益强迫游客消费,从而引起争执。

业界专家指出,目前内地团都是被分配给香港接待团,若内地或香港旅行社能提供"一条龙"服务,并提高资讯透明度,打造旅游服务品牌,从而有利于内地游客依据口碑效应分辨优劣。再者,现在接待入境游客的导游必须持有导游证,若能完善目前的投诉制度,吊销违规导游的牌照,应该可起震慑作用。此外就是建议在内地组团时将团费提升至合理水平,以减少导游依赖购物佣金补贴成本。

据了解,由于内地团游客投诉在香港被强迫购物的个案不断增加,香港旅游业议会正研究一系列方案打击这类违规经营手法,以杜绝"零团费",如考虑公布违规旅行社的名字,以及建议香港特区政府在内地主要城市设立办事处,方便游客返回内地后投诉。

香港特区政府经济发展及劳工局负责人指出,"零团费"对香港旅游业的声誉影响深远,必须取缔,但要根治,不能只靠香港单方面采取措施,还需要内地旅游局进行统一规范。

相关业内人士认为,导致旅行社推出"零团费"甚至"负团费"的原因在于旅行社的恶意价格竞争,问题的产生可追溯至20世纪80—90年代我国的旅游业刚刚走向市场化之时。由于当时旅游消费者的实际购买力有限,而其对于旅游的期望值又较高,这种期望值和实际购买力之间的错位使得某些业内人士发现了商机,通过"零团费"或者"负团费"的形式吸引游客,在初级旅游市场的竞争中占得了先机,这种经营模式也随着行业竞争日趋激烈而延续了下来。同时由于中西方文化的差异,中国游客不习惯为导游服务付小费,而小费是西方导游员的主要收入来源,因此中国导游员在提供导游服务时倾向于人为降低服务标准以解决高消费者期望和低实际购买力之间的错位问题。

"零团费"和"负团费"现象的出现对于游客、旅行社和导游员三方都没有益处。业内专家提醒旅游消费者,对于"零团费"陷阱应当保持清醒的头脑,用理性的消费观念购买导游服务。旅游消费者应当对廉价旅游广告说"不",建议选择有资质、规模较大、管理较规范、服务完善的旅行社;对购物"陷阱"说"不",旅游景点内的商品一般价格都较高,不要轻易购买,且尽量不要在旅游景点购买珠宝钻石、家电、化妆品等商品;对忍气吞声说"不",当自身合法权益受到侵害时,可向当地消费者协会、旅游质监所投诉,也可向相关行政部门申诉,甚至可向法院起诉;对口述旅游合同说"不",建议游客与旅行社签订完整、详细、规范的书面合同。合同的内容应包括:旅行的时间和行程安排;所乘交通工具及规格(飞机要标明航空公司、航班时间、飞机型号;火车要注明是硬座、硬卧还是软卧,是否空调车;轮船要明确是几等舱等);旅行的食宿档次和标准。2013年10月1日正式实施的《中华人民共和国旅游法》(以下简称《旅游法》)明确规定:旅行社组织和安排旅游活动,应当与旅游者订立合同,包价旅游合同应当采用书面形式,包括下列内容:旅行社、旅游者的基本信息;旅游行程安排;旅游团成团的最低人数;交通、住宿、餐饮等旅游服务安排和标准;游览、娱乐等项目的具体内容和时间;自由活动时间安排;旅游费用及其交纳的期限和方式;违约责任和解决纠纷的方式;法律、法规规定和双方约定的其他事项。订立包价旅游合同时,旅行社应当向旅游者详细说明前款第二项至第八项所载内容。

同时,《旅游法》针对"零、负团费"明确规定了旅行社经营的"五不得":不得以不合理的低价组织旅游活动,不得诱骗旅游者,不得通过安排旅游者购物或另行付费旅游项目获取回扣等不正当的方式获得利益,不得指定具体的消费场所,不得安排另行付费旅游项目。对导游和领队也明确规定"三不得":不得私自承揽导游和领队业务,不得擅自变更旅游行程或中止服务活动,不得向旅游者索取小费等。这一系列的规定,明确了低价招徕、通过强迫购物等不恰当途径获取利益的经营行为属于非法,从各个环节明确了旅游市场的规则和行为规范。对这些违法行为的处罚也是《旅游法》中最严的。旅行社违反《旅游法》第 35 条规定的,由旅游主管部门责令改正,没收违法所得,责令停业整顿,并处 3 万元以上 30 万元以下罚款;对直接负责的主管人员和其他直接责任人员,没收违法所得,处 2 000 元以上 2 万元以下罚款,并暂扣或者吊销导游证、领队证。这或将使"零、负团费"现象销声匿迹。

三、国内学术界研究动态

国内学者对于服务供给与消费者行为的研究范围较为广泛,相应的成果也较多。

王雪华分析了旅游产品与消费者行为之间的关系,认为从旅游社会学的角度分析,人们购买旅游产品除了满足休息放松的生理需求外,在心理上是为了满足以下几种需求:追求产品所表达的时尚、从旅游的精神价值中寻求认同,以及达到对平凡生活的补偿。她还认为消费者行为习惯存在一个惯性,不会在短时间内发生变化,因此通过学习掌握消费者行为习惯,认识并引导消费者行为对于旅游生产者和经营者有着重大的指导意义。

荣晓华对比了有形产品与无形产品的消费者行为区别,认为服务产品的消费者行为具有以下特征:首先,信息收集方法不同,服务市场消费者主要通过人际交流来获取所要购买的服务信息,而广告等媒体沟通手段相对地不为服务消费者所重视;其次,消费者对于服务的风险知觉不同,因为服务的生产与销售同时进行,因而消费者在购买服务产品时感知到的风险可能更大;再次,消费者对于品牌的忠诚度不同,由于购买服务具有更大的风险,因而消费者对品牌有更高的忠诚度;最后,对服务质量的评估不同,消费者对服务产品的评估与消费预期有关。基于上述研究,荣晓华认为通过对上述服务市场中消费者行为特征的了解,有助于帮助服务供给部门提升服务质量和综合竞争力。

钱林晓在上述学者研究的基础之上总结了我国现行的旅游消费理论,认为我国现有的消费者行为理论是在旅游经济领域构建的,从体系到理论均照搬西方,因此现有的旅游消费理论仍不够完善。其通过对比传统的消费理论体系和贝克尔的新消费理论体系后,认为传统的消费者行为理论与实践之间有较大的出入,主要表现在:(1) 无法用经济学观点解释消费偏好问题;(2) 传统的消费者行为理论是为了建立对消费者行为的普遍解释,但这是无法实现的;(3) 传统的消费行为理论无法解释时间分配对消费者行为的影响。传统的消费者行为理论分为两个层次,第一层次为旅游消费与其他产品消费选择决策,第二层次为旅游目的地选择决策。前者没有考虑时间限制,后者虽然考虑了时间限制,但其分析只能勉强解释散客旅游的情况,与团体旅游的实际情况显然存在差距。而贝克尔的新消费者行为理论一定程度上弥补了传统的消费者行为理论的缺陷,对旅游消费者行为理论的研究也有以下启示:从"生产"的角度来认识和研究旅游消费;在未来的旅游消费者行为理论研究中,应着力建立一套包含"消费购买—消费过程(包括除购买以外的消费投入,如闲暇时间、精力等)—消费效果评价—再次消费的可能性"的理论研究体系,这样的旅游消费理论才对旅游生产实践有指导意义。还有学者从构建理论模型的角度研究了游客的消费者行为,以期通过模型的拟合研究现实的游客消费者行为模式,从而指导合理的服务供给活动。

舒伯阳通过构建"行为-动机"投射模型(如图 3-1 所示),系统分析了游客消费行为模式,总结出三类典型的旅游消费模式(如表3-1所示)。

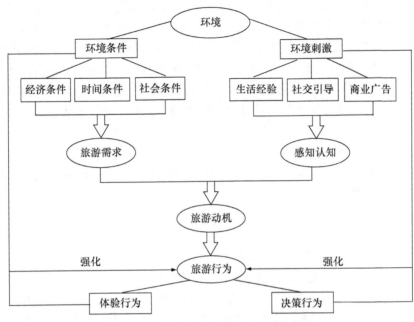

图 3-1 旅游消费的行为—动机演进模型

表 3-1 三类典型的旅游消费心理及行为趋向

消费类型	生活基础(物质/精神)	心理与消费行为趋向	旅游产品偏好
补偿型	基本生活水准有保障 精神文化生活较缺乏	强烈追求对实现生活不足的某种补偿,希望通过旅游拓宽视野,将旅游作为满足精神需求的一种主要途径	观光型旅游产品 倾向于旅游产品数量上的追求
平衡型	一般处于小康生活水准 精神文化生活有一定保障	将旅游仅作为生活方式中多元化享受的一种平衡	多类别、大众化的旅游产品
超越型	较极端的生活水准(较高或较差) 精神生活丰富	自我实现意愿强烈,追求对现实生活(优越/平凡)方式的一种突破	全方位参与型旅游项目 专题探索型旅游产品

伴随着经济社会的不断发展,旅游业在全新的历史背景下也需要新的理论作为指导。在经济全球化和信息时代的新背景下,传统的旅游消费者行为理论已不能适应新时代需要,因此学术界也对传统的旅游消费者行为理论做出了修正。

石奎从新的视角分析了在信息化背景下的旅游消费者行为,总结了网络时代影响游客消费行为的心理因素,认为获得充分选择权利的动机、充分交流的动机、寻求方便的动机、求新奇的动机、求廉动机、网络带给游客的全新知觉感受以及游客通过网络学习的动机共同作用,重构了传统的消费者行为模式,对网络时代的游客消费行为进行了初步探讨,提供了游客消费行为研究的全新视角。

贾跃千等认为,"零团费"是指地接旅行社不向组团旅行社收取游客在目的地的接待费用,而通过游客在目的地的某些消费来弥补团费并获取利润。他们通过研究发现:"零团费"存在阶段性;"零团费"问题的治理要从游客、导游员和旅行社三方共同作用。贾跃千还深入研究了导致"零团费"现象产生的机制,并得出结论:"零团费"的最终根源在于游客的有限理性消费。其演化的动力机制在于:"零团费"是组团旅行社激烈价格竞争的直接作用结果;"零团费"的出现是地接旅行社经营不断试错的结果;"路径依赖"是"零团费"持续发展的动力机制。此外,他们认为我国独有的城乡二元结构对旅游消费者存在的空间布局、游客行为模式和意识形态均有着深远的影响,因此在城乡二元结构背景下将西方旅游消费者行为理论与中国特有的社会格局相结合有助于现有消费者行为理论与中国实践的结合。

宋娜和刘丽娟研究了我国特有的城乡二元结构背景下,消费结构的不同对游客消费行为的影响,她们认为收入、储蓄、生活水平及意识形态的巨大差异是造成我国游客消费城乡差异明显的主要原因。

四、小结

综合以上研究,可以得出以下结论:

(1)导游服务是一项无形的产品输出,与有形产品相比,二者在消费者信息的收集方法、消费者对风险的感知、对品牌的忠诚度,以及对产品质量的评估均存在差异。游客之所以外出旅游,产生对导游服务活动的需求,源于追求产品所表达的时尚、从旅游的精神价值中寻求认同及达到对平凡生活的补偿。

(2)由于理论发展水平的差异,我国学者在研究服务供给与消费者行为时,过多地依据传统的西方消费者行为经典理论,但问题在于我国独有的城乡二元结构、不同的社会发展历程及政治体制、文化背景、社会意识形态会使得西方传统理论在我国具体运用时存在差异,加之经济全球化的趋势和信息时代的来临,同样需要西方传统理论在新的历史背景下做出调整。

(3)旅游消费者期望与实际购买力之间的错位是"零团费"现象产生的根源。旅游消费者消费理性不够和不成熟的消费行为导致我国导游服务供给中出现了"零团费"的现象。此问题单纯依靠市场机制不能从根本上予以解决,除了有待旅游业的发展、旅游消费者的成熟,以及实际消费能力的增长以外,旅游行政部门对旅行社恶意的价格竞争行为必须有一定程度上的制约。而《旅游法》针对"零、负团费"明确规定了旅行社经营的"五不得",对导游和领队也明确规定了"三不得",从各个环节明确了旅游市场的规则和行为规范,《旅游法》中旅游服务合同一章,按照旅游市场规律,明确了旅游者与旅行社、旅行社与其他旅游经营者之间的民事权利义务,这应该都是针对"零、负团费"在法律层面的治本之策。

(4)我国导游学中的旅游服务供给与消费者行为理论应本着借鉴学习西方理论,结合本国实际和新的历史背景的态度,综合运用定性分析方法与定量的模型研究,不断总结提炼自身理论,为现实导游活动做出科学客观的指导。

第二节 薪酬管理

一、概述

导游服务由产生之初的一项为游客提供向导服务的活动逐渐演变成为一项涉及面广、内容丰富的工作,导游员也随之与旅行社发生联系,成为旅行社完成和实现接待计划的直接实施者。导游员与旅行社之间发生了雇佣关系,因此对导游员的管理就必然涉及薪酬问题。随着旅游业的不断发展,旅行社对导游员的薪酬管理方式也在不断演化,呈现出很多新的趋势。因此,关于导游员薪酬管理的理论既是构成导游学的基础理论,同时随着旅游业的发展及其理论的不断深化,导游员的薪酬管理将是导游学乃至旅游学研究的前沿热点。

关于导游员的薪酬管理,目前最核心的部分和矛盾焦点是旅行社"零团费"甚至"负团费"及导游员"零底薪"经营模式下导致的导游员回扣问题,这也是目前我国旅游行业饱受争议、最受关注的问题之一。因此,尽快修正和完善原有的导游薪酬管理理论,使之能适应不断发展的我国旅游业新形势,并在新的历史背景下能更好地指导导游实践活动,是导游学领域目前亟待解决的重大课题。

二、社会各界观点

社会各界对导游回扣问题十分关注,从不同视角对导游员"私拿回扣"给予了不同看法。

案例 3-3

"薪酬"乎?"回扣"乎?

2005 年,被称为"旅游业回扣第一案"的"谢瑞麟涉嫌向旅行社提供非法回扣案"(以下简称"谢瑞麟案")引起了社会各界的广泛关注。

"这个案子的关键在于,到底是'佣金'还是'回扣'?"上海某大型旅行社老总告诉记者,事实上,现有的法律法规无法明确界定"佣金"和"回扣",这给企业提供了打"擦边球"的机会。此外,如何对庞大的导游群进行有效监管的课题,也随着"谢瑞麟案"的浮出水面而提上议事日程。上海市旅委管理处相关负责人表示,目前在上海乃至全中国,比较提倡企业与企业的合作,即旅行社与景点、商家签订合作协议,旅行社从中获取合法佣金。他强调,签订协议之后,旅行社与景点、商家之间的经济往来均须有账目可查。旅行社人士认为,既然外界认可商业佣金的存在,那么在旅行社与商家之间的佣金应当是合法的。不过,上海市旅委相关人士指出,国内明确反对导游个人通过与景点、商家之间展开私下交易,从而收取"回扣"的行为。然而,业内人士指出,国内导游多数为兼职导游,个人自由度相当大,旅行社很难对导游进行及时、有力的监管,这使得部分导游受利益驱动私下与景点、商家合作,带团前往消费,以便获得"回扣"。旅行社人士私下向记者透露,如果最终判定的结果是倾向于打击"回扣"的话,那么势必会导致旅游团费的上涨。据悉,佣金收入已成为旅行社收入的重要组成部分,尤其是中小型旅行社,它们为了吸引游客报名,往往会抛出异常低廉的报价。如果切断佣金、回扣的路子,其结果要么是旅行社死亡,要么就只能提高团费。

香港"珠宝大王"谢瑞麟因涉嫌向旅行社提供非法回扣、协助旅行社逃税被拘查,很多市民都在关注该事件是否会导致内地的旅游主管部门对导游回扣这一现象进行严厉查处。

1. 导游:拿回扣很普遍

其实,导游拿回扣在旅游业界已是众所周知的"秘密",已然是一个潜规则。一个团队带出去,导游挣上个万儿八千的比比皆是。当然对这一行为,导游也颇多无奈。"现在导游大部分都是兼职导游,根本没有基本工资,一天30—50元的补贴也是少得可怜,不靠拿点回扣早就饿死了!"某导游如是说。

2. 旅行社:恶性"价格战"造成

江苏某旅行社负责人认为,目前国内旅游市场还不够成熟,为了吸引眼球,旅行社的线路报价就一家比一家低,甚至低于成本价,这就是所谓的"零团费"或"负团费",这也就造成了旅行社之间的恶性低价竞争。旅行社的利益终究要保证,因此只能将利润风险转嫁到导游的头上,不给基本工资、补贴低,甚至导游带团还要交给旅行社"人头费",为此导游只能通过带游客购物、推荐自费项目,以拿购物、餐饮或自费项目的回扣来弥补自己的损失。

3. 旅游局:暂时无法查处

江苏省旅游局有关人士也表示,目前国内比较提倡企业与企业的合作,即旅行社与景点、商家签订合作协议,旅行社从中获取合法佣金。但"佣金"不等同于"回扣",佣金是合法的,回扣是违法的,但现有的法律法规无法明确界定"佣金"和"回扣",这就给了旅行社打"擦边球"的机会。南京市旅游业协会负责人指出,在目前的旅游大环境下,市民的旅游消费理念不够成熟与理性,旅行社也借市民爱贪便宜的心理大搞低价竞争,导游的薪金制度和管理机制也不够完善,这一切因素导致"回扣"现象的产生。

多年来,导游、领队、司机拿"回扣"已是旅游业界公开的秘密,由此引起的扰乱市场秩序的问题也让旅游主管部门十分头疼。目前,广州、海南等地区把"暗箱操作"转为"明拿佣金",但是,明佣金难敌暗回扣,导游的回扣问题依然是旅游行业的痛,很多游客对此表示反感,旅游企业却不置可否。许多旅行社为了压低成本,只雇用极少数的导游,而在旺季时临时寻找兼职导游,甚至不付导游任何酬劳。因此,很多导游都是无薪水、无固定工作单位、无保险的"三无人员",其收入只有依靠拿客人购物的回扣和小费。由于旅行社管理者已经默认导游从游客和旅游企业中收取回扣,于是在聘请导游时压低薪酬。因而,很多导游与酒店、旅游商店、各大景点都有密切联系,以从中获取回扣。

国家旅游局针对导游佣金的问题公布了一项重大措施,宣布在中国首次建立公开合法的佣金收受制度,允许旅行社收取佣金,并纳入税务财务管理。但措施也明确规定:导游个人不允许收取佣金,旅行社必须与聘用的导游员签订劳动合同,明确劳动报酬和返回佣金比例,并纳入企业核算体系内规范管理。同时,严厉查处私拿私授回扣问题。但导游拿回扣是一个比较复杂的问题,很多游客对导游拿回扣已经习以为常了,因此,除非导游做得太过分了,一般情况下游客都不会投诉,这给旅游局查处违规导游带来一定的难度。对此,业内人士认为,不妨把导游佣金收入明确化,把佣金收入摆到企业的层面,使之公开化,并纳入制度管理的范畴,同时加大对"暗箱操作"的整治力度,使导游服务健康、有序发展。

4. 措施:"导游最低工资制"

日前,浙江省讨论并原则通过了《浙江省导游员管理办法》(以下简称《办法》)。《办法》首次对导游的薪酬作了明确规定,今后省内旅行社或者导游服务公司、景点景区旅游服务单位应当与导游员签订劳动合同,支付的工资不得低于当地企业最低标准,并依法缴存有关社会保险费用。此外,还将实行以业务技能、职业贡献和已从业年限为基础、与报酬相一致的导游执业激励机制,确保导游基本工资收入和社会保障等合法权益。浙江省力推"导游最低工资制",目的就是遏制甚至杜绝"非法回扣",出发点无疑是好的,但实行起来难度肯定不小。为此,一些业内人士和网友表示怀疑,质疑的焦点集中在以下两点:一是最早实施"导游最低工资制"的旅行社会吃眼前亏,给导游发工资等于提高了企业运行成本,这势必影响到企业竞争力,难保不会在激烈的市场竞争中败下阵来;二是导游即使拿了工资也无法保证不拿"回扣",有几个导游能禁得起高额"回扣"的诱惑呢?因此,业内人士和网友建议浙江省在实施"导游最低工资制"时,采取以下措施:其一,"导游最低工资制"既然是省政府常务会议通过并发布的行政法,就要确保其权威性,保证强制推行和统一落实,而不能一家实行几家不实行,否则就难保公平。其二,如何遏制导游拿"回扣"的行为?就目前情况而言,国内导游多数为兼职导游,个人自由度相当大,旅行社、协会很难对导游进行及时、有力的监管。而"导游最低工资制"恰恰是针对这一情况所做的制度设计,旅行社先是与导游签订劳动合同,然后给他们发工资和办理各种社会保险,解决他们的后顾之忧,这等于以契约形式缔结了双方的劳务关系,这样既改变了导游与旅行社松散的组织关系,便于事后监督;又增强了他们的企业"主人翁"精神,使他们愿意为树立企业的诚信形象效劳。当然,旅行社在与导游员签订劳动合同时必须约法三章,明确规定对发现拿"回扣"的导游要作出严厉处分。"导游最低工资制"及其他保障措施等于给了导游一只铁饭碗,在靠铁饭碗求体面地生存与靠拿"回扣"求良心不安地苟活之间,他们自然会做出合乎理性的选择。

对于导游员私拿回扣的现象,业界人士也给予了高度的关注,对于如何解决导游员的不合理薪酬制度以及如何杜绝导游员拿回扣的问题,2013年10月1日正式实施的《旅游法》第三十八条明确规定:"旅行社应当与其聘用的导游依法订立劳动合同,支付劳动报酬,缴纳社会保险费用。旅行社临时聘用导游为旅游者提供服务的,应当全额向导游支付本法第六十条第三款('安排导游为旅游者提供服务的,应当在包价旅游合同中载明导游服务费用')规定的导游服务费用。旅行社不得要求导游垫付费用或向导游收取任何费用。"这两个条款确立了与旅行社订立劳动合同的导游(即专职导游)按照劳动合同取得

报酬和社保、社会导游(兼职导游)根据提供的服务获得导游服务费的薪酬制度。按照《旅游法》的规定,旅行社不论是安排自己的专职导游还是临时聘用社会导游为旅游者提供服务,都应当在包价旅游合同中载明导游服务费用。

《旅游法》明确了薪酬框架体系,确立了专职导游的劳动收入保障及社会导游的导游服务费收入,尤其是在第三十八条中明确规定"旅行社安排导游为团队旅游提供服务的,不得要求导游垫付或者向导游收取任何费用",这从法律层面为扭转导游收入结构不合理的状况、保障导游员的合法权益提供了支撑和保障,或将有效地减少导游员私拿回扣的现象。

三、国内学术界研究动态

国内学术界对导游员的薪酬管理同样给予了相当多的关注,相关成果也较多。

刘红阳和由亚男研究了导游员管理出现的问题,并从经济学角度探源,认为导游员薪酬管理失衡的经济学原因在于:第一,委托-代理失衡;第二,市场信息不对称;第三,局部垄断寡头的存在;第四,高水平的导游员欠缺。基于以上研究,他们认为解决导游员薪酬管理失衡的方法有:重新定位导游收入机制、确立导游培养方式与隶属机构,以及建立和有效控制旅游管理系统。

董四化分析了导游员私拿回扣的原因,他认为:首先,旅行社现有的导游工资制度是导致导游员索要回扣的原因之一,旅行社为了缩减成本而降低导游员的工资水平甚至不给导游员发放基本工资,是造成导游员索要回扣的最基本原因,从而使得"导游"变"导购";其次,为了自身竞争的需要,旅游商店主动向导游员支付回扣;最后,旅行社为了减少固定成本支出,倾向于聘请兼职导游,人力资源管理的薄弱无法对导游员进行有效监控。据此,董四化认为必须从规范市场秩序、改善现有的导游员工资制度、加强对导游员的培训等方面着手解决导游员私拿回扣的问题。

李彦丽和朱金林研究了导游员薪酬待遇的现实状况。目前,导游员正常收入的构成为:工资,300—600元/月或零工资;小费,欧美游客为2美元/天,港澳台游客为20元人民币/天,国内游客为零小费(有时因游客满意,一个团也有50—200元不等的小费);出团补贴,30—50元/天(旺季时可达80—100元/天)或零补贴、负补贴(反交"人头费",即旅行社按照一个旅游团游客人数的多少,向带团导游收取的费用)。研究认为,解决导游员薪酬管理的问题主要需从导游员自身、旅行社对导游员的管理及社会监督角度着手。

樊英解释了导游员工作过程中回扣的含义,认为导游回扣是指在旅游业务中,旅游产品的供给方为了销售商品而给导游员的各种名目的好处费,这部分收入既没有如实入账,也没有在合同或者其他协定中公开约定,从法律角度看属于商业贿赂。其研究表明,导游员在工作过程中收受回扣主要有六方面的原因:导游合法收入偏低、旅行社行业内部将导游回扣合法化、旅游产品供应商采取不正当竞争手段、导游员职业观念淡漠、消费者消费观念不理智不成熟,以及旅游行政管理部门的地方保护主义。她在揭示导游员收受回扣的原因的同时分析了其危害,认为导游员收受回扣从宏观上会使国家税收减少、整个导游业的服务质量下降;会使旅行社管理难度加大;微观上会使消费者权益受到侵害。据此,她认为解决导游员收受回扣的问题需用法律规范导游员的职业行为，在建立合理的导游员薪酬管理机制的同时加强旅行社对导游员的管理，并引导游客合理消费。除了上述研究成果以外，还有一些专家学者从体制层面对导游员的薪酬管理制度进行探讨，并有学者用定量模型方法研究该问题。

赵阳认为导游员收受回扣的问题表面看是导游队伍的建设问题，其实质是制度问题、体制问题。解决领导体制不完善、管理体制不科学、价格体制不健全、分配体制不合理的问题是从体制上解决此问题的措施。

王洁和黄华认为我国目前导游薪酬制度的核心是以回扣为主体，造成这种现象的原因包括：旅行社的恶意价格竞争、导游聘用制的特殊性具体化、不健全的导游激励机制、导游服务的商品化和整体旅游市场的不规范。因此，他们认为从薪酬制度的重新建立角度着手，是解决导游员私拿回扣的问题的关键。

费艾华等采用定量模型法研究了导游员的薪酬制度，通过建立委托-代理模型，经过公式推导，得到三个结论：(1) 导游员业务水平越高，收入水平就会越高。因此，旅行社应该重视人力资源管理，对导游员定期进行培训，满足其提高收入的愿望，使其愿意留在该旅行社长期发展，从而使旅行社实现良性循环。(2) 导游员的风险规避度越小，收入期望越高。在导游行业，导游员工作不稳定、风险高。旅行社对导游员的激励应注重导游员求稳定的心态，着重增强导游员的心理归宿感。(3) 导游员提供服务的标准方差越小，收入期望也越高。导游员所提供的产品就是对客人的服务，而客人所需要的正是高档次的、标准化的服务。因此旅行社要注意对导游员提供标准化服务方面的培养。

费玉祥和余可发通过研究导游员与旅行社之间的博弈，建立导游员与旅行社之间的得益矩阵，借助模型来计算旅行社监管导游员及导游员收受回扣的各自概率。他们通过推导发现，当导游员拿回扣的概率下降到很低时，旅行社的收益也将降到很低的程度。从上述分析可以看出，加大处罚和监管力度并不能很好地解决导游私拿回扣的问题，此时的监管处于失效状态。据此，他们建议实施公收佣金制度，通过借鉴西方发达资本主义国家的做法，将导游员的收入纳入旅行社的企业财务收入渠道，才是解决导游员私受回扣问题的根本途径。

肖洪磊在肯定旅游回扣危害性的前提下，指出了旅游回扣存在的合理性因素，对目前流行的治理旅游回扣的模式进行了分析总结，并在此基础上提出了"三圈层模式"，以及一些具体的方法与建议。最后他得出结论：治理旅游回扣的关键，不在于彻底取缔，而是采取恰当的方法策略，使其回归健康发展的轨道之内。

四、小结

综合以上研究不难发现，尽管造成导游员薪酬管理混乱问题的原因很多，导游员收受回扣的形式各不相同，但归纳起来可以从以下三个层面考察该问题。

(1) 从宏观层面上看，我国现行的导游管理体制不适应现实的导游业的发展，致使出现信息市场不对称、委托-代理失衡及局部寡头垄断等现象，并且造成我国高素质导游人才的缺失。与此同时，现行的行业管理体制是造成旅行社之间恶意价格竞争的原因之一，这也直接导致中观层面上旅行社对导游员的薪酬管理体制问题。此外，现行的导游员管理体制对于导游员私拿回扣的现象没有相关统一的政策法规进行约束,因此导游员违规行为没有太大风险,制度管理上的不健全使得相应的约束惩罚不够,导游员的违规行为大量出现也就不足为奇了。

（2）从中观层面上看,造成导游员私拿回扣等问题的最主要原因是旅行社的现行工资制度。旅行社之间的恶意价格竞争导致旅行社千方百计地缩减成本,很多旅行社不设导游基本工资,甚至要求导游员向旅行社缴纳费用,导游员为了自身生存必须采取违规手段获取劳动回报,现有的旅行社薪酬管理制度是造成导游员违规行为频频发生的重要原因之一。《旅游法》中针对导游员薪酬的条款为旅游行政部门研究、推动落实专职导游的劳动收入保障和社会导游的导游服务费,建立明确、具体、全面的导游薪酬制度,包括服务费标准、支付方式、监督管理措施及旅行社雇用社会导游合同范本等提供了法律依据。

（3）从微观层面上看,一方面现有的导游员入门门槛偏低,部分导游员素质偏低,面对诱惑时不具备自我约束能力;另一方面游客自我维权意识不够,导致很多情况下导游员因缺乏各方约束而可以为所欲为。

综上所述,导游学目前亟待从宏观层面上构建全新的导游员管理体制、中观层面上建立合理的导游员薪酬管理制度,以及微观层面上加强导游员的自身素质和游客的维权意识等方面深入研究,形成具有中国特色的、适合不同旅行社的、针对不同类型导游员的薪酬管理模式。

第三节　需求层次演进与职业生涯构建

一、概述

导游服务是一项脑力劳动与体力劳动高度结合的服务性工作。导游员长时间从事导游服务工作,高强度的复合劳动容易使导游员产生倦怠感,同时现行的导游员薪酬制度又使得导游员的工作处于一种无保障的高风险状态。因此,导游业的人员流动率常年居高不下,很多从业人员在完成原始的工作经验积累以后选择离开一线接待岗位。高人员流动率对于导游业乃至整个旅游业的发展都将产生较大的影响,大量拥有丰富工作经验的优秀导游员的离职对导游业更是一个重大的损失。因此,研究导游员的职业生涯构建对于导游业人力资源的合理配置和优化具有重大的现实意义。

二、社会各界观点

导游员素有"民间外交家""民间大使""形象大使""旅游活动的灵魂"等美誉,曾经是人们羡慕的工作,然而现在导游员的流动频率高、导游工作岗位吸引力不足等已是众所周知的现象,引起了社会各界的广泛关注。

案例 3-4

导游员的委屈与旅行社的困境

1. 导游员的委屈——付出与回报不成比例

在很多人的印象中,导游是一种既轻松又赚钱的职业。其实不然,导游是一项高智能的、高强度的复杂服务工作。导游员的工作时间与我们大部分人的"朝九晚五"不同,相当弹性化,有时可能休息很长一段时间,但在旅游旺季时也会一连带上几个团连轴转,十天半月不休息。

早上五六点钟起床、晚上十一二点钟休息是导游员的家常便饭。某导游员向记者诉苦,一旦上团,她基本上24小时全都在工作:白天是一团游客的吃、行、用、玩,晚上是安排游客休息等琐碎事情。"如遇到客人生病得帮忙找医生,宾馆房间不够,自己要打地铺,那种生理和心理的双重劳顿是外人所难以体会的。"她说着眼圈都红了,"饿着肚子给客人抢位置、安排吃饭,自己躲在人后啃馒头这些我现在都已经习惯了。"

可是,导游员的辛苦与其所得却不成比例。目前,导游员的工资在全国的一般标准为200—800元/月,也有旅行社不给导游员基本工资。国家又明文规定导游员不能私拿回扣,那么,他们的劳动报酬该从哪里获取?据了解,很多导游员的安定生活无法保障,他们也没有社会保险。多数导游员都属于"三无人员":无基本工资、无基本福利、无明确劳动报酬,不少业内同行自嘲为"生活在社会边缘的人"。

2. 旅行社的困境——养不起足够的导游员

旅行社的数量远高于旅游市场的需求,需求饱和带来的恶意价格竞争的恶性循环使旅游市场的利润越来越少。绝大多数的旅行社出于自身经济利益的考虑,不愿花钱也没有多余资金来雇用和培训导游员。河南省某旅行社负责人认为,目前郑州市的旅行社数量多,一些不遵循市场规律的旅行社不遵循旅游市场的游戏规则,恶意价格竞争导致旅行社养不起足够的导游员,更谈不上去培养了。

截至2013年年底,全国系统内登记导游员共有737 720名。据统计,目前兼职导游员已超过62.69%,导游员日益成为自主择业、分散执业的群体。但是与之相适应的导游服务管理体制和机制不健全,对导游员的管理服务跟不上,致使部分导游员的服务水准下降。与此同时,我国导游员的薪酬机制、激励机制特别是劳动保障机制不健全、不完善,部分导游员甚至未签订劳动合同、没有固定薪酬、没有劳动保险,这使得导游队伍的职业稳定性下降,并导致部分导游员在带团过程中降低服务水准或减少服务供给,甚至收受回扣以获取收入。这种情况极大地影响了我国导游队伍的整体发展。

多数业内人士认为,导游工作是一项体力劳动和脑力劳动相结合的高劳动强度的工作,容易给导游员带来过重的心理负担,如果导游员没有合理的职业生涯构建计划,没有一定的自我心理调整能力,将容易产生工作倦怠情绪,严重则有可能导致心理疾病。

2007年发生在云南丽江的导游员情绪失控事件(见案例3-7),引起了社会各界的广泛关注,业内人士也给予了相应的评论:"他绝对是有心理问题。"广东省旅游行业协会导游专业委员会负责人表示,导游职业需要比一般职业更强的心理承受能力,尤其是对于刚刚入行的年轻人,他们不懂得控制自己的情绪,容易"剑走偏锋";有多年旅游从业经历的林小姐也表示,心理问题是首要的,而利益冲突倒是小问题;同样有多年导游从业经历的小张对同行的做法表示极度震惊,"这不仅给他个人及旅行社带来麻烦,给无辜游客带来伤害,更重要的是,会影响到导游业乃至旅游业的整体声誉"。

在谈及导游职业生涯时,有关人士强调:"导游是带给人们快乐的职业。这需要导游从业人员有相当健康的心态和积极的人生态度,不能因导游员的个人问题给游客带来不愉快的旅游体验。"也有人表示,导游员是"千面人",每天面对的是来自区域不同、文化层次不同、社会地位不同的游客,每天还要处理不少突发事件。目前社会舆论对导游员的承认度较低,这导致导游员的可变性非常大,心理素质要求也比一般职业高。因此,导游员需要很强的心理承受能力。

有些业内人士指出,目前整个旅游行业尚不规范,已进入微利时代的旅行社为了应对愈发激烈的市场竞争,采取各种不正当手段如价格战、"零、负团费"等来争取更多的客源,但最终的压力都转嫁到导游员身上。一些旅行社只能靠压榨导游员的收入来减少成本,甚至利用导游员来挣钱(如收缴"人头费")。"于是导游员的最大压力,不是如何提供更好的导游服务,而是如何减少整个团队的成本,降低旅行社的经营风险。"

那些"买团带"的导游员把钱交给了旅行社,自然最关心的就是如何把钱从游客身上赚回来,根本没有心思去关注如何讲解。而目前国内游客大多不能适应国外的"小费制",导游员的经济利益得不到保障,只有吃"回扣"。久而久之,游客不满意导游员的服务,社会舆论焦点也集中在导游员身上,于是形成了恶性循环。

也有业内人士认为,导游员与游客接触最多,所以很多原本属于旅游管理体制和诚信机制上的问题、旅游中的矛盾(包括游客与景点、地接社与组团社等)全都集中到了导游员身上,使得导游员成为"千夫所指"。如2006年9月发生的九寨沟导游员罢工事件,背后隐藏的是组团社和地接社之间的矛盾。各大组团社拼命削价竞争,并向地接社施压将地接费"一压再压",结果使处于劣势地位的地接社只能用低于成本的地接费来接团,但又不能"赔本赚吆喝",于是将压力进一步转嫁到导游员身上,地接导游员成为旅游市场种种矛盾的"落脚点"。

一些导游员在接受采访时表示,多数游客会将飞机误点、酒店餐饮、景点服务、行程变更等问题都归咎到导游员身上。"甚至一些地区旅游设施不完善引起的不便也发泄到导游员身上。"有关人士补充,"当然,这与旅游业没有经历一个稳步发展的过程有关,部分游客的消费心理尚不成熟。"

三、国内学术界研究动态

在社会各界对导游员的生存现状表现出密切关注的同时,国内学术界也对导游员的职业生涯构建进行了较为充分的研究。

秦明等通过对169名导游员的随机抽样调查,通过使用Maslach倦怠量表—服务行业版(Maslach Burnout Inventory-Human Service Survey,MBI-HSS)对被调查者进行研究,得到以下结论:(1) 女性导游员的情绪疲惫和去人性化程度显著高于男性导游员,而在个人成就感方面没有显著的性别差异;(2) 导游工作倦怠的影响因素主要为工作满意度、心理健康、身体健康和离职意向。在此基础之上,他们得出造成导游员心理疲惫倦怠的路径模式(如图 3-2 所示,图中数值为经计算后导游员工作倦怠的概率值)。

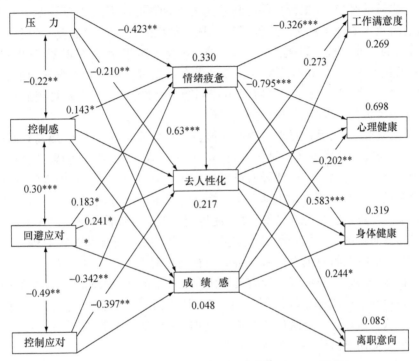

图 3-2　工作倦怠与影响因素及结果变量之间的路径图

(粗线表示 P 在 0.05 以下)

高亚芳通过研究认为,导游员在从事导游工作的过程中存在如下价值:

(1) 导游服务工作在游客完成旅游活动过程中的综合价值,包括三个方面内容:① 导游员严格按旅游活动计划为游客安排游览活动,保证游客合法权益的实现;② 导游员作为旅游的组织领导者,可以激发游客的审美情趣,提高其旅游质量;③ 导游人员良好的心理素质和行为能使游客在旅游活动中得到一次心理学习的过程。

(2) 导游服务工作具有提高旅游产品竞争力的价值。

(3) 导游服务工作具有促进旅游目的地旅游业健康发展的价值。

由此,她认为导游工作是一项充分实现自我价值的工作。

王春梅和向前在研究中总结了导游员的心理压力反应,认为主要表现有:工作中失去信心、人际关系紧张、个人情绪不稳定、出现不良的个人品质。而导游员压力的来源为:(1) 导游员自身工作的压力,主要由长时间高强度的复合劳动造成;(2) 人际关系压力,主要包括与客人之间、与同事之间及与合作者之间的人际关系压力;(3) 职业定位的压力,主要表现在对工作长期期望以及角色定位模糊带来的压力;(4) 导游管理机制带来的压力;(5) 导游员自身主观上带来的压力。通过研究造成导游员心理压力的种种原因后,他们认为导游员应当主动舒缓自身压力,可以通过主动宣泄、调节转移压力、重新认识自身等方式解决问题。

温锦英认为21世纪的企业管理将重视文化管理,这是一种崭新的管理模式,导游员是旅行社至关重要的人力资源,是旅行社供给的重要因素,导游员的素质决定其能否为旅行社培育出忠诚的客户,为旅行社保持旺盛持久的竞争能力,因此对于导游员心理活动规律的研究有着重大的现实意义。从导游员的从业动机来看,依照"需要—内驱力—诱因"理论,导游员的从业动机可以概括为以下几类:热爱兴趣型、增长知识型、学以致用型、谋求职业型、游山玩水型、为利所趋型等。导游员在工作过程中面对方方面面的诱惑,加之工作强度大、压力大,心理和情绪上容易出现问题,这就要求从事导游管理的相关企事业部门必须对导游员的心理问题进行适当引导。

温锦英的研究表明,帮助导游员提高对服务工作价值的自我认知,提高导游管理中的公平性,科学、合理地运用导游激励机制,首先,应改善现有的不合理的导游员薪酬管理体制,提高导游员待遇,高薪养优,使导游员形成自我约束、自我激励、自由竞争的内在机制;其次,按导游员心理活动规律对其进行科学管理,对不同的导游员要灵活地采取工作激励、情感激励、奖惩激励、角色激励等手段,使传统的人事行政管理方式向人事心理管理方式转变,提高导游员的工作效率和工作质量;最后,正确引导导游员进行心理自我调整,提高心理素质共同作用,将有助于改善导游员现有的心理压力过大的现状。

曾蓓通过研究认为,目前我国导游员队伍存在以下问题:素质偏低,缺少专门化、终身化培训,这导致导游员职业生涯短暂、职业定位压力过大、自身的价值实现存在不明确。基于此,曾蓓认为需加强对导游员的专业化培训,提升导游素质;使导游员终身学习成为一种制度,努力促使导游成为一项终身职业。

李平认为,在经济全球化的背景下,导游工作面临愈来愈激烈的竞争,旅游需求的多样化和个性化要求更高质量的导游服务,导游工作将面临越来越挑剔的和成熟的游客。而反观我国导游员队伍的现状,存在两个主要特征:人力资源供过于求,人才资源供不应求;导游人才结构不合理,低层次人才明显偏多。由此,她进一步分析了造成导游员队伍现状的原因,认为导游员自身素质的局限性、社会偏见对导游员造成的人文关怀的缺失、管理部门对导游员使用与管理存在的误区,以及导游人才流失现象严重共同造成了我国目前导游员的整体现状。基于此,李平认为首先应严格限制导游员的行业准入制度,提高成为一名导游员的门槛;其次,创新培训机制,提升导游培训质量;再次,革新用人机制,优化用人环境;最后,变革导游管理体制,调动导游员工作积极性。从以上方面着手构建新时期导游员全新的工作环境,解决导游员的价值实现与职业生涯构建问题。

周燕凌认为我国现有的导游员管理模式存在问题,对现有的导游员管理模式进行创新是有效管理和利用导游员人力资源的必要途径。创新可从以下三方面着手进行:

(1)职业生涯的创新。研究表明,近年来我国旅游企业的季节性和脆弱性使得导游员对其职业生涯构建的忧虑到达了空前的境地。导游员的职业生涯可以分为五个阶段:前期、尝试期、成长期、拓展期和动荡期。旅游企业对导游员的职业管理可以针对其职业生涯的五个阶段展开(如图3-3所示)。

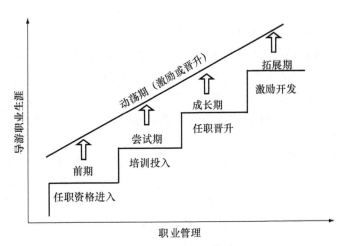

图 3-3 导游员职业生涯管理

（2）绩效管理创新。通过借鉴 Kaplan 和 Norton 提出的平衡计分卡,从四个角度(客户、学习和成长、财务、内部流程)来帮助管理者对所有具有战略重要性的领域做全方位的思考,不仅考核已取得的绩效,也关注未来的发展。导游员是以旅游作为产品,为游客提供服务的,所以平衡计分卡用于导游员的管理应以游客为中心,侧重学习和成长角度进行设计。其具体的设计指标包括以下四个方面:客户角度、学习和成长角度、"收益"角度、内部流程角度。通过对四个指标的综合测评来重新评估导游员在职业生涯中所取得的绩效状况。

（3）薪酬制度的创新。通过分析我国目前导游员薪酬状况(如图 3-4 所示),我国导游员薪酬体制应当改为"高薪养廉"策略,即通过提高导游员的报酬和稳定程度来改善导游员对未来职业生涯的忧虑状况。

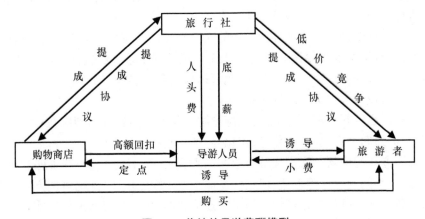

图 3-4 传统的导游薪酬模型

向英研究了导游员生存环境的现状,她在文中指出,随着旅游市场竞争的日益激烈,旅游服务人员的职业环境也每况愈下。其中,存在以下七个方面问题:薪酬制度不合理;准入门槛低;缺乏职业发展前景;工作超负荷;安全隐患大;管理体制不健全;社会地位不高。针对以上这些问题,文章指出,应该着重在以下方面优化导游员的生存环境：

（1）旅游行政管理部门。加强对导游员的管理，完善对导游员的相关法规政策，提高导游员的准入门槛；明确导游员的归属；建立导游员的职称评定机制；规范旅游市场的经营行为，杜绝旅行社之间的恶性削价竞争；加强对旅游购物市场的规范管理；要建立公对公佣金制，旅游购物商店必须与旅行社、导游公司签订佣金合同，确定佣金给付比例和给付方式，并到旅游行政管理部门备案；加强对无证导游员的综合治理力度，完善对导游员的监督管理。

（2）旅行社和导游公司。改善导游员的薪酬和福利待遇；制定并执行科学的绩效考核体系；加强对导游员的培训；创建独具特色的企业文化；进行职业生涯规划。

（3）社会支持。整个社会应对导游员多一些人文关怀，社会媒体应多从正面宣传报道导游员的优秀事迹，客观、公正、公平地报道导游工作的重要性与导游工作的艰辛，让社会多一份对导游工作的理解、肯定和支持。

（4）导游员自身。导游员自身也应积极主动地改善职业环境。

陈佳平研究了我国目前导游员的培训情况，认为现有的培训在体制、机构、内容等方面均存在问题，有待创新。文章指出，我国的导游员培训创新应从以下方面开展：

（1）培训模式的创新。我国现有的导游培训模式为：以高等级院校为培训主体，由政府职能部门进行组织。这种培训模式虽然有一定的合理性，却容易使培训互相脱离、各自独立，培训内容重复、脱离现实基础等。未来的导游行业人力资源培训应该实行各培训单位分工合作、彼此联系、大交叉小独立的新型模式，由不同培训单位分别进行不同层面的各有侧重的针对性培训。各培训单位在开展培训前应协调统筹，建立一套完整的培训体系。在新的培训模式中，文化知识的传授仍然以旅游院校为主，但旅游企业和旅游行政管理部门应给予指导，保证所传授的知识符合本地旅游业的实际需要；考前培训可以由旅游院校与旅游企业联合开展，尤其要强化导游服务的实际操作训练；年审培训则完全可以在旅游行政管理部门的监督下由旅游企业自主开展。

（2）培训机构的创新。未来导游行业的人力资源培训应尽量减少旅游行政管理部门的行政干预，以旅游院校和旅游企业为培训工作的主体，特别要强化旅游企业的培训职能，实现培训与操作的有效结合。旅游行政管理部门要更多地以"指导者""裁判员"的形象出现在导游行业的人力资源培训之中。

（3）培训内容创新。在内容方面，我国导游行业的人力资源培训应在保持多元化、普及化的同时，努力向个性化、专业化、知识化等方向拓展。

（4）培训方式的创新。我国导游行业的人力资源培训虽然已经有了课堂讲授、专题讲座、经验交流和问题探讨等方式，但这些都属于"坐而论道"的常规培训方式，很难充分调动被培训者——导游员的积极性。为了增强培训的吸引力，有效地解决实际问题，各培训单位要在培训方式上加以创新，运用直观教学和实践观摩等创新型的培训方式。

（5）培训体系的创新。通过建立年度、跨年度及全行业培训体系对导游员进行实时培训，使其可以适应我国旅游市场的不断变化和发展。

四、小结

综合以上研究,可以得出以下结论:

(1) 现有的导游员价值实现不明显。按照马斯洛的需求层次理论,需求层次由低到高可分为生理需求、安全需求、社交需求、尊重需求和自我实现需求五类。现有的导游员在工作过程中对于第四、第五层次的需求满足不够,这受制于我国的旅游业发展现状和导游员自身的认知能力。

(2) 现实的导游工作现状造成导游员工作压力过大,容易产生倦怠情绪。其中自身工作的压力、人际关系压力、职业生涯定位模糊、导游管理体制无法有效激励导游员的主观能动性等原因,致使导游员产生工作倦怠情绪,并且女性导游员的工作倦怠情况比男性导游员更加严重。

(3) 现有的激励机制不够科学有效。现有的导游员培训以业务内容培训为主,缺乏对导游员的心理辅导和压力缓解。旅行社和旅游行政部门对导游员的管理激励缺乏高层次价值实现的激励。

(4) 导游员职业生涯构建有待加强。导游员职业定位模糊,职业风险大,相关保障不够,职业生涯前景不明朗,导致导游员工作倦怠情绪的产生。

综上所述,导游员价值实现不明朗导致其高层次的需求得不到满足,工作倦怠情绪产生。导游员高层次价值需求的实现和导游员职业生涯的构建是导游学研究的重要领域,也是指导导游行业有效挽留优秀人力资源的理论来源。

第四节　道德风险和社会责任

一、概述

导游工作既是旅行社的支柱,也是旅游业的灵魂。同时,导游员又是整个旅游接待中最积极、最活跃、最典型并起着决定作用的代表性人物。导游员在工作过程中因为自身的修养、现行的导游员薪酬管理体制等方面的影响,使得导游员工作的投入和产出之间不成正比,加之导游员在工作过程中面对来自方方面面的诱惑,为了实现自身利益的最大化,很多导游员在对游客提供服务时,做出了一些有损导游员形象的行为。现有的外部环境和导游员自身素质欠佳易滋生导游员工作时的道德风险,这也是目前社会各界和学术界均给予高度关注的热点问题之一。有效分析导游员在工作过程中可能面临的道德风险,并分析其形成原因,是导游学研究的一个重要议题。

二、社会各界观点

导游员因为种种原因而做出违规甚至违法的事情已经不是新闻,社会各界关于导游员道德缺失的关注程度也很高,导游员经历的道德风险中最常见的是在薪酬待遇较低和工作过程中面临诱惑的双重作用下进行的"宰客"行为。社会各界在谴责部分无德导游

员的同时也对此现象进行了深入剖析。

案例 3-5

专业人士提醒消费者：做一个理性成熟的游客，不要过度追求低价

不良导游"宰客"早已不是什么秘密，但对于许多首次报团旅游的游客来说，往往对其"宰客"招数不明就里，以至于上当受骗。曾在导游行业有资深从业经历的赵先生（以下称"赵导"）透露了一些内情。

1. 零底薪制让一些导游员黑心

一些旅行社对员工或是零底薪，或只有象征性的少量工资，这等于放任导游员自行"琢磨"各种招数捞钱，而现实中很多导游员也正是这么做的，他们千方百计打游客的主意，为自己捞取不义之财。

赵导透露，几年前通过减少旅游景点挣钱的渠道，现在已被堵得差不多了，因为组团社在接待费用上对地方接团社有约束力，通常是先给接团社少量经费，接团款要等到下次接团时才全部付清。如果导游员擅自更改游程，因减少景点导致游客投诉，不仅接团款得不到全部结算，而且也失去了下次合作的机会。当然，这也并不是绝对的，像有些低价境外游，因为到了国外，游客的主动权便全部交给了导游员，导游员挣起钱来也得心应手。

2. 景点购物导游员是"老板"

"游客购物、导游员吃回扣"一直是公开的秘密。由于游客们越来越精明，导游们现在往往在时间上控制游客，如正常需两个多小时才能游览完的景区，导游用一个小时便结束了整个游览，然后将剩余时间全部挪给旅游购物。在前往景点的车上，导游员会尽可能地指点游客应购买什么样的特产，并细数相关人文典故，指点游客识别真伪的技巧，"一切都是为游客着想，不怕他不动心"，"到了购物点，咱们导游才是真正的'老板'"。

赵导说，很多游客在购物时都会砍价，遇到游客砍价过猛，商家无力再支付给导游员回扣时，售货员会借向经理请示之机，与导游员电话沟通商量——"哥们！你看顾客砍价太狠了，你让出几个点行吗？"如果导游员同意，售货员便向游客谎称经理同意了，将商品卖给游客。如果导游员不肯让利，商家也只能眼看着游客扭头离开。

3. 在游客票款上打主意

赵导介绍，前年夏天，北方一个老年旅游团在华南五市结束旅行前，导游员为了最后从团费中捞上一笔，就打起了票款的主意。他先将旅游团带到距离火车站较远的一个广场，然后独自来到火车站售票处，用计划全部购买卧铺的票款购买了部分卧铺票和部分硬座票。购票后，他并不急于接旅游团到火车站候车。距离火车开车前30来分钟，他找到一个喷水池，从池中捧起水往头发和身上浇，然后以百米冲刺的速度跑到旅游团游客面前。那些等他购票返程的老年人，看到导游上气不接下气、浑身上下湿淋淋的样子买到票跑回来，感动得不得了；又听他介绍如何托关系搞到这些票，老人早已不再计较是否全是卧铺，以及买硬座会有多少差价等问题了。导游匆匆将旅游团所有老人送上返程列车，然后借口没有为自己买到票留了下来。之后，他购买了下一班火车卧铺票独自返程，老人们的票款就骗到手了。

赵导说,虽然类似这样的"经典"骗局现在已很难成功,但像利用购票机会向游客借老年证、军官证等证件,捞取旅游景点给持证人购票优惠的事件仍时有发生。

案例 3-6

用 MBA 方法指导"黑导游"坑蒙拐骗工作

旅游有陷阱,随团要小心,这早已不是新闻了。但为什么游客年年防骗却年年被骗呢?一位从业近十年的资深导游邬某告诉记者,"黑导游"自有一套骗术,专门对准人的心理弱点进行忽悠。另有专家分析,他们使用的还是 MBA 课程中"组织行为学"的方法呢。

路途中: 交了团费,旅行就要开始了。集合后,游客们第一次与全陪导游员见面,他会陪伴游客整个行程。大家会发现导游员都是百般亲切、千般体贴、万般和善,在火车上对大家照顾有加,在大巴上和大家聊天解闷、调节气氛。实际上导游员在笑容背后已经开始了第一步的铺垫工作。闲谈中,女导游员可能会摆动她戴着玉镯的手腕,然后不经意地告诉你,这正是在北京买的纯正玉镯,正所谓"黄金有价玉无价""穿金显富贵,戴玉保平安",戴上这个玉镯不仅显档次,更对身体有颇多益处。男导游员可能会从衬衫口袋里拿出一封信,说是上次带团到北京时,一个游客买的藏药疗效好,此行这个游客又要求他帮忙多带些回家。

景区内: 到了旅游景点,导游员的话却变得少了起来,可能虎头蛇尾地讲解一段,或者"放鸭子"一般让大家自由活动。其目的在于尽可能地压缩游客们的游玩时间。

专家点评

策略一:结盟互惠

消费者在旅游途中去买这些商品是因为他们觉得有利可图,毕竟人都有趋利避害的心理,而且,导游员通过自己的招数对他们产生了一定的心理影响。

刚开始,游客们往往会对导游员有一种不信任、抗拒和排斥的心理。但当导游员亲切地与游客交谈和相处之后,游客们觉得自己与导游员逐渐熟悉起来,拒斥心理也慢慢地开始消解。导游员会适时表示只要游客对自己好,那么自己就会将游客们在旅途中安排得更好,引导游客们对导游员形成一种彼此是"互惠结盟"关系的认识。

商店里: 在景点因压缩游玩而节省的大量时间,被用来购物和参加自费娱乐项目,这对于导游员来说是赚钱的绝好机会。旅途中的某一天,导游员可能不会让大家坐缆车,而是走很多的路。当大家已经累得够呛、汗流浃背之时,导游员马上体贴地带大家到一家"免费藏药足疗按摩中心"。按摩过后,大家会看到一个喇嘛正在把脉诊疗中,可谁也没有留意,这个喇嘛操着一口标准的普通话。当某位游客突然回忆起导游员在路上说起那位带药的游客,顿时兴致高涨。当一位游客开始高呼自己要买药时,其他游客也按捺不住,抢购风潮涌起,片刻,各种药物告罄,游客们满载而归。

餐厅里: 每个人 10 元左右的伙食标准,导游员是无法赚取利润的。他们会利用各地

独特的饮食文化,鼓动游客加菜。到了北京,自然要吃北京烤鸭、满汉全席,而其他地点也有各自特色,如泰山的孔府宴、青岛的海鲜、洛阳的水席、西安的唐宫饺子宴……每个人不知不觉就多消费了一二百元。

专家点评

策略二:形成公信力,利用从众效应

购物时,导游员会祭起三大法宝,来促使游客心甘情愿地购买商品。第一步,是来自导游员自身公信力的形成。由于之前导游员做的种种铺垫行为,已经让游客觉得导游员是一个能够帮助自己、值得信任的人;第二步,导游员为商品树立了公信力,比如,通过设立"地质博物馆"、找出"老中医"做代言人等形式,来消除游客的潜在疑虑和拒斥心理,树立商品的公信力;第三步,利用从众效应,人们常常会以别人的判断作为自己判断的捷径,会觉得大家都在买,谁也不是傻子,自己不买不就亏了?所以当现场有游客禁不住诱惑开始购买商品后,便逐渐形成群体效应,进一步引发那些本来较为"坚定"的游客的从众行为,甚至可能随着人数的迅速增多造成一种哄抢的场面。

总的来说,"黑导游"的伎俩首先是骗,如果游客不买,他们就采取动之以情、晓之以理、将心比心的方法,告诉游客们自己有多不容易,也要养家糊口。由于很多旅行团是被旅行社承包给了导游员,所以一旦赚不到钱,导游员唯有扔下旅游团一走了之。甚至在泰国这个不管制枪支的国家,导游员会故意露出自己携带的枪支,使游客不得不就范。

专家点评

常用策略:说理、动情、结盟、谈判、强制

从组织行为学的角度,我们可以将导游员的行为用影响力的理论来解释,包括说理、动情、结盟、谈判、强制、规范、高层权威。而在"黑导游"的行为中至少可以找到前五种。

一开始,导游员会振振有词地向游客宣讲一些规则、事例和道理,这就是"说理";在逐渐与游客熟络后,导游员就自诩游客的朋友,以建立一种"友情"的感觉;在旅途中,导游员会明示或暗示游客类似于与人方便、与己方便之类的意思,如让游客去购买纪念品,自己也好交差,并可以赚取少量回扣等,而自己也会帮助游客争取更低的价格及在其他方面更好地照顾或帮助游客等,这就是典型的"结盟"和"谈判";当游客拒不购买的时候,导游员有时会采用一些类似但又弱于强制行为特征的事情,如说狠话、言语威胁等,这也是"谈判"的一种类型;而当游客坚决不上套的时候,导游员会说"那我只能扔下团跑了",甚至拿出枪支威胁,这就是"强制"。

案例 3-7

导游情绪失控在云南丽江砍伤 20 人

2007 年 4 月 1 日下午 4 时,丽江古城四方街发生一起导游持刀伤人的恶性事件。吉林省某旅行社一男性导游徐某因与其他导游发生争执,挥刀连伤 20 人,其中多为游客和导游。凶手案后被迅速控制并拘留。

根据犯罪嫌疑人徐某交代及案件初步调查,4 月 1 日,徐某带领 40 人的吉林市"夕阳红"旅游团于当天下午3时从大理乘车到达丽江。随后,徐某与昆明某旅行社导游彭某因旅游地点改变而发生争执,随后两人分开。之后,徐某跑到一个商铺,声称借刀。商铺女主人的妹妹随手将一把生活用刀拿给他,徐某接刀后顺手捅伤商铺女主人的妹妹,之后持刀逃窜,沿途见人就砍,先后砍伤20人,其中外省游客15人,本地居民和在丽江经商人员5人。据公安人员调查了解,徐某在团队游览途中,曾向本团游客谈到自己父母离异的情况。

徐某为什么要砍人?目前人们最普遍的看法是:他疯了。

古城东大街上卖珠宝的"百年老字号"的两名女员工说,徐某手提大刀沿东大街从北向南一路,见人就杀,见人就砍。当时,街上的人纷纷躲避,整个街上的人像是被龙卷风刮起来一样四处逃窜,见门就钻,20多名游客一下子就把她们的铺面塞得满满当当,把店里玻璃柜台踩碎踏破、把珠宝首饰踢得满地都是。

对于导游员的道德风险行为,业内相关人士认为除了导游员应加强自身道德修养的修炼之外,导游服务消费者也应当加强自身的维权意识。相关专家专门就游客应如何维护自身权益给出了建议。近几年,旅游已经成为人们生活中不可或缺失的组成部分,时下旅游业竞争十分激烈,旅行社利润微薄,游客在提高自我保护意识的同时,不要一味地追求低价。一些旅行社推出超低价格的旅游线路,意味着它们将通过降低食宿标准、景点"缩水"、增加购物时间等方式从游客身上找回损失。因此,消费者在进行旅游消费时贪图便宜,可能会以牺牲旅游品质为代价,甚至会损害到自己的合法权益,失去旅游的意义。

旅游业管理者提醒广大消费者,随团出行一定要选择讲信誉、重质量的较大规模的旅行社,出游前一定要与之签订旅游合同,在合同中明确旅游行程、路线、景点安排、食宿安排及购物时间安排等,做一名成熟的游客。

有关人士建议,旅游管理部门在规范旅游市场的同时,应加强对导游员的监督管理,根治一些旅行社实行的零底薪、低薪制,通过维护导游员的权益从而维护广大消费者的利益,共同促进旅游业的健康发展。

三、国内学术界研究动态

在社会各界对导游员经历的道德风险及探究其产生原因的同时,学术界同样对这个问题表现出了极大的关注。从深层次探究造成导游员在工作时所经历道德风险的原因、发生机制及导游员对待道德风险所表现出的不同行为,从体制层面、管理层面、社会层面、个人层面等不同视角尺度寻求解决问题的方法,是导游学研究的一个重要领域,这也是我国旅游业亟待解决的问题之一,对这个问题的深入研究有着重大的现实意义。

林刚和宋延威通过对西方信息经济学理论的研究,借用信息经济学中"败德行为"的相关概念,分析了导游业中存在的道德风险行为。对于导游员的道德风险定义,他们采用了梁智(2001)提出的"针对导游员的有关行为来说,道德风险就是导游员在对其行为的后果不必承担全部责任的情况下,为了谋求自身利益的最大化,背离了旅行社或游客的利益,使旅行社或游客的利益受到损害。如导游员私拿回扣、小费、房差、餐差;私改行程、减少服务项目或降低服务质量等,使游客和旅行社的利益都受到损害,就是道德风险行为的表现"。在参考张完定(1999)建立的导游员道德风险行为模型的基础之上,他们对模型进行了简化修正,并基于信息经济学基本理论构建了新的导游员道德风险行为模型(如表3-2所示),并构建了指标与道德风险行为发生可能性的关系表(如表3-3所示)。

研究表明,导游员道德风险行为的产生既有自身因素,也有外部环境的影响。其中,内因主要是导游员的职业道德素质和精神境界不高,他们企图通过一种违规或是不道德的行为来达到自利的目标,这只有通过导游员自身道德素质的提高、职业责任感和法制观念的增强来解决;外部环境方面则是游客一味地贪图低价,他们应考虑为旅游活动支付合理的费用,使旅行社和导游员能够获得一定的收益,这样才能保证旅游服务在诚信公平的基础上进行,并且游客也可以对表现好的导游员给予某种形式的鼓励。此外,导游员心存侥幸欺诈游客的另一个原因是导游员与游客间信息不对称。针对信息不对称的问题,有人曾建议要建立一个独立的咨询机构或信息平台,该机构不参与经营,仅告知游客可以买到价廉物美商品的信息,同时也把游客的消费倾向传达给商家。这些信息一旦公布,导游员企图与商家联手来欺骗游客就不太可能了,游客被误导的概率也随之降低,道德风险行为发生的概率也就降低了。

表 3-2 导游员道德风险行为模型

从旅行社方面获得的收益	从游客方面获得的收益	分 析
无道德风险行为	正常收入 A　　　　小费 A^+ 期望收益　　　　　$A+A^+$	在正常的市场状况中,导游员从旅行社方面得到工资,从游客方面得到一定数量的小费 A^+,$A^+ \geq 0$
道德风险行为	正常收入 A　　　　小费 A^+ 额外收益 B 设被发现的概率为 　　　a　　　　b 被发现后,导游员的收益为 　　　0　　　　0 期望收益 $A+A^++B-[A\times a+(A^++B)\times b]$	导游员的道德风险行为可获得额外收益 B,由于市场信息的不对称性和监察机制的不完善,这种行为有可能被发现,即 $a>0,b>1$。考虑到旅行社与导游员的信息掌握得更为清楚,因而 $a>b$ 若导游员的道德风险行为被严肃处理,被暂停或取消导游资格,则不能再从旅行社和游客方得到收益
结 论	由于导游员是为了追求收益的最大化,因而道德风险行为发生的条件为: $A+A^++B-[A\times a+(A^++B)\times b]>A+A^+$,即 $B>A\times a+(A^++B)\times b$	

表 3-3 指标与道德风险行为发生可能性的关系表

指标	含义	指标与道德风险行为发生可能性的关系	相关措施
A、A^+	正常收益	负相关　正常收益越高,道德风险行为发生的可能性越低	激励机制
B	风险额外收益	正相关　额外收益越高,道德风险行为发生的可能性越高	市场秩序、监督
a、b	被发现概率	负相关　被发现概率越高,道德风险行为发生的可能性越低	信息不对称性、监督查处力度

肖佑兴和吴玉琴认为造成导游员违规行为屡禁不止的原因主要包括以下五个方面：

（1）旅游产品产权界定困难，"公共领域"范围较广，导游员的机会主义行为广泛存在。在旅游产品交易市场的领域内，由于游客对旅游目的地不熟悉，因此存在由时空距离带来的巨大交易费用。旅行社作为一种中介组织，不仅具有降低交易费用的一般职能，还具有生产职能（如制定线路等），游客和专门组织的旅行社之间信息极为不对称。因此，要清晰地界定旅游产品的产权自然是比较困难的。导游员作为中介组织的代表，拥有高于游客的信息占有量，容易从中找到违规的缺口。

（2）导游员收益相对减少，导游员违规行为是制度创新的一种成本，具有一定的必然性。

（3）导游员信誉度低，追求短期利益，短期行为严重。导游员这些行为的出现有以下几个因素：① 导游员职业的生命周期比较短；② 旅游业的季节性较强、波动性较大；③ 导游员工作本身的风险性较大；④ 旅行社的信誉度低；⑤ 与我国整个社会的大环境有关。

（4）导游员违规行为风险有限，对导游员的违规行为产生了激励作用。其一是相关法律法规不健全，其二是对导游员监督困难。

（5）旅行社对导游员的激励机制不当。

针对这些原因，肖佑兴和吴玉琴提出了几点建议：（1）清晰界定旅游产品的产权；（2）加大旅游信息网络化建设力度；（3）建立和健全合理的导游激励机制；（4）建立和健全信誉机制；（5）提高导游员的门槛；（6）健全法律法规和加强旅游行业的监督及管理。

范莉娜研究了目前社会上对于导游员道德风险行为的指责，主要包括以下方面：第一，导游误导购物，现在的团队旅游，旅行社安排景点少且时间紧，与之相比购物点却很多，时间还不短；第二，随意转团；第三，安全没有保障；第四，"迷信"讲解也是欺诈；第五，"黄段子"也是一个大问题；第六，部分导游讲解质量差或不讲解；第七，由于导游收入的隐秘性，使他们成为"雾里看花"的消费者们指责的对象。造成这些问题的一个重要原因是导游员的薪酬制度。导游员与旅行社之间的畸形关系源于导游行业实行的低底薪或无底薪制度，而这种制度归根结底是旅行社的恶性竞争。因此文章进一步指出，解决上述导游员问题的措施主要有：（1）建立合法、公开、公平的导游员薪酬机制；（2）成立导游管理公司；（3）对于旅游产品这种供应严重过剩的行业，应该大大提高其市场准入门槛。所谓提高市场准入门槛有两个方面的含义：其一，在企业的实力和规模上，应进行恰当的设定，符合要求的留下；对于那些规模较小、实力较弱的企业，要么经过重组由小变大、由弱变强，要么就限期退出市场；其二，在吸纳导游员上，也要相应提高门槛；（4）内、外因共同作用把行业和人员推向高层次发展。

梁智分析了导游员道德危险的主要表现形式：

（1）利用游客不熟悉旅游景点的弱点，故意减少讲解的内容，缩短游客在景点停留的时间，将扣减下来的时间用于安排游客到商店购物，并拖延游客的购物时间，促使游客购买更多的商品。这样，导游员便能够从商店那里获得较多的回扣。

（2）擅自将游客带至非定点旅游商店购物，并同商店的店员勾结，利用游客对导游员的信任，向游客提供虚假的商品信息，诱使游客购买赝品，或以高出商品实际价值的价格购买，商店则给予导游员高额回扣作为报酬。

(3) 不向旅行社有关领导请示，擅自改变活动日程，安排游客到旅游合同上未包含的景点游览，并从游客那里临时收费，以便从相应的旅游景点处获得回扣。

(4) 勾结旅游景点的收票人，故意减少购买门票的数量，将节省下来的钱私分。

(5) 私自将自己的亲友带进旅游团免费享受各种服务。

(6) 同定点旅游商店勾结，故意少报游客的购买金额并私分，使旅行社蒙受经济损失。

(7) 在遇到游客对旅行社的某些活动安排表示不满时故意夸大其严重性，要求旅行社向游客提供免费服务项目或减免旅行费用。然后，一方面向游客讨好，说是经过他的努力，才说服领导，并暗示游客向其提供谢意；另一方面，又谎称由于他做了大量艰苦的劝说，才使游客放弃投诉的打算，从而骗取旅行社领导的信任。

在列举了导游员这些主要的道德危险行为后，梁智还分析了造成导游员道德危险的原因，主要包括：(1) 信息不对称，既包括游客和导游员之间的信息不对称，同时也包括导游员和旅行社之间信息的不对称。(2) 激励体制不健全。一些旅行社目光短浅，只想最大限度地降低经营成本，少付、不付导游员工资，有的旅行社甚至要求导游员在接待游客时还要向旅行社缴纳一定数量的费用。还有一些旅行社则囿于传统的"大锅饭"分配体制，实行绝对平均主义的劳动报酬，导游员干多干少一个样，干好干坏一个样。这些分配方式导致导游员缺乏提供高质量导游服务的动力，在一定程度上易引发导游员的道德危险行为。(3) 监督机制不完善。

针对这些问题和原因，梁智认为可以通过以下措施来解决这些问题：(1) 加强信息收集，通过建立导游员招聘档案、业务档案和培训档案来实现；(2) 充分披露导游服务质量信息；(3) 建立售后服务和信息反馈系统；(4) 建立和完善激励机制，旅行社一方面应与导游员签订相关的劳动合同，另一方面应破除传统的分配方式，实行等级工资和计件工资相结合的分配方式；(5) 加强导游员的培训与考核；(6) 建立高素质的兼职导游员队伍。

在探讨导游员道德风险行为的产生原因、发生机制的同时，国内学术界对于导游员道德风险行为的监督和调控机制也进行了深入研究。谢冽认为加强导游员的道德建设可采取以下措施：

(1) 制定科学合理的导游员职业道德规范。在旅游业迅速发展的新形势下，原有导游员职业道德规范的某些方面已经不适应现代社会的发展，如我国关于回扣、小费等的问题规范均较为抽象等。我们可以借鉴外国（如澳大利亚、美国等）的一些经验，同时结合中国实际对现有的职业道德规范进行修订和完善，使之切实可行又易于操作和管理。

(2) 建立健全导游员的职业道德监督机制。一是建立健全旅游行政监督机制。组织有关人员组成行风评议员，对导游市场整顿工作开展专项监督，经常听取有关方面的工作汇报，深入景区景点进行暗访，督促改进工作；实行违规行为举报奖励制度；严格实行导游员的计分管理。二是完善社会监督体系。在每个旅游团队中推选一名游客担任临时质量监督员，并且导游员在游览出发前要向游客宣读服务承诺，让游客对导游员和旅游活动各个环节进行全程动态监督。三是强化新闻媒体的舆论监督作用。在电视台、报刊、网络等媒体上开辟导游公告栏、信息栏、曝光栏等专栏，曝光导游队伍中的违规行为，营造强大的舆论声势，使导游员自觉遵守职业道德，全心全意为游客服务。

（3）加强导游队伍建设和管理。一是在完善原有导游管理体制的同时，成立"导游管理服务中心"，将所有"专职导游"和"社会导游"统一纳入行业管理。二是建立合法公开的导游薪酬机制，旅游部门和劳动部门联合确定导游员劳动报酬的发放和社会保险缴纳，旅行社必须按规定给导游员发放工资，从而从源头上解决导游员私拿回扣、索要小费的问题；取缔私拿回扣，建立合理的旅游佣金管理机制。三是加强导游员相关法律法规和职业道德的教育和培训，使导游员学法、知法、守法并遵守职业道德。四是规范和树立正面典型相结合，抓住关键，树立表率。

（4）建立行之有效的激励竞争机制。

（5）加强学习，不断提高自身素质和修养。

朱玉华和陈珠芳分析了导游员道德建设的重要性，认为加强导游员的思想道德建设可以从六个方面着手进行：第一，加强思想政治学习；第二，树立文明导游员典型；第三，开展各种形式的培训活动；第四，实行定期评估制度；第五，给导游员一个较高的工资起点；第六，加强有效的监督机制。

四、小结

综合以上研究，得到以下结论：

（1）现有的导游员管理体制对于导游员违规行为的监督不够。现行的导游员管理条例对于导游员的道德风险行为一方面缺乏明确界定，另一方面缺乏有效的管理。使得导游员违规行为没有太大风险，即使被查处也无严重后果，这导致导游员道德风险行为屡禁不止。

（2）现行的导游员薪酬制度是导致导游员道德风险行为的直接动因。导游员工作的投入和产出不成比例，使得导游员出于自身经济上的需求而做出违规行为。

（3）科学的职业道德规范和有效的竞争激励机制是解决导游员道德风险行为的重要措施。在导游员培训过程中，除了业务内容的培训之外，还需对导游员的职业道德修养相关方面的内容给予高度关注。

（4）导游员应当加强学习，提高自身素质，提升自身价值实现层次，增强社会责任感。在外部宏观层次和中观管理层次及微观导游员自身素质提升的共同作用下，改变现有的道德风险行为频繁发生的状况。

第五节　三维素质理论

一、概述

导游工作是一项综合性的复合劳动，既要求导游员有良好的知识储备、娴熟的口语表达技巧，同时也需要导游员有良好的身体素质、心理素质和思想道德素质。因此，研究合格或优秀的导游员应当具备的素质问题，对于加强导游员自身的素养和提高导游员的实践工作水平都有着重要的现实意义，也是导游学研究的重要领域。

二、社会各界观点

关于导游员应当具备的基本素质问题,社会各界给予了较多的关注,相关的评论也很多。导游员被公认为旅游接待第一线的关键人员,其整体素质的好坏、服务质量的高低,严重影响旅游业的社会声誉,也直接关系到一个国家或地区的形象。要想做好导游服务工作,不仅需要旅游行政管理部门、旅游企业和游客等各方面进行综合监管和协调配合,更需要导游员时刻以游客需求为中心,致力于提高自身的综合素质。综合社会各界的论述,主要观点如下:

(一) 导游员的人格魅力是感染游客的法宝

导游员要带好团队,必须要有一定的威信作为基础。威信是由导游员的个人道德品质和人格魅力铸成的,而人格魅力是感染游客的法宝。导游员想要具有感染游客的人格魅力,必须做好以下四个方面:(1) 把握价值取向,具有向心力;(2) 牢记岗位责任,具有免疫力;(3) 强化职业素质,具有自控力;(4) 待客公正平等,具有亲和力。

(二) 导游员的青春活力是激发游兴的根本

要想使游客在整个旅游活动过程中始终保持旺盛的精力、高昂的兴致,导游员自己必须做到青春洋溢、活力四射,具有出色的鼓动能力和诱导作用,主要做到以下三点:(1) 讲解要生动,应安排多彩的节目、动听的故事和运用饱满的情感来凭吊古迹文物,要充分考虑游客的人身财产安全、旅游心理和个性化需求;(2) 方法要得当,应掌握及时与旅游团队进行有效沟通的方法,多采取鼓舞、激励等积极的手段引导大家顺利完成旅游活动;(3) 经常关心游客,要与游客打成一片,以自己的实际行动激发游客的旅游热情。

(三) 导游员的观察能力是工作出色的基础

敏锐的观察能力是对导游员的基本要求,有利于导游员选择对客服务的适当时机和对旅游活动情况做出预测,通过及时服务和正确判断确保导游员提供出色的接待服务。因此,导游员应注意以下两个方面:(1) 注意总结,导游员要多了解、学习和交流自己和他人的带团日记及工作总结,并使之成为常态;(2) 加强培养,在实际带团中培养自己的观察能力,可使导游员通过游客的行为了解游客的心理,从而提供有针对性的导游服务。

(四) 导游员永葆朝气是工作创新的保证

导游员如果没有朝气,必然漫不经心、萎靡不振,工作也就死气沉沉、枯燥无味。导游员只有永葆朝气,才能够做到开拓进取、锐意创新,以新观念、新办法、新技能努力开创工作的新局面。导游员要做到永葆朝气,必须做到以下"三不":正视困难不气馁;负重奋进不低头;勇于开拓不后退。

(五) 提升导游员的才气是成就事业的关键

才气是知识、经验、能力和工作水平的综合体现。只有不断提升才气,导游员才能成就一番事业。而要提升自己的才气,导游员必须在两个方面下苦功夫:

(1) 千方百计加深自己的知识功底。导游员是游人之师,应该熟知天文地理、中外历史、风土人情等各方面的知识。导游员要真正胜任岗位工作,就必须勤于学习史地知识、游记文学,广泛涉猎中外民俗、异域风情,不断拓展工作视野和知识领域,争当学者型导游人才,努力成为导游界的行家里手。

(2) 想方设法利用已有的知识和技能。导游员应针对不同国籍、不同民族的游客心理特点和现实需求运用相关知识提供导游服务,综合利用已有的史地知识、诗歌文学知识、艺术美学知识、科学管理知识服务于旅游活动和旅游团队,区别对待不同职业、不同年龄的游客,充分利用已掌握的服务技术和导游技能来提高工作水平和游客的满意度。

(六) 铸就导游员的名气是自我实现的核心

名气不是自封的,而是行业的认同和广大游客的口碑。导游员的思想和行为、能力和水平,游客看得最透彻,也最有发言权。口碑效应会对导游工作产生极大的激励和促进作用,会为旅游业和导游员本身带来较好的经济效益,有助于导游个人价值的社会化和最大化。名气的铸造,需要从夯实自身综合素质的点点滴滴做起,要有过硬的职业道德素质和丰富的旅游文化知识,要有较高的导游服务技能与强健的个人身体素质。

三、国内学术界研究动态

国内学术界同样对导游员应当具备的素质及提升素质的机制进行了大量的研究。

罗蜀渝从美学角度认为新时期导游员应当具备下列素质:

(1) 较高的专业素养。导游知识包罗万象,无论人文景观、自然风光,还是风俗民情、饮食文化等,都要具备一定的专业知识水平,这就要求导游员不仅要具备相当扎实的基础知识,还要掌握相关的拓展知识。

(2) 良好的体质和特定的语言表达能力。要做到言之有理、言之有物、言之有趣、言之有神。

(3) 优良的心理素质。要做到善于控制情绪,反应迅速敏捷,性格活泼开朗,并且要有顽强的敬业精神。

(4) 综合的审美功能。作为导游员,必须在长期的导游实践中不断丰富、发展、完善自身的审美意识,包括审美观念、审美趣味、审美理想、审美知觉和审美情感,这样才能作为美的向导为游客营造一个美的境界,完成最后一个旅游产品——游客最美好的回忆。

许树辉认为导游员作为旅游行业的代表,在可持续发展作为主要发展战略的新时代背景下,应当具备环境保护意识,这也是导游员应具备的基本素质之一。导游员的生态素质可从法、德、识、能、技、体等方面进行表征:(1)"法",即导游员带头遵守国家法律法规和旅游地方性法规,言行符合各级法律法规和旅游社区常规性惯例的要求;(2)"德",即导游员的道德素养,有强烈的爱国热情和高尚的道德风范,能做到认可文化和风俗差异,恪守职业道德,具有崇高的敬业精神;(3)"识",即广博的知识,能广泛吸取历史、地理、文学、政治、宗教、经济、心理学、美学和行为学等方面的基础知识,尤其是获取生态学、林学、环境保护学、自然地理学等相关学科知识,能较科学地对游客进行讲解,解答游客的疑问;(4)"能",即导游员的组织管理能力、交际能力、独立工作能力、语言表达能力、自控能力和创新能力等;(5)"技",即导游必备的熟练服务技能、处理旅游活动过程中各种非生态行为的技巧;(6)"体",即指导游员的强健身体素质和得体的仪容仪表。

许树辉还分析了导游员生态素质的效益,其正面效益主要表现在:有利于规范导游人才市场和维护导游员形象;能促进旅游企业利益的持续长期增长;有利于导游员的生态素质培育机制的健全(如图 3-5 所示)。

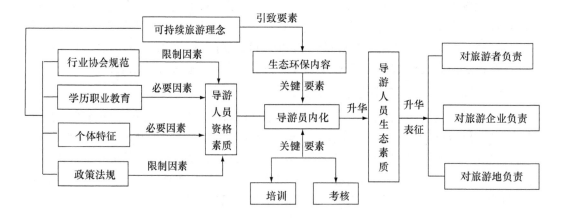

图 3-5　导游员的生态素质培育机制

翟辅东等从导游员的知识构建着手研究导游员的素质构建问题。其研究认为导游是针对景观客体为游客提供文化服务的职业,而不是巨细皆能精通的万能专家。因此,导游工作的重中之重是掌握旅游过程中游客目光触及的景观及其兴奋点并能做出令游客折服的讲解,游客因此能得到扩展知识的精神文明享受。基于此,按照导游员讲解旅游景观的能力可将导游员划分为四种类型(如表 3-4 所示)。经过总结,翟辅东等认为现有的部分导游员缺乏完整的知识体系。其原因在于:导游教育培训内容与从业应具备的知识构架错位;游客不断增长的文化需求与导游的可供能力错位;导游的服务目标与激励机制错位。在此基础之上,他们认为应当构建旅游景观学,成为导游员培训中必须涉及的部分,旅游景观学的构建和导游知识构架的完善将有利于旅游生产力水平的提高和导游员综合素质的提升。

表 3-4　导游类型表

导游类型	核心景区讲解	沿途景观讲解	游客满意程度	导游知识结构
带路型	无能力讲解	无能力讲解	不满意	严重欠缺
普通型	讲解能力较差	无能力讲解	反应平淡	比较欠缺
解释型	能进行科普层次解释	能部分讲解	较满意	粗浅完善
研究型	能进行学术层次解释	能全面讲解	满意	基本完善

另有专家学者从较为宏观的视角研究了提升导游员综合素质的措施。

张明英和杨青山认为需要通过构建导游服务质量的综合评价体系,通过对导游员服务质量的考核来找出导游员在工作中的不足,全面提升导游员的综合素质。研究认为构建导游服务质量的综合评价指标体系需把握科学性原则、全面性原则、可操作性原则和发展原则。在此基础上,他们进一步提出导游服务质量综合评价指标体系(如图 3-6 所示)。

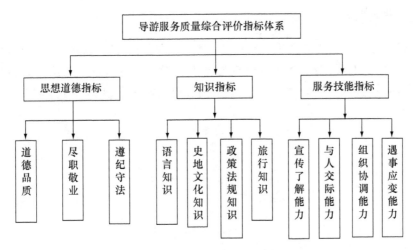

图 3-6　导游服务质量综合评价指标体系

陈静研究了导游员应当具备的基本素质,援引了张践的表述,认为导游员应当具备赤心爱国、勇于奉献;厚积广发、执著追求;深钻细研、讲究技巧等三项基本素质。陈静还认为导游员的素质修炼中最重要的是道德修炼,要提高导游员的综合素质和修养,必须加强必要的培训和考核制度。

在研究导游员素质修炼及提高的同时,一部分专家学者认为需要通过必要的管理、考核制度和合适的激励机制来促使导游员综合素质的提升。

卢东山基于我国导游管理现状,提出分级定价与积分晋级的设想。

(1) 严格规定各旅行社必须使用持证导游员。

(2) 规定导游服务费用必须在旅游合同里写明,游客可以灵活指定导游服务级别。

(3) 各地区根据本地消费水平,制定导游服务费用标准,将导游服务进行分级,导游出团费用按每天每人计算。

(4) 导游员获取导游资格证,经过一定培训后即可带团,B、C 级导游服务由各旅行社根据导游员历史表现自行定级、灵活调整,A 级导游员则必须持有中级以上导游证。

(5) 导游员带团实行积分制,建立相应的积分记录与查询系统,每带一次 C 级团记 1 分,B 级团记 2 分,A 级团记 3 分。B 级积分到达一定程度后可以报考中级导游。

(6) 相应改革导游晋级制度。导游员分初级、中级和高级,初级保留原有导游资格考试形式,中级报考条件增加带团积分的考核,B 级积分到达一定程度后方有报考中级导游资格,报考高级则需要 A 级积分到达一定程度。

卢东山认为通过改革现有的导游员管理和分级制度可以在一定程度上激励导游员素质的全面提升。

欧阳莉认为导游员应当具备七项最基本的素质:良好的职业道德、广博文化知识、较高的语言表达能力、良好的个人修养、优秀的心理品质、突出的应变能力和较强的法制意识。基于此,欧阳莉认为提升导游员综合素质须从管理上着手,可以采取下列措施:提高导游准入门槛,改革导游资格考试制度;建立健全导游年审制度;加强导游管理部门作用;行政管理部门加强监管力度。

四、三维素质理论模型

综上所述,导游员需要多角度、全方位地全面提升自身素质,这些素质包括很多方面,提升途径也可以从宏观、中观及导游员自身微观层面分别进行。本书认为导游员应当具备三维素质体系(如图3-7所示),即态度、情商和有效性3个维度,共包括18个要素。

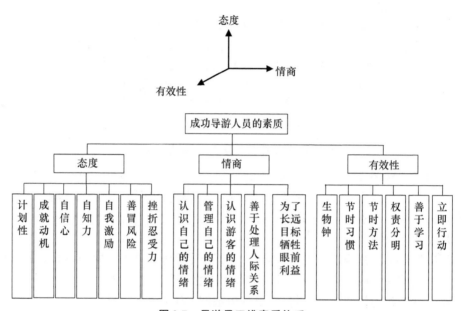

图3-7 导游员三维素质体系

（一）态度维度

态度对于导游员成功与否起着关键作用。国外不少的旅游专家在考核导游员时,坚持A·S·K原则,考核的第一位"A"（Attitude）,即导游员的工作态度。态度维度主要包括以下七个要素:

（1）计划性。"凡事预则立",在导游服务过程中,导游员应该未雨绸缪、事先谋划,以使各项活动按计划有条不紊地进行。其素质特质是:① 确立憧憬,憧憬一般是指导游员十年后要达到的目标,可以是相当理想化的;② 制定战略目标,战略目标一般是指导游员三五年内要达到的目标,要相对具体化;③ 制定战术目标,战术目标一般是指导游员一年内要达到的目标,每个目标尽量用数字表示;④ 制订行动计划,行动计划一般是指导游员如何完成战术目标的步骤安排,其中包括谁去干、怎么干、何时完成、谁监督等具体事项。

（2）成就动机。根据美国心理学家弗雷德里克·赫兹伯格（Frederick Herzberg）的"双因素理论",成就感是影响人的行为需要的重要激励因素之一,它能够有效调动人的积极性。导游员一定要有金牌想法,要将"成为最好的导游员"作为自己的奋斗目标。其素质特质是:不满足于现状,经常提高自己的奋斗目标,以成功者为榜样,不与失败者为伍,以推动社会发展为己任。

（3）自信心。导游员应相信自己有掌握各种知识和技能的能力，并且能够将所掌握的知识和技能有效地服务于游客。其素质特质是：不迷信崇拜，相信自己可学会一切有用的知识和技能；昂首挺胸、目光远大、不卑不亢；相信金无足赤，人无完人，但自己的长处明显多于短处。

（4）自知力。导游员应对自身的优势与劣势有清晰且客观的认识，以便发挥长处、弥补短处。在游客面前不卖弄，讲解时要以谦逊的态度向游客传递信息。其素质特质是：在未知领域当好一名聆听者、学习者；清楚地知道自己的优势和劣势；尽量发挥自己的长处、弥补短处；不卖弄自己的特长。

（5）自我激励。导游员应以成为一名优秀导游员作为目标，将目标及实现目标的过程作为一种激励。对来自游客的赞扬、旅行社的表彰、行业协会的荣誉等外部激励要学会放大效果，作为自己实现目标的有效驱动力。其素质特质是：把实现目标的过程当做一种激励；把要实现的目标也当做一种激励；十倍、二十倍地放大外部激励效果。

（6）善冒风险。导游员应对风险应采取现实主义态度，既敢于负责、不逃避，又要多积累与冒风险事项相关的知识和经验，尽量减少风险带来的负面影响。其素质特质是：有一种直觉，知道该不该去冒风险；对冒风险事项有相当多的知识和经验；相信"风险与收益成正比"的观念；不冒无谓的风险。

（7）挫折忍受力。通往成功的道路从来就不是一帆风顺的。导游服务对象复杂、游客需求多样，这都增加了工作中出现差错的可能，容易造成导游员的挫折感。导游员应具有以下素质特质：能从不同的角度去看待挫折，相信挫折是人生的良师益友；从每次挫折中得到收获；有远大的理想与抱负；身心健康水平较高。

（二）情商维度

情商维度又可称为人际关系维度。一个高情商的人往往社交能力极强，有良好而广泛的人际关系。导游工作与人接触广泛，高情商是成功导游员必备的素质，它包括以下五个要素：

（1）认识自己的情绪。导游员应具有以下素质特质：随时随地清楚地知道自己的情绪状态，了解情绪产生的原因，经常做一些产生积极情绪的事。

（2）管理自己的情绪。导游员应具有以下素质特质：长久地保持自己积极的情绪状态，能发现产生消极情绪的原因，能及时中止消极情绪带来的负面影响，善于把消极情绪转化为积极情绪。

（3）认识游客的情绪。导游员应具有以下素质特质：通过观察，能了解游客真实的情绪状态；能根据游客的情绪状态采取相应的行为；在适当的时机，帮助游客维持积极的情绪状态；运用适当的方法，帮助游客转变消极的情绪状态。

（4）善于处理人际关系。导游员应具有以下素质特质：具有较强的同情心，喜欢与人打交道，有选择地交朋友，尽力帮助他人，善于处理人际关系。

（5）为了长远目标牺牲眼前利益。导游员应具有以下素质特质：有要事要办时能立即放下十分吸引自己的活动；能承受误解和委屈；能控制娱乐活动的"度"，以更充沛的精力迎接挑战。

（三）有效性维度

有效性是指一个人迅速且正确地完成任务的一种能力，也就是平时所讲的效率。导游服务涉及面广、内容繁多，对导游员的工作效率提出了更高的要求。有效性维度包括以下六个要素：

（1）生物钟。导游员应具有以下素质特质：知道自己生物钟的运行规律，在生物钟最有效时段干最重要的工作，了解并利用他人的生物钟。

（2）节时习惯。导游员应具有以下素质特质：缩短工作时段（最佳的工作时段是15分钟），物归原处，行动前先思考，同时干几件事。

（3）节时方法。导游员应掌握以下几种工作方法：工作分类法，即先干完最重要的工作，再干次重要的工作，以此类推；工具利用法，即利用电脑、录像机及其他生活工具为自己服务；善借外脑法，即许多专门工作可请其他服务人员或专家代劳或提供帮助。

（4）权责分明。全陪、地陪和领队应当合理分工，各尽其责，协调配合，以提高工作效率。导游员应具有以下素质特质：了解合作者的特长与能力；知道自己和合作者的权利及义务；相互协作，密切配合；相互体谅，求同存异。

（5）善于学习。导游员应具有以下素质特质：围绕目标而进行学习；抓紧时间学习，抓住机会学习；善于举一反三，广泛运用学到的知识；善于从自己的经历总结经验，不犯两次同样的错误；向他人学习，尽量避免他人曾犯过的错误；向书本学习，有目的地选择优秀书籍阅读。

（6）立即行动。导游服务的独立性和时效性使得导游员常常需要立即做出决定，即在充分思考的基础上果断决定，立即行动。导游员应具有以下素质特质：向着目标有针对性地采取行动，犹豫不决时先干起来再说，行动后能克服困难坚持下去，知道何时该停止行动。

五、成功导游员的五项修炼

导游员要想走向成功，成为一名优秀的导游员，仅仅具有上述基本素质是不够的，还需要在导游工作实践中从"诚""勤""能""灵""赢"五个方面加强修炼。

（一）"诚"

"诚者不伪，信者不欺。"诚信是旅游业经营之本。导游员应在导游工作中严格按照与游客签订的合同中的内容和标准提供服务，不应以任何方式收取额外费用或克扣游客。同时，重承诺、守信誉，做到一诺千金，以诚服人。

美国四方旅行社曾在其宣传广告中承诺："四方旅行社保证每次旅游都有合格的专业旅游领队陪同，我们的领队是经过精心挑选并训练有素的。您的四方旅行社喷气飞机旅游是一次有陪同的旅游，从您起程到旅游结束一直都有四方旅行社精选的陪同人员照料。"一位女士购买了四方旅行社的南美洲游的旅游产品，结果在巴西旅游期间，这位游客乘船时不慎失足掉进亚马逊河，陪同的导游员尽力提供了善后服务。

虽然这是一起意外事故，并且此船不归四方旅行社所有，导游员也不是四方旅行社的雇员，这位女士回国后还是控告了四方旅行社。法庭裁定：广告宣传使这位女士相信了四方旅行社会负责整个旅程,但四方旅行社并没有兑现自己的承诺。最后,四方旅行社给她赔偿了数万美元。这一事件告诉我们:诚信乃导游服务之根本,导游员终究会因其所作出的任何虚假的承诺而受到惩罚。

(二)"勤"

"天道酬勤""勤能补拙""书山有路勤为径",这些古训告诉我们,勤奋对一个人的成功至关重要。导游员要走向成功,必须从以下五个方面下功夫:

(1)勤动嘴。语言是导游员的基本功,在实践中须多加练习以提高口语表达技巧;工作中不懂的问题要多问,将其作为学习积累的途径。

(2)勤动眼。意即善于观察。导游员在工作中应随时观察游客的言行举止以判断其心理,以便提供有针对性的服务;随时观察团队人数,防止游客走失;随时观察周围环境,提高警惕,避免治安事故的发生等。

(3)勤动手。导游服务不仅是嘴上功夫,导游员在旅途中也应主动帮助高龄、体弱的游客完成搬运行李等一些较重的体力活;对于各种设施设备的保养维修要有一定了解,以应对带团途中的突发事故。同时要养成撰写日记和陪同小结等良好习惯。

(4)勤动腿。导游员对于旅游目的地要有一定的了解,对不熟悉的景点应提前进行实地考察;带团过程中应自始至终跟游客在一起,不要怕多走路,更不能脱离团队。

(5)勤动脑。这是导游员关于"勤"的修炼中最重要的方面。除了要勤于思考外,还应经常换位思考,站在游客立场替他们着想,设法满足他们的要求,理解他们的"过错"或苛求。

(三)"能"

"能"指技能。导游员在工作实践中要特别注意加强导游服务技能的训练和培养。首先,要有较强的带团技能。带团技能贯穿于旅游活动的全过程,其高低直接影响到导游服务的效果。这是导游员最复杂但很重要的一项技能。其次,要有良好的语言技能。准确清晰、生动形象的导游语言能使游客感到妙趣横生,留下深刻的印象。语言技能是导游员最基本但很关键的一项技能。再次,要有娴熟的讲解技能。导游服务是一门艺术,它集表演艺术、语言艺术和综合艺术于一身,集中体现在导游讲解之中。讲解技能是导游员最有难度但又最能体现水平的一项技能。最后,还要具备导游服务的其他技能,如导游器材使用技能、速算技能等。

(四)"灵"

导游员在带团过程中要注意对灵气、灵敏和灵活素质的培养和训练。首先,要有灵气,即在导游工作中悟性高、反应快,能够从游客的某些细微变化领悟其心理需求。其次,要灵敏,即对团队内部和客观情况的变化保持一定的敏感性,以便及时采取措施应对。如由天气预报得知旅游目的地天气的变化,马上联想到团队行程、交通问题是否需要做出相应的调整等。不过,由于导游工作涉及面广、对象复杂、工作量大,所以导游员的灵敏度不宜过高,否则,会因心理疲乏而影响工作成效。最后,还要灵活,即在导游服务中要因人而异、因时制宜、因地制宜。如带团去千岛湖游览,导游员拟通过袁枚的"船到兴安水最清,青山簇簇水中生,分明看见青山顶,船在青山顶上行"的诗句介绍千岛湖水清山秀的景色，但游览中不巧下起了小雨，如按计划讲解显然不合时宜，这时，导游员灵活应变，改用苏轼"水光潋滟晴方好，山色空蒙雨亦奇"的诗句讲解，就会取得较好的导游效果。

（五）"赢"

"赢"即成功。导游员走向成功之道，可以从"赢"字的字体结构中包含的五个字去解读。

（1）"亡"——危机感。在旅游市场竞争日益激烈、游客需求更加个性化的今天，导游员应有居安思危的意识，要有时刻可能被人超越、取代的危机感和紧迫感，并善于将其转化为促进自己不断学习提高的动力。

（2）"口"——口碑。导游员应以诚信、热情、周到、高效的服务赢得游客的满意，建立良好的声誉和形象，从而在业界树立良好的口碑。这是一个成功导游不可或缺的。

（3）"月"——计划性。成功的导游员总能做到未雨绸缪，具有事前计划、事后总结的良好习惯，其工作往往有条不紊、井然有序，导游服务效率和质量也就能保持较高的水准。

（4）"贝"——效益。成功的工作总是富有成效的。导游服务在保证服务质量的基础上，应为旅行社和社会创造更多的经济效益、社会效益和生态效益。这也是成功导游的意义之所在。

（5）"凡"——平常心。导游员要想取得成功，应具备良好的心理素质。其待人、处事要有一颗"平常心"；不好高骛远，甘于平凡，乐于奉献，在平凡的导游工作中做出非凡的业绩。

成为一名成功导游员并非一日之工，它要求导游员具备各方面的综合素质与能力，并在导游实践中不断加以锤炼；但也并非遥不可及，只要导游员在平时工作中注意学习、积累与修炼，努力提高自身的素质，就一定能够实现目标。

六、小结

综合以上研究，可以得出以下结论：

（1）现有导游员普遍缺乏合理的知识结构体系，其综合素质有待进一步提升。

（2）导游员除了应具备旅游接待服务从业者的基本素质之外，随着时代的进步及旅游业的发展，还应该拥有一些新的历史背景下所要求的新的技能和理念，如基本信息技术的掌握与运用、较强的环境保护意识等。

（3）导游员综合素质的提升和修炼需要一个标准或参考，现行的导游员管理条例中对相关问题研究不够。导游员三维素质理论模型的提出提供了一种思路，可以通过导游员综合素质评价模型的建立来为导游员提升自身素质，以及导游管理部门科学评价导游员的工作技能水平提供参考，这也是未来导游学研究的重要领域。

第六节 信息化对导游活动的影响

一、概述

随着生产力发展和第三次科技浪潮的来临,信息化技术已深入人类社会生活的方方面面,现代网络技术、信息传送技术、地理信息系统技术的不断发展很大程度上重构了人类社会。旅游活动作为一项集经济、社会、文化属性于一身的人类活动,也不可避免地受到信息化技术的影响,在导游领域呈现出许多新的趋势。研究信息化对导游活动带来的影响是新时期历史背景下导游学发展的客观要求,研究信息化带来的新的导游方法、技术及相应的新的导游学相关理论,对导游学的发展具有重大的理论意义。此外,研究信息化带来的全新的导游方式、导游管理理念和制度的革新、导游员在新的历史背景下自身素质的修炼,对于导游员素质和能力的提升及旅游业的持续、健康发展同样具有重大的现实意义。

二、社会各界观点

案例 3-8

雅虎推出"电子导游"

不用导游员能不能出行?答案当然是肯定的。这个时代还有什么不能从网上完成?近日雅虎发布了在线制订旅游计划工具 Travel Planner 的测试版本,人们可以使用这个工具制订自己的出游计划。雅虎照片共享服务中会提供许多有关旅游的图片,并且拥有一个由使用者提供的各地物价标准的数据库,访问者可以从数据库中筛选所需东西,包括照片和参考物价。这些照片和数据都是建立在使用者自愿提供的基础上,目前已经有超过 30 万张的照片。使用 Travel Planner 测试版除了能创建、打印、共享个人的出游计划和路线,还可以在世界任何一个地方通过互联网进行在线查阅和修改。该工具还能让使用者和其他游客、消费者进行交流,并对各个不同区域(如宾馆、饭店、活动场所)进行评论,还可以列出当地的消费金额和推荐度。

人类已进入信息社会,高科技通信手段的运用、文化传媒的革命,使旅游活动发生了剧变,传统的导游方式也面临挑战。导游员不能再局限于掌握外语知识和文化知识,还应当具备某种程度的高科技信息知识。关于信息化对导游活动的影响,上海和平国际旅游公司的特级导游凌小榕的以下观点得到了社会各界人士的广泛认同:

(一)信息社会对传统旅游业的冲击

1. 社会变化带来的冲击

美国未来学家阿尔温·托夫勒认为,人类社会的文明,先后经历了农业革命、工业革命和信息革命三次浪潮。蒸汽机的发明,标志着我们进入了工业社会;计算机的发明,则意味着我们进入了信息社会。在信息社会中,整个世界都发生了深刻的变化,人们的时空观、价值观、伦理观、审美观有了新的内涵。由于交通和通信的发达,时间和空间的阻隔消失了。通过计算机网络的虚拟空间,人们构建了跨国界的虚拟社区、虚拟商店、虚拟银行、虚拟学校、虚拟医院……这些变化,对传统的旅游业带来了巨大的冲击。

2. 游客变化带来的冲击

(1) 游客可事先知道旅游产品的优劣,并自行设计路线。在信息社会中,游客可以在互联网上进行虚拟旅游,对自然景观和人文景观进行形象化的欣赏和体验,然后决定是否购买。除此之外,游客还能在网上自行选择、设计和组合游程,自行预订机票和酒店,然后在网上报名参团。

(2) 游客的自主性和参与性增强,小包价及散客化成为时尚。在信息社会中,游客可在出游前通过互联网查询旅游目的地的大量信息,与传统的游客相比,他们的自主性和参与性增强了。西方国家的游客,凡通过互联网报名参团的,一般都会要求按自己的意愿修改行程,有的只需导游服务,有的仅要求代订房。

(3) 游客要求导游员提供高科技信息服务。在信息社会中,时空距离缩小了,游客在外也可以和亲朋好友保持密切的联系。比如,一个通过互联网招徕的美国学生旅游团的导游员每天回到家,查收电子信箱里许多学生家长发来的邮件,并将其一一打印,第二天早上分发给学生们。晚上再将学生们给家长的回信和照片,按其电子地址分别发出。学生们每天都能和父母通信,传递照片,玩得十分开心。

(4) 游客意见反馈迅速,影响广泛。过去的游客,到异国他乡旅游,途中做笔记、拍照,回去后隔很长时间才有文章发表于报刊。在信息社会中,这种情况有了根本的改变。有的游客随身带有笔记本电脑和数码照相机,利用旅途休息时间又编又写,回到宾馆,只需连通一根网线,瞬间就可以将作品发布到互联网上。而目前,智能手机广泛运用,游客可通过手机直接拍照,然后通过微博、微信等直接将旅游过程中的各种信息发布出去,游客意见反馈迅速,且影响广泛。

(二) 信息社会中导游员的优质服务

在信息社会中,导游员要想提供优质服务,应从以下几个方面着手:

1. 在跨文化交流中高质量地传递信息

国际互联网就像一个巨大的跨国图书馆,任凭上面的情报资料浩如烟海,找寻也十分方便。导游员带团前,查一查游客所在国家或地区的地理、文化、风俗,甚至游客所属团体的情况,能帮助自己更好地进行跨文化信息传递,增加和游客的共同语言,营造友好气氛。

比如,某导游员在接待新加坡国立大学的教授团时,事先上网查阅了新加坡及该大学的情况。在游客到达后致欢迎辞时,导游员对即将到来的新加坡国立大学校庆表示祝贺,对这所大学的几项重要研究成果表示钦佩。游客十分惊讶,继而感动不已,掌声经久不息。新加坡游客泛舟于碧波万顷、海鸥翻飞的洱海上,询问导游员:"洱海有多大?"熟悉新加坡思维方式的导游员不说洱海面积为250多平方公里,而是巧妙地回答:"有半个新加坡大。"游客一听,心领神会,十分满意。

2. 尽量满足游客的自主性和参与性

在信息社会中,游客的自主性和参与性变得比以往任何时候都强烈,对旅游产品的要求也越来越高,如果旅游产品不符合要求,他们就不肯购买。而旅行社为了争夺客源,往往千方百计地适应游客的需求,这样,游客就有了更多的选择权。于是,小包价旅游(亦称"选择性旅游")就成了许多旅行社的主打产品。

参加小包价旅游的游客不再满足于导游员的单向信息传递,他们总是力争更多的双向交流。在到达目的地之前,他们已通过各种信息渠道对旅游目的地有所了解,但不太全面。在这种情况下,导游讲解如能调动游客进入角色,有问有答,使双方进行互动交流,导游员不仅担任演员,而且担任导演的角色,其导游水平就会达到更高的境界。

3. 善于运用多媒体传递信息

信息社会的导游服务,不仅仅局限于导游语言表述,还应借助于多媒体设备传递信息。比如,从昆明到大理的夜卧客车,12小时漫漫长途,枯燥乏味,但聪明的司机在车上安装了录像彩电,车一出发,游客就可欣赏大理的苍山洱海、丽江的小镇、中甸的雪山草原……如此有声有色,起到了很好的导游作用。

4. 注意信息输出端的高熵值和输入端的低熵值

20世纪40年代,信息论创始人香农将物理学中的统计方法移植到通信领域时,发现信息公式正好与热力学熵公式相似,只是符号相反。简单来说,就是在一个孤立的封闭系统中,熵值自发增加,趋向无限大,系统内部越来越趋于无序和不确定。而当负熵(信息)从外部流入后,系统就会趋于有序和确定。

在导游讲解中,熵值低并非好事,相反,在对艺术的加工中,解释的不确定性越大,熵值越高,吸引力越强。像秘印加文化古迹、古埃及金字塔之谜、蒙娜丽莎神秘的微笑、李商隐的无题诗等,都是信息输出端的高熵值制造了悬念之美。所以,在导游讲解中,增强高熵值的输出是吸引游客的重要因素之一。

信息时代要求导游员不断更新自己的知识,不断吸纳新的信息,而理解信息"熵"原理,无疑会帮助其摆脱对陌生新奇所产生的无所适从的困惑,确定一种虚心接纳、以变制变的从容和自信。

比如,某导游员听见美国游客问:"What is China's highlights?""Do you like surfing on the Internet?"不知所云,无言以对,问题就出在他没有掌握新词汇。"highlights"指的是"热门话题",原为电脑词汇(在视频上将所选标题点亮);"surfing"原意为"穿泳衣冲浪",在信息社会中,是指在互联网上漫游,搜寻信息。这两句话应译为"什么是中国的热门话题?""您喜欢在互联网上浏览吗?"面对信息社会的巨大冲击,导游员必须不断学习新知识、新技能,吸纳新信息,这样才能更好地进行跨国文化交流,把导游服务水平上升至一个新的高度。

5. 运用"超链接"方式传递信息

在工业社会中,文字信息往往以"书面"的方式储存和记载,从头至尾,顺序相连,我们称之为"线性"传递信息。而在信息社会中,除了"书面"方式外,信息还以"比特"(byte)方式储存和记载于磁盘和光盘上。视频第一页上是各种标题,操作者点亮所选的某个标题,视频立即变换为该标题下的内容,内容中的许多文字也能被点亮,视频也随之展示出跟该词汇有关的内容，里面有些词又能被点亮，视频又可跳跃至新的内容。这种信息编排的新方法，称为超链接（hyperlink）。在传统的"书面"表述方式中，旁注、脚注和后注便是超链接的雏形。

这种信息传递方式也影响到了导游员的讲解方式，导游员不再局限于平铺直叙，按照顺序进行讲解，而是用"超链接"来突出特点，首先介绍"最高""最大""最小""最老"的景点项目，这种导游方法往往给人以深刻印象，激发游客的兴致。

"超链接"的另一个特点是"由此及彼"。比如，导游员在上海外滩向游客介绍东方明珠电视塔时，首先说明此塔为亚洲最高，它设有9个电视频道，10个调频广播频率；继而由电视塔谈到我国电视发展情况、中国电视节目与西方电视节目的差别、电视节目里的服装模特表演；由此再谈到上海人的穿衣特点，转而谈到"海派文化"、上海的建筑特色；最后又回到外滩的建筑布局。由此及彼，侃侃而谈，使游客对上海的文化、市民的生活有了更进一步的了解。

6. 巧妙融合"科技态"信息与"人文态"信息

加工后的信息有两种存在状态：一种是科技态信息，它偏重描述事物形态和运动规律，量化数据，有时使用图表符号。其特点是准确、严谨、简洁，很少使用超常的修辞手法。另一种是人文态信息，它以形象思维为主导，表达方式丰富生动，以抒情、比喻、象征、夸张等手法为主。其特点是形象、含蓄，符号表面意义与其信息内涵不一致。

信息社会的导游员，应具备双重状态的信息加工能力，对某一景点进行考察时，既观察它的外形特征和发展规律，又要通过联想和比较等方法，找到其与不同类事物之间的"相似点"，再以形象思维的方式突出它的特征和给人们的深刻启示。

比如，导游员介绍"青岛的风光可分为五个层次：碧海、金沙、红瓦、绿树、蓝天，正如音乐的五线谱。勤劳、聪明的青岛人民，犹如五线谱上的音符，通过自己的辛勤劳动，谱写出一曲曲动人的英雄乐章"！其中，"五个层次"是准确的科技态信息，而"犹如音乐的五线谱……"则是比喻的人文态信息。这就是使用双重状态信息加工，将"科技态"信息和"人文态"信息巧妙融合的成功范例。

三、国内学术界研究动态

国内学术界同样开始对信息时代全新的导游方式，以及导游员在信息时代应当具备的素质进行了研究。

齐琳定义了电子导游，认为电子导游是"利用电子技术原理制造的各种导游讲解设备系统，用于改变原有的人工导游讲解方式和方法，英文经常翻译为 Audio Guide"。其中包括采用数码技术供游客自由选听的"数码按键播放机"，利用视频与网络技术将重要文物做成视频图像和配上解说供参观者观赏的"触摸式视频讲解系统"，在固定景点上使用的、最方便管理的投币方式的"电子导游机"，还有目前最为先进的、通过对游客进行简单定位，从而根据游客位置的变化自动介绍景点内容的"自动导游讲解器"，等等。

齐琳对比分析了国内外电子导游应用的现状。目前，先进的发达国家大都采用非导游讲解的讲解器。在博物馆等室内展馆，基本上取消了导游讲解，特别是借助噪声比较大而又影响其他人参观的高音喇叭讲解，国外已经很少见。美国马萨诸塞州一家公司还发明了一种便携式电子导游器,它储存了包括美国大陆主要高速公路在内的 35 000 项数据资料。只要游人提供目的地的里程和方向,便可自动生成旅游计划。在旅途中,游人只需输入所在州名、高速公路名、方向及最近的里程碑,便可获得附近餐馆、加油站、医院、旅游景点等信息。美国、英国、法国、加拿大等国的一些旅游城市都有出租最先进的电子导游。但目前在我国,电子导游还是个新生事物,2000 年首次在广西桂林漓江出现,现在国内的各著名旅游景点都已经开始引入电子导游,但是国内的应用主要还停留在数码按键播放机和触摸式视频讲解系统上。这些电子导游只是一个声音播放器或者是一个信息搜索台,不具备真正的电子导游应该有的智能性。两相对比,我国电子导游的应用尚未广泛普及,同时应用层次较低。

齐琳认为,相比较传统的导游方式,电子导游具有以下优点:环保、方便外国游客、避免游客之间的干扰、避免导游服务的质量不稳定性、可以满足越来越多自助游背包客的个性需求;并通过对比电子导游与人工导游方式,总结出两者的区别(如表3-5 所示)。在此基础上,她指出了我国电子导游应用的前景:从市场容量和市场前景两方面分析,电子导游在我国都将获得长足的发展。

除了导游方式的变化,很多技术专家试图研究基于地理信息系统的综合导游系统的开发。还有学者从导游员对游客管理的角度着手研究电子技术在导游学领域的应用。

表 3-5　电子导游方式与人工导游方式的区别

形式	人工导游	电子导游
音质	嘈杂、互相干扰	清晰
服务质量	受导游水平影响	优质稳定的服务
游览自由度	顺序游览	自由游览
组团人数	限制	无限制
语种	单语种	多语种
费用	高(50 元/人)	低(10 元/人)

蒋勇军、况明生、向前、严寒冰、刘迎春等均对在地理信息系统技术支持下的某一特定区域的综合导游系统的技术实现进行了深入研究。

屈维和陶世胜通过对互联网地理信息系统(InterGIS)的研究,提出在网络上建立综合电子地图导游系统的构想,并提出相应的技术方案。这些研究成果的出现为我国电子导游综合系统的构建提供了理论基础,伴随着地理信息系统和网络技术的不断成熟与发展,这方面的成果将越来越多,我国的导游方式也将呈现出多样化、网络化的趋势。

安文魁和王昌明提出了一种基于 RF 收发器构成的无线通信系统解决方案,解决了身份识别、自动点名、发车提醒、掉队提示与告警等游客管理问题和同一区域多套系统之间相互干扰的问题,并研制成功样机系统。该项研究为导游员在纷繁复杂的工作环境中对游客实行有效管理、降低工作风险具有巨大的现实意义。

谭红梅、黄少华、王汉东和黄仁涛论述了采用 GIS 的空间决策分析方法和常用的空间分析方法来帮助游客进行旅游决策,并以湖北省导游辅助信息系统为例,实现了相关的功能。

四、小结

综合以上研究,可以得出以下结论:

(1) 我国目前的电子导游无论从技术本身还是技术运用的普及程度与旅游业发达国家之间仍存在不小的差距。

(2) 在信息化背景下,未来的电子导游将更广泛地运用在导游讲解过程之中。随着信息技术的不断发展,电子导游将在导游活动中占据越来越重要的地位,一名优秀的导游员应当能够熟练运用电子导游技术丰富自己的工作方式。

(3) 随着地理信息系统技术的发展和完善,综合的电子导游地图系统将逐步走上历史舞台,成为电子导游大家族中新的生力军,为广大游客出行提供更为直观的空间指导。

(4) 在信息时代的背景下,对于电子导游技术及其运用的研究,是导游学研究的必要内容,只有充分研究不断发展的电子导游新技术,导游学才可以做到与时俱进,才可以适应不断发展变化的国际旅游新形式。

❓ 思考题

1. 简析旅行社推出"零团费"甚至"负团费"的原因。
2. 导游员收受回扣的原因何在?应该如何处理?简述你的理由。
3. 请分别从职业生涯、绩效管理和薪酬体制等方面分析我国导游员管理模式的创新。
4. 造成导游员道德风险的原因主要包括哪些?应该采取哪些措施加以处理?
5. 何谓情商?高情商的导游员一般具有哪些特质?请结合案例说明。
6. 举例说明成功导游的五项修炼。
7. 在信息社会中,导游员要想提供优质服务,应从哪些方面着手?

第四章　导游业的历史沿革

　　导游服务是旅游服务的一个组成部分,是在旅游活动的发展过程中产生的,其内容、手段和方法也随着旅游活动的发展而发展。对于导游活动产生、发展的研究有助于了解导游业发展的进程。同时,对于了解导游业的现状及其出现的背景也有着重要的现实意义。

第一节　古代导游活动的产生

一、古代旅游活动的产生

　　在人类历史上,人类有意识地外出旅行是由商品交换引起的,即第三次社会大分工使商业从农业和手工业中分离出来,出现了专门从事商品交换的商人。正是他们在原始社会末期开创了人类旅游活动的先河。他们以经商为目的,周游于不同的部落之间。商品交换是人类社会技术进步的结果,也是人类生存的需要。伴随商品交换而出现的旅行也是人类早期技术进步的产物,拓展了人类生存的空间和能力。可见,商品交换和旅行的产生都具有早期人类社会生产的性质,都是经济性质的活动。随着人类社会由原始社会进入奴隶社会,生产技术的进步以及劳动剩余物的不断增加,财富逐步得到积累,并被奴隶主占有。财富积累到一定程度,财富占有者开始追求享乐,利用旅行游乐玩赏,于是逐渐在具有经济性质的旅行中衍生出非经济活动——游乐性旅行,开始了以巡视、巡游为名义的享乐旅行。显然,在这个时期,商业性导游服务还没有产生。

　　古代旅游之所以充满艰苦性、冒险性,是因为交通工具落后且没有向导。事实证明,有组织、有向导的旅游成功的可能性大,反之,则很难达到预期目的。

　　从现有的考古成果来看,原始人群的流动现象普遍存在于世界各地。人类自诞生以来,就总是不甘于周围环境对自身的束缚,力图拓宽自己的视野,扩大自身的活动范围和生存空间,因而经常离开原居住地四处迁徙。有人认为这种迁徙就是最原始意义上的旅游活动。其实,这种充满着随意性、突发性和被动性的人群流动还不适宜被称为旅游活动。古代真正意义上的旅游活动应该是出现于奴隶社会。

　　古代旅游活动最早产生于古埃及、古希腊、古罗马和古中国等文明古国。究其原因,这些国家的生产力发展水平较高,最早迈进文明社会,也较早获得了安定的社会环境和较发达的经济基础,这些都是古代旅游活动所必须具备的外部条件。

　　古埃及在公元前3000年左右就已经建立了统一国家,它大规模修建的金字塔和神庙,吸引了统治区域内外的大批朝拜者,出现了世界上最早的大规模非生产性的祭祀旅游活动和谒拜旅游活动。

古希腊是西方文明之源,繁盛的城邦贸易、流通的货币、通行的语言和众多的宗教圣地使其成为古代最发达的旅游活动地区,尤其是奥林匹克运动会等大型节庆活动的举办,更促使世界上最早的群众性旅游活动出现。

帝国时代的古罗马是古代世界旅游活动最发达的国家之一。它拥有广阔的疆土、强大的武力、稳定的政局、繁荣的商业、发达的交通和多样的文化,这些都极大地促进了古代各种形式的人群流动,如商人流、军队流、官吏流、移民流、奴隶流和僧侣流等。这些人流中,相当一部分成了早期的游客。

古代中国的旅游活动丰富多彩,其中对导游发展影响较大的规模化旅游活动主要有帝王巡游、公务行游、文士漫游、宗教朝觐和平民郊游等五种。

二、古代导游活动的产生

虽然旅游活动在古代社会中并不少见,但由于经济、科技和交通等条件的落后,古代旅游活动中充满了艰辛与危险,仅凭游客一己之力往往难以完成。旅行者到了异域他乡,在寻人引路问津之余,也需要熟悉当地的人来介绍风土人情。另外,许多名山大川、历史文物源远流长、博大精深,远非一般旅行者短期内所能洞悉,需要当地熟识者予以指导。于是,为游客提供帮助的服务应运而生,其中就包括导游服务。

中国是旅游活动起源较早的国家之一。因此,探究中国导游活动的产生对研究导游活动溯源有一定的代表性。根据专家们的研究,中国早期旅游虽可追溯到原始社会,但真正初具规模的旅游形成于东周。春秋时代是社会大变革时代,国事交往和人际交往频繁,外交往来、游说活动、游历修学、巡幸游猎、政治联姻等活动达到高潮,这些活动有的已具有较明显的旅游色彩,史书记载当时已出现了业余或专业导游了。最早充当民间导游角色者,多为车夫、轿夫、马夫、客店堂倌、樵夫、和尚、道士等。河北慈航寺就有"僧出揖客,导游遍寺"的记录;宋姚奎《游石屋记》中也有"命道士为前导,行三四里……"的记述。这些人还不是职业导游。后来古书上出现的"导者",专家们认为可能是专业导游了。随着历史的发展,游人遍布于通都大邑、交通要道、名胜古迹处,有人开始专事导游这一职业,并以此为生。到了唐朝,不但有了专业导游,还出现了印制的导游图,称为"图经"或"地经"。

第二节 近代商业性导游服务的产生和发展

一、近代商业性导游服务的产生

18世纪60年代以后,以英国为代表的西方国家开始进入工业革命时期。随着西方国家生产力的迅速发展,旅游也产生了本质性的变化,其最突出的标志是近代旅游业的诞生。

前文已提到世界公认的第一次商业性旅游是1841年由英国人托马斯·库克组织的（见第三章第一节）。1845年，托马斯·库克开始专门从事旅游代理业务，成为世界上第一位专职的旅行代理商。他在莱斯特创办了世界上第一家商业性旅行社。1846年，托马斯·库克亲自带领一个旅行团乘火车和轮船到苏格兰旅行。旅行社为每个成员发了一份活动日程表，还为旅行团配置了向导。这是世界上第一次有商业性导游陪同的旅游活动。

1865年，托马斯·库克与儿子约翰·梅森·库克（John Mason Cook）成立父子旅游公司"通济隆旅游公司"，迁址于伦敦，并在美洲、亚洲、非洲设立分公司；1872年，托马斯·库克亲自带领一个9人旅游团访问纽约、华盛顿、多伦多、南北战争战场、尼亚加拉大瀑布等地，把旅游业务扩展到了北美洲。这次环球旅行声名远播，产生了极大的影响，使人们"想到旅游，就想到库克"。

1892年，托马斯·库克创造性地发明了一种流通券，凡持有流通券的国际游客可在旅游目的地兑换等价的当地货币，即旅行支票，方便了游客进行跨国和洲际旅行。

此后，欧美国家和日本纷纷效仿托马斯·库克组织旅游活动的成功模式，先后组建了旅行社或类似的旅游组织，招募陪同或导游，带团在国内外参观游览。这样，世界上逐渐形成了初具规模的导游队伍。第二次世界大战后，大规模的群众性旅游活动兴起并得到发展，导游队伍迅速扩大。

二、商业性导游服务产生的原因

（一）商业性导游服务产生的历史背景

商业性导游服务的产生是近代旅游业发展的必然结果，而近代旅游业的产生离不开产业革命的深远影响。产业革命对近代旅游业的影响主要表现在四个方面：

1. 产业革命扩大了游客的来源

在产业革命之前，有能力去旅游的人仅限于大土地所有者和封建贵族阶层。产业革命带动了经济飞跃，社会上越来越多的平民有了相对富足的生活条件，出卖劳动力的工人阶级相比封建社会的农民有了较多的收入和人身自由，他们都具备了旅游消费的基础。此外，伴随着生产效率的提高，资本家和产业工人也有了相当多的闲暇时间。旅游学的研究表明，一定的可自由支配收入和闲暇时间是产生游客最重要的客观先决条件，产业革命恰恰在这两方面促成了新的游客的产生。

2. 产业革命增加了旅游的需求

根据心理学的研究，旅游属于人类较高层次的需求，它是在生理、安全等低层次需求得到满足之后才产生的高层次需求。在产业革命之前，大多数社会成员的低层次需求尚未得到满足，对旅游的迫切感不强。产业革命改变了绝大多数城市平民和乡村农民的工作性质，加速了城市化的进程。高速度、快节奏、单一化和强压力的工厂劳动与城市生活令人们不堪重负，迫切需求远离城市环境，回归到大自然中去寻求放松。人们旅游需求的增加为满足旅游需求的旅游业发展提供了机遇。

3. 产业革命拓宽了旅游的视野

产业革命迅速增强了西方资本主义国家的国力，对劳动力和生产资源的需求迫使它们纷纷开展海外探险和殖民活动。通过许许多多探险家们的努力，人们的视野得到了拓展,对旅游资源的认识日益加深,旅游兴致日益浓厚。小亚细亚、非洲腹地、印度、南洋、澳洲甚至撒哈拉沙漠等地都成为游客向往的旅游目的地。

4. 产业革命推动了交通的进步

虽然游客有了广阔的旅游空间,但如果还是使用原始的人力或畜力交通工具,旅游的成本仍然过高。产业革命也是一场技术革命,大量科学成果被广泛应用于交通改造之中,涌现了蒸汽轮船、火车、汽车、飞艇和飞机等诸多发明。这些现代化的交通工具极大地提高了人类的活动能力,使游客在短时间内跨越长距离成为可能。

由于以上影响,产业革命成为近代旅游业的催化剂,也间接促成了商业性导游服务的产生。

(二)商业性导游服务产生的原因

商业性导游服务是在宏观的社会历史背景下发生的偶然现象,但也是旅游活动自身发展的必然结果。

1. 游客需要导游服务

旅游活动的一个重要特点是异地性,也就是游客要离开他们惯常的环境,前往一个陌生或不太熟悉的地方。环境上的改变,使游客产生了与在惯常居住地时不同的需求。在生活上,游客需要建立起一套适应新的生活环境的生活方式;在心理上,游客需要摆脱心理中自我保护感的束缚;在求知上,游客需要在短时间内掌握尽可能多的有关陌生环境的信息;在审美上,游客需要调整在客源国(地)形成的固有审美眼光。这些需求只有经过专业训练的导游员才能使游客一一得以满足,因而游客迫切地需要专业的导游服务。

2. 旅游经营者需要导游服务

旅游经营者提供的旅游产品是一种综合性的服务产品,是一种预售服务产品。为了保证产品得以实现消费,旅游企业需要专门的人员来引导游客逐步落实各项预订导游服务,即通过导游服务来逐步实现销售。在当今世界,旅游业的竞争十分激烈,旅游经营者保持、提高竞争力和信誉的最有效的办法是充分发挥旅游工作者(尤其是导游员)的主观能动性,向游客提供高质量的旅游服务,以吸引回头客并对潜在的旅游客源产生吸引力。因而旅游经营者需要高质量的导游服务。

三、我国商业性导游服务的产生与发展

(一)我国商业性导游服务的发展历程

1. 起步阶段(1923—1949 年)

同欧美国家相比,中国近代旅游业起步较晚。20 世纪初期,一些外国旅行社,如英国通济隆旅游公司、美国运通旅游公司开始在上海等地设立旅游代办机构,总揽中国旅游业务,雇用中国人充当导游员。1923 年 8 月,上海商业储备银行总经理陈光甫先生在其同仁的支持下,在该银行下创设了旅游部;1927 年 6 月,旅游部从该银行独立出来,成立了我国历史上的第一家旅行社——中国旅行社,其分社遍布华东、华北、华南的 15 个城市。与此同时,中国还出现了其他类似的旅游组织,如铁路游历经理处、公路旅游服务社等。1935 年中外人士组成中国汽车旅行社,1936 年筹组了国际旅游协会,1937 年出现友声旅

行团、精武体育会旅行部、萍踪旅行团、现代旅行社等。这些旅行社和旅游组织承担了近代中国人旅游活动的组织工作,同时也出现了第一批中国导游员。

2. 开拓阶段(1949—1978年)

中华人民共和国成立后,我国旅游事业有了进一步发展。新中国第一家旅行社——"华侨服务社"于1949年11月19日在厦门成立;1954年4月15日,中国国际旅行社在北京西交民巷4号诞生;1974年,中国旅行社成立。在此期间我国的导游队伍逐渐形成,规模约有二三百人,精通近十几种语言。这一时期的导游服务主要是做好外事接待工作,因此,从事导游服务的工作人员均称为翻译导游员。在周恩来总理提出的"三过硬"(思想过硬、业务过硬、外语过硬)原则指导下,他们逐渐成为国际导游队伍的一支后起之秀,为我国旅游事业的发展发挥了重要作用。

中国旅行社("中旅"CTS)成立过程

1949年11月19日厦门有关部门接管了"华侨服务社",创立了新中国第一家旅行社。1957年3月,全国各地华侨服务社在北京开会,决定在社名上增加"旅行"二字,并于4月22日在北京成立"华侨旅行服务社总社"。1969年因"文化大革命"被短期撤销。1972年8月,中央又批准恢复总社,但考虑到当时许多国外华侨已加入外国国籍。因此经国务院批准,1974年成立了中国旅行社,并与华侨旅行社合署办公,统称中国旅行社。

中国国际旅行社("国旅"CITS)成立过程

1952年中国成立"国际活动指导委员会",1953年南汉宸和刘贯一了解苏联国际旅行社情况后,决定筹建中国国际旅行社,并于1953年6月18日呈报政务院。同年6月20日周总理批示:"同意,请即指导有关方面筹办。"1954年4月15日"中国国际旅行社"在北京西交民巷4号正式成立总社。1954年4月28日,政务院通知在天津、上海、南京、广州、杭州、汉口、沈阳、哈尔滨、南宁、安东、大连和满洲里12个城市成立分社。

3. 发展阶段(1978—1989年)

第十一届三中全会后,我国开始实行对外开放政策,吸引了大批海外游客涌入中国,国内旅游也蓬勃发展。为适应旅游业的发展形势,1980年6月27日,经国务院正式批准,中国青年旅行社总社("青旅"CYTS)成立,随后,邮电、教育、铁路等也相继成立了旅行社。1984年后,随着旅行社外联权的下放,全国各行业和地区性旅行社迅速发展。到1988年年底,全国形成了以中旅、国旅、青旅为主干框架的近1 600家旅行社体系,全国导游员队伍迅速扩大到25 000多人,他们为这一时期我国旅游业的发展作出了贡献。但由于增长速度过快,也出现了鱼龙混杂的现象,导游员整体水平和素质出现了较大幅度的下滑,个别导游员甚至走上违法犯罪的道路。

4. 全面建设导游队伍阶段(1989年至今)

为了整顿导游队伍,使导游服务水平适应我国旅游业发展的需要,1989年3月,国家旅游局在全国范围内进行了一次规模空前的导游资格考试(此后每年举行一次);同年,"中国旅游报"等单位发起了"春花杯导游大奖赛"。这对提高我国的导游服务水平、推进导游工作规范化的进程作出了贡献,同时也标志着我国开始迈入全面建设导游队伍的阶段。

为进一步规范导游服务、加强导游管理。1994年,国家旅游局对全国持证导游员进行分等定级,划分初级、中级、高级和特级四个级别。同年,国家旅游局联合国家技术监督局发布了《导游员职业等级标准》(试行),1995年发布《中华人民共和国国家标准——导游服务质量》;1999年5月国务院颁发的《导游员管理条例》,标志着我国导游队伍的建设迈入了法制轨道;2001年,国家旅游局颁发《导游员管理实施办法》,决定启用IC卡导游证,实行导游计分制管理,并运用现代科学技术手段建立导游数据库,在全国范围内推行导游电子信息网络化管理;2002年,国家旅游局开展整顿和规范旅游市场秩序活动,把全面清理整顿导游队伍作为三个重点环节之一来抓:明确提出严厉查处乱拿、私收回扣,打击非法从事导游活动,坚决清理一批政治、道德、业务素质不合格的导游员,建立和完善"专职导游"和"社会导游"两套组织体系和教育管理体系,全面推行导游计分制管理和IC卡管理等举措,促进了导游工作的规范化,加强了导游队伍的建设;2003年起,为了支持西部地区导游队伍的建设,国家旅游局开展了"百名导游员援藏"行动。由于国家重视旅游人才的培养,导游的专业化队伍已经形成。

2013年10月1日,《中华人民共和国旅游法》正式施行。该法对导游准入条件作出了重大修改,从源头上保证各类导游都有固定的收入渠道、规范了导游与旅行社之间的利益分配关系,并且进一步明确了导游执业行为应该承担的法律责任。相信通过认真贯彻落实该法,必将为推进我国导游的职业化进程、全面提升导游素质和社会地位打下坚实的基础。

(二)我国导游业的基本特征

1. 导游员多元化

由于我国旅游业迅速发展,旅游人数不断增加,对导游服务的要求也越来越高。于是一支有一定数量、受过专业训练、以导游工作为职业的专职导游队伍逐步形成;但仅靠他们难以完成任务日益繁重的导游接待工作。为适应旅游业发展的需要,经过十几年的全国导游资格考试,我国导游业又出现了一支受过一定训练、持有导游证、由各地导游服务中心或导游公司管理的兼职导游队伍;与此同时,以导游服务为主要职业、但不受雇于固定的旅行社的自由职业导游员也在我国出现,他们往往通过签订协议为多家旅行社服务。其人数不多,但发展势头较为迅猛。因此,我国导游员的构成已渐趋复杂,呈现出多元化的发展态势。

2. 导游服务商品化

旅游业作为一项产业,生产和销售旅游商品;为旅游业创造经济效益的导游服务也必然商品化。导游服务按劳收取劳务费用,费用高低受商品经济规律的支配,按照市场供求关系而上下浮动。导游服务商品化这一特征也要求导游员重视商品质量,讲求服务质量,以质量来赢得信誉,否则将在市场竞争中被淘汰。

3. 导游知识现代化

游客队伍来自世界各地,由不同国籍、不同民族、不同宗教信仰的人所组成;游客需求日益多元化,观光、度假、疗养、会议、公务等各种类型的旅游风格迥异;旅游服务设施和服务项目日趋完善;旅游业的经营管理也更为繁复和精细化。这些都导致导游服知识的现代化和多样化,导游员不仅要了解本国的文明史实,还必须具备丰富的现代科学文化知识。

4. 导游手段多样化

现代旅游业激烈的市场竞争和服务质量要求的不断提高,促使导游服务手段呈现多样化趋势。导游员除了运用传统的各语种语言进行口语导游外,图文印刷类制品、声像电子类产品也都应运而生。导游员不仅要带领游客边看边讲,还要运用图片、导游图、导游手册等印刷品及电影、电视、录音、录像等音像设备,进行立体化的综合导游服务。这些"物化"的手段不仅为游客提供了及时丰富的旅游信息,同时也为导游服务提供了先进科学的工具。

5. 导游职责双重化

现代导游服务虽有职业化和商品化特征,但其职责岗位却具有双重的属性。一方面,导游员受雇于旅行社或其他用人单位,应接受雇用单位的管理,执行雇用单位的任务,为雇用单位谋取利益,这也是岗位的业务职责;另一方面,导游员又是一个国家的公民,必须履行国家公民的责任,依据宪法和国家其他法律法规,为国家服务,维护国家的声誉,这是导游员出于公民意识而肩负的职责。导游员的双重职责决定了导游工作不仅是个人职业,而且代表着国家,是非官方的形象大使。

第三节　导游服务的发展趋势

一、导游服务面临新的挑战

20世纪90年代以来,我国旅游市场逐渐出现一些较为明显的变化:旅游需求多样化、个性化;团队比重下降,规模趋小;大跨度的长线团减少,环口岸的区域游和淡季一地游增加;游客停留天数和一次性旅游经停城市数趋减;旅行预报周期越来越短,临时变化越来越多。

近年来,这种变化又有了新的发展,主要表现在电子商务的发展带来游客直接预订急剧增加;游客自主参与旅游产品的生产,使导游员的主动权大大削弱;随着我国加入世界贸易组织,外商投资旅行社纷纷出现,我国旅行社的经营面临更加严峻的挑战。导游服务质量成为决定旅行社生存与发展的重要因素之一。

与此同时,导游服务工作将面临越来越挑剔和成熟的游客。随着《消费者权益保护法》的颁布,游客开始注意保护自己的各项权益,游客的投诉增加。旅游消费主体意识的觉醒仅仅是第一步,随后将是一场广泛的消费者权利保障运动的到来。这是因为,群体性旅游锻炼已培养了一代有旅游意识的、成熟的游客,他们由"养在深闺"到"已见世面"。旅游已成为一种日常性消费行为,由个别人关注到涉及群体共同关心的问题,因此,导游服务面临新的挑战。

二、导游服务的发展趋势

未来旅游活动的发展趋势将对导游服务产生影响并提出新的要求。导游服务在未来将出现如下五种发展趋势:

(一) 导游内容的高知识化

导游服务是一种知识密集型的服务,即通过导游员的讲解来传播文化、传递知识,促进世界各地区间的文化交流。在未来社会,人们的文化修养更高,对知识的更新更加重视,文化旅游、专业旅游、生态旅游、科研考察的发展,对导游服务将会提出更高的知识要求。

根据这一发展趋势,导游员必须提高自身的文化修养,不断吸收新知识和新信息。导游员掌握的知识不仅要有广度,还要有深度,使导游讲解的内容进一步深化,更具有科学性。这样,导游员的讲解将更有说服力,不仅能同游客讨论一般问题,还能较深入地谈论某些专业问题。总之,在知识方面,导游员不仅要成为"杂家""通才",还要成为某些方面的行家里手。

(二) 导游手段科技化

随着科学技术的发展,将来还会有更先进的科技手段运用到导游工作中来。如图文声像导游、电子导游等先进的导游手段,在游览前或在游览现场引导游客参观游览过程中,不仅让游客看到(听到)了旅游景观的现状,还进一步帮助游客了解其历史沿革和相关知识,起到深化实地导游讲解和以点带面的作用,现已逐渐成为导游工作中不可或缺的辅助手段。因此,导游员必须学会使用它们并在游前导、游中导和游后导中运用自如,与实地口语导游密切配合,使两者相辅相成,产生有益的整合效应。同时,在导游过程中讲解科技知识、运用科技手段,能够使游客了解到旅游和高科技发展之间的关系,使导游工作充满时代气息。

(三) 导游方法的多样化

旅游活动多样化的趋势,尤其是参与性旅游活动的兴起和发展,要求导游员随之转变其导游方法。参与性旅游活动的发展,意味着人们追求自我价值实现的意识在不断增强。追求自我价值不仅体现在工作中,人们还将其转移到了娱乐活动之中。人们参加各种节庆活动,与当地居民一起活动、生活,还在旅游目的地学习语言、各种手艺和技能,甚至参加冒险活动等。这要求导游员不仅会说(导游讲解),还要能动,与游客一起参与到各种活动中去。

旅游活动的这一发展趋势对导游员提出了更高的要求。未来的导游员不仅是能说会道、能唱会跳、多才多艺的人,还要能动手,兼具强壮的体魄、勇敢的精神,与游客一起回归大自然、参与绿色旅游活动、一起参加各种竞赛,甚至去探险。

(四) 导游服务的个性化

当今社会是个性张扬的社会,个性化发展成为时代的主题,人们对旅游的需求呈个性化发展趋势,旅游产品的消费也呈现出个性化的趋势。导游服务的个性化要求导游员要根据游客的个性差异和不同的旅游需求提供有针对性的服务,使不同的游客获得更大的心理满足;另一方面,导游服务的个性化有利于导游员根据自己的优势或特长、爱好,形成自己的个性风格,朝品牌化导游发展,给游客留下特色鲜明的印象。

(五) 导游职业的自由化

从世界各国导游发展的历史来看,导游员作为自由职业者是必然趋势。他们身份自由、行动自由、收入自由,依靠为游客提供良好的服务和高尚的职业道德取得社会认同,收入取决于上团机会;服务水平高、个人声誉好,其上团机会就多,收入就高,这体现了"优胜劣汰"的原则。目前,我国各地区成立的导游公司或导服中心就是这一趋势的反映。

总之,未来的旅游业要求导游员不仅要有"十八般武艺",而且要掌握"三十六般武艺"或更多的导游技艺,来满足游客日益增长的旅游需求。只有这样,导游员才能胜任未来的导游服务工作,才有可能将导游活动开展得有声有色。

❓ 思考题

1. 我国古代有哪些代表性的导游活动?请举例说明。
2. 托马斯·库克对近代旅游业的发展作出了哪些突出的贡献?
3. 简述我国商业性导游服务产生的历史背景。
4. 简述我国商业性导游服务的发展历程。
5. 我国导游业的发展表现出哪些特征?

第五章 导游业的国别比较研究

我国旅游业发展迅速,已逐渐成为国民经济新的增长点。但是相比旅游业较为发达的国家,我国旅游业的发展水平与之还存在较大的差距。导游学作为我国旅游学学科体系的新的分支,发展时间较短,相应的理论基础与旅游业发达的国家相比较为薄弱。通过与旅游业发达国家的横向对比,借鉴旅游业发达国家的导游管理理念,找出我国导游业目前存在的差距和问题,一方面有助于夯实我国导游学的理论基础,另一方面有助于指导我国导游业的健康、可持续发展,具有理论和现实的双重意义。

第一节 与日本导游业的比较

日本作为经济强国,在经济领域各方面均表现出强劲的实力,旅游业也不例外。地理空间上的距离优势和雄厚的经济实力所产生的双重作用使得日本长期占据了我国首要旅游客源国的地位,文化上的一衣带水更增加了日本游客来我国旅游的可能性。相似的东方文化背景使得日本的导游业对我国具有特殊的借鉴意义。充分研究两国导游业的差异有助于我国导游业的进一步发展,深入研究日本导游管理体制对我国导游学学科理论的建立和完善具有重要作用。

一、日本旅游管理体制对我国的启示

(一) 日本的旅游管理体制

日本旅游业经历了国际入境旅游优先发展、国内旅游随之发展、国际出境旅游最后发展三个阶段,其旅游业的发展目标也由获取外汇逐步向实现综合性发展转化。与其市场经济体制相适应,日本形成了一种官民协办的旅游管理体制,政府、企业和各种协会组织彼此协调又相互约束,共同促进了旅游业的发展。

日本的中央旅游管理机构分为内阁、运输省、观光部三个层次。"内阁观光对策省厅联络会议"直接对内阁负责,为常设议事机构,受总理府直接领导。17名委员分别来自警视厅、环境厅、国土厅、法务省、大藏省、运输省、冲绳开发厅等部门。其主要职责是协调各省、厅在旅游管理中的相互关系;审议有关旅游业发展的方针、政策和规划。运输省是日本旅游业的主管部门,下设运输局、航空局、物资流通局和国际运输观光局等。观光部是运输省国际运输观光局中具体分管旅游业的办事机构,与庞大的决策和协调机构相比,这是一个精干有效的操作班子。其主要职责是制定并执行旅游方针、政策和法规,统筹旅游

规划、资源开发、设施建设、景点整顿等工作,对旅行社、导游员、饭店和旅馆进行审批、注册、指导、监督和培训,加强国际业务往来与对外宣传,负责旅游调研与统计等。

日本的中央旅游管理机构是在大旅游的指导思想下建立起来的。它适应了旅游业综合发展的要求,有利于旅游业发挥多方面的功能。这种管理模式与其经济体制是一致的,国家对旅游经济实行间接管理,政府不必也不可能直接干预旅游企业的经营活动。大量的行业协会代行了部分政府职能,旅游业的投资主要依靠地方和民间的财力,中央与地方各级旅游管理机构分工明确,市场法规健全、执法严格。

日本的地方旅游管理机构没有统一的模式,而是因地制宜、灵活设置,有的隶属于劳动部门,有的隶属于林业或文化部门。这些管理部门除具有一般的行政职能外,还负责宣传招揽、资源开发、改善投资环境、协调中央与地方的关系等方面的事宜。

日本的行业协会在旅游经济活动中的作用十分显著,这些行业组织既是企业之间的横向联结点,又是政府与企业之间的中介。政府通过行业协会对旅游业实行间接管理,既有利于企业间的信息交流和横向联合,增强行业的保险功能,又有利于发挥行业协会的作用,处理好国家与企业之间的关系。

(二) 日本旅游管理体制对我国的启示

日本的旅游管理体制具有两个明显的特征:

1. 实行全行业的间接管理

政府不直接干预旅游企业的经营活动,中央政府没有直接的投资职能,只有组织民间财力的职能,中央与地方各级旅游管理机构分工明确、职责清晰、执法严格。

2. 行业协会代行部分行政管理职能

政府通过行业协会对全国旅游业实行间接管理,行业协会与政府机构互为表里,行业协会既代表企业的共同利益,但又是相对独立和公正的,很多政府不便出面解决的问题,可以由行业协会协调或代为处理。

与日本的旅游管理体制相比,我国的旅游管理体制突出表现为政企不分,政府主管部门可以直接干预旅游企业的经营活动,这些机构在行使管理权时往往带有明显的部门利益倾向,不可能也不愿意实行公正有效的宏观调控和行业管理。企业不是真正的市场主体,自然没有联合的愿望,发挥旅游行业的作用更无从谈起。因此,明确资产属性、界定企业产权、实行政企分开和事企分开,可以说是我国旅游管理体制改革和创新的重点所在。

发展中国家的旅游发展道路与发达国家完全不同。发展中国家经济发展水平较低,经济建设和其他各项事业的发展需要大量的资金,特别是引进国外先进的技术设备所必需的外汇;但其加工业和其他生产行业的出口创汇能力不强。因此,利用本国丰富的旅游资源和发达国家居民旅游国际化的机遇,集中一部分人力和财力发展入境旅游,为国家创汇,就成了绝大部分发展中国家的必然选择。然而,此时发展中国家的交通、住宿、饮食、商业等服务性行业仍处于较低的发展水平,不能满足国际游客的需求。此外,国际旅游对旅游经营和管理的要求也大大高于国内旅游。这些都要求发展中国家集中力量,超前发展国际旅游业,这使得国际旅游和国内旅游间出现了分离,产生了发展中国家旅游业的"二元结构"。这也是我国旅游业与日本旅游业的根本区别之所在。尽管如此,日本旅游业管理的先进经验、成功模式和完善制度仍然值得我们参考和借鉴。

二、日本与我国导游管理体制的比较

(一) 日本的导游管理体制

总体来看,日本的导游管理体制可概括为"对导游员实行全面、严格管理的体制"。这种"严格型"管理体制除了日本以外,较为典型的还有新加坡和以色列。其基本特征如下:

1. 实行严格的导游资格认证制度

日本有关导游制度的条例规定,欲当导游者,必须参加并通过由运输省委托国际观光振兴会统一组织的导游资格考试,取得导游资格。未取得资格者不得当导游,否则将给予严肃处理;日本还规定,通过考试、申请、登记取得翻译导游员执照者,必须参加国际观光振兴会组织的短期培训后,才能上岗当导游。

2. 实行严格的过程监督和严厉的处罚

在日本,除各种法规监督外,游客是导游员最好的监督者考评者。都道府县接到游客对某位导游员的投诉后,就不能再给该导游员介绍工作,情节严重者吊销其执照。新加坡规定,导游员工作时须佩戴必要的证件,旅游局随时派人到各景点检查,对不带证件陪团者进行警告。以色列旅游部发给每个导游员统一编号的导游证和胸卡,导游员在国内提供导游服务时,必须佩戴胸卡以接受监督和检查。此外,新加坡和以色列也同日本一样,实行游客监督投诉制度,游客的评价和意见对导游员的职业生涯影响极大,直接关系到导游员的就业机会。所以,导游员都十分珍惜自己的导游资格,在工作中积极主动,不断改进方法,提高质量,以获得游客好评。

3. 实行导游员自由择业制度

日本实行导游员自行到旅行社求职制度。导游员取得资格后,自行到旅行社求职,才有机会成为某家旅行社的长期雇员或比较稳定的职业导游员。10年前,日本的外语导游基本都是固定雇用,目前只要取得执照,外语导游员也均可自由择业,与旅行社之间变成双向选择的关系。

由此可见,日本对导游员的管理是非常全面和严格的,从获取资格到上岗服务和监督处理,全过程都有比较严格的管理制度和手段。

(二) 我国的导游管理制度

我国现行的导游管理体制是从20世纪50年代的干部管理体制演变而来的,根据国家旅游局《导游员管理条例》,我国导游员管理制度主要包括以下方面:

1. 导游资格考试和资格认证制度

我国的导游资格考试制度产生于20世纪80年代后期。从1989年起,我国在全国范围内全面推行导游资格考试制度。《导游员管理条例》第三条和第四条明确规定:"国家实行统一的导游员资格考试制度。""在中华人民共和国境内从事导游工作,必须取得导游证。取得导游员资格证书的,经与旅行社订立劳动合同或在导游服务公司登记,方可持所订立的劳动合同或登记材料,向省、自治区、直辖市人民政府旅游行政管理部门申请领取导游证。"

具有高级中学、中等专业学校或者以上学历,身体健康,具有适应导游需要的基本知识和语言表达能力的中华人民共和国公民,可以参加导游员资格考试;经考试合格的,由国务院旅游行政部门或者国务院旅游行政部门委托省、自治区、直辖市人民政府旅游行政部门颁发导游员资格证书。

2. 导游证书管理制度

1988年1月,国家旅游局颁发了《关于颁发中华人民共和国导游证书的暂行办法》,规定"导游证书是国家从事导游工作人员的证件,由国家旅游局统一制作,导游员在工作时必须随身携带。从同年起,我国开始实行导游员持证上岗制度"。

1999年,国务院发布的《导游员管理条例》也规定了"导游员进行导游活动时,应当佩戴导游证"。

根据国家旅游局《导游员管理实施办法》的规定,获得导游员资格证书的人员,申请办理导游证IC卡,必须参加旅游行政管理部门举办的岗前培训考核。

3. 导游员教育培训制度

我国导游教育培训制度主要包括资格考试培训、上岗培训和在职培训三个方面。

4. 导游员合同管理制度

1989年2月,国家旅游局颁布《关于对导游员实行合同管理的通知》,宣布对全国导游员在统考合格发证的同时,实行合同管理。凡未签订导游服务合同者,一律不予注册和颁发导游证书。

5. 导游员计分管理制度

从2002年4月10日起,国家旅游局在全国推行对导游员的计分管理制度。

导游员计分办法实行年度管理10分制。依据《导游员管理实施办法》的规定,将导游员扣分的违规行为归纳为以下27种:

(1) 扣除10分的行为:有损害国家利益和民族尊严的言行的;诱导或安排旅游者参加黄、赌、毒活动的;有殴打或漫骂旅游者行为的;欺骗、胁迫旅游者消费的;未通过年审继续从事导游业务的;因自身原因造成旅游团重大危害和损失的。

(2) 扣除8分的行为:拒绝、逃避检查,或欺骗检查人员的;擅自增加或者减少旅游项目的;擅自终止导游活动的;讲解中掺杂庸俗、下流、迷信内容的;未经旅行社委派私自承揽或者以其他任何方式直接承揽导游业务的。

(3) 扣除6分的行为:向旅游者兜售物品或购买旅游者物品的;以明示或者暗示的方式向旅游者索要小费的;因自身原因漏接、漏送或误接、误送旅游团的;讲解质量差或不讲解的;私自转借导游证供他人使用的;发生重大安全事故不积极配合有关部门救助的。

(4) 扣除4分的行为:私自带人随团游览的;无故不随团活动的;在导游活动中未佩戴导游证或未携带计分卡的;不尊重旅游者宗教信仰和民族风俗的。

(5) 扣除2分的行为:未按规定时间到岗的;10人以上团队未打接待社社旗的;未携带正规接待计划的;接站未出示旅行社标识的;仪表、着装不整洁的;讲解中吸烟、吃东西的。

导游员在10分分值被扣完后,原则上要求暂停从事导游业务,并由最后扣分的旅游行政执法机构暂时保留其导游证,但要出具保留导游证证明,且需于10日内通报该导游员所在地旅游行政管理部门和登记注册单位。如果是正在带团过程中的导游员,可持旅游执法部门开具的保留证明完成团队剩余行程,事后必须接受旅游行政管理部门的培训,经考核合格方能继续从事导游业务。

6. 导游员年审管理制度

导游员必须参加年审,年审以考评为主。考评的内容包括:当年从事导游业务情况、扣分情况、接受行政处罚情况、游客反映情况等。考评等级为通过年审、暂缓通过年审和不予通过年审三种。一次扣分达到10分,不予通过年审;累计扣分达到10分的,暂缓通过年审;一次被扣8分的,全行业通报;一次被扣6分的,警告批评。暂缓通过年审的,通过培训和整改后,方可重新上岗。

年审之前,导游员必须参加由旅游行政管理部门组织的专业培训,导游员每年的培训时间累计不得少于7天(56小时)。年审培训考核合格后,由负责年审培训的部门在导游员的资格证书或等级证书上加盖印章,作为导游员向年审管理部门申请年审的依据。没有参加年审培训或年审培训不合格者,不予通过年审。暂缓通过年审的,通过培训和整改后,方可重新上岗。

7. 导游员等级管理制度

导游员的等级管理是导游员管理的一个重要方面。依照规定,高级导游员和特级导游员由国家旅游局组织评定;中级导游员和初级导游员由省级旅游管理部门或委托地市县级旅游管理部门组织评定。由省部级以上单位组织导游评比或竞赛获得最佳称号的导游员,报国务院旅游行政管理部门批准后,可晋升一级导游等级。按照国家旅游行政主管部门制定的导游员等级考核标准,认真做好导游员的等级的评定与晋升,对促进导游员努力提高自己的业务水平和导游服务质量具有重要意义。

(三) 日本与我国导游管理体制的比较

通过两国的导游管理体制对比,可以看出我国和日本的导游管理体制存在以下差异:

1. 导游监督机制的严格性和激励机制的合理性不同

日本导游员一旦违规,很有可能面临终生不能从事导游工作的风险。同时,日本通过更为纯粹的市场机制合理配置导游人力资源,在严格监督处罚的同时采取有效措施激励导游员,使导游员觉得违规行为得不偿失,违规行为的数量自然减少。而我国的导游管理体制,虽然游客可向旅游行政部门投诉,但鉴于相应的政策法规有待完善,因此在监督管理上还不够严格有力。与此同时,我国导游员的生存环境恶劣,薪酬体制极不完善,旅游企业和社会舆论都缺乏对导游员的人文关怀。

2. 导游培训机制的规范化和制度化不同

日本非常重视导游培训,且形成了较为规范和制度化的培训模式。我国导游培训虽然得到了旅游行政管理部门的高度重视,但旅行社和导游员自身对此普遍认识不够、关注度和重视程度都不高,导游培训活动无论是从数量上还是从内容的针对性上都亟待提高。

3. 导游员的就业体制不同

日本导游管理制度中,导游员自由择业使得市场机制更为深远地作用于导游管理过程之中。市场竞争、适者生存的形式使得导游员必须通过提供最优秀的导游服务才可以不被市场淘汰,优秀导游员成为稀缺资源而赢得更多的回报。而我国规定导游员必须在旅行社的委派下方可持证上岗,对于刚刚通过资格考试的新导游员而言,旅行社对其工作能力无从考证,如果不录用他又会使得导游员有证却无法上岗,这其中的矛盾有待旅游市场的进一步成熟完善来解决。

第二节　与法国导游业的比较

法国是世界上旅游业最为发达的国家之一,并且是世界最大的旅游目的地国。通过对比法国的导游员管理考核制度,可以对我国旅游业的发展及导游员的考核管理提供参考,为我们找出制度管理上的不足提供理论依据;同时有助于建立新的更适合我国导游业发展的导游管理考核体制。

一、法国与我国导游员考核的比较

(一)法国导游员的考核标准

法国导游员分为职业导游翻译、助理导游翻译和地方导游翻译三种,其具体考核标准如下:

1. 职业导游翻译
(1)在2小时内用第一门外语作关于艺术和旅游命题的论文。
(2)用第二门外语在30分钟内导游一项参观项目。
(3)在30分钟内讲解一座文物古迹。

2. 助理导游翻译
(1)笔试法国艺术史、地方志,时间45分钟。
(2)运用外语讲解一种文物和介绍一个名胜古迹。

3. 地方导游翻译
(1)笔试地方志。
(2)讲解一座文物古迹。
(3)测验一门外语。

(二)我国的导游员考核标准

我国导游员按照技术等级划分为四类,其考核标准也各不相同。

1. 初级导游员

参加导游资格考试,获得导游资格证书一年后,就技能、业绩和资历进行考核,合格者自动成为初级导游员。导游资格考试分为笔试和口试,全国各地考试内容不尽相同。笔试内容主要包括《导游业务》《导游基础知识》(含全国和地方导游基础知识)《政策与法规》和《旅游职业道德》等;口试内容为某一景点(从至少10个备选景点中抽出)的模拟导游讲解。

2. 中级导游员

获初级导游员资格两年以上,业绩明显,加试《导游知识专题》和《汉语言文学知识》(或《外语》),合格者晋升为中级导游员。

3. 高级导游员

取得中级导游员资格四年以上,业绩突出、业务水平和素质修养较高,在国内外同行和旅行商中有一定影响,经加试《导游辞创作》和《导游案例分析》合格后晋升为高级导游员。

4. 特级导游员

取得高级导游员资格五年以上,业绩优异,有突出贡献,有高水平的科研成果,在国内外同行和旅行商中有较大影响,经论文答辩通过后晋升为特级导游员。

(三) 法国与我国导游员考核的比较

通过比较研究可以发现,法国导游员和我国导游员的考核存在较大的差异。

1. 对导游员的外语水平要求不同

法国导游考核中都有外语讲解或测验内容,尤其是职业导游翻译,除了要求用第一外语写论文和创作导游辞之外,还要求运用第二外语讲解参观项目,法国导游员对外语的重视程度由此可见一斑。而我国的导游员考核除了外语导游之外,没有要求进行专门的外语考核。由此可见法国的导游考核制度对于外语能力有着严格的要求,这是我国现行导游员考核制度所不具备的。

2. 对高等级导游的写作能力要求不同

法国最高级别的职业导游翻译考核要求在2个小时内用外语撰写一篇关于艺术和旅游的论文,这对导游员的写作能力,尤其是外语写作能力提出了较高的要求。我国高级导游员考核要撰写导游辞、特级导游员考核需经论文答辩。虽然两国都对高等级导游的写作能力提出了要求,但用外语写作的难度是我们难以企及的。

3. 对导游员的文化素养要求不同

法国是一个历史悠久、文化底蕴深厚的国家,这一点与我国极为相似。法国的导游员考核内容中包含较多的文化、艺术、历史等相关知识,对导游员的文化素养要求较高。我国导游员资格考试则仅仅以《导游基础知识》作为考核内容,只有在高级导游员考核时才涉及更高层次的知识内容,这种考核方式不利于大批工作在旅游接待第一线的初级导游员文化素养的提高。

4. 对导游员的实地操作技能要求不同

法国导游员考核的讲解部分是实地的现场讲解或在规定时间内对某一景观进行讲解,这种实战性极强的考核方式有助于通过考核的导游员直接走上工作岗位。而我国导游员考核在口试时采用的是模拟导游方式,实战性不够强,导致很多通过考核的具备导游资格的导游员没有能力圆满完成实地导游讲解任务。

二、法国导游考核制度对我国导游业的启示

通过对比法国和我国的导游考核制度,我国导游员的考核在方式、制度及准入门槛上有待改进。具体表现在以下方面:

（一）导游考试需要重视外语能力的考核

在经济全球化背景下，随着我国加入世界贸易组织，旅游业将得到迅速发展，越来越多的游客将从不同国度来到中国参观游览。如果仅仅依靠现有的外语导游员是无法满足巨大的市场需求的。因此有必要加强我国导游员队伍的外语能力，这就需要对现有导游员进行再培训的同时，对未来即将进入导游行业的人员在外语方面加强考核，提高导游员的外语考核标准，以适应未来我国旅游业发展的需要。

（二）导游员应提高自己的写作能力

现有的导游考核中众多导游辞的范本来源于前人的创造，而很多导游员在走上工作岗位后没有重视导游辞的创作工作，归根结底是写作能力有限所致。如果加强导游考核内容中对写作的要求，导游员必然会在平时的学习工作中加强这方面的训练。同时，导游员的导游辞创作能力也源于对景观的历史文化风貌的了解，这从一个侧面反映了导游员的历史文化积累的深厚程度。因此，对导游员写作能力的考核还可以反映出导游员的历史文化知识储备情况。

（三）导游考试需要加强实战能力的考核

导游考核的目的是检验导游员是否具备导游工作能力。我国现有的导游考核制度中模拟导游考核显然无法很好地达到上述目的。因此，加强对导游员实际工作能力的考核对快速发展的我国旅游业显得尤为重要。

第三节 与英国和德国导游业的比较

一、英国和德国的导游管理体制

（一）英国的导游管理体制

英国作为近代旅游业诞生的国家，旅游业发展一直走在世界前列，其导游管理体制值得我们研究和借鉴。

1. 英国的旅游管理体制

导游管理体制是旅游管理体制的一部分，其类型取决于一国的旅游发展模式。英国是旅游业比较发达的国家之一，其旅游管理部门有官方的行政机构和民间的行业组织。英国的高层旅游管理机构由英国旅游总局、英格兰旅游局、苏格兰旅游局和威尔士旅游局组成，经费由各级政府承担。旅游总局主要负责向国外推销英国的旅游业，在国外的旅游机构和企业之间进行沟通和交流，出版、推销旅游手册、地图和纪念卡，通过20多个国外办事处向全世界提供信息服务等。英格兰、苏格兰和威尔士旅游局则具体负责各地旅游业的发展，统筹资源开发、计划研究和资料统计工作，参与各地旅游业的推销活动，对各地旅游业实施资金援助并提供信息咨询等。

英国的基层旅游管理机构是地区旅游委员会，其经费由旅游局、地方政府和私人企业共同承担。地区旅游委员会的职责包括：代表本地区旅游业的利益，会同地方政府共同制定该地区的旅游发展战略,支持当地兴建旅游设施,协助当地开办旅游项目,负责旅游接待工作和信息服务等。

除了官方的旅游管理机构,英国还有许多民间行业协会,如"英国导游协会""英国旅行社代理人协会""英国饭店与餐馆协会"等,这些行业协会积极维护本行业的利益,促进跨行业的横向联系,制定本行业的条例和准则,负责行业内的人员培训工作,为行业内的企业提供信息服务等。

2. 英国的导游管理体制

英国的导游管理体制总体上属于"宽松型"的管理模式,与其类似的还有澳大利亚和德国等国。

(1) 实行只证明专业水平的导游资格认证制度。英国国内导游员的培训和资格考试归地方旅游局负责,英国旅游总局不负责此事。一般各地参加培训并通过资格考试者,获得资格证(Blue Badge,蓝章),成为合格的导游员。但是,并没有法规规定所有的导游员都必须参加并通过资格考试。获得蓝章者只是较易被雇用,没有蓝章者也可当导游。国际陪同(出国领队)也不必参加考试取得资格证,但一般旅行社都要求国际陪同有出国的经历和在旅行社工作的经验(有的旅行社规定为八年以上的旅行社工作经验)。各旅行社雇用出国领队前,一般多进行面试和其他方面的审查,合格后方雇用,有无蓝章关系不大。

(2) 对导游员的管理以雇主和游客监督为主。实行"宽松型"管理的国家,对导游员的监督和管理主要依靠旅行社(旅游公司)和游客。在澳大利亚,导游员是自由职业者,没有专门的机构去进行监督和管理,主要依靠其雇主根据游客的反映,增减付给导游员的薪金或做出是否留用的决定,来实施监督管理。对不合格的导游员,目前尚无任何处罚规定。德国直到目前还不存在监督管理导游员服务质量的机构,游客的评价是对导游员最好的监督,旅行社据此决定是否续聘该导游员,此外,导游员只受各种一般性法规的监督约束。英国的导游监督管理制度也基本如此。

(二) 德国的导游管理体制

如前所述,德国的导游管理同英国和澳大利亚很相近,都属于"宽松型"管理模式。而且德国对导游员的管理更少。德国政府对导游员没有专门的管理规定,没有一个权威的机构给导游员发放证书,甚至有的旅行社给自己的导游员发放导游资格证书。导游员的管理主要是靠聘用的旅行社与导游员之间的协议来约束,另外靠收集游客意见表来评判导游员的水平。在德国,旅行社之间的信息渠道很畅通,行业内部很团结,一个导游员在一家旅行社出现问题,所有的旅行社都不会再雇用。旅行社选用的导游员必须严格执行旅行社的旅游线路和参观的景点要求。导游员违反旅行社的相应的规章制度,如私自改变旅行路线和景点的,未造成对游客的损害而需赔偿时,旅行社的处理"人情味"较浓,通常是不再给其带团的机会,而不是对其采取纪律处分或罚款等方式。

旅行社聘用导游员主要依据劳工法的规定,以日工资的形式支付导游员劳动报酬,一般为100—140欧元/天,新导游员为80—90欧元/天(不含保险费),不靠回扣和其他的收入。旅行社向导游员支付的报酬与导游员的工作经历、年龄无关。当导游员认为报酬过低时,通常可以委婉的方式拒绝接团。

二、英国和德国导游管理的特征及其产生原因

(一) 英国和德国导游管理的主要特征

英国和德国导游管理的核心思想是通过发达完善的市场机制对导游人力资源进行整合和管理,通过市场供需关系影响导游员的劳动报酬,进而达到规范和约束导游员行为、对导游员实施管理的目的。其导游管理的主要特征如下:

1. 对从业资格没有硬性规定

英国的导游管理制度中有相应的导游资格认证制度,但其考核的目的并不在于限制导游员的从业资格,因为并无相关法规规定没有通过导游资格认证的人员不能从事导游服务工作。其考核制度只是对导游员从业水平的认可,通过了考核仅仅说明该导游员的服务水平较高,有助于其在市场竞争中占得先机。

而德国更没有导游员资格考试,凡有志于导游事业的人均可从事导游服务工作。因此,德国的导游人力资源储备较为充足,但相应的竞争也更为激烈。激烈的市场竞争必然使最优秀的、适合市场需要的人才留在导游服务市场,这些导游人才无论是职业道德还是自身素质都是经得起考验的,因此并不需要过于严格的管理。

2. 不对导游员进行直接管理

英国和德国的旅游行政部门一般不对导游员进行直接管理,对导游员的管理主要集中在雇主和游客。德国直到目前还不存在监督管理导游员服务质量的机构,游客的评价是对导游员最好的监督,旅行社据此决定是否续聘该导游员。

英国和德国的导游员在上岗之前会接受雇主的考察,一旦雇主认定该导游员的能力和素质不适合企业的需要,便不会聘用他。因此,导游员只有通过不断加强和完善自身工作能力及素养方可获得从业机会。同时,一旦导游员在工作过程中出现违规行为,游客可以通过相应渠道将其在提供导游服务过程中的表现反映给其雇主,该导游员以后的从业概率将大为降低。通过导游服务供需双方的共同约束来规范和管理导游员的行为,促使其不断提升自身的能力和素质,是英国和德国导游管理的又一鲜明特征。

3. 导游管理信息渠道畅通

英国和德国都有着发达通畅的行业间信息网络,对行业内部的人力资源状况进行实时监控。这种行业间密切的联系对导游员形成了全方位的监督和管理。一旦导游员在提供导游服务的过程中存在违规现象,或是提供导游服务的水平有限,游客可以在第一时间将其情况反映给其雇主,并且行业内部其他企业也均会获悉相关信息,导致该导游员以后在该行业中被雇用的几率大为降低。这种发达通畅的行业信息网络为市场机制下规范管理导游员奠定了基础。

(二) 英国和德国导游管理特征产生的原因

从上述分析中可以看出,英国和德国导游管理中最大的特征是导游员并未与旅行社建立劳动关系,却没有对旅游市场产生明显的负面影响。

按照马克思的生产力决定生产关系的历史唯物主义基本原理,一国的旅游发展模式取决于其社会生产力的性质和发展水平。经济、社会发展水平的差异,是形成不同类型导

游管理体制的根本原因。在英国和德国等发达国家,随着经济、社会的不断发展,居民的收入水平逐步提高,旅游要求也随之产生。这些国家居民旅游消费的发展,是沿着本地区内旅游、国内跨地区旅游和出国旅游的顺序递进的。因此,这些国家的旅游管理体制,也是从适应地区内旅游和国内旅游,到适应国际旅游逐步形成的。而且旅游管理体制与其他服务性产业的体制完全融为一体,不需要建立专门的旅游管理机构和体制,对导游员也就没有专门的管理机构和制度。

除了上述宏观层面的影响因素外,还有以下几个方面的原因:

1. 社会保障制度健全

英国和德国的社会保障制度较为健全。导游员的社会保险不与劳动关系发生必然联系,而且社会保险费用是通过税收的途径缴纳,旅行社通过银行向导游员支付其报酬,只要有支付报酬的情况发生,即可实现费用的缴纳,减少甚至杜绝了少缴和不缴情况的发生。导游员不与旅行社建立劳动关系,也能较好地解决养老、疾病等社会保险问题,解决了后顾之忧。

2. 导游员素质较高

首先,英国和德国的导游员素质较高、法律意识较强,自觉遵守社会保险和相关的法律规范;其次,公民诚信水平较高,即使没签订书面的合同,只要口头达成一致,导游员和旅行社均会严格履行;再次,公民的社会保险和自我保护意识较强,自觉遵守社会保险方面的法律法规,以解决导游员自身的保障问题;最后,长时间的职业经历让导游员养成了较好的职业道德。国外导游员平均年龄较大,有着丰富的导游工作经验,职业习惯和职业道德已经成为其行为规范的重要组成部分。

3. 导游行业氛围良好

一个在行业内有着良好口碑的导游员,会不断接到旅行社带团的要约,尤其是名气较大旅行社带团工作的要约,导游员有为名气较大旅行社带团工作的经历,会增加其在市场竞争中的资本,由此形成了一个良性循环。导游员对此非常珍惜,并由此形成了一种努力工作的内在驱动力。

三、英国和德国导游管理对我国的启示

(一)我国现阶段仍应以"严格型"导游管理体制为主

如前所述,发展中国家的旅游发展道路与发达国家不同。发展中国家一般集中力量,超前发展国际旅游业。既然是超前发展旅游业,在旅游管理上就必须有一套专门的制度。导游员直接为国际游客提供服务,其素质高低直接关系到为游客提供的旅游服务质量,关系到国家的国际旅游形象。所以,发展中国家在整个社会服务水平及服务人员素质较低的条件下,必须建立起一支高素质的导游队伍和严格的管理制度。因此,建立导游资格认证制度、旅游教育培训制度、服务监督制度和违章处理制度,对于发展中国家来说是非常必要的。所以,在旅游业发展不完善、市场机制培育尚未完全成熟的现阶段,依旧采取"严格型"的导游管理体制对我国导游业乃至旅游业的发展壮大有着重大意义。

(二)市场机制在我国导游管理中将起到更为重要的作用

西方发达国家市场经济比较完善,其导游业也呈现出较为鲜明的特征。导游员拥有

较高的职业素质;实行自由择业制度,以供过于求的市场关系和自然流动来保证导游服务质量的稳定和提高;社会保障体系完善,完整的劳动法律体系保证导游员能够获得合理的报酬,导游员的总收入一般处于社会的中上等,导游员有足够的内在动力做好导游工作。总之,西方发达国家是靠社会环境和健全的制度体系,使导游员形成自我约束、自我激励、自由竞争的内在机制,使导游市场成为一个宏观调控下的有序市场。

我国作为最大的发展中国家和经济增长最快的国家之一,旅游业伴随国民经济的增长而快速成长,市场机制在我国已经逐步建立并完善起来。尽管目前导游业的现状要求我国实施"严格型"的导游管理体制,但不断完善的旅游市场机制将越来越深刻地影响到我国导游业,并将在未来对我国导游管理起到更为重要的作用。

❓ 思考题

1. 试比较我国导游业与日本的导游业的不同之处,这对我国导游业的发展有哪些启示?
2. 试述法国导游员的考核标准,与我国导游员考核标准相比,有哪些不同?
3. 英国和德国导游管理有哪些共有特征?试说明其产生原因。
4. 经过本章节的学习,你觉得未来我国导游管理体制将是哪种类型,并说出你的理由。

第六章　导游综合评价模型构建

如何科学、客观、公正地评价一名导游员的素质、能力和工作质量,是导游管理过程中非常重要的一项工作。我国现行的导游管理体制中对于导游员的分类评价主要以分级评价为主。按照技术等级,我国导游员可分为初级、中级、高级和特级四类,具体的评价及考核方法在第一章第二节已有论述,在此不再赘述。这种对于导游员工作能力、素质水平的分类评价方法存在以下问题:第一,评价采用定性描述手段,通过等级考核者即可成为相应等级的导游员,定性考核的形式无法全面地考察导游员的综合素质;第二,将导游员简单分为四类,没有对每一类导游员的服务水平进行具体细分,无法对每一等级内导游员的具体表现进行区分,离散的等级评价划分过于笼统;第三,该划分依据无法对大量活跃在导游接待服务第一线的初级导游员的工作质量进行综合评价;第四,由于缺乏对具体某一等级导游员工作质量的连续评价,容易让导游员特别是初级导游员失去继续晋升更高级导游员的动力,无法有效调动导游员努力工作的积极性。

基于以上分析,本章构建了导游员综合评价模型,试图通过建立详细的指标体系对导游员的综合素质、工作能力、服务质量等各要素进行综合的定量评价,以期对我国现有导游员管理体制的改革提供一定的参考。

第一节　导游员综合评价指标体系

一、导游员综合评价的基本思路

导游服务是一项系统性的工作,这表明导游服务首先是由若干项具体的工作共同组成的,导游员的素质也包括若干项明细指标;同时这也意味着导游员在提供导游服务中各具体工作之间存在相关性,其各项素质之间也存在同样的自相关性。因此,综合评价导游员可以通过将导游活动和导游员的素质分解成各项指标,然后通过加权求和的方式得到导游员的综合得分。各项指标的具体权重可以通过层次分析法(AHP法)和德尔斐法求得。

对导游员进行综合评价可从导游员自身素质评价和导游服务质量评价两个方面着手。之所以得出这个结论主要基于两方面的考虑:第一,从导游员自身素质评价和导游服务质量评价这两个方面可以综合考察导游服务过程中的静态及动态状况,分阶段地对导游员的工作进行评价。其中,导游员自身素质评价属于导游员在离开工作岗位时仍可以进行的评价,属于静态考察。但是单纯对导游员自身素质进行评价并没有直接与实际工作挂钩,因此,还需要动态地对导游员在工作状态下的实际工作效果进行评价。两者综合起来才可以科学、客观地考察一名导游员的实际工作水平。第二,从导游员自身素质评价和导游服务质量评价这两个方面进行考察可以综合各方观点,对导游员的评价更为客观和实际。对导游员自身素质的评价,一方面可用于导游员的自评,使导游员客观地正视自身存在的优缺点,找出不足,强化自身素质;另一方面,可以用于旅行社和导游行政管理部门对于导游员的监管评价,了解一线导游员的基本素质,此外,也可以在导游工作过程中或工作结束后通过游客对导游员的打分对导游员的素质进行综合、客观的评价。而对于导游员的工作质量,既可以由游客在旅游活动结束后进行客观公正的评价,也可由导游员自身对工作进行总结。综合各方观点与看法的评价结果将更为科学和客观。

二、导游员的综合评价指标体系的构建

对于导游员的综合评价指标体系的构建,可以从两个层面进行研究:第一层面为导游员自身素质层面,援引三维素质理论模型,可以将导游员的能力素质按照三个维度进行分解,然后逐项进行打分评价;第二层面为导游员服务质量的评价,可以按照国家旅游局颁布的《导游服务质量标准》中的各项指标建立模型,进行综合评价。导游员综合评价的具体指标体系如表6-1所示。

表6-1 导游员综合评价指标体系

评价目标层 A	评价因素层 B	权重 Wb	评价因子层 C	权重 Wc
导游员素质 P	基本素质 P1	Wb1	爱国主义意识 P5	Wc1
			遵纪守法 P6	Wc2
			遵守公德 P7	Wc3
			尽职敬业 P8	Wc4
			维护游客合法权益 P9	Wc5
			业务能力 P10	Wc6
			知识储备 P11	Wc7
			仪容仪表 P12	Wc8
	态度 P2	Wb2	计划性 P13	Wc9
			成就动机 P14	Wc10
			自信心 P15	Wc11
			自知力 P16	Wc12
			自我激励 P17	Wc13
			冒风险 P18	Wc14
			挫折容忍力 P19	Wc15

(续表)

评价目标层 A	评价因素层 B	权重 Wb	评价因子层 C	权重 Wc
导游员素质 P	情商 P3	Wb3	认识自己的情绪 P20	Wc16
			管理自己的情绪 P21	Wc17
			认识游客的情绪 P22	Wc18
			善于处理人际关系 P23	Wc19
			为了长远目标牺牲眼前利益 P24	Wc20
	有效性 P4	Wb4	生物钟 P25	Wc21
			节时习惯 P26	Wc22
			节时方法 P27	Wc23
			权责分明 P28	Wc24
			善于学习 P29	Wc25
			立即行动 P30	Wc26
导游服务质量 Q	准备工作 Q1	W'b1	熟悉接待计划 Q11	W'c1
			做好物质准备 Q12	W'c2
			落实接待事宜 Q13	W'c3
			与合作单位联络 Q14	W'c4
	接站工作 Q2	W'b2	提前半小时抵达接站地点 Q15	W'c5
			核实有关情况 Q16	W'c6
			交接行李 Q17	W'c7
			致欢迎辞 Q18	W'c8
	进驻饭店 Q3	W'b3	完成住宿登记 Q19	W'c9
			进住客房 Q20	W'c10
			取得行李 Q21	W'c11
	核定日程 Q4	W'b4	与合作者核定日程安排 Q22	W'c12
			知会每一位游客 Q23	W'c13
	导游讲解服务 Q5	W'b5	出发前服务 Q24	W'c14
			抵达景点途中讲解 Q25	W'c15
			景点导游讲解 Q26	W'c16
	就餐服务 Q6	W'b6	简要介绍 Q27	W'c17
			引导游客入座 Q28	W'c18
			说明酒水类别 Q29	W'c19
			回答游客提出问题 Q30	W'c20
	导购服务 Q7	W'b7	介绍商品特色 Q31	W'c21
			提供相关服务 Q32	W'c22
	文娱节目服务 Q8	W'b8	简要介绍节目内容特点 Q33	W'c23
			引导游客入座 Q34	W'c24
	送站服务 Q9	W'b9	确认票据、离站时间 Q35	W'c25
			行李交接 Q36	W'c26
			致欢送辞 Q37	W'c27
	处理遗留问题 Q10	W'b10	处理好整个旅行活动遗留问题 Q38	W'c28

第二节　导游员综合评价方法

一、数据采集与处理

导游员的综合评价数据来源于基础的问卷打分。由于评价目的不同,问卷内容略有区别,但综合看来内容并无太大差异,均是以导游员综合评价模型中的指标体系为蓝本,以游客对于导游员的评价为例设计问卷,具体内容如下:

导游员综合评价问卷

1. 您认为该导游员在工作过程中表现出的爱国主义意识得分为(　　)
2. 您认为该导游员在工作中遵纪守法情况得分为(　　)
3. 您认为该导游员在工作过程中遵守公德情况得分为(　　)
4. 您认为该导游员在工作过程中尽职敬业,维护您的合法权益情况得分为(　　)
5. 您认为该导游员的业务能力得分为(　　)
6. 您觉得该导游员在工作过程中表现出的知识储备得分为(　　)
7. 您认为该导游员在工作过程中的仪容仪表得分为(　　)
8. 您觉得该导游员工作计划性得分为(　　)
9. 您认为该导游员在工作中成就动机得分为(　　)
10. 您觉得导游员在工作中自信心表现得分为(　　)
11. 您认为导游员工作中表现出的自知力得分为(　　)
12. 您觉得导游员工作中自我激励表现得分为(　　)
13. 您认为在旅游过程中导游员甘冒风险的表现得分为(　　)
14. 您认为导游员在此次工作过程中挫折容忍力得分为(　　)
15. 您觉得导游员在认识自己的情绪方面得分为(　　)
16. 您感觉导游员在工作过程中有效管理自己的情绪的能力得分为(　　)
17. 您感觉导游员在工作时在认识游客的情绪方面得分为(　　)
18. 您觉得导游员在处理人际关系方面能力得分为(　　)
19. 您认为该导游员为了长远目标牺牲其眼前利益方面的表现得分为(　　)
20. 您感觉该导游员在掌握自己生物钟方面得分为(　　)
21. 您觉得该导游员在节时习惯方面表现得分为(　　)
22. 您认为该导游员在工作中节时方法运用得分为(　　)
23. 您感觉在旅游过程中该导游员与其他工作伙伴在权责分明方面表现得分为(　　)
24. 您认为该导游员在工作过程中学习能力和态度表现得分为(　　)
25. 您觉得该导游员在工作中在行动迅速程度方面表现得分为(　　)
26. 您感觉该导游员在工作过程中在熟悉接待计划方面表现得分为(　　)
27. 您认为在旅游过程中导游员在做好物质准备方面表现得分为(　　)
28. 您感觉该导游员在落实接待事宜方面表现得分为(　　)
29. 你觉得在与合作单位联络方面,该导游员的表现得分为(　　)
30. 您认为该导游员在提前规定时间内抵达接站地点方面得分为(　　)

31. 您认为在旅游过程中,该导游员在核实有关情况方面的表现得分为( )
32. 您认为在旅游过程中,该导游员在交接行李方面处理情况得分为( )
33. 您认为在旅游过程中,该导游员致欢迎辞表现得分为( )
34. 您认为在旅游过程中,该导游员在住宿登记方面表现得分为( )
35. 您认为在旅游过程中,该导游员在安排客房方面的表现得分为( )
36. 您认为在旅游过程,该导游员在与合作者核定日程安排方面的表现得分为( )
37. 您认为在旅游过程中,该导游员在知会每一位游客具体旅行日程方面的表现得分为( )
38. 您认为在旅游过程中,该导游员出发前的服务表现得分为( )
39. 您认为该导游员在抵达景点的途中讲解表现得分为( )
40. 您认为该导游员的景点导游讲解表现得分为( )
41. 您认为在就餐过程中,该导游员对于菜肴情况简要介绍表现得分为( )
42. 您认为在就餐过程中,该导游员在引导您入座方面的表现得分为( )
43. 您认为该导游员在介绍说明酒水类别方面的表现得分为( )
44. 您认为在旅游过程中,该导游员针对您提出问题的回答表现得分为( )
45. 您认为在旅游过程中,该导游员在为您介绍商品特色方面的表现得分为( )
46. 您认为在进行购物活动时,该导游员为您提供相关服务的表现得分为( )
47. 您认为在参加娱乐活动时,该导游员在为您简要介绍节目内容特点方面得分为( )
48. 您认为在旅游结束回到客源地时,该导游员在确认票据、离站时间方面的表现得分为( )
49. 您认为在返回的途中,该导游员在行李交接方面的表现得分为( )
50. 您认为该导游员致欢送辞的表现得分为( )

以上各项得分满分均为 100 分。

在调查问卷的基础之上可以对第一手数据进行标准化处理,将每项得分按照 1 分为满分的口径重新统计得分,并将数据进行统计处理,综合考察该导游员在此次旅游活动中的表现状况。

二、综合评价模型

将上述指标体系中各项指标相应的得分值代入式(6-1)、(6-2)中,综合求得导游员综合评价得分。

$$F_p = \sum_{i=1}^{m}\left(\sum_{j=1}^{m} W_{cj} \times L_j\right) \times W_{bi} \times B_{ci} \quad m = 1,2,3\cdots \quad n = 1,2,3\cdots \quad (6\text{-}1)$$

$$F_q = \sum_{i=1}^{m}\left(\sum_{j=1}^{m} W'_{bj} \times L'_j\right) \times W'_{bi} \times Be_i \quad m = 1,2,3\cdots \quad n = 1,2,3\cdots \quad (6\text{-}2)$$

其中,F_p 为导游员素质综合评分值,F_q 为费用目标评分值,W_{cj}、W_{bj} 分别为评价因子层(C)和评价因素层(B)的导游员综合素质目标权重值,L_j 为素质目标评分值,W'_{cj} 和 W'_{bj} 分别为导游员服务质量目标权重值,L'_j 为质量目标评分值,m 为评价因素层的指标个数,n 为评价因子层的指标个数。利用 AHP 排序求出中间指标权重 W_i,选取专家进行打分和指标评分 L_i (分值定在 0—1),其中,I 为某一层指标个数。

评价因子层 C 中各项指标得分依据评价目标的不同由不同评价者打分获得。如果导游员自评,可由导游员自己打分获得,分数在[0—1];如果由游客对导游员工作能力、态

度、质量进行综合评价,分数可由游客打分获取;如果是旅行社或导游管理部门对导游员进行评价,可以对打分结果采用标准化处理,

$$B_i = (B_{max} - B_0)/(B_{max} - B_{min})$$

其中,B_0为均值,通过标准化处理可以对某一导游员得分值在整体样本中的表现作出判断。

以导游员素质得分值为横坐标,以导游员服务质量得分值为纵坐标,建立导游员综合评价坐标系,直角坐标体系中将横轴(素质综合评分值F_p)和纵轴(服务质量综合评分值F_q)分为五个区间:0—0.20、0.20—0.40、0.40—0.60、0.60—0.80、0.80—1.00。这样由素质-服务质量综合评分确定的导游员综合评价水平相应的表现在整个空间上为五个区间:优秀、良好、合格、有待改进、不合格五个等级,如图6-1所示。

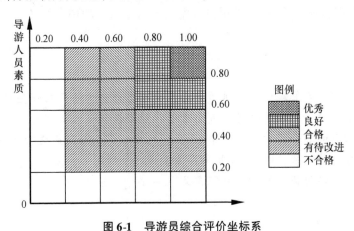

图6-1 导游员综合评价坐标系

三、结果解释

对于综合评价结果,可以从不同方面加以解释:

(一)从导游员自评角度

如果问卷设计的目的是导游员自评,导游员可以对照图6-1,研究自己是否符合一名导游员的要求,在哪些方面有待加强和改进,为未来工作中不断提升自身素质和工作技能提供理论参考。

(二)从旅行社角度

一方面,旅行社可以通过游客对导游员的评价掌握具体某一导游员在工作过程中的表现,从而综合、全面地评价和管理某一名导游员;另一方面,可以掌握导游员群体的综合表现,评价某一名导游员在群体中的具体分布情况,考察导游员在群体中的位置,为其以后的成长提供参考的依据。

(三)从导游管理部门角度

可以通过大量样本的统计分析综合考察管辖范围内导游员的综合得分分布状况,并可以给予其分布状况进行模型拟合检验,为未来的导游员综合得分的发展趋势进行预测。

同时对于样本的统计分析也可发现导游员在现实工作中所集中存在的问题，为未来导游培训内容的设置提供科学客观的依据。

四、小结

导游员综合评价模型的构建为对导游员进行综合的定量评价提供了一种思路，改变了目前我国导游员管理得分级评价方式，对于广大活跃在接待一线的初级导游员的综合评价提供了可能。导游员综合得分的连续分布形态也改变了以往离散分布所带来的笼统评价的格局，有助于刺激导游员找出自身不足，不断完善自身综合素质，提高接待服务水平。同时，对于导游员综合评价定量模型的探究也是导游学研究的重要领域，将定量方法与传统的定向描述相结合，科学、客观、公正地评价导游员的素质和在工作中的表现，这对于指导导游员发现自身差距、更好地提供导游服务有着重大的现实意义。

❓ 思考题

1. 我国现行的导游管理体制中对于导游员的分类评价方法存在哪些问题？
2. 对于导游员评价可以从哪两个方面着手？原因是什么？
3. 对于导游员的综合评价指标体系的构建，可以从哪两个层面进行研究？
4. 对于综合评价结果，可以从哪些不同方面进行解释？
5. 导游员综合评价模型的构建有何意义？

21世纪经济与管理规划教材

旅游管理系列

规 范 篇

第七章　团队导游服务规范
第八章　散客导游服务规范
第九章　导游辞的创作规范

第七章　团队导游服务规范

第一节　地陪规范服务流程

地方陪同导游员,简称"地陪",是受接待社委派,代表接待社实施旅游行程接待计划,为旅游团(者)提供当地导游服务的导游员。地陪是旅游计划的具体执行者,对确保旅游计划的顺利落实起着关键作用。

地陪规范服务流程是指地陪自接受了接待社下达的旅游团接待任务起,到旅游团离开本地并完成善后工作为止的工作程序。

地陪规范服务流程如图7-1所示。

一、准备工作

工作内容:熟悉接待计划与团队情况——必需物品的查验与准备——知识和语言准备——形象准备——心理准备——联络与沟通

做好准备工作,是地陪提供良好服务的重要前提。地陪的准备工作应在接到旅行社分配的任务、领取了盖有旅行社印章的接待计划后立即开始。地陪工作可谓千头万绪,如果考虑不周就可能出错,因此,地陪的准备工作应务必做到细致周密。一般来说,地陪的准备工作包括以下几个方面:

(一)熟悉接待计划与团队情况

接待计划(如表7-1所示)是组团社委托各地接待社组织落实旅游团活动的契约性文件,是导游员了解该团基本情况和安排活动日程的主要依据。《导游服务规范》要求:"上团前,导游员应认真查阅团队接待计划及相关资料,熟悉掌握旅游团(者)的全面情况,团队行程安排、特殊要求或注意事项等细节内容,注意掌握其重点和特点。"

地陪在接受任务后,通过阅读和分析接待计划,应了解或掌握旅游团的以下情况:

1. 旅游团的基本信息

(1)组团社信息,包括:① 组团社名称(计划签发单位)、电话和传真号码、客源地组团社名称;② 联络人姓名、电话号码或其他联络方式;③ 组团社标志或提供给团队成员的标志物。

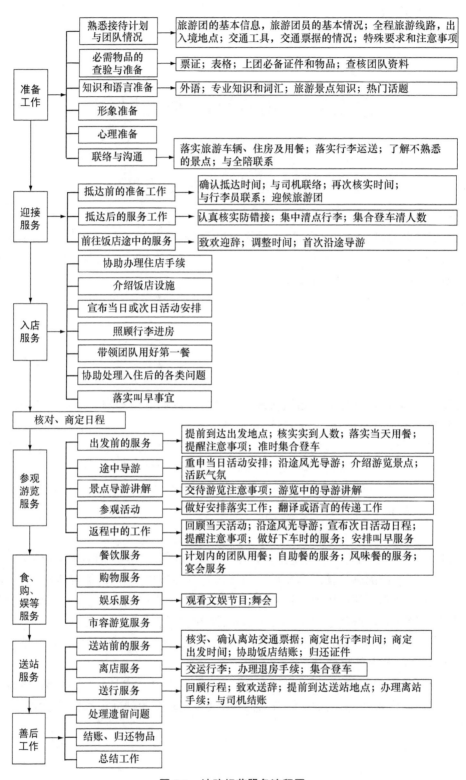

图 7-1 地陪规范服务流程图

表 7-1　旅游团队接待计划

旅行社(公章)
线路：　　　　　　　　　　　　　　　　　　　　　No. ：

组团社名称及团号				来自国家地区或城市		全陪	
地接社团号						地陪	
总人数	人	男	人	用车情况	司机：	导游借款	
儿童	人	女	人				
时间		游览项目及景点			用餐		入住宾馆
D1 　月　日　时　分					早餐： 中餐： 晚餐：		
D2 　月　日　时　分					早餐： 中餐： 晚餐：		
D3 　月　日　时　分					早餐： 中餐： 晚餐：		
D4 　月　日　时　分					早餐： 中餐： 晚餐：		
D5 　月　日　时　分					早餐： 中餐： 晚餐：		
D6 　月　日　时　分					早餐： 中餐： 晚餐：		
D7 　月　日　时　分					早餐： 中餐： 晚餐：		
订票计划		飞机： 火车： 轮船：					
备注							

签发日期：　　年　月　日　　　　　　签发人：　　　　　　　导游签名：

第一联　旅行社留存

(2) 旅游团队信息，包括：① 旅游团的团名、代号、电脑序号；② 全陪姓名和电话号码；③ 结算方式、旅游团的等级(如豪华团、标准团、经济团等)；④ 旅游团人数(含儿童)、用车、住房、餐标(是否含酒水)等；⑤ 旅游团在食、宿、行、游等方面是否有特殊要求，是否有特殊要求的游客(如残疾游客、高龄游客)。

表 7-2　旅行社旅游任务派遣书

旅行社名称		（盖章）		电话		
团　号			游客类别	□国内　□国际	游客人数	
导游姓名			□专职　□兼职	导游证号	D-4201-	
目的地				团队性质	□地接　□出游	
任务时间		年　月　日至　年　月　日			天　夜	
乘坐交通情况	抵　达	交通工具：	航(车)次：		月　日　时	
	离　开	交通工具：	航(车)次：		月　日　时	
	接送站	接:车型　座数　司机		送:车型　座数　司机		
	城市间					
住宿饭店				住宿天数		
游览景点						
进餐地点						
购物地点						
其他安排						
计调部负责人		（签名）		计调部电　话		
完成任务情况及有关说明						

武汉市旅游局制

有关要求：
（1）旅行社须按要求填写，并加盖公章；
（2）详细游览活动日程作为附件附后；
（3）导游员在带团出游或地接时，须携带此任务派遣书，不得擅自改变派遣书确定的行程；
（4）此任务派遣书一式二份，一份由旅行社存档，一份由导游员携带供旅游管理部门检查。

2．旅游团员的基本情况

基本情况包括客源地、游客姓名、性别、职业、年龄（是否有老人和儿童）、宗教信仰、民族。

3．全程旅游路线,海外旅游团的出入境地点

4．所乘交通工具情况

抵离本地时所乘交通工具的班次、时间和地点。

5．交通票据的情况

（1）该团去下一站的交通票据是否已按计划订妥,有无变更及更改后的情况；有无返程票。

（2）接待海外团应了解该团机票有无国内段；弄清机票的票种是 OK 票还是 OPEN 票。

OK 票，即已订妥日期、航班和机座的机票。持 OK 票的旅客若在该联程或回程站停留 72 小时以上，国内机票需在联程或回程航班起飞前两天中午 12 时以前，国际机票需在 72 小时以前办理座位再证实手续，否则原座位不予保留。

OPEN票,即不定期机票,旅客乘机前需持机票和有效证件(护照、身份证等)去航空公司办理订座手续。订妥座位后才能乘机,此种客票无优先权、无折扣优惠。

6. 特殊要求和注意事项

(1) 该团是否要求有关方面负责人出面迎送、会见、宴请等礼遇。

(2) 该团有无要办理通行证地区(如湖北宜昌三峡坝区等)的参观游览项目,如有则要及时办理相关手续。

案例 7-1　关于熟悉接待计划

马虎的危害

夏季某一天的下午7时许,正在家里休息的导游员小吴,突然接到一通电话,她的表情立刻严峻起来,原来她忘了送两位游客去机场,游客正在饭店大厅等候送机,此时离飞机起飞还有1小时20分钟,而且游客的机票还在小吴手中。

从家里到饭店需要40分钟,从饭店到机场需要30分钟,时间很紧张。小吴急忙打电话与司机联系,请他接上游客直接去机场,自己从家里坐出租车赶去机场送机票。一路上小吴的心情十分焦急,不断催促出租车司机加快速度,途中通过电话与机场和旅行社联系说明情况。50分钟后,小吴终于赶到了机场,她迅速找到焦急等待的客人,道歉后急忙办理登机手续。谁知离起飞只有25分钟,按规定已经不能再办理登机手续了,还好由于旅行社在机场工作人员的事先铺垫和机场人员的大力配合,游客最终办好手续顺利登机。

回来的路上,小吴深深为自己的错误而自责不已,只因一时粗心,险些造成经济上的损失和对旅行社的不良影响,这着实是一次不小的教训。

>> **案例分析**

导游员在接待旅游团队或散客前都要查看接待计划,应做到认真细致,不要因为工作繁忙或觉得枯燥而放松对自己的要求,以免给工作带来困难或不良后果。本案例中的小吴就是因为没有认真阅读接待计划,而忘记还有两位散客需要送机,险些造成误机事故。只有在接团前真正重视每一个旅游团的接待计划,细致认真地查看和确认每一个工作环节,才可以确保接待工作的顺利进行。

(二) 必需物品的查验与准备

《导游服务规范》要求:"上团前,导游员应做好证件、交通票据、资金以及有关资料等必需资料物品的准备。从计调人员处接收团队资料时应做好核查登记,以确保团队的相关资料与票据是适宜和可用的。对不适用的票据或资料应及时提请计调人员处理。团队资料交接记录应予保存。"

1. 领取必要的票证和表格

地陪在做准备工作时,一项十分重要的工作就是按照该旅游团中游客的人数和活动日程表中活动安排的实际需要,到本社计调人员处领取门票结算单和旅游团餐饮结算单等结算凭证、交通票据及与该团有关的表格(如游客意见反馈表等)。

地陪一定要注意,在填写各种结算凭证时,具体数目一定要与该团的实到人数相符,人数和金额要用中文大写。

2. 备齐上团必备的证件和物品

(1)国家旅游局严格规定导游员上团必须佩带导游IC卡、本人身份证、计划书,做到三证齐全,并举本社导游旗。地陪在上团前一定要提前准备好以上证件和物品。

(2)地陪上团前还应配齐记事本、名片、接站牌、话筒等,有时还应准备旅行车标志。

(3)足够的经费,根据接待计划的内容做好开支预算,向财务部预支足够的团款并妥善保存。

3. 查验团队资料和票据

地陪应认真核查团队资料,确保团队资料和票据对于接待计划而言是适宜和可用的,如有不适用的票据或资料,应及时与计调人员联系,进行更正和处理。

(三)知识和语言准备

《导游服务规范》要求:"导游员应熟悉旅游地的旅游及文化资源、风土人情、法律法规等情况。"

导游员的工作以丰富的知识为基础、高超的语言技能为手段,为游客提供各种服务项目。因此,在旅游开始前,导游员应根据旅游团的计划和旅游团的性质、特点准备相应知识。

1. 知识准备方面

(1)根据接待计划上确定的参观游览项目,就翻译和导游的重点内容,做好外语和介绍资料的准备。准备的内容应为大多数游客想了解的知识,如旅游地概况、文化资源、风土人情、主要旅游景点知识等。准备的过程中应注意知识的更新,及时掌握最新信息。

(2)接待有专业知识的团队,要做好相关专业知识、专业术语、词汇等方面的准备。

(3)做好当前热门话题、国内外重大新闻、游客可能感兴趣的话题等方面的准备。

2. 语言准备方面

(1)内容和思想传达方面,注意保证其正确和规范,体现语言运用的艺术化。

(2)语音、语调、语法和用词等表达技巧方面,注意表达清楚、生动和流畅。

案例 7-2 关于知识和语言准备

知己知彼,百战不殆

2007年11月,导游员小孟接待了一个10人的外国旅游团。由于是第一次来到中国,这些游客不断发问,对中国的建设与发展情况也十分关心。小孟对大家的问题有问必答,显得十分自信。她告诉大家,中国自改革开放以来已经取得了举世瞩目的发展,在世界上的国际地位也逐步提升;中国是一个发展中国家,希望在和平的环境下与世界各国搞好关系,对敌对势力采取坚决抗争的态度,坚信凡是热爱和平的人,都会支持中国的建设与发展。大家对她的回答非常满意,游览气氛轻松自如。

在前往长城的路上,小孟还结合游客所了解的一些历史事件向他们介绍了长城的历史和修建情况,把长城和第二次世界大战期间法国人所修的"马其诺防线"作了比较,讲到中国长城和荷兰防洪大堤被登月美国宇航员看到的事实。大家对小孟的讲解很感兴趣,不断夸她知识广博。

案例分析

知识的掌握要注意广博性和延伸性,只了解与中国有关的知识还不够,还要了解游客本国本土的情况,要做到"知己知彼"。导游员小孟在讲解长城的过程中,对照性地提到游客所熟悉的历史、事件和事物,使大家产生亲切感。

(四) 形象准备

导游员在宣传旅游目的地、传播中华文明方面起着重要作用,也有助于在游客心目中树立导游员的良好形象。因此,地陪在上团前要做好仪容、仪表方面(即服饰、发型和化妆等)的准备:其一,导游员的着装要符合身份、方便导游服务工作;其二,衣着要整洁、大方、自然,佩戴首饰要适度,不浓妆艳抹。

案例 7-3 关于形象准备

被冷落的导游员

导游员小苏,青春妙龄,长得亭亭玉立、楚楚动人,家境颇为殷实。而她本人则爱好打扮,服饰总是处在时代前列。

一次,小苏接了一个来自境外的旅游团,旅游团成员多为30岁左右的女士。小苏认为,第一印象十分重要,因此,她精心挑选了一套真丝连衣裙,以十分高雅的形象出现在游客面前。她的出现,顿时使旅游团中的女士们黯然失色。而在游览期间,小苏名牌行头的不断变换,更使旅游团中的女士们成为她的反衬者。在游览过程中,小苏讲解生动形象,为人亲切,服务周到,只是不知为什么,那些年轻的女性游客,总不愿与她在一起。小苏自己也有一种被冷落的感觉。

案例分析

18世纪的西欧,一些上层贵族妇女在物色仆人时,除手脚勤快外,还须相貌丑陋,其目的是让仆人成为自己的反衬者,和自己形成强烈对比,使"美者益美,丑者益丑"。从事服务行业的导游员如果带团时穿着讲究,打扮入时,使游客成为其反衬者,极易引起游客的反感。本案例中,小苏作为导游员,恰恰犯了这样的错误,引起了旅游团中的女性客人的反感,因此受到冷落。

（五）心理准备

导游员应具有良好的心理素质，拥有良好的心理状态，这是导游接待工作的必要条件。充分的心理准备，能够帮助导游员克服许多工作中出现的困难和障碍。在接团前的心理准备主要有两个方面：

1. 准备面临艰苦复杂的工作

在做准备工作时，导游员不仅要考虑到规范的程序要求提供给游客热情的服务，还要有充分的思想准备考虑对特殊游客如何提供服务，以及在接待工作中发生问题和事故时如何去面对和处理。

2. 准备承受抱怨和投诉

由于导游服务对象的复杂性，有时可能遇到下述情况：导游员已尽其所能热情周到地为旅游团服务，但仍有一些游客挑剔、抱怨、指责导游员的工作，甚至提出投诉。对于这种情况，导游员要有足够的心理准备，冷静、沉着地面对。只有对导游工作抱有执著的爱，才能无怨无悔地为游客服务。

（六）联络与沟通

《导游服务规范》要求："地陪导游员应与食宿、交通、游览等有关部门落实、核查旅游团（者）的交通、食宿、行李运输等事宜。"因此，地陪在旅游团抵达的前一天，应做好旅游团（者）联络与沟通的准备。

1. 落实旅游车辆

（1）与为该团提供交通服务的车队或汽车公司联系，确认司机的姓名、联系电话、车号和车型。

（2）接大型旅游团时，车上应贴编号或醒目的标记。

（3）主动与司机联系，确定与司机的接头地点并告知活动日程和具体时间。

2. 落实住房

（1）熟悉该团下榻饭店的名称、位置、服务设施和服务项目，如与市中心的距离、附近有何购物娱乐场所及交通状况等。

（2）向饭店销售部或总台核实该团所使用客房的数量、级别、房型、用房时间是否与旅游接待计划相符合，以及房费内是否含早餐等。

（3）向饭店提供该团抵离店时间、在饭店内的主要活动及具体安排。

3. 落实用餐

地陪应提前与各有关餐厅联系，确认该团日程表上安排的每一次用餐的情况，其中包括用餐时间、团号、用餐人数、餐饮标准、特殊要求及陪同人员的人数等。

4. 落实行李运送

各旅行社是否配备行李车是根据旅游团的人数多少而定，地陪应了解本社的具体规定。如该团是配有行李车的旅游团，地陪应了解落实为该团提供行李服务的车辆和人员，提前与其联络，使其了解该团抵达的时间和地点、下榻饭店等。

5. 了解不熟悉的景点

对新的旅游景点或不熟悉的参观游览点，地陪应事先了解其概况，如开放时间、最佳游览路线、洗手间位置等,以便游览活动顺利进行。

6. 与全陪联系

地陪应和全陪提前约定接团的时间及地点,防止漏接或空接事故的发生。

二、迎接服务

工作内容:旅游团抵达前的业务准备——旅游团抵达后的服务——前往饭店途中的服务。

迎接服务是指地陪去机场(车站、码头)迎接旅游团。迎接服务在地陪服务程序中十分重要,因为这是地陪和游客的第一次直接接触。游客每到一地总有一种新的期待,迎接服务是地陪的首次亮相,要给游客留下热情、干练的第一印象。这一阶段的工作直接影响着以后接待工作的质量。

(一) 旅游团抵达前的业务准备

接团当天,地陪应提前到达旅行社,全面检查准备工作的落实情况:

1. 落实旅游团所乘交通工具抵达的准确时间

接团当天,地陪提前到旅行社证实或者电话问询旅游团计划有无变更。在出发前3小时,地陪应向机场(车站、码头)问讯处确认飞机(火车、轮船)到达的准确时间。一般情况下应在飞机抵达前的2小时,火车、轮船预计到达时间前1小时向问讯处询问,做到三核实:计划时间、时刻表时间、问讯时间。

2. 与司机商定出发时间

得知该团所乘的交通工具到达的准确时间以后,地陪应与旅游车司机联系,与其商定出发时间,确保提前半小时抵达接站地点。

3. 与司机商定停车位置

赴接站地点途中,地陪应向司机介绍该团的日程安排。

如需要使用音响设备进行导游讲解,地陪应事先调试音量,以免有噪音。到达机场(车站、码头)后应与司机商定旅游车停放位置。

4. 再次核实该团所乘交通工具抵达的准确时间

地陪提前半小时抵达接站地点后,要马上到问讯处再次核实旅游团所乘飞机(火车、轮船)抵达的准确时间。

5. 与行李员联系

地陪应在旅游团出站前与行李员取得联系,告知其该团行李送往的地点。

6. 迎候旅游团

旅游团所乘交通工具抵达后,地陪应在旅游团出站前,持本社导游旗或接站牌站立在出口处醒目的位置,热情迎接旅游团。接站牌上应写清团名、团号、人数、领队或全陪姓名;接小型旅游团或无领队、无全陪的旅游团时,要写上其中一位游客的姓名及单位或客源地。地陪也可以从组团社的社旗或游客的人数及其他标志,如所戴的旅游帽、所携带的旅行包或上前委婉询问,主动认找旅游团。

例如:天河机场接美国旅游团

(在武汉天河机场,导游员小刘迎接来自美国的旅游团,领队是布莱尔先生)

导游员:对不起,您是从美国来的布莱尔先生吗?

领队:是的,我是。

导游员:我叫刘莉,来自湖北海外旅游总公司,是你们此次武汉段的导游员。

领队:您好!刘小姐。

导游员:您好!我们已经在武汉香格里拉饭店为大家订好了房间,请问你们是36人吗?

领队:是的,全部到齐了。

导游员:好的!我们的旅游车已经在外面等着。

领队:非常感谢!

导游员:你们的行李一共有多少件?

领队:加我的1件,一共37件。

导游员:我们的行李车也在外面等候。

领队:谢谢!

(朝旅游车走去)

导游员:旅途还好吗?

领队:还好。我们遇到了一点涡旋气流,但总的来说,飞行很好。

导游员:我想你们坐了这么长时间的飞机,一定很累了,我们直接开车去饭店吧?

领队:好主意。

导游员:我们走吧!

案例7-4 关于接站服务

接团不慎遭投诉

导游员小宋按照公司的安排,负责接待马来西亚HUB-O31团一行13人。该团预计于25日14时乘77次特快抵达。小宋于13时50分到达车站接团,在出站口等待。可是等到该车次列车的乘客都出来了,也没有接到该团,他向车站工作人员询问,车站的工作人员告诉他,该列车的乘客已经全部下车。这时他发现站前广场上有16个中国人在一起,好像在等人。可是自己接的是13人的团,他犹豫了一会,还是上前询问,结果正是自己要接的团队,多出的三人是他们在列车上认识的陪他们一起等待接站的导游员。他们已经在这里等了20多分钟。该团领队将行李票交给小宋,这时小宋发现行李员没有来,他立即联系行李员。又等了十多分钟,行李员才匆匆赶到。当小宋带客人上车时,已经过去了一个小时,游客对此非常不满,向小宋所在的旅行社投诉。

1. 造成此次投诉的原因是什么?
2. 导游员在哪些方面不符合导游规范的要求?

>> **案例分析**

1. 由于导游员工作的过错,游客等待的时间过长,由此造成游客在当地的游览活动时间缩短。
2. 导游员在以下几个方面存在问题:
(1) 没有认真阅读接待计划,不了解该团没有全陪,是华侨团。
(2) 没有提前半小时到达接站地。
(3) 没有提前与司机联系,确定停车地点。
(4) 没有提前和行李员联系。
(5) 没有举牌接站,由于该团没有全陪,团队游客又没有一起出站。
(6) 没有接到游客时,未主动寻找。
(7) 未诚恳地向游客道歉,以及设法弥补,以求得游客谅解,避免被投诉。

(二) 旅游团抵达后的服务

1. 认真核实防错接

找到旅游团后,为防止错接,地陪应及时与领队、全陪接洽,核实该团的客源地、组团社的名称、领队及全陪姓名、旅游团人数等。如该团无领队和全陪,应与该团成员逐一核对客源地及团员姓名等,无任何出入才能确定是自己应接的旅游团。如因故出现人数增加或减少与计划不符的情况,要及时通知旅行社有关部门。

2. 集中清点行李

地陪应协助该团游客将行李集中放在指定位置,提醒游客检查自己的行李物品是否完好无损。与领队、全陪核对行李件数无误后,移交给行李员,双方办好交接手续。若有行李未到或破损,导游员应协助当事人到机场登记处或其他有关部门办理行李丢失或赔偿申报手续。

3. 集合登车清人数

地陪应提醒游客带齐手提行李和随身物品,引导游客前往登车处。为确保团队的安全,地陪高举导游旗,以适当的速度走在团队的前面引导游客,同时还要请全陪或领队走在旅游团的最后照顾游客。游客上车时,地陪应恭候在车门旁,协助或搀扶游客上车就座。待游客坐稳后,地陪再检查一下游客放在行李架上的物品是否放稳,礼貌地清点人数、到齐坐稳后请司机开车。

(三) 前往饭店途中的服务

在行车途中,地陪要做好如下几项工作,这是地陪给全团留下良好第一印象的重要环节。

1. 致欢迎辞

旅游车启动后,导游员的讲解服务就正式开始。导游员与游客第一次见面,彼此互不相识,这就需要导游员尽快投入工作,营造和谐气氛,给游客留下美好的印象,使游客对导游员产生信任感。

致欢迎辞应把握好时机,因为游客新到一地,对周围环境有新奇感,左顾右盼,精神不易集中,这时讲解效果往往不好。一般应在游客放好物品、各自归位、静等片刻,等大家情绪稳定下来后,再开始讲。

欢迎辞内容应视旅游团的性质及其成员的文化水平、职业、年龄和居住地区等情况而有所不同。欢迎辞要求有激情、有特点、有新意、有吸引力,能一下子就把游客的注意力吸引到导游身上,给游客留下深刻印象。

欢迎辞一般应包括如下内容:
(1) 问候语,如"来自××的游客朋友们,大家好"。
(2) 欢迎语,如代表所在旅行社欢迎游客光临本地。
(3) 介绍语,如介绍自己的姓名及所属单位。
(4) 希望语,如表示提供服务的诚挚愿望。
(5) 祝愿语,如预祝旅游愉快顺利。

欢迎辞示例:

来自上海的游客朋友们:

大家好!大家辛苦了!欢迎大家来武汉观光游览,我姓郭,是××旅行社的导游员,大家叫我"郭导"好了,这位是我们的司机胡师傅,他的车技相当娴熟,大家可以放心乘坐,今明两天就由胡师傅和我为大家提供服务,我们感到非常荣幸!一路上大家有什么问题、有什么要求就尽管提出,我们将尽力满足。最后希望大家在武汉能玩得开心!吃得满意!住得舒适!谢谢各位!

2. 调整时间

这项工作是针对刚刚入境的国际旅游团而言。地陪在致完欢迎辞后要介绍两国的时差,并请游客将自己的时间调到北京时间。

3. 首次沿途导游

游客初来一地感到好奇、新鲜,什么都想问,什么都想知道,地陪应把握时机,选择游客最感兴趣、最急于了解的事物进行介绍,以满足游客的好奇心和求知欲。所以地陪必须做好首次沿途导游,首次沿途导游是显示导游知识、技能和工作能力的大好机会,精彩成功的首次沿途导游会使游客产生信任感和满足感,从而在他们的心中树立起对导游员良好的第一印象。

(1) 介绍城市概况,如地理位置、历史沿革、人口状况、行政区划、市政建设等。

(2) 风光风情介绍。地陪在进行风光风情介绍时,讲解的内容要简明扼要,语言节奏明快、清晰;对景物取舍得当,随机应变,见人说人,见景说景,与游客的观赏同步。

(3) 介绍下榻的饭店。在旅游车快到下榻的饭店时,地陪应向游客介绍该团所住饭店的基本情况:饭店的名称、位置、距机场(车站、码头)多少公里、星级、规模、主要设施和设备及其使用方法、入住手续及注意事项(如收费电视、赠品和非赠品的内容)。

例如:介绍武汉概况

现在给大家介绍一下我们武汉。素有"九省通衢"之称的湖北省省会武汉位于长江和汉江的交汇处,因为唐朝大诗人李白的诗句"黄鹤楼中吹玉笛,江城五月落梅花"而有

"江城"的美名。这里四季分明,有着江汉平原典型的自然风光,市内100多处湖泊星罗棋布,数十座山峰蜿蜒其间,这里也是千年荆楚文化的发源地,具有浓郁的楚文化特色,是我国的历史文化名城之一。

武汉通常被称为"武汉三镇","三镇"指的是武昌、汉口、汉阳这三块被长江和汉江隔开的地方。汉口是武汉最繁华最热闹的商业区,也是华中地区商品集散的中心;武昌是武汉高等学府集中的文化区,是武汉现代城市文化的体现;汉阳则是市政府重点发展的开发区,预示着武汉的未来。武汉的绝大部分景点都集中在武昌和汉阳,向中外游客展现"江城"风情万种的迷人风采和魅力。

武汉人称吃早饭为"过早",他们几乎不自己做早餐吃,出门"过早"是一种深厚的地方习惯。"过早"这一词汇最早出现在清代道光年间的《汉口竹枝词》中,那时人们为了早早到汉口赶集,总是在路上买着吃。时至今日,现代生活节奏的加快,加之人们工作、学习的场所与居住区距离的增大,这种"过早"的习俗呈增强的趋势,所以武汉的小吃业极为发达,大街小巷到处都是生意兴隆、食客盈门的小吃店。

武汉的早点品种很多,汇集了南北方的各种口味,最具当地特色的早点有面窝、三鲜豆皮、热干面、伏汁酒(一种用酒酿和鸡蛋花冲成的甜汤),还有烧卖、汤包、牛肉线粉、炸酱面、豆丝、水饺、汤圆等,都是一些价廉物美的早餐点心。

例如:游览市容

(导游员小刘正陪某旅行团团员游览某城市)。

导游员:我们现在正穿过凤凰生活小区。这些高楼住宅是两年前建造的。

游客:它们看上去是崭新的。

导游员:这地方以前有许多平房,随着城市的发展,那些旧平房已无法再承受城市膨胀的人口,于是市里拆毁了旧平房,建起了这些新住宅大楼。

游客:真不错!道路两旁是些什么树?

导游员:那是水杉。水杉是我们的市树。人们搬到这里来后,开始到处种树种花,终于把这里变成了一个花园式的小区。

游客:室内的设施怎么样?

导游员:除了水电供应外,这里的每一家都配有管道煤气和供热系统。

游客:人们到哪里买东西呢?

导游员:这个小区有一家货物充足的百货商店。这里还有一个邮局和一个社区医院。人们可以在小区中央广场附近的自由市场买食品。小区有自己的幼儿园和小学,甚至还有游泳池和操场。

游客:这个小区规划得真好!

……

例如:在车上介绍下榻饭店

女士们、先生们:

我们今天入住的饭店是纽宾凯国际大酒店。纽宾凯国际大酒店是四星级酒店,有着科学的管理、先进的设施和优质的服务,是游客来武汉的首选饭店。纽宾凯国际大酒店坐落在武汉金融商业中心——新华路中段,与密集商务办公区域、数家高档购物广场和武汉国际会展中心近在咫尺,更有风景优美的喷泉公园隔街相望。酒店距步行街仅需5分钟车程,20分钟即可到达天河国际机场,交通极为便利。酒店内设施配备齐全,中西餐厅24小时营业,大堂前厅设有商务中心、外汇兑换处和酒吧。大家如果需要在酒店里打电话,请记住:房间与房间通话直拨房号,打长途电话时,先拨"0",听到一长声后,再拨您要拨的电话号码;每个房间都配有自费物品,您如果在酒店内产生了消费后,请在离开酒店前,主动去前台结账。大家进入酒店房间后,请认真检查房间所提供的必需物品是不是齐全,设备是不是完好,如果有什么问题,请及时与我联系,我就在酒店的大堂等候大家。

好,纽宾凯国际大酒店到了,请大家带好自己的物品下车,在大堂里稍微等候一下,我去办理一下手续。

三、入店服务

工作内容:协助办理住店手续——介绍饭店设施——宣布当日或次日活动安排——照顾行李进房——带领旅游团用好第一餐——协助处理入住后的各类问题——落实叫早事宜

《导游服务规范》要求:"旅游团(旅游者)抵达饭店时,导游员应及时办妥住店手续,热情引导旅游者进入房间和认找自己的大件交运行李,并进行客房巡视,处理旅游团(旅游者)入住过程中可能出现的各种问题。"

(一)协助办理住店手续

游客抵达饭店后,地陪要引导游客到指定地点集中等候。

尽快向饭店总台讲明团队名称、订房单位,提供旅游团名单或分房表,协助领队和全陪办理入住登记手续。拿到房间钥匙后,请领队分发住房卡。

地陪要掌握领队、全陪和团员的房间号,并将与自己联系的办法如房间号(若地陪住在饭店)、电话号码等告知全陪和领队,以便有事时方便联系。

例如:入住酒店对话(酒店接待员、地陪、全陪和领队)

地陪:我们已经到达了下榻的酒店,大家随我一起下车,请大家把行李及贵重物品等拿下来,到大堂集中,我去办理入住登记手续。

接待员:下午好,我能为您做些什么?

地陪:这位是我们的领队。

领队:是的。我是来自纽约的16人旅游团的领队。

接待员:欢迎来到我们的酒店。国旅已经帮助你们预定了房间。

领队:谢谢!

接待员:请出示旅游团的登记表。

领队:好的。我们的日程表有一点小小的变动。有一对夫妻决定在我们离开后再多待上两天。他们能预订原定的房间吗?

接待员:对不起,可能不行。我们得把他们安排在另外的房间。您能把他们的名字告诉我吗?我好照顾他们。

领队:太好了!他们是瑞格先生和瑞格太太。

接待员:请您在这里签名好吗?
领队:哦,好的。我差点忘了。
接待员:这是房间钥匙和房卡,还有宾馆徽章。你们的房间都在10楼。一会儿行李员会带你们上去。
领队:太好了。但是宾馆徽章用来干什么?
接待员:你们可以贴在手提箱上,或者在街上迷路时向出租车司机出示徽章,出租车司机就可以把你们送回宾馆。
领队:你们真是想得太周到了。再见。
接待员:祝你们玩得愉快!再见。
(领队分配完客房后)
地陪:(对领队和全陪)请问你们的房号和电话是多少?
领队:我的房号和电话号码都是1666。
全陪:我的是1668。
……

(二)介绍饭店设施

进入饭店后,地陪应向全团介绍饭店内的外币兑换处、中西餐厅、娱乐场所、商品部、商务中心、公共洗手间等设施的位置;说明游客所住楼层和开启房锁的方法;提醒游客住店期间的注意事项和各项服务的收费标准;向游客指明电梯和楼梯的位置。

(三)宣布当日或次日活动安排

游客进入房间之前,地陪应向全团宣布有关当天或第二天活动的安排、集合的时间、地点。如该团中有提前入住的游客,必须通知他们次日的出发时间及活动安排。

(四)照顾行李进房

地陪应等待本团行李送达饭店后,负责核对行李,督促饭店行李员及时将行李送至游客的房间。

(五)带领旅游团用好第一餐

游客进入房间之前,地陪要向游客介绍饭店内的就餐形式、地点、时间及餐饮的有关规定。游客到餐厅用第一餐时,地陪必须带他们去餐厅,帮助他们找到桌次,要将领队和全陪介绍给餐厅领班、主管等有关人员,告知旅游团的特殊要求(如用餐标准、游客口味、忌食等),向游客介绍有关餐饮规定,祝愿游客用餐愉快。

例如:地陪与餐饮部工作人员的对话

地陪:请接餐饮部。
工作人员:这儿是餐饮部。您有没有预定过位置?
地陪:没有,我想为我的旅游团订今天的晚餐。
工作人员:你们一共多少人?用餐标准是多少?
地陪:我们一共23个人,另加两个司陪。标准是每人50元人民币,包括软饮料。
工作人员:您可不可以告诉我您的姓名和联络方式?

地陪:我叫刘芳,是××旅行社的导游员。我的移动电话是13×××××××××。
工作人员:请问打算几点用餐?
地陪:7点。
工作人员:谢谢您,7点钟见。

(六) 协助处理入住后的各类问题

地陪进入房间后,地陪应在本团游客居住楼层内停留一段时间,处理临时发生的问题,如打不开房门、房间不符合标准、房间卫生差、设施不全或损坏、卫生设备无法使用、行李错投等。有时还可能出现游客调换房间等要求,地陪要协助饭店有关部门处理此类问题。

例如:游客房间未打扫

(地陪和游客的对话)
地陪:出了什么事?
游客:这是什么意思?我要的是宾馆客房,而不是牛棚。
地陪:对不起,小姐,到底发生了什么事?
游客:是他们给我安排的房间。我从来没见过这么令人讨厌的事情。
地陪:是不是还没有打扫房间?
游客:根本没有。床还没有铺,卫生间都是水。
地陪:哦,是这样。真对不起!我们立刻帮您解决这个问题。
(过了一会儿)
地陪:小姐,他们为给您带来的麻烦感到非常抱歉,好像是前台和客房部之间没有衔接好。他们好像给了您一个本来标明是应该彻底打扫的房间。他们马上就给您换房间。
游客:越快越好。
地陪:他们马上来。现在去喝点东西吧,好吗?
游客:好吧。

案例7-5 关于协助处理入住后的各类问题

饭店设施陈旧

经过近六个小时的颠簸,小张带领的旅游团总算抵达目的地。团队中的旅游者拖着疲惫的身躯下了车,走进了即将入住的饭店。这是一家建造于30年前的计划经济时代专用于接待国内一些领导干部的饭店。该饭店占地面积大,环境也很幽雅,是一家地地道道的老饭店。然而刚进入客房不久,就有几位游客跑来找到小张抱怨:这个说客房冷气不足,那个说客房没热水,还有的说客房太潮湿,纷纷要求换房。这时恰逢旅游旺季,小张非常清楚这段时间饭店的客房出租率是非常高的。怎么办呢?他先来到反映有问题的几间客房,发现冷气不够是因为刚进客房,冷气才打开,且温度开关没有调到位;没有热水是因为热水龙头坏了;而客房潮湿则是因为这间房紧挨山崖。小张想:"水龙头坏了可以修,客房不一定要换;但潮湿房一定要换。"于是,小张来到饭店销售部,销售部人员开始声称没有空余客房,但在小张一再的要求下,最后,销售部人员在请示经理后,终于让小张的游客换了客房,使问题圆满地得以解决。

>> **案例分析**

旅游团入住饭店后,随时可能发生各类临时性问题。本案例中出现的事情,是很多导游员都曾遇见过的。因此,地陪在带领旅游团入住饭店后,不要急于离开,按照导游服务规范要求,应处理好旅游者入住后的各类临时问题。本案例中,小张在遇到这些问题后,没有推诿,立即着手调查,将游客的事当成自己的事,与饭店进行协商,最后解决了游客的实际问题。

(七)落实叫早事宜

地陪在结束当天活动离开饭店之前,应与领队商定第二天的叫早时间,并请领队通知全团,地陪则应通知饭店总台。

例如:叫早服务

(地陪与总台服务员的对话)

地陪:是总服务台吗?

服务员:是的。我可以为您效劳吗?

地陪:我想为我团的游客安排明天的叫早服务。

服务员:请告诉我团名和叫早的时间。

地陪:团名是xx旅游团,一共是23人。叫早时间是第二天早晨6点。

服务员:好的!祝您今天愉快!

四、核对、商定日程

《导游服务规范》要求:"地陪导游员应认真核实旅游行程,行程宜以组团社的为准。如遇现场难以解决的问题,应及时请示组团社。"

核对、商定日程是旅游团抵达后的重要程序。地陪在接到旅游团后,应尽快与领队和全陪进行这项工作。

(一)核对商定日程的必要性

地陪在接受旅行社下达的接待任务时,旅行社的计调部门已将该团的参观游览内容明确规定在旅游协议书上,并已安排好该团的活动日程,其中包括:每天上、下午安排去哪个参观游览的景点,午、晚餐安排在哪家餐厅用餐,以及晚间活动的内容等。即便如此,地陪也必须与领队和全陪进行核对、商定日程的工作(若无领队和全陪,地陪应与全体游客进行这项工作)。

地陪必须认识到,游客提前支付了一笔费用参加旅游团,也就是购买了旅行社产品,作为消费者有权审查产品是否合格。日程安排是旅行社产品的一个重要部分,因此他们有权审核该团的活动计划和具体安排,也有权提出修改意见。导游员与游客商定日程,既是对游客的尊重,也是一种礼遇。

某些专业旅游团除参观游览活动外,还有其他特定的任务(如参观企业、学校、幼儿园、社区等),因此商定日程显得更为重要。

案例7-6 关于商定日程

缩短行程的超常服务

时值杭州美丽的8月,从事导游工作多年的老张前往机场接待一个由18名美籍华人组成的团队。这些老年人都是专门慕名来"天堂"游的,但是行程却不知道为何安排得如此紧张,按计划团队是当天上午9:30从上一站抵达杭州,次日上午10:00即飞往另一个城市。可因为天气原因,当飞机抵达杭州时已是当天下午的16:00,这可真是雪上加霜。当老张接到游客时,他们个个拉长了脸,议论纷纷,有责怪航空公司的,有提出更改行程的,还有斥骂领队航班安排不妥的。领队是个年轻的小伙子,他一声不吭,满脸的不高兴。这一切老张都看在了眼里,经过和领队沟通,果然证实了他的猜测:因为航班的延误,游客们大为不满,因为杭州是他们此行最重要的一站。遇到了这样的事情,领队也是束手无策,他已经听够了游客的抱怨声。老张同领队提出了自己的应变措施,并征求领队的意见。领队听了,连声道谢,黯淡的眼神一下明亮起来。上了旅游车,老张简短地致了欢迎辞后,说:"各位朋友,此次能来杭州观光旅游,是你们的福分,也是杭州的骄傲。虽然因天气原因延误了各位在杭州的观光,但是大家请放心,我已经和领队协商过了,我们将挽回各位的损失,使各位在杭州不但不虚此行,反而更锦上添花。"这时,只见这些失望的老人们都全神贯注地注视着老张,充满了疑问和期望。老张接着说:"我把我们的行程安排告诉大家,同时也想听一听大家还有没有更好的建议,当然也需要大家的配合。为了节省时间,现在我们的旅游车直接驶往岳王庙,去瞻仰家喻户晓的民族英雄岳飞;晚餐后,我们去夜游西湖,大家可以一边品尝天下闻名的西湖龙井,一边领略夜色下的西湖神韵;游完西湖,我们再去逛杭州的夜市,大家可以在夜市上选购一些杭州的土特产;明天早上6:00,各位带上我们特地让饭店准备的精美便当,到灵隐寺去体会佛国的静谧幽寂。"老张还没有讲完,车厢里已经响起了热烈的掌声……

>> **案例分析**

老张所接待的这个旅游团游客年事已高,他们都是仰慕杭州之名而来,如果留下遗憾,有的游客可能也不会再来了,确实是一趟"珍贵"的旅行。

依照该团的行程下午抵达,次日上午10点启程,如果按照常规去提供服务,那么这些游客只能在杭州睡上一觉,最多也只能游览一个小时的景点而已。然而老张想游客之所想,急游客之所急,不怕辛苦和劳累,凭借多年的工作经验,热情周到地提供了一次超常规的服务,赢得了游客的尊敬,赢得了领队的赞许,可谓优秀导游员的表率。

（二）核对商定日程的时间、地点

在旅游团抵达后，地陪应抓紧时间尽早进行核对、商定日程的工作，这是与领队和全陪合作的开始。如果团队抵达后是直接去游览点的，核对商定团队行程的时间、地点一般可选择在机场或行车途中；如果团队是先前往饭店的，一般可选择在饭店入住手续安排好后的一个时间，地点宜在公共场所，如饭店大堂等。

（三）可能出现的几种情况的处理

1. 提出小的修改意见或要求增加新的游览项目

（1）及时向旅行社有关部门反映，对"合理又可能"满足的项目，应尽力予以安排。

（2）需要加收费用的项目，地陪要事先向领队或游客讲明，按有关规定收取费用。

（3）对确有困难而无法满足的要求，地陪要详细解释、耐心说服。

2. 提出的要求与原日程不符且又涉及接待规格

（1）一般应予婉言拒绝，并说明我方不便单方面不执行合同。

（2）如确有特殊理由，并且由领队提出时，地陪必须请示旅行社有关部门，视情况而定。

3. 对方的旅行计划与本社接待计划有部分出入

（1）要及时报告旅行社，查明原因，分清责任。

（2）若是接待方的责任，地陪应实事求是地说明情况，并向领队和全体游客赔礼道歉。

例如：地陪和全陪核对商定完行程安排

地陪：你觉得怎么样？

全陪：一切都很好，只有一个小建议。在本地的最后一天，我们能否乘坐飞机离开西安去北京，而不是坐火车？这样能使我们在北京多待一天。如果能有这多余的一天在北京逛街购物，我的团员们将会非常感激。

地陪：这将涉及航空公司、下一站的接待和旅行费用等问题。我得跟有关方面联系一下，看是否有可能解决。

全陪：费用我们将按规定支付。

地陪：请稍等一下。

全陪：谢谢！

（地陪给旅行社打电话）

地陪：好了，他们说能解决。

全陪：好，谢谢。我们来算一下费用吧。

五、参观游览服务

工作内容：出发前的服务——途中导游——景点导游讲解——参观活动——返程中的工作

参观游览过程中的地陪服务，应努力使旅游团（者）参观游览全过程安全顺利，应使游客详细了解参观游览对象的特色、历史背景等及其他感兴趣的问题。

参观游览活动是旅游产品消费的主要内容,是游客期望的旅游活动的核心部分,也是导游服务工作的中心环节。因此,地陪在带团参观游览前应认真准备、精心安排;在参观游览过程中应热情服务、生动讲解,并随时注意游客的安全。

(一)出发前的服务

1. 提前到达出发地点

出发前,地陪应提前10分钟到达集合地点,并督促司机做好出发前的各项准备工作。地陪提前到达的作用:首先,这是导游员工作负责任的表现,会给游客留下很好的第一印象;其次,地陪可利用这段时间礼貌地招呼早到的游客,听取游客的意见和要求;最后,在时间上留有余地,以身作则遵守时间,应对紧急突发事件,提前做好出发前的各项准备工作。

2. 核实实到人数

若发现有游客未到,地陪应向全陪、领队或其他游客问明原因,并设法及时找到;若有的游客愿意留在饭店或不随团活动,地陪要问清情况并妥善安排,必要时报告饭店有关部门。

3. 落实当天用餐

地陪要提前落实旅游团当天的用餐,对午餐和晚餐的用餐地点、时间、人数、标准、特殊要求逐一核实并确认。

4. 提醒注意事项

出发前,地陪应向游客预报当日的天气、游览景点的地形特点、行走路线的长短等情况,必要时提醒游客带好衣服、雨具,换上舒适方便的鞋。这些看起来是小事,但会使游客感到地陪服务的周到细致,也可以减少或避免游客生病、扭伤、摔伤等问题的发生。

5. 准时集合登车

早餐时向游客问候,提醒集合时间和地点;游客陆续到达后,清点实到人数并请游客及时上车。此时,地陪应站在车门一侧,一面招呼大家上车,一面扶助老弱者登车;开车前,要再次礼貌地清点人数,并检查游客的随身物品是否放置妥当,待所有游客坐稳后,示意司机开车。

(二)途中导游

1. 重申当日活动安排

开车后,地陪要向游客重申当日活动安排,包括参观景点的名称、途中所需时间、午晚餐的时间地点,以及购物、娱乐项目的计划安排等,视情况介绍当日国内外重要新闻。

2. 沿途风光导游

在前往景点的途中,地陪应适时地向游客介绍本地的风土人情、自然景观,回答游客提出的问题。

3. 介绍游览景点

抵达景点前,地陪应向游客介绍该景点的简要概况,尤其是景点的历史价值和特色。讲解要简明扼要,目的是满足游客事先想了解景点相关内容的心理,激发其游览景点的欲望,也可节省到达目的地后的讲解时间。

4. 活跃气氛

如旅途较长,可以讨论一些游客感兴趣的国内外问题,或做主持人组织适当的娱乐活动等来活跃气氛。

(三) 景点导游讲解

1. 交待注意事项

(1) 抵达景点下车前,地陪要告知并提醒游客记住旅游车的车型、颜色、标志、车号和停车地点、开车的时间,尤其是下车和上车不在同一地点时,地陪更应提醒游客注意。

(2) 在景点示意图前,地陪应讲明游览线路、所需时间、集合时间和地点等。

(3) 地陪还应向游客讲明游览参观过程中的注意事项。

2. 导游讲解

(1) 抵达景点后,地陪的主要工作是带领本团游客沿着游览线路对所见景物进行精彩的导游讲解。《导游服务规范》要求:"游览过程中,地陪应尽量使用生动、风趣、吐字清晰易懂,富有感染力的讲解语言,对景点作繁简适度的讲解,包括该景点的历史背景、特色、地位、价值等内容,使旅游者对景点的特色、价值、风貌、背景等及旅游者感兴趣的其他问题有基本的了解。"

(2) 严格执行计划。在景区内的游览过程中,地陪应严格执行旅游合同,保证在计划的时间与费用标准内,使游客能充分地游览、观赏;擅自缩短时间或克扣门票费用的做法都是错误的。在游览过程中,地陪应做到三结合:讲解与引导游览相结合、适当集中与分散相结合以及劳逸结合。

(3) 注意游客的安全。在游览过程中,地陪应随时注意游客的安全,并随时提醒游客自己注意安全,要特别关照老弱病残的游客。在讲解时,地陪应与全陪配合,注意观察游客的动向,要自始至终与游客在一起;在景区的每一次移动都要和全陪和领队密切配合并随时清点人数,防止游客走失或意外事故的发生。

(四) 参观活动

1. 做好安排落实工作

当安排旅游团到企业、学校、幼儿园参观时,地陪一般都应提前联系,做好落实工作。

2. 翻译或语言的传递工作

在参观时,一般是先由主人做情况介绍,然后是引导参观。在这时候,地陪的主要任务是翻译或做语言信息的传递工作;但整个参观活动的时间安排宜短不宜长。外语导游员应注意在翻译的过程中,介绍者的言语若有不妥之处,应予以提醒,请其纠正后再译。如来不及可改译或不译,但事后要说明,必要时还要把关,以免泄露有价值的经济情报。

(五) 返程中的工作

从景点、参观点返回饭店的途中,地陪可视具体情况做好以下工作:

1. 回顾当天活动

地陪应在返程中,根据游客的实际状态,适时地安排一定时间的休息。然后与大家一起回顾当天参观游览的内容,尤其是那些精彩有趣、给人以深刻印象的瞬间;还可以回答游客的提问,对在参观游览中漏讲的内容进行补充讲解。

2. 风光导游

如不从原路返回饭店,地陪应对沿途风光进行导游讲解。

3. 宣布次日活动日程

返回饭店下车前,地陪要预报晚上或次日的活动日程、出发时间、集合地点等。

4. 提醒注意事项

如当天回到饭店较早或晚上无集体活动安排,地陪应考虑到游客会外出自由活动,所以要在下车前提醒游客注意:如要外出,最好要结伴同行,谨记饭店的地址和电话号码,尽量乘出租车前往。

5. 做好下车时的服务

抵达饭店下车前,地陪要真诚感谢游客一天中对导游工作的支持与帮助,并表示对次日活动的信心与期待,还要提醒游客带好随身物品。下车时,地陪要先下车,站在车门一侧,照顾游客下车,再向他们告别。

6. 安排叫早服务

如旅游团需要叫早服务,地陪应在结束当天活动、离开饭店之前安排妥当。

案例 7-7 关于参观游览服务

安排活动应"因人而异"

北京导游员小江接待了一个 15 人的法国老年旅游团。该团在京的日程安排得很紧:第一天晚上入境后,到饭店休息;第二天上午参观天安门、故宫,下午去颐和园、动物园,晚上吃风味餐、看京戏;第三天上午去八达岭长城,下午去定陵,晚上去王府井购物;第四天上午去天坛、雍和宫,午餐后乘下午的航班去西安。

在第二天的游览过程中,游客们兴致很高,认真地听导游讲解,只是景区内步行距离太长,团内部分老年人感觉到很累;晚上吃烤鸭,气氛达到高潮,因而在京戏开演 30 分钟后才到场,回来的路上大家却对当天的旅游安排非常满意,赞不绝口。

第三天,一些游客的疲态便显现出来,在长城上有人只登上一个城楼,照了几张相便返回旅游车休息。在定陵有两位老人更是不愿下那么多台阶去参观地下宫殿,小江只得将疲劳的游客先安顿好,再去为其他人服务。回去的路上有的游客要求先回饭店休息一下再去吃饭、购物,结果再次集合时,只有 6 人去吃饭,其他人都想洗澡休息了,晚饭后只有两人要求去王府井购物,其他 4 人自愿坐出租车回饭店。

第四天上午,游览了天坛后,由于游客行动过慢行程吃紧,无法再去雍和宫参观,只得匆匆用餐后赶去机场。一路上,小江征求大家的意见时,有人反映刚开始感觉不错,但其后愈来愈感到活动单调,且有些劳累,有人希望小江根据老年人特点,多留出一些放松的时间。

>> **案例分析**

导游员在接团前应认真研究带团计划,制定周密的活动日程,在安排活动日程时应当注意以下几点：

(1) 分析游客的需要，根据其国籍、职业、年龄、性别等来分析他们最感兴趣的东西。西方游客喜欢参与性旅游活动，东方人则更喜欢观光性旅游；年轻人体力好，希望多看一些东西，老年人则更愿意将活动节奏放慢，多留出一些休息时间；文化层次高的游客理解力强，对我国古建筑景观比较感兴趣，一般游客则对生活方面的情况感兴趣。本案例中小江就是没有充分认识到老年人旅游需求的特点，活动日程安排过紧，导致游客产生明显的疲劳感。

(2) 向游客通报计划安排。活动前应把计划和日程告诉游客，有领队或全陪时，应与其商定，告诉对方如此安排日程的理由，以免对方提出不合理的要求难以应对。本案例中小江就是因为没有事先与游客商定日程，致使大部分游客在第三天游览后由于劳累不想再去吃晚饭和购物。

(3) 活动安排结构要合理。在制定活动日程时应注意循序渐进，切忌"虎头蛇尾"。本案例中旅游日程安排显得前紧后松，使游客先感到疲劳，后感到单调。如果在头一天游览后安排京剧，大家游览一天后，坐在剧场既可欣赏异国他乡的艺术，又可放松情绪，消除疲劳。如果在离别之夜去吃烤鸭，可让游客享受到那充满友谊之情的饯行之筵，以留下美好的回忆，从而将旅游活动推向高潮。

(4) 活动日程应符合大多数人的要求。对于活动日程紧、项目多的旅游团，如果多数人精力充沛，则一定要满足他们的要求，决不能"偷工减料"。对于老年人多的旅游团，则可根据他们的要求灵活处理。本案例中小江如果在一些游客出现疲劳时先安排他们休息，再带领多数游客去游览，这样处理可能更得当。

六、食、购、娱等服务

游客出门旅游，游固然是最主要的内容，但是食、购、娱等项目的恰到好处的安排，能使旅游活动变得丰富多彩，加深游客对旅游地的印象。因此，在安排食、购、娱等旅游活动时，地陪同样应该尽心尽力，提供令游客满意的服务。

(一) 餐饮服务

1. 计划内的团队便餐

地陪要提前按照接待社的安排落实本团当天的用餐，对午餐和晚餐的用餐地点、时间、人数、标准、特殊要求与供餐单位逐一核实并确认。

用餐前，地陪应引导游客进餐厅入座，并介绍餐厅及其菜肴特色，向游客说明餐标是否含酒水及其酒水的类别；向领队讲清司陪人员的用餐地点及用餐后全团的出发时间。

用餐过程中，地陪要巡视旅游团用餐情况一两次，解答游客在用餐中提出的问题，并监督、检查餐厅是否按标准提供服务并解决出现的问题。

用餐后，地陪应严格按实际用餐人数、标准、饮用酒水数量，与餐厅结账。

案例7-8 关于餐饮服务

订了餐又退餐

小江在带团中经常碰到有的游客不愿随团就餐,原因是团队餐不好吃。遇到这样的情况,小江一般是对游客进行说服,并根据其要求与餐厅联系,在口味上尽量符合其要求,或者在游客愿意支付额外点菜费用的情况下,让其自行点菜。但一次在带一个浙江团时,在距用餐只有不到半个小时时,几乎所有的人都不愿意去已订好的餐厅,一致要求导游员另找一家上档次的江浙菜馆,并表示多余的费用自己承担。小江感到很为难,他说:"现在退餐又订餐,肯定来不及了,原订的餐要承担100%的退餐费,且改订另一家餐厅不知还能否订得上。"旅游团领队说道:"你先联系了再说。"小江先与原订餐厅联系,对方表示承担损失方可退餐,至于新的就餐地点一时也确定不了去哪家,更没有联系方式,于是他还是努力说服客人,并保证明天的餐一定提前安排,总算让游客很不乐意地接受了。次日因行程紧,而景点沿线又没有合适的江浙菜馆,游客要求仍未得到满足,最终导致游客拒绝用餐并投诉了导游员。

>> **案例分析**

按旅行社的一般安排,除了早餐在原宾馆用餐外(当然也有个别旅游团在外面用餐的),其余的午、晚餐都在宾馆外面不同的餐馆用餐。因此,导游员在订餐时,除了应考虑不同的餐馆用餐质量外,还应根据游客要求和口味等情况考虑该餐馆的特色和风味是否适合游客,当游客有意见和要求时,应本着"合理而可能"的原则尽可能去满足和实现。小江由于怕麻烦,没有满足游客的要求,之后仍未努力去改进,本来不大的事变成了大事,这是不应该发生的失误。

2. 自助餐的服务

自助餐是旅游团队用餐常见的一种形式,是指餐厅把事先准备好的食物饮料陈列在食品台上。游客进入餐厅后,即可自己动手选择符合自己口味的菜点,然后到餐桌上用餐的一种就餐形式。自助餐方便、灵活,游客可以根据自己的口味,各取所需,因此自助餐深受游客欢迎。在用自助餐时,导游员要强调自助餐的用餐要求,告知游客以吃饱为标准,注意节约、卫生,不可以打包带走。

3. 风味餐的服务

风味餐是广受游客欢迎的一种用餐形式,以品尝具有地方特色的风味佳肴为主,形式自由、不排座次。

旅游团队的风味餐有计划内和计划外两种。计划内风味餐是指包括在团队计划内的,其费用团费中已包括;计划外风味餐则是指未包含在计划内的,是游客临时决定而又需现收费用的。计划内风味餐按团队计划、标准执行即可;而计划外风味餐应先收费,后向餐厅预订。

风味餐作为当地的一种特色餐食,是当地传统文化的组成部分;宣传、介绍风味餐是弘扬民族饮食文化的活动。因此,在旅游团队用风味餐时,地陪应予以必要的介绍,如风味餐的历史、特色、人文精神及其吃法等,能使游客既饱口福,又饱耳福。

在用风味餐时,作为地陪,不是游客出面邀请不可参加;受游客邀请一起用餐时,则要处理好主宾关系,不能反客为主。

4. 宴会服务

旅游团队在行程结束时,常会举行告别宴会。告别宴会是在团队行程即将结束时举行的,因此,游客都比较放松,宴会的气氛往往比较热烈。作为地陪,越是在这样的时刻越要提醒自己不能放松服务这根"弦"。要正确处理好自己与游客的关系,既要与游客共乐而又不能完全放松自己,举止礼仪不可失常,并且要做好宴会结束后的游客送别工作。

例如:在餐厅,导游员和游客的对话

游客:这里真是个吃饭的好地方。

导游员:是啊。史密斯先生,点菜前你要点开胃酒吗?

游客:不要。我直接点菜。

导游员:这里有不同风味的中国菜。不过我不知道你喜欢哪种风味。

游客:我也不知道。你决定吧。

导游员:好,广东菜很清淡,北京菜口味很重,四川菜以麻辣为主。

游客:知道了。我愿意吃点辣的。

导游员:那么就要四川菜了。四川菜很辣,但味道很好。有"一菜一格,百菜百味"之誉。

游客:真的? 那你建议点什么呢?

导游员:麻婆豆腐、鱼香肉丝。

游客:好吧。

导游员:你想要些米饭来吃麻婆豆腐吗?

游客:好的。

(二) 购物服务

购物是游客旅游过程中的一个重要组成部分。游客总是喜欢购买一些当地名特产品和旅游商品送给自己的亲朋好友。游客购物的一个重要特点是随机性较大,因此,作为地陪要把握好游客的购物心理,做到恰到好处的宣传、推销本地的旅游商品,既符合游客的购买意愿,也符合导游工作的要求。

《导游服务规范》要求:"导游员应严格按照旅游合同的约定安排统一的购物活动,非经旅游者主动要求,不应擅自增加旅游合同约定以外的购物安排或者强迫旅游者购物。"

地陪在带领旅游团(者)购物时,要做到:

(1) 游客购物时,地陪应向全团讲清停留时间及有关购物的注意事项,介绍本地商品特色和品种,承担翻译工作,介绍商品托运手续等。

(2) 商店不按质论价、抛售伪劣物品、不提供标准服务时,地陪应向商店负责人反映,维护游客的利益;如遇小贩强拉强卖,地陪有责任提醒游客不要上当受骗,不能放任不管。

例如:在工艺品展厅里,邓先生夫妇被各种各样的画品吸引住了

邓夫人:墙上那幅画很好看,它是用什么做的?

导游员:那是贝雕画,是用贝壳做的。

邓夫人:我从来不知道贝壳可以用来作画。

导游员:贝壳先经过挑选和雕刻,然后艺人在一张硬纸板上打图样,再把贝壳铺设上去。

邓先生:这颜色是怎么回事?它们都是天然颜色吗?

导游员:不是,几乎所有颜色都是涂上去的。

邓夫人:你认为这颜色会褪掉吗?

导游员:我得老实说它们会褪掉的。

邓夫人:太可惜了,我们想要能保存几年的东西。

导游员:贝雕画至少在10年时间里是完好的。

邓先生:要是那样的话,我们或许可以买上一幅。

邓夫人:可我们如何把它拿回家呀?还有那么长一段路要旅行。

导游员:那样的话,我还是劝你们买刺绣竹卷轴画。

邓先生:这倒是个好主意。我们可以把它放在手提箱里,它不会占多少地方。

导游员:看,挂在右边的是一些竹帘画。你们喜欢人物画呢还是花鸟画?

邓夫人:我的意思是买一幅人物画,人物画更带有中国味。(对邓先生)你的意思呢?

邓先生:我也喜欢人物画。(对导游和邓夫人)这一幅怎么样?

导游员:这画上的仕女名叫西施,她是中国古代四大美女之一。

邓夫人:这幅不错。

邓先生:我很喜欢这一幅。

邓夫人:我们就买这一幅吧。

……

案例7-9 关于购物服务

变质的购物服务

一个23人的新加坡旅游团由地陪王小姐负责接待。下午参观完东湖后,王小姐向大家介绍本地一家新开业的珍珠馆。她说:"店主是我的好友,保证价廉物美。"

在珍珠馆,一位姓朱的女士对一串标价4 000元的珍珠项链十分感兴趣,王小姐立即主动介绍识别真假珍珠的方法,并为其讨价还价,最终以900元成交。

16:40旅游团游览归元寺。因景点即将关门,大家匆匆摄影留念后即离去。在返回饭店的途中,数名男士提出去书店购买中国地图,几位女士则希望购买中国烹调书籍,王小姐表示可以安排。

次日出发前,朱女士手持前日所购项链,要求王小姐帮其退换,说:"一内行人认定它是残次品。"王小姐表示不可能退换。上午结束参观后,她又带全团去一家定点工艺品商店,许多人不感兴趣,只在车中坐着,王小姐恳求说:"大家帮帮忙,不买东西没关系,进店逛一圈也可以。"于是,一些游客才不情愿地下车、进店。

13:30赴机场途中,数名游客又提起购书一事,王小姐说:"没有时间了。"

一周后,旅行社接到新加坡组团社发来的传真,申请该社今后若有团来武汉市,不能由王小姐带团。

试问:王小姐在接待该团过程中做错了哪些事?

>> **案例分析**

王小姐在旅游团接待中有多处不妥当的地方:

(1) 不应该带旅游团到非定点商店购物,违反了有关带团购物的规定。

(2) 介绍商品不实事求是,导游员既要推销商品,更要让游客满意。

(3) 拒绝帮助游客退换残次品,对于游客退换所购商品的要求,导游员应积极协助。

(4) 没有满足游客的购物要求,部分游客去书店买书的要求没有实现。

(5) 强行推销,多次安排购物,影响游客在该市的游览效果。

(6) 该团日程较紧,由于增加了计划外的珍珠馆而影响了计划节目的游览,游客没有充分的时间游览景点。

(三) 娱乐服务

1. 观看文娱节目

旅游团观看文娱节目,也有计划内和计划外两种情况:

在旅游团的计划内若有观看文娱节目的安排,地陪应向游客简单介绍节目内容及特点并需陪同准时前往:首先,与司机商定好出发的时间和停车位置;其次,引导游客入座,并要自始至终和游客在一起;最后,演出结束后,要提醒游客带好随身物品。

旅游者要求自费观看计划外文娱节目时,导游员宜予以协助,如帮助购买门票、叫出租车等,但不必陪同前往。

在大型的娱乐场所,地陪应主动和领队、全陪配合,注意本团游客的动向和周围的环境,并提醒游客注意安全,不要分散活动。

值得注意的是,导游员决不可以带领旅游团涉足一些格调低下甚至色情的表演场所。

例如:在剧院(地陪小苏和旅游团的怀特、丽丝、雷伊等成员在去剧院的途中)。

小苏:各位,××剧院马上要到了。在看演出之前,如果你们允许我先向你们介绍一点京剧方面的知识的话,我想你们就能更好地欣赏今晚的演出。

怀特:哦,那当然,我听说传统的京剧有其独特的风格和各种规定,如果您能向我们介绍一点这方面的知识的话,我们将非常感激。

小苏:好的。京剧是18世纪后期起源于安徽和湖北的一些地方戏剧。多年来,它已经发展成一种把唱、念、做、打融为一体的独特的演出艺术。

丽丝:演员也是根据他们的音域来区分的吗?

小苏:不,他们是根据所扮演的角色来区分的。

雷伊:怎么分呢?

小苏:京剧的角色分为生、旦、净、丑四大类。

怀特:能具体解释一下吗?

小苏:让我来解释一下,"生"扮演的是普通男人;"旦"扮演女人;"净"的不同颜色代表不同性格的男人;而"丑"代表幽默或邪恶的人。

丽丝:多有意思啊!

小苏:当然,每一大类又可再分为有固定戏装和唱腔的角色。

雷伊:这听起来真复杂。

小苏:其实,它并不像大家所想的那样复杂。京剧大致上可分为两大类:文戏和武戏。前者强调唱和做,后者强调武打。我们今天看的两出戏中,《拷红》是文戏,《闹天宫》是武戏。

怀特:剧情都取材于哪里呢?

小苏:中国大多数戏剧都取材于历史事件、历代传说、民间故事和古典文学作品。比如,《拷红》是根据13世纪后期中国剧作家王实甫的一部著名剧作改编的;《闹天宫》则取材于中国古典小说《西游记》。

丽丝:哦,我听说过这部小说,是关于孙悟空的是不是?

小苏:是的。各位,我们已经到剧场了。请跟我来。我们的座位在那两排。……嗯,铃声响了,演出开始了……

(幕间休息,在休息室里)

怀特:哦,真是个优美的爱情故事,我被它深深打动了。非常感谢您刚才的解说和翻译。

小苏:不用谢,希望您喜欢这出戏。

怀特:我当然喜欢,扮演红娘的那位女演员嗓音真美,她的演技也棒极了。我完全能从她的手势和动作中了解剧情。

小苏:哦,不,怀特先生,我忘了告诉您。红娘的角色是由一位男演员扮演的,不是女演员。

怀特:男演员!你在开玩笑吧!

小苏:不,事实上我们有许多男演员专门扮演女角色。他们用假声演唱,崔夫人的角色也是由一位男演员扮演的。

怀特:我的天啊!他们的演技真把我给蒙住了。我很想见见他们。

小苏:好的,演出结束后我看能否带你们到后台去见他们。铃声响了,我们进去吧。

(演出中)

雷伊:苏,演员们在舞台上的走法有什么讲究吗?

小苏:他们不能随意走上舞台,他们走的是我们称之为"台步"的步子。

雷伊:那很有趣。那鞋子有那么厚的底。

小苏:穿那些鞋走路很困难,普通人甚至不能走一步。而他们得穿着它们做出各种复杂的动作。

丽丝:我喜欢那些女戏装。他们看起来令人难以置信,那么富贵,并且颜色也很亮。我听说所有的刺绣都是用丝手工制作的。是那样的吗?

小苏:不错。并且所有服装都是丝做的。看,他要亮相了。

丽丝:哗!真迷人!我喜欢他的面部化妆。它美得出奇!

雷伊:我喜欢那个脸谱。它本身就是艺术。苏,你能让他们替我画个脸谱吗?我真想试试。

丽丝:我也能试试吗,苏?

小苏:那仅是给男性的,并且不同性格的人物,化妆也不同。白、黑、红是主要颜色,式样也有好多种。雷伊,如果你有兴趣,我们能让你的梦想变成现实。

雷伊:谢谢,苏。

丽丝:那个人没化妆,但她为什么用滑稽的语调说话,听起来刺耳,像个女性。

小苏:不错。他是主角。他是用的假嗓子而不是自然的声音。

(演出后)

雷伊:掌声仍在我耳边响起。我猜演得相当成功。

丽丝:是的。最后每个人都在舞台上谢场,真是精彩。

小苏:他们谢了三次幕。

丽丝:观众们的掌声真热烈。

雷伊:我很少去看戏剧,它们让我感到昏昏欲睡。但今晚我却不由自主地被吸引了。尽管听不懂语言,但我享受了其动作和音乐。

丽丝:谈到音乐,那弦乐器,他们叫它……嗯……

小苏:你说的是京胡。

丽丝:是的。它听起来很清纯、悦耳,几乎像是人在唱。

2. 舞会

遇有重大节庆活动,有关单位组织社交性舞会,邀请游客参加,地陪应陪同前往;游客自发组织参加娱乐性舞会,地陪可代为购票,是否参加可自便;若在游客盛意邀请下应邀前往,导游员应注意适度,且无陪舞的义务。

(四) 市容游览服务

市容游览,俗称"逛街",是游客认识和了解一个城市的风貌和民情,进而融入当地生活的一种重要方式,也是游客修身养性的一种休闲方式。市容游览的方式有两种:一种是徒步,另一种是乘交通工具。

当地陪带领游客徒步进行市容游览时,要注意:

(1) 所去的游览地应是最能代表当地特色的、最能吸引游客视线的,如南京的夫子庙、武汉的楚河汉街、上海的南京路等。

(2) 提高警惕,注意游客周围的环境变化,当好游客的安全保卫员。

如果是乘游览车进行市容游览,则要提醒司机车速适中,地陪的导游讲解内容应与车速基本同步。

七、送站服务

工作内容:送站前的服务——离店服务——送行服务

旅游团(者)结束本地参观游览活动后,地陪服务应使游客顺利、安全离站,遗留问题得到及时妥善的处理。

送站服务是导游工作的尾声,地陪应善始善终,对接待过程中曾发生的不愉快的事情,应尽量做好弥补工作;要想方设法把自己的服务工作推向高潮,使整个旅游过程在游客心目中留下深刻印象。

(一) 送站前的服务

1. 核实、确认离站交通票据

旅游团离开本地的前一天,地陪应核实旅游团离开的机(车、船)票,要核对团名、代号、人数、去向、航班(车次、船次)、起飞(开车、起航)时间(做到计划时间、时刻表时间、票面时间、问询时间"四核实")、在哪个机场(车站、码头)启程等事项;如果航班(车次、船次)和时间有变更,应当问清旅行社工作人员是否已通知下一站,以免造成下一站漏接。

若系乘飞机离境的旅游团,地陪应提醒或协助领队提前 72 小时确认机票。

2. 商定出行李时间

如团队有大件行李托运,地陪应在该团离开本地前一天与全陪或领队商量好出行李时间,并通知游客和饭店行李房,同时要向游客讲清托运行李的具体规定和注意事项,提醒游客不要将护照、身份证及贵重物品放在托运行李内,托运的行李必须包装完善、锁扣完好、捆扎牢固,并能承受一定的压力;无禁止托运的物品等。出行李时,地陪应与全陪、领队、行李员一起清点,最后在饭店行李交接单上签字。

3. 商定出发时间

一般由地陪与司机商定出发时间(因司机比较了解行车线路情况),但为了安排得合理和尊重起见,还应及时与领队、全陪商议,确定后应及时通知游客。

如该团乘早班机(火车或轮船),出发的时间很早,地陪应与领队、全陪商定叫早和用早餐的时间,并通知游客;如果该团需要将早餐时间提前,地陪应通知餐厅提前安排;如无法在饭店餐厅内用早餐,地陪要及时做好相应的准备工作,并向游客说明情况。

4. 协助饭店结清与游客有关的账目

地陪应及时提醒、督促游客尽早与饭店结清与其有关的各种账目(如洗衣费、长途电话费、房间酒水饮料费等);若游客损坏了客房设备,地陪应协助饭店妥善处理赔偿事宜。同时,地陪应及时通知饭店有关部门旅游团的离店时间,提醒其及时与游客结清账目。

5. 及时归还证件

一般情况下,地陪不应保管旅游团的旅行证件,用完后应立即归还游客或领队。在离站前一天,地陪要检查自己的物品,看是否保留有游客的证件、票据等,若有应立即归还,当面点清。

案例 7-10 关于送站前的准备服务

好心险些误机

导游员李红是一位老导游了,这次要送一个美国旅游团乘坐第二天早上9点的航班回国。送团的前一天晚上美国游客才从西安飞回北京,入住时已经是夜里12点了。李红知道国际航班要提前两个小时到机场,但是出于好心想让疲惫的客人多休息一些时间,就决定第二天早上7点出发。她想,路上用半个小时,提前一个半小时到机场办登机手续应该来得及,自己以前多次送过这个航班的游客,也没迟到过。这时司机提醒李红,七点出发是不是晚了些。李红十分有把握地说:"没事儿!"结果第二天当李红把游客带到机场候机大厅一看:大厅里摩肩接踵,挤得水泄不通,等到李红把游客送进去时,已经接近8点了。

美国旅游团返回后投诉我方把游客送晚了,说害得他们差点就没赶上飞机。原来,该美国航空公司已改为提前三个小时到一个半小时办理登机手续,当天游客来到柜台办理登记手续时,柜台已经停办,结果李红费了好大的力气,才让他们登上飞机。这次经历让美国游客倍感焦虑,虽然有惊无险,但是难免会让他们心生不满。

>> **案例分析**

导游员送机前一定要做到"四核实"——核实计划时间、时刻表时间、票面时间、问询机场(车站、码头)所知的时间是否一致,以及有无其他方面的变化。导游员不能犯经验主义错误,李红虽然是好心想让劳累的游客多休息,但没有按照导游规范工作,没想到险些误机。如果她事先能打一个电话去机场询问一下,那么就不会出现游客险些误机的事情,也就不会遭到投诉了。

(二) 离店服务

1. 集中交运行李

旅游团离开饭店前,地陪要按事先商定好的时间与饭店行李员办好行李交接手续。具体做法是:先将本团游客要托运的行李收齐、集中,然后地陪与领队、全陪共同清点行李的件数(其中包括全陪托运的行李),检查行李是否捆扎、上锁,有无破损等;在每件行李上加贴行李封条,最后与饭店行李员办好行李签字交接手续。

2. 办理退房手续

在团队将离开所下榻的饭店时,地陪要到总台办理退房手续:收齐房间的钥匙、交到总台,核对用房情况,无误后按规定结账签字;无特殊情况,应在中午12:00以前退房。同时,要提醒游客带好个人物品和旅游证件,询问游客是否已与饭店结清账目。

3. 集合登车

办理好所有离店手续后,地陪应照顾游客上车入座,然后要仔细清点人数。全体到齐后,要再一次请游客清点一下随身携带物品,并询问其是否将证件收好。此时,地陪最需要强调的是提醒游客勿将物品落在饭店里,如无遗漏则请司机开车离开饭店。

(三) 送行服务

如果说转移途中讲解是地陪首次亮相的话,那么,送站的讲解是地陪的最后一次"表演"。同演戏一样,这最后一次的"表演"应是一场压轴戏。通过这最后的讲解,地陪要让游客对自己所在的地区或城市产生一种留恋之情,加深游客不虚此行的感受。

送站服务主要由以下几部分内容组成:

1. 回顾行程

在去机场(车站、码头)的途中,地陪应对旅游团在本地的行程包括食、宿、行、游、购、娱等各方面做一个概要性的回顾,目的是加深游客对这次旅游经历的体验。讲解内容则可视途中距离远近而定。

2. 致欢送辞

在临近机场(车站、码头)时,应真情实意地致欢送辞。

欢送辞的内容主要包括以下五个方面:

(1) 感谢语:回顾旅游活动,对领队、全陪、游客和司机的合作分别表示谢意。

(2) 惜别语:表达友谊和惜别之情。

(3) 征求意见语:向游客诚恳地征询意见和建议。

(4) 致歉语:对行程中有不尽如人意之处,请求原谅,并向游客表示真诚的歉意。

(5) 祝愿语:期望再次相逢,表达美好的祝愿。

例如:欢送辞示例

游客朋友们:

我们的终点——天河机场就要到了,我也要和大家说再见了,正像歌词里所唱:说再见,再见就在眼前;道离别,离别不会太遥远! 在这里,非常感谢大家这段时间里对我工作的支持和配合;在这短短的几天里,大家给我留下了非常深刻的印象,谢谢大家带给我的快乐! 如果一路上有什么不足之处,请大家多多指出,以便我不断提高;希望大家能再次来我们武汉,到时我再来给你们做导游;最后祝愿大家一路平安! 合家欢乐! 身体健康! 谢谢大家!

致完欢送辞后,地陪可将《旅游服务质量意见反馈表》(如表7-3所示)发给游客,请其填写,在游客填写完毕后如数收回、妥善保留。

表 7-3　国内旅游游客意见表

尊敬的游客：

　　欢迎您参加旅行社组成的团队出外旅游，希望此次旅程能为您留下难忘的印象。为不断提高我市旅游服务水平和质量，请您协助我们填写此表（在每栏其中一项里打"√"），留下宝贵的意见。谢谢您！欢迎再次旅游！

　　组团社：　　　　　　　　　全陪导游姓名：
　　团号：　　　　　　　　　　人数：
　　游览线路：　　　　　　　　天数：
　　游客代表姓名：　　　　　　联系电话：
　　单位：　　　　　　　　　　填写时间：　　年　月　日

项目	满意	较满意	一般	不满意	游客意见与建议
咨询服务					
线路设计					
日程安排					
活动内容					
价格质量相符					
安全保障					
全陪导游业务技能					
全陪导游服务态度					
地陪导游服务					
住宿					
餐饮					
交通					
娱乐					
履约程度					
整体服务质量评价					

3. 提前到达送站地点

地陪带旅游团到达机场（车站、码头）必须留出充裕的时间，具体要求是：出境航班提前 2 小时；国内航班提前 1.5 小时；乘火车提前 1 小时。

旅游车到达机场（车站、码头）后，地陪要提醒游客带齐随身的行李物品，照顾游客下车。待全团游客下车后，地陪要再检查车内有无遗漏的物品。

4. 办理离站手续

目前大多数旅游团都是行李随旅行车同载。下车后，地陪应请游客拿取各自的行李，带领游客进入机场（车站、码头）的大厅等候；同时应协助全陪或领队办理相关手续。然后将票据交给全陪或领队，并请其当面清点核实。

如有专门的行李车运送行李，在到达后，地陪应迅速与旅行社行李员取得联系，将其交来的交通票据和行李托运单或行李卡逐一点清、核实后，交给全陪或领队，并请其当面清点核实。

送国内航班（火车、轮船），地陪应协助办理离站手续；送出境旅游团，地陪应向领队或游客介绍办理出境手续的程序,将旅游团送往隔离区。

当游客进入安检口或隔离区时,地陪应与游客告别;如乘坐汽车离开,地陪应等交通工具启动后方可离开。

5. 与司机结账

送走旅游团后,地陪应与旅游车司机结账,在用车单据上签字,并保留好单据。

案例 7-11　关于送站服务

送 站 迟 到

5月12日早上8时,C市老年协会旅游团按计划在W市游览完后,将乘9:30的K22次列车去X市,当全体游客已经在汽车上就座,准备离开饭店前往车站时,地陪却还没有到。等了一会,地陪小张从饭店外匆匆赶来,上车后即清点人数,又向全陪了解了全团的行李情况,随即讲了以下一段话:"女士们、先生们,早上好!我们全团15个人都已到齐。现在我们出发去火车站。今天早上,我们将乘9:30的K22次列车去X市。两天来大家一定过得很愉快吧。我十分感谢大家对我工作的理解和支持。中国有句古话:相逢何必曾相识。短短两天,我们增进了相互之间的了解,成了朋友。在即将分别的时候,我希望各位女士、先生今后有机会再来我市旅游。人们常说世界变得越来越小,我们肯定会有重逢的机会。现在,我为大家唱一支歌,祝大家一路顺风、旅途愉快!(唱歌)女士们、先生们!火车站到了,现在请下车。"

请根据导游工作规范,分析导游员小张在这一段工作中的不足之处。

>> **案例分析**

小王的送站服务有许多不足之处:

(1) 送团当天,地陪本应比平时更早到达饭店,但他迟到了。

(2) 由于晚到,他不能在车门迎候游客并协助游客上车。

(3) 由于迟到,他未能在离开饭店前亲自与领队、全陪与行李员清点行李,并办理相应手续。

(4) 他没有提醒游客结账,交客房钥匙。

(5) 没提醒游客带齐各自的物品和证件。

(6) 没有协助游客处理可能发生的问题。

(7) 没有征求游客的意见和建议,没有填写《旅游服务质量意见反馈表》。

(8) 在讲话时没有回顾在W市两天的游览活动内容。

(9) 下车前没有再次提醒游客不要遗忘随身携带的物品。

(10) 游客下车后没检查车上是否有遗留物品。

八、善后工作

工作内容：处理遗留问题——结账、归还物品——总结工作

旅游团结束在本地的游程离开后,地陪还应做好总结、善后工作。

（一）处理遗留问题

下团后,地陪应妥善、认真处理好旅游团留下的问题,如委托代办托运、转交物品等；按有关规定办理旅游团(者)临行托办的事项。必要时应向旅行社领导请示。

（二）结账、归还物品

地陪应按旅行社的具体要求并在规定的时间内,填写清楚有关接待和财务结算表格,连同保留的各种单据、接待计划、活动日程表等按规定上交有关人员并到财务部结清账目。

地陪下团后应将向旅行社借的某些物品,如社旗、扩音器等经检查无损后及时归还,办清手续。

（三）总结工作

导游员应养成每次下团后总结本次出团工作的良好习惯；认真填写《导游日志》,实事求是地汇报接团经过,尤其是突发事件。这样既利于导游员业务水平的提高,又有利于旅行社及时掌握情况,发现不足,以便不断提高接待质量。其中以下几点需要给予特别注意：

（1）由于自身原因导致接团中出现问题的,要认真思考,积极调整,总结提高。

（2）涉及相关接待单位,如餐厅、饭店、车队等方面的意见,地陪应主动说明真实情况,由旅行社有关部门向这些单位转达游客的意见或谢意。

（3）涉及一些严重、意见较大的问题时,地陪应写出书面材料,内容要翔实,尽量引用原话,以便旅行社有关部门和相关单位进行交涉。

（4）若发生重大事故,应实事求是地写出事故报告,及时向接待社和组团社汇报。

案例 7-12 关于地陪的标准服务流程

地陪工作不到位触怒游客

导游员小韩按计划在机场接到了由小王担任全陪的广东某旅游团后,便在清点完人数、交接好行李、招呼游客上车后,与全陪商定当地活动日程。旅游车于 19 时到达饭店,小韩主动跑到饭店前台,为游客办理了住店手续,并分发房卡。由于不了解团队的实际情况,在房间安排上有几位游客提出了异议,在全陪的协调下问题最终得以解决。游客随后陆续进入各自房间。稍后,当地陪正准备离开饭店时,团里的两位游客匆匆赶到大堂,告诉小韩他们有亲属在 W 市工作,想请地陪为其联系和安排与他们见面。小韩思考片刻后说:"今天时间晚了,有什么事明天再说吧！"

请根据地陪的工作规范,分析地陪小韩在哪些方面做得不妥？

>> **案例分析**

从这个案例来看,地陪在以下方面做得不妥:
(1) 没有致欢迎辞和介绍沿途风光。
(2) 没有向全体游客宣布当地的活动日程。
(3) 没有具体介绍饭店的服务设施和位置。
(4) 不应为游客办理住店手续,而是应协助全陪办理住店手续。
(5) 不应向游客分发房卡,房卡应由全陪分发。
(6) 没有协助游客行李进房。
(7) 没有宣布用晚餐时间和地点以及第二天用早餐的时间和地点,没有陪同游客进第一餐。
(8) 没有留下足够的时间处理游客进房后可能出现的问题,而是急于离开。
(9) 没有安排第二天叫早服务。
(10) 未立即帮助游客联系与其亲属在 W 市见面的事宜。

第二节　全陪规范服务流程

全程陪同导游员,简称全陪,是指受组团社委派,作为其代表,监督接待社和地方陪同导游员的服务,以使组团社的接待计划得以按约实施,并为旅游团(者)提供全程陪同服务的导游员。

全陪规范服务流程是指全陪自接受了旅行社下达的旅游团(者)接待任务起至送走旅游团(者)整个过程的工作程序。全陪规范服务流程如图 7-2 所示。

一、准备工作

工作内容:熟悉接待计划——物质准备——知识准备——与首站接待社联系

准备工作是做好全陪服务的重要环节之一。全陪的工作时间长,与游客和领队相处的时间长,途经多个省市,工作内容较为繁杂。因此在服务前做好充分细致的准备工作,是全陪导游服务工作的重要环节和保障之一。

(一) 熟悉接待计划

全陪在拿到旅行社下达的旅游团队接待计划书后,必须熟悉该团的相关情况,注意掌握该团重点游客情况和该团的特点。

(1) 听取该团外联人员或旅行社领导对接待方面的要求及注意事项的介绍。
(2) 熟记旅游团名称、团号、人数、国别和领队姓名,了解旅游团成员性别、民族、年龄、宗教信仰、职业、居住地及生活习惯等。
(3) 掌握旅游团的等级、餐饮标准、游客在饮食上有无禁忌和特别要求等情况;

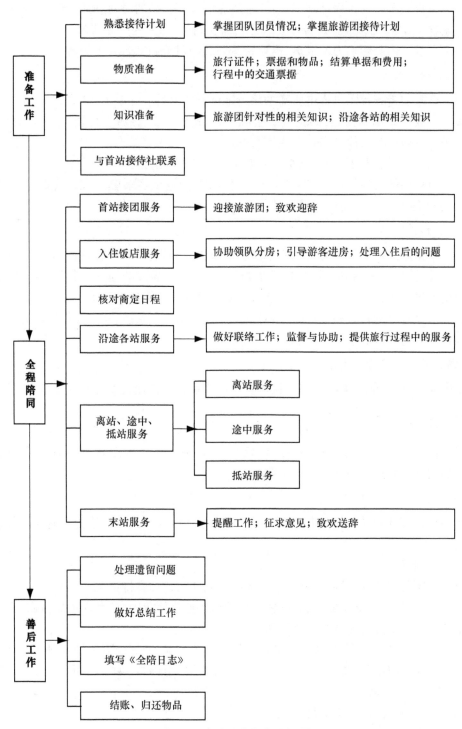

图 7-2　全陪规范服务流程图

（4）有无特殊安排，如有否会见、座谈，有否特殊的文娱节目等。
（5）了解收费情况及付款方式，如团费、风味餐费等。

（6）掌握旅游团的行程计划、旅游团抵离旅游线路各站的时间、所乘交通工具的航班（车次、船次），以及交通票据是否订妥或是否需要确认、有无变更等情况。

（7）了解团内有影响力的成员、需要特殊照顾的对象和知名人士的情况。

（二）物质准备

（1）全陪需带齐带团过程中所需的旅行证件,如身份证、导游IC卡等。

（2）必要的票据和物品,如旅游团接待计划书、分房表、旅游宣传资料、行李封条、旅行社社徽、全陪日志、名片、社旗、个人用品等。

（3）结算单据和费用,如团款结算通知单或支票、备用金等。

（4）行程中的交通票据,如果是机票,全陪应拿到电子客票单并认真清点,仔细核对起飞时间和乘机机场,以免造成误机,同时核对团员名字有无写错。

（三）知识准备

（1）根据旅游团的不同类型和实际需要准备相关知识：了解各旅游目的地的政治、经济、历史、文化、民俗风情和旅游景区的大概情况,以应对游客的问询；同时还应了解游客所在地的上述情况,以便能进行相互比较,和游客有更多的沟通的互动。

（2）沿途各站的相关知识：如全陪对该团所经各站不太熟悉,一定要提前准备各站的基本知识,如主要景观、市容民情、风俗习惯等。

（四）与首站接待社联系

根据需要,接团前一天与第一站接待社取得联系,互通情况,妥善安排接待事宜。

二、全程陪同

工作内容：首站接团服务——入住饭店服务——核对商定日程——沿途各站服务——离站、途中、抵站服务——末站服务

（一）首站接团服务

首站接团服务要使旅游团抵达后能立即得到热情友好的接待,让游客有宾至如归的感觉。

1. 迎接旅游团

（1）接团前,全陪应向旅行社了解本团接待工作的详细安排情况。

（2）接团当天,全陪应提前30分钟到迎接地点迎接旅游团；如是入境旅游团,全陪应与首站地陪一起到接站地点迎接旅游团。

（3）接到旅游团后,全陪应与领队尽快核实有关情况,做好以下工作：问候全团游客；向领队做自我介绍（可交换名片）并核对实到人数、行李件数,如有人数变化,与计划不符,应尽快与组团社联系。

（4）协助领队向地陪交接行李。

（5）引导游客乘坐约定的交通工具。

例如：迎接英国旅游团（导游员高明,领队皮特·麦克思维尔）

高明：对不起,请问您是英国剑桥旅行社的皮特·麦克思维尔先生吗？

皮特:是的。
高明:我叫高明,是中国国际旅行社北京分社的导游员。
皮特:你好,高先生。
高明:您好,欢迎来到北京。
皮特:谢谢!
高明:麦克思维尔先生,这个旅行团的所有人都来了吗?
皮特:只有一个没来。由于突发事件,玛丽·金来不及提前通知就取消了旅行计划。
高明:没关系,那我们安排房间时得进行一些小小的调整。
皮特:给你添麻烦了,实在对不起。
高明:没什么。那我们先去检查一下行李,然后让我们旅游团的人上车,您说好吗,麦克思维尔先生?
皮特:就叫我皮特吧。我们去吧。哦,多好的天气啊!
高明:秋天是北京最好的季节。
……

2. 致欢迎辞

在首站,全陪应代表组团社和个人向旅游团致欢迎辞,内容应包括:表示欢迎、自我介绍、提供热情服务的真诚愿望、预祝旅行顺利等。

由于全陪在整个旅游过程中较少向游客讲解,所以要重视首站的介绍。致完欢迎辞后,全陪要向全团游客简明扼要地介绍行程,对于住宿、交通等方面的情况适当让游客有所了解;还要向游客说明行程中应该注意的问题和一些具体的要求,以求团队旅途顺利、愉快。这种介绍有利于赢取游客对全陪的信任。

例如:"欢迎到中国来"的欢迎辞

女士们、先生们:

你们好!首先请允许我代表中国旅行社以及我的同事们,欢迎你们来到我们的国家——中国,欢迎你们来到我们美丽的城市北京!我是你们这次中国之行的全程导游员,叫王爱国。这位是程霞小姐,是大家在北京游玩期间的地陪导游员。这位是我们的司机向先生。我们非常荣幸能有机会为大家服务,并衷心祝愿你们的中国之行圆满成功!下面有请程小姐给大家介绍北京的有关情况。(大家鼓掌)

(二) 入住饭店服务

旅游团进入所下榻的饭店后,全陪应与地陪一起协助领队办好有关住店手续。

1. 协助领队分房

全陪应和地陪一起到饭店总台领取房间钥匙,由领队分配住房;掌握旅游团成员所住房号,并把自己的房号告诉全体团员。

2. 热情引导游客进入房间

全陪应协助地陪,主动、热情地引导游客进入各自的房间。尤其是在住房分布较为分散时,更应积极协助地陪做好这一工作。

3. 处理入住后的问题

(1) 协助有关人员随时处理游客入住过程中可能出现的问题,如地陪不住饭店,全陪应负起全责照顾好全团游客。

(2) 掌握饭店总台的电话号码和地陪的联系方式。

例如:全陪和行李部工作人员的对话

全陪:是行李部吗?

工作人员:是的,能为您效劳吗?

全陪:我是××旅游团的导游员,我们团的游客的行李到了吗?

工作人员:行李刚到,正在清点。能否请您核对一下行李件数?

全陪:一共25件。这是客人房间分房名单的复印件,给你。请问什么时候可以送到房间?

工作人员:全部送完大概需要半个小时。

全陪:请尽量快一点。另外,请安排一下后天上午的行李服务。

工作人员:没有问题。请提前告诉具体时间和行李件数。

全陪:好的。谢谢你。

案例7-13 关于首站接团和入住饭店服务

不合格的全陪

小张按照旅行社的接待计划,作为韩国HBK-1002团的全陪,于4月2日上午9点和地陪小赵一起去天河机场接站。接到该团后,小张和地陪一起将游客带到车上,在向游客作了自我介绍和介绍了地陪后,就在车后排找了个座位坐了下来。到达饭店后,他到前台要了自己的房号后就进了房间,安排好自己的事情后才下来看看是否有需要处理的问题。请问:小张在接站和饭店服务上有哪些方面不符合导游规范的要求?

▶▶ 案例分析

小张在接站和饭店服务上存在以下不妥之处:

(1) 接站服务方面:首先应立即与领队核实有关情况和实到人数,如有变化要及时与组团社联系;同时与领队、地陪一起清点、交接行李,如有毁损,则及时处理;要向全团游客简要介绍在华日程、饭店和交通情况及其他注意事项,这些方面小张都未顾及。

(2) 到达饭店服务方面:要与地陪办理入住手续,登记团队房号,将自己的房号告诉全团游客,由领队分发房卡。明显,小张没有照顾游客进房,没有协助处理入住后的有关问题,也没有和地陪交换联系方式。

(三) 核对商定日程

全陪应分别与领队和地陪核对、商定日程,以免游览过程中出现差错,造成不必要的误会和经济损失。一般以组团社的接待计划为依据,尽量避免大的改动;小的变动(如不需要增加费用、调换上、下午的行程安排等)可主随客便;而对无法满足的要求,要详细解释。如遇到难以解决的问题(如领队提一些对计划有较大变动的提议、全陪手中的计划与领队或地陪手中的计划不符等情况)应立即反馈给组团社,并使领队得到及时的答复。详细日程商定后,请领队向全团宣布。全陪同领队、地陪商定日程不仅是一种礼貌,而且是十分必要的。

例如:全陪和领队商谈日程

全陪:晚上好!请进。

领队:晚上好。现在所有的人都已经安顿下来,我们可以谈谈日程安排了。

全陪:当然。我和你住同一层楼,这样便于我招呼游客们。

领队:去年这个时候,我带来一个度假团队,我们合作得很好。每个人都玩得很开心。

全陪:我相信今年我们会配合得更好。这次是一个 VIP 团队,我们会把一切都安排得更完美。

领队:对。我们团队有32个成员,其中有10对夫妻,6位单身男性和6位单身女性。他们都受过良好的教育,都是职业人士。其中有2位大学教授,2位职业作家,还有4位新闻记者。

全陪:是的,我也事先了解了这些情况。我保证他们都会受到很好的照顾。特别是那4位记者,他们能为两国人民之间的理解和交流作出很大的贡献。

领队:这个旅游团主要是学术研究团。比起游览和购物,他们更愿意多接触人,更多地了解普通人,以及他们的生活方式和中国古老的文明。具体来说,他们很关心一些像妇女、孩子、婚姻状况和社会福利等社会问题。

全陪:可以理解。实际上,我已经安排了去拜访一些普通的中国家庭,还安排了同一些普通工人的交谈等活动。这是我做的日程安排,请您看看,是否有需要调整的地方?

(四)沿途各站服务

各站服务工作是全陪工作的主要组成部分。全陪要通过这一项工作使旅游团的计划得以顺利全面地实施,使旅游团各成员有一次愉快、难忘的经历和体验。

1. 做好联络工作

全陪要做好各站间的联络工作,架起联络沟通的桥梁,具体表现在:

(1)做好领队与地陪、游客与地陪之间的联络、协调工作。

(2)做好旅游线路上各站间,特别是上、下站之间的联络工作;若实际行程和计划有出入时,全陪要及时通知下一站。

(3)抵达下一站后,全陪要主动把团队的有关信息(如前几站的活动情况、团员的个性等)告知地陪,以便地陪能采取更有效、主动的方法,提供更好的服务。

2. 监督与协助

在旅游过程中,全陪要正确处理好监督与协助两者的关系。一方面,全陪和地陪的目标是一致的,他们都是通过自己的服务使游客获得一次美好的经历,让游客满意,并以此来树立自己旅行社的品牌。因此,从这方面来说,作为全陪,协助地陪做好服务工作是主要的。但是全陪和地陪毕竟分别代表各自的旅行社,且全陪会更多地考虑游客的利益,因此,监督地陪及其所在接待社按旅游团协议书提供服务也是全陪必须要做的工作。所以,协助是首要的,监督是协助上的监督,两者相辅相成。比如,若活动安排上与上几站有明显重复,应建议地陪作必要的调整。但在对当地的接待工作有意见和建议时,要诚恳地向地陪提出,必要时向组团社汇报。

3. 提供旅行过程中的服务

(1) 生活服务,其主要内容包括:① 出发、返回、上车、下车时,要协助地陪清点人数,照顾年老体弱的游客上下车;② 游览过程中,要留意游客的举动,防止游客走失和意外事故的发生,以确保游客的人身和财产安全;③ 按照"合理而可能"的原则,尽量满足游客在旅行过程中的一些特殊要求;④ 融洽气氛,使旅游团有强烈的团队精神。

(2) 讲解服务和文娱活动。作为全陪,提供讲解服务虽然不是最重要的,但适当的讲解仍是必要的。尤其是两站之间,在汽车、火车上做较长时间的旅行时,全陪也要提供一定的讲解服务。其讲解内容则一定是游客感兴趣的。此外,为防止长途旅行时,团队气氛沉闷,全陪还要组织游客开展一些文娱活动,如唱歌、讲故事、讲笑话、玩游戏等。形式上力求丰富多彩,能吸引游客踊跃参与。

(3) 为游客当好购物顾问。食、宿、行、游、购、娱是旅游活动的重要组成部分。同地陪相比,全陪因自始至终和游客在一起,感情上更融洽一些,也更能赢得游客的信任。因此,在很多方面(如购物等),游客会更多地向全陪咨询,请全陪拿主意。在这种时候,全陪一定要从游客的角度考虑,结合自己所掌握的旅游商品方面的知识,为游客着想,当好购物顾问。

例如:
(全陪老吴和旅游团正在开往购物点的旅游车上)

游客:请你介绍一下中国的陶瓷,好吗?

老吴:好的。陶瓷是统称陶器和瓷器两者的术语。通过陶瓷产品,人们能对中国手工艺术有所了解。总的来说,陶瓷产品可分为两类:实用品和艺术品。实用品如餐具、茶具、花瓶和花盆等,艺术品如人物肖像、飞禽走兽等摆设品。

景德镇制造陶瓷的历史悠久,驰名中外。其陶瓷产品工艺精细、图案美丽、造型精美、色彩迷人,赢得全世界的美誉。以薄胎瓷为例,其外观薄如蛋壳、轻如鸿毛、洁白如雪。

湖南醴陵的瓷茶具及餐具和广东的广彩瓷器都以色彩艳丽、造型独特而出名。此外,山东淄博的白陶看起来像是瓷器,也非常受人们喜爱。

唐三彩陶器发明于1 300年前的唐代。起先,多数陶器只用了黄、绿和白三种釉彩,因而得名。唐三彩陶器有"东方艺术明珠"的盛誉,西安和洛阳是该产品的出产地。

宜兴的紫砂陶器是用本地特有的红黏土做成的,虽然色彩单调了一些,却具有较高的实用价值。

由于做工精致,一些中国的陶瓷艺术品曾被作为礼物馈赠给许多国家的高级领导人。陶瓷艺术是中华民族的骄傲……

(导游老吴和旅游团成员玛丽正在瓷器柜旁)

玛丽:吴,那些是景德镇的瓷器吗?

老吴:不,不是瓷器,它们是山东淄博的白陶。它们看起来像瓷器,我请营业员给您拿一些看看如何?

玛丽:不,谢谢。我想看些景德镇的瓷花瓶。

老吴:服务员,这位女士想看一看景德镇的瓷花瓶。

服务员:好,请上这边来,(对玛丽)您较喜欢哪个花瓶呢?(指着橱窗里的瓷器)

玛丽:喔,请给我看看那个白底蓝花的。

服务员:行。(拿出花瓶)这是一种薄胎瓷,它的瓶壁比蛋壳还薄。瞧,它有多轻呀!

玛丽:太棒了!这花案是"双龙戏珠",对吗?

服务员:对极了,这是中国传统的图案。

玛丽:好,这一个我买了。

……

(瓷工王先生和一位美国教授史密斯先生在谈论中国的陶瓷艺术,导游员老吴在一旁进行翻译)

史密斯:……我明白了,陶器和瓷器是用不同的原料做成的,我指的是用不同的黏土做成的。

王先生:还经过不同的制作工作。您可知道中国有许多著名的窑,如浙江省的哥窑造的是一种裂纹釉瓷,河北省定窑造的是白瓷。

史密斯:陶瓷品种太丰富了。

王先生:是的,就我所知,陶瓷可分为两类:一类为瓷器,包括青瓷、白瓷、薄胎瓷、裂纹釉瓷等;另一类为陶器,包括彩陶、釉陶、紫砂陶等。

史密斯:据说上乘的陶瓷品的色泽是永不褪色的,对吗?

王先生:对。不会褪色的。中国陶瓷工业在世界上享有盛誉。您知道,你们大学里的威廉教授去年来中国时参观了北京故宫博物院。那里展出了200多件宋、明、清三代的陶瓷器,他极为喜爱。它们可真是世界上最无价可估的艺术珍品呀!

史密斯:的确是无价之宝!非常感谢你的介绍。哦,我希望什么时候能去那里参观一下。

王先生:好主意,史密斯教授,故宫博物院是值得参观的。

(五)离站、途中、抵站服务

1. 离站服务

旅游团每离开一地前,全陪都应为本站送站与下站接站的顺利衔接做好以下工作:

(1)提前提醒地陪落实离站的交通票据并核实准确时间。

(2)如离站时间因故变化,全陪要立即通知下一站接待社或请本站接待社通知,以防空接和漏接事故的发生。

(3)协助领队和地陪妥善办理离站事宜,向游客讲清托运行李的有关规定并提醒游客检查、带好旅游证件。

(4)协助领队和地陪清点托运行李,并妥善保存行李票。

(5)按规定与接待社办妥财务结账或对账手续。

（6）如遇推迟起飞或航班取消，全陪应协同机场人员和该站地陪，安排好游客的食宿和交通事宜。

2. 途中服务

在向下一站转移途中，无论乘坐何种交通工具，全陪都应提醒游客注意人身和财产安全，安排好旅途中的生活，努力使游客感到旅行充实、轻松愉快。具体来看，全陪在途中服务应做好以下工作：

（1）全陪必须熟悉各种交通工具的性能及交通部门的有关规定，如两站之间的行程距离、所需时间、途中经过的省份、城市等。

（2）由领队分发登机牌、车船票，并安排游客座位。

（3）组织旅游团顺利登机(车、船)，自己殿后。

（4）积极争取民航、铁路、航运等部门工作人员的支持，共同做好途中的安全保卫工作和生活服务工作。

（5）做好途中的食、宿、娱工作。如乘火车(或轮船)途中需要就餐时，上车(或船)后，全陪应尽快找餐车(或餐厅)负责人联系，按该团餐饮标准为游客订餐。如该团有餐饮方面的特殊要求或禁忌应提前向负责人说明。

（6）旅游团中若有晕机(车、船)的游客，全陪要给予特别关照；游客突患重病，全陪应立即采取措施，并争取司机、乘务人员的协助。

（7）做好与游客的沟通工作(如通过交谈联络感情等)。

3. 抵站服务

（1）所乘交通工具即将抵达下一站时，全陪应提醒游客整理带齐个人的随身物品，下机(车、船)时注意安全。

（2）下飞机后，凭行李票领取行李，如发现游客行李丢失和损坏，要立即与机场有关部门联系处理并做好游客的安抚工作。

（3）出港(出站)后，全陪应举社旗走在游客的前面，以便尽快同接该团的地陪取得联系；如无地陪迎接，全陪应立即与地接社取得联系，告知具体情况。

（4）向地陪介绍领队和旅游团情况，并将该团计划外的有关要求转告地陪。

（5）组织游客登上旅游车，提醒其注意安全并负责清点人数。

（六）末站服务

末站服务是全陪服务的最后环节，与地陪工作一样，全陪仍要一丝不苟，确保旅游团顺利离开本地。同时，通过最后的服务，加深游客对整个行程的良好印象。

1. 提醒工作

当旅行结束时，全陪要提醒游客带好自己的物品和证件。

2. 征求意见

向领队和游客征求团队对此次行程的意见和建议，并填写《团队服务质量反馈表》。

3. 致欢送辞

对领队、游客给予的合作和支持表示感谢，并欢迎再次光临。

例如：全陪的欢送辞

女士们、先生们：

经过几天的观光游览，你们即将离开中国，借此机会我代表我们旅行社和在座的各位中国同事，向各位亲爱的朋友表示感谢，向你们道别。

谢谢大家的耐心和友善，这使我的工作变得更加容易，也使我更多地了解了你们的国家和人民。你们中有的人教我学英语，有的人给我介绍你们的文化和生活方式，这些都将使我成为一个更好的导游员。还有各位的合作和理解使我们整个旅途特别愉快，在此我衷心地感谢大家。

几天以前，我们还互不相识。而今天，我们却以朋友的身份相互告别。我将永远珍藏与大家共度的美好时光。我相信越来越多的交往会使我们两国人民走得越来越近，进一步地拉近两国的友好关系。

旅游业在中国还是一个年轻的、不断发展的行业。我们一直致力于改进我们的旅游服务质量。下次你们来中国，一切将变得更好。我们期待着能再次见到你们。

祝你们返程旅途愉快！早日和家人团聚。

我再次衷心地感谢大家。祝大家旅途顺利！

案例 7-14 关于全程陪同服务

全陪就要全程陪同

全陪小刘陪同一个 30 人的教师团去北京，按照该团的计划，第一天游览了故宫、天坛和景山。第二天是游览长城和定陵，到达八达岭长城后，由于他来过长城多次，此次又是连续带团，觉得有点累，于是他决定留在下面而没有随团上长城。他这样做有什么不妥吗？

》案例分析

作为一名称职的全陪，应做好以下工作：

（1）在景点游览过程中，全陪要随时留意游客的举动，防止走失和意外事故的发生。

（2）随时帮助游客解决游览过程中所出现的一些问题。

（3）协助地陪，活跃和融洽团队气氛。

总之，没有特殊原因，导游员要始终与游客在一起。而小刘因为个人原因而没有和游客在一起，也就不可能尽此职责，有违一名全陪人员的基本职业规范。

三、善后工作

工作内容：处理遗留问题——总结工作——填写《全陪日志》——结账、归还物品

下团后，全陪应在尽可能短的时间内认真处理好旅游团的后续工作，以免长时间拖延对总结工作带来不利影响。

（一）处理遗留问题

对团队遗留的重大、重要问题，全陪要先请示旅行社有关领导后，再做处理；认真对待游客的委托，并依照相关规定办理。

（二）做好总结工作

全陪带团到祖国的大江南北参观游览，见识颇多，又同各种各样的领队、地陪打交道，每送走一个旅游团，应及时总结带团的经验体会，找出不足，不断提高全陪导游服务的水平、不断完善自我。若有重大情况发生或有影响到旅行社以后团队操作的隐患问题，应及时向领导汇报。

（三）填写《全陪日志》

认真、按时填写《全陪日志》，其主要内容包括：旅游团的基本情况；旅游日程安排、交通情况；各地接待质量（包括游客对食、宿、行、游、购、娱等方面的满意程度）；发生的问题及处理经过；游客的反映与改进意见（如表7-4所示）。

（四）结账、归还物品

送走旅游团后，全陪应按账务规定与旅行社财务部门结清账目，并及时归还所借钱物。

表7-4　全陪日志

单位/部门		团　号	
全陪姓名		组团社	
领队姓名		国　籍	
接待时间	年　月　日至　年　月　日	人　数	（含　岁儿童　名）
途经城市			
团内重要客人、特别情况及要求：			
领队或游客的意见、建议和对旅游接待工作的评价：			

（续表）

该团发生问题和处理情况（意外事故、游客投诉、追加费用等）：					
全陪意见和建议：					
全陪对全过程服务的评价：		合格		不合格	
行程状况	顺利	较顺利		一般	不顺利
客户评价	满意	较满意		一般	不满意
服务质量	优秀	良好		一般	比较差
全陪签字		部门经理签字		质管部门签字	
日期		日期		日期	

案例 7-15　关于全陪的标准服务流程

融洽关系　做好导游工作

2009年9月12日，某旅行社的全陪小李带领旅游团乘坐大巴开始连云港四日游。在路上，小李简单地向游客致了欢迎辞后就不再说话了。由于游客来自不同的行业，相互之间都不熟悉，所以气氛非常沉闷。旅游团到达目的地后，地陪向游客宣布了日程安排，游客们发现有一些计划上的景点没有安排，于是他们向小李提出，要按出游前约定的计划安排。小李简单地向他们解释说，当地旅行社是根据当地的实际情况安排的，他也不好多说，怕影响关系，与当地接待社不好合作。在景点游览时，地陪几乎都不做讲解，游客向小李询问有关景点的一些问题时，由于他对景点的情况也不了解，无法解释。旅游团回去后向市旅游局质监所投诉其服务。请问：作为该团的全陪，小李哪些方面不符合导游规范的要求？

>> **案例分析**

作为一名全陪,小李在以下方面都未履行导游规范的要求:

(1) 出团前要详细阅读计划,有针对性地做好各项准备工作,而小李没有对自己不了解的景点做好知识准备,所以对团队将要游览的景点无法做补充讲解。

(2) 出发前,应与接待社取得联系,了解接待及日程安排的详细情况,如有问题好提前解决。

(3) 在途中,尤其是乘坐长途大巴时,全陪要活跃全团的气氛;小李全程一语不发,未尽到全陪的职责。

(4) 作为组团社的代表,全陪要监督接待社严格执行接待计划并保证质量,对地陪的安排与原计划不符的情况,要及时了解情况,协调解决;而小李在面对游客提出的安排有出入的疑问也未作出积极答复。

(5) 对地陪工作的不足要及时指出,必要时要求地接社更换地陪,小李对地陪的不足听之任之,不是合格的全陪人员。

第三节 出境旅游领队规范服务流程

出境旅游领队,又称海外领队,是指依法取得从业资格,受组团社委派,全权代表组团社带领旅游团(者)出境旅游,监督境外接待旅行社和导游员等执行旅游计划,并为旅游团(者)提供出入境等相关服务的工作人员。

出境旅游领队应自觉维护国家利益和民族尊严,并提醒旅游者抵制任何有损国家利益和民族尊严的言行;维护旅游者的合法权益;为旅游者提供旅游行程服务;协同接待社实施旅游行程计划,协助处理旅游行程中的突发事件、纠纷及其他问题。

出境旅游领队规范服务流程如图 7-3 所示。

一、准备工作

工作内容:出团前的工作准备——行装准备

(一) 出团前的工作准备

领队出团前的工作准备,主要有接受带团任务和组织召开行前说明会两大工作,一般程序如图 7-4 所示。

1. 接受带团任务

(1) 听取旅行社计调人员(习惯称为"OP")介绍团队情况并接收 OP 移交的出团资料。领队在接到带团工作任务后,首先就要与旅行社的 OP 取得联系,听取 OP 对此团队进行详尽介绍。内容一般包括:团队构成的大致情况、团内重点团员的情况、团队的完整行程、团队的特殊安排和特别要求、行前说明会的安排。OP 在向领队进行团队情况介绍的同时,应向领队移交该团的各种资料。这些资料包括:团队名单表、出入境登记卡、海关

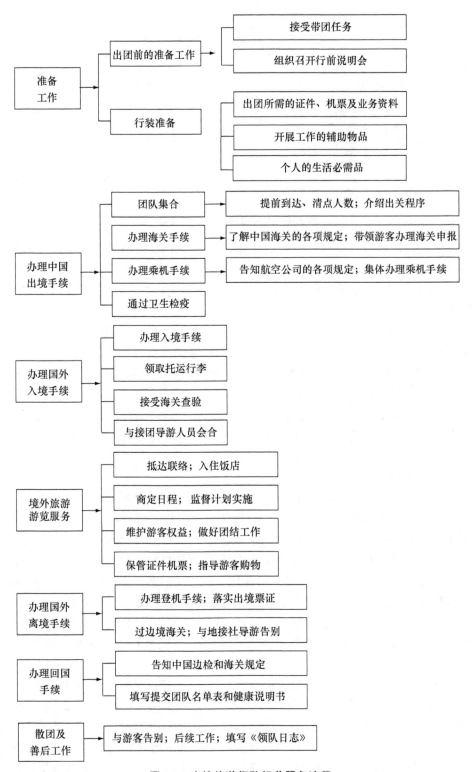

图 7-3　出境旅游领队规范服务流程

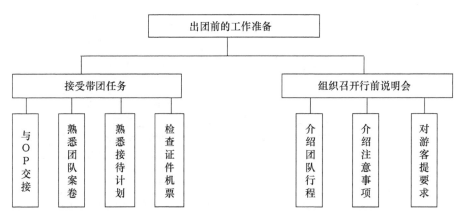

图 7-4 领队出团前的工作准备

申报单、旅游证件、旅游签证/签注、交通票据、接待计划书、联络通讯录等。出入境登记卡、海关申报单可在出境的当天,直接到边检、海关柜台前领取。

此外,还应接受《出境旅游行程表》和《中国公民出国旅游团队名单表》(以下简称《名单表》,如表 7-5 所示)。

《出境旅游行程表》要求清楚明了,处处为游客着想,以方便游客为主要原则,由领队在行前说明会上发给游客。其内容应列明:旅游线路、时间、景点;交通工具的安排;食宿标准/档次;购物、娱乐安排及自费项目;组团社和接团社的联系人和联络方式;遇到紧急情况的应急联络方式。

《名单表》由国务院旅游行政管理部门统一印制。游客和领队首次出境或再次出境,都应当填写在《名单表》中。按照规定,经审核后的《名单表》不得再增添人员。《名单表》一式四联,分为出境边防检查专用联、入境边防检查专用联、旅游行政部门审验专用联和旅行社自留专用联。

(2) 熟悉团队案卷。领队对所要带领的团队的档案卷宗需要认真熟悉和查看。查看卷宗有利于领队快速地熟悉团队构成情况,以便对游客提供针对性的服务。查阅卷宗一般要了解:旅游团的名称(或团号)和人数;旅游团成员的姓名、性别、年龄、职业、宗教信仰、饮食禁忌、生活习惯等;团内较有影响的成员、需要特殊照顾对象和知名人士的情况。

(3) 熟悉旅游行程接待计划。领队对组团社拟发给游客的旅行行程及与境外接待社确认的接待计划书要认真阅读,对每天的行程要熟悉到能够复述。对旅游行程接待计划应掌握的要点有:旅游团抵离各地的时间及所乘用的交通工具;旅游行程计划当中所列的全部参观游览项目;行程中下榻的各地饭店的名称;全部行程中的文娱节目安排、用餐安排等事项。

(4) 查验全团成员的证件、签证及机票。具体要求如下:对护照,重点检查姓名、护照号码、签发地、签发日期、有效期等内容;对签证,重点检查签发日期、截止日期、签证号码等内容;对机票,重点检查姓名、日期、航班号等内容;在所有的项目检查中,姓名是最重要的检查项目,游客护照上的姓名应当与签证和机票上面的姓名完全一致。签证和国际机票上的姓名,通常用英文(或汉语拼音)填写,要特别注意查看是否有字母拼写错误。如发现错误,应立即与 OP 联系,迅速加以解决。

表7-5　中国公民出国旅游团队名单表

组团社序号：　　　　　　　团队编号：　　　　　　　年份：
领队姓名：　　　　　　　　领队证号：　　　　　　　编号：

序号	姓名		性别	出生日期	出生地	护照号码	发证机关及日期
	中文	汉语拼音					
领队							
1							
2							
3							
4							
5							
6							
7							
8							
9							
10							
11							
12							
13							
14							
15							
16							
17							
18							
19							
20							

年　月　日由　　　　口岸出境	总人数：　　（男　　人,女　　人）
年　月　日由　　　　口岸入境	
授权人签字　　　　　　旅游行政管理部门　　　　边防检查站　　　　　　　　　　　　　　　　　　　　　　　　　　　　　　　　　　　　　组团社盖章　　　　　　　　审验章　　　加注（实际出境　　人）　　出境验讫章	

第一联　边防检查站出境验收

旅游线路：
组团社名称：　　　　　　　　　　　　联络人员姓名及电话：
接待社名称：　　　　　　　　　　　　联络人员姓名及电话：

中华人民共和国国家旅游局印制

　　为方便出团时护照清点、发放及游客点名时的便利,领队还需对团队游客的护照进行排序,然后在每本护照的封面页上贴不干胶贴签,上面写上编号和姓名,编号应与团队名单表上的顺序一致,以方便工作,并要求游客熟悉自己的团队编号,在通关、办理登机等手续排队时做到有条不紊。

2. 组织召开行前说明会

旅游团出境前,组织全体游客召开出境旅游说明会,是出境游十分重要的程序。行前说明会通常在团队正式出发前一周左右召开。在说明会上,领队要将有关事项告知每一位游客;同时借此机会达到领队与游客、游客与游客相互认识的目的,以便于以后团队组织工作的顺利开展。

(1) 行前说明会的内容。参照《旅行社出境旅游规范》,其内容一般包括:重申出境旅游的有关注意事项以及外汇兑换事项与手续等;发放并重点解读根据《旅游产品计划说明书》(以下简称《说明书》)细化的《行程须知》;发放团队标识和《游客旅游服务评价表》;翔实说明各种由于不可抗力/不可控制因素导致组团社不能(完全)履行约定的情况,以取得旅游者的谅解。其中,《行程须知》除细化并如实补充告知《说明书》中交通工具的营运编号(如飞机航班号等)和集合出发的时间地点以及住宿的饭店名称外,还应列明:① 前往的旅游目的地国家或地区的相关法律法规知识和有关重要规定、风俗习惯及安全避险措施;② 境外收取小费的惯例及支付标准;③ 组团社和接团社的联系人和联络方式;④ 遇到紧急情况的应急联络方式(包括我驻外使领馆的应急联络方式)。

此外,行前说明会还应向游客宣布境外饭店住房名单。按照团队旅游的通常情况,游客在境外的住房为双人标准间;如果有游客对同住游客有异议,领队应及时与游客商议并进行调整,争取让游客满意。宣布分房表安排时,可能出现的情况:游客付费预订的是单人间,却被分成标准间,领队需马上与 OP 联系给予更正;游客提出加床要求,旅行社应满足其要求,并收取加床费。

最后,行前说明会可告知游客的其他事项包括:① 特别强调出发时间、集合地点;② 对游客提出团结互助、礼貌友善、支持领队工作的希望;③ 强调文明旅游,对以往中国游客受非议的不文明习惯进行点评;④ 对旅游目的地的天气状况进行介绍,对游客行装进行建议。

(2) 行前说明会领队要注意的问题。主要有:① 领队务必要参加行前说明会,不能以任何理由推托。在参加或主持行前说明会时还需注意:体现出领队的精神风貌;以礼貌语言亮相;着重强调时间;告知游客自己的手机号码;记录每位游客的手机号码。② 对于因故未能前来参加说明会的游客,领队要打电话与其联络沟通,一定要让每一位游客都知道行前说明会的内容,避免耽搁行程、出现纠纷。

案例 7-16 关于开好行前说明会

如何开好行前说明会

某出境旅行社组织了全省共计 30 名游客前往境外旅游。该国际旅行社的行前会操作模式是,由领队自己召集,并按照《旅行社出境旅游服务质量》的要求操作。由于领队经常带旅游团出境,自认为经验丰富,不需要专门召开行前说明会,而且全省游客都是各自赶往机场集中,领队决定在机场统一进行说明会,给游客讲解有关事项,并发放相关资料。最后 5 名游客到达机场后,领队又因为忙于办理登机手续,一直没有机会给他们具体讲解有关事宜,直到旅游团抵达境外后,领队才给这5名游客发行程计划表,并匆匆忙忙向他们交代了几句。

黄先生是第一次出国旅游,加之行前说明会过于简单,无意中冒犯了当地习俗,遭到当地居民的指责。黄先生回国后,要求该国际旅行社赔礼道歉,并赔偿其精神损失。

>> **案例分析**

出境旅游必须召开行前说明会,这既是《旅行社出境旅游服务规范》的要求,也是由出境旅游的特殊性所决定的。召开行前说明会应注意:

(1) 讲解的内容必须规范。
(2) 尽可能召集所有的游客都参加行前说明会。
(3) 行前说明会应达到降低游客期望的目的。

案例中出现的冒犯当地习俗,直接的原因就是领队没有开好行前说明会。该游客提出的赔偿请求是否合乎法律的规定暂且不说,领队的行前会开得不够理想,这一点是肯定的。如果领队已经将所有的事宜告知游客,即使发生上述状况,也应当由游客自己承担责任,而事实上领队并没有这样做,因而应由领队承担相应的责任。

(二) 行装准备

领队的行装,主要由带团必备物品、工作辅助用品以及个人生活用品组成,图7-5 所示。

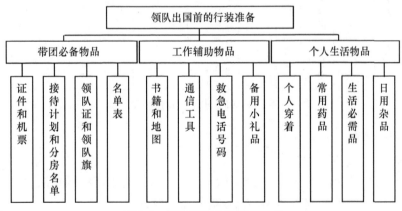

图7-5 领队出团前的行装准备

1. 出团所需的证件、机票及业务资料

行装当中,领队一定要携带全团游客及自己的旅行证件。领队一般在出发前,务必把全团成员的护照、机票进行复印,并在出团时与正本分开,随身携带。旅游行程中,领队应对护照精心保管,不能出任何差错。仅在机场临近办理登机手续或出入境手续时才能发给游客。

旅游团持团队旅游签证或去免签证的国家或地区时,领队必须携带《名单表》。

此外,领队还应该携带《出境旅游行程表》分房名单、境外旅行社联系方式和联系人、领队证、领队名片、领队旗等。

2. 开展工作的辅助物品

辅助物品一般用于应对所要抵达的国家的各项状况,如旅游书籍、旅游地图等,通信联络工具和紧急救助电话,一些小的礼品,用以融洽与境外工作人员的人际关系或摆脱各种纠缠。这些辅助用品和资料,对于领队完成任务,可以提供质量上的保证。

3. 个人的生活必需品

领队的穿着是领队精神面貌的体现,领队的穿着应该比照白领等职业人士的要求,既要有一套正式服装或职业服装,也要多准备一些休闲类服装。

准备的常用药品,包括感冒药、肠胃药、消炎药、风油精、乘晕宁、创可贴等。

其他的生活必需品及杂品,如牙具、拖鞋、太阳镜、笔记本、笔、计算器、小面额外币现金等。

二、办理中国出境手续

工作内容:团队集合——办理海关手续——办理乘机手续——通过卫生检疫——通过边防检查及登机安检

领队办理中国出境的工作流程一般如图 7-6 所示。

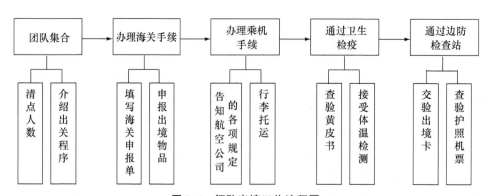

图 7-6　领队出境工作流程图

(一) 团队集合

1. 提前到达、清点人数

领队应当至少提前 10 分钟到达集合地点,并直立竖起组团社的领队旗,以便游客容易发现,将手机始终开启,随时准备接听游客打来的电话。

领队与游客会合后,应拿出全团的《名单表》,为已经抵达的游客画钩签到,集中清点人数。

2. 介绍出关程序

在全体游客到齐后,领队应进行一个简短的讲话。讲话的内容主要是告知游客办理海关申报手续、登机手续、边防检查手续等的步骤,并希望全体游客配合。

(二) 办理海关手续

1. 了解中国海关的各项规定

领队应了解并向全团游客介绍中国海关的各项规定,包括红色通道与绿色通道;中国海关部分限制进出境物品；中国海关部分禁止出境物品；《中华人民共和国海关进/出境旅客行李物品申报单》的具体内容和填写要求。

2. 领队带游客办理海关申报

按照规定，海关验放入出境旅客行李物品，以自用合理数量为原则。游客出境，携带须向海关申报的物品，应在申报台前，向海关递交《中华人民共和国海关进/出境旅客行李物品申报单》(2005 年 7 月 1 日起开始使用，如图 7-7 所示)，按规定如实申报其行李物品，报海关办理物品出境手续。

因此，领队在带领团队游客经过中国海关时，应做好下列工作：

(1) 告知游客中国海关禁止携带出境的物品。

(2) 请携带无需向海关申报物品的游客从绿色通道穿过海关柜台，进入等候区。

(3) 领队带领携带有向海关申报物品的游客从红色通道到海关柜台交验本人护照，经海关人员对申报物品进行实物检验后，盖章准予放行。经海关验核签章的申报单证，应妥善保管，以便回国入境时海关查验。

中华人民共和国海关
出境旅客行李物品申报单

请先阅读背面的填表须知，然后在空格内填写文字信息或划 √

1. 姓名　拼音 □　中文正楷 □
2. 出生日期　□ 年 □ 月 □ 日
3. 性别　男 □　女 □
4. 进出境证件号码 □
5. 国籍(地区)　中国 □ (香港 □ 澳门 □ 台湾 □)　外国 □
6. 出境事由　公务 □ 商务 □ 旅游 □ 学习 □　定居 □ 探亲访友 □ 返回居住地 □ 其他 □
7. 航班号/车次/船名 □　8. 同行未满16周岁人数 □

我（我们）携带：

9. 需复带进境的单价超过人民币5,000元的照相机、摄像机、手提电脑等旅行自用物品　是 □ 否 □
10. 超过20,000元人民币现钞，或超过折合5,000美元外币现钞　是 □ 否 □
11. 金银等贵重金属　是 □ 否 □
12. 文物、濒危动植物及其制品、生物物种资源　是 □ 否 □
13. 无线电收发信机、通信保密机　是 □ 否 □
14. 中华人民共和国禁止和其它限制出境的物品　是 □ 否 □
15. 货物、货样、广告品　是 □ 否 □

我已阅知本申报单背面所列事项，并保证所有申报属实。

携带有9-14项下物品的，请详细填写如下清单：

品名/币种	数量	金额	型号	海关批注

旅客签名　　　　年　月　日

中华人民共和国海关

填表须知

一、重要提示：

1. 出境旅客应使用海关所提供申报单的语种如实填写申报单，并将填写完毕的申报单在海关申报台前向海关递交（按照规定享受免验礼遇和海关免予监管的人员以及随同成人旅行的16周岁以下旅客除外）。
2. 在设置“双通道”的海关旅检现场，携带有本申报单9至15项下物品的旅客，应选择“申报通道”（又称“红色通道”，标识为“■”）通关，其他旅客可选择“无申报通道”（又称“绿色通道”，标识为“●”）通关。
3. 本申报单第9项所列物品价值以中国关境内法定商业发票所列价格为准。
4. 携带本申报单第9项所列物品时，旅客应填写两份申报单，海关验核签章后将其中一份申报单退还旅客凭以办理有关物品复带进境手续。
5. 不如实申报，海关将依法处理。

二、中华人民共和国禁止出境物品：

1. 各种武器、仿真武器、弹药及爆炸物品；
2. 伪造的货币及伪造的有价证券；
3. 对中国政治、经济、文化、道德有害的印刷品、胶卷、照片、唱片、影片、录音带、录像带、激光唱盘、激光视盘、计算机存储介质及其它物品；
4. 各种烈性毒药；
5. 鸦片、吗啡、海洛因、大麻以及其它能使人成瘾的麻醉品、精神药物；
6. 内容涉及国家秘密的手稿、印刷品、胶卷、照片、唱片、影片、录音带、录像带、激光唱盘、激光视盘、计算机储存介质及其它物品；
7. 珍贵文物及其它禁止出境的文物；
8. 濒危的和珍贵的动、植物（均含标本）及其种子和繁殖材料。

图 7-7　中华人民共和国出境旅客行李物品申报单(正面/背面)

案例 7-17　关于办理海关手续

如实做好物品申报

2005年7月19日,浙江游客陈某在南京禄口机场出境时携带了65万欧元现钞,在申报时刻意隐瞒,在填写《出入境旅客行李物品申报单》"是否携带超过限额的外币现钞"一栏中填写了"无",属未如实申报。被查获后,南京海关对其违规行为做出处理,陈某受到警告,同时被处以100万元罚款。

>> **案例分析**

经航空口岸出入境的旅客都要填写《出入境旅客行李物品申报单》。该单除要填写一些基本数据外,还明确规定:若旅客携带超过2万元人民币现钞或超过折合5 000美元外币的现钞等则需申报。该旅客不仅携带现钞数额巨大,而且刻意隐瞒,属严重违规,受到处罚是必然的。

（三）办理乘机手续

《旅行社出境旅游服务规范》要求:"领队应积极为旅游团队办妥乘机和行李托运的有关手续,并依时引导团队登机。"

1. 告知游客航空公司的各项规定

领队应清楚航空公司对乘机旅客行李的规定,并告知游客。在办理乘机手续之前,对一些可能出现的问题再次提醒游客,如水果刀等不能放在手提行李中、贵重物品不要放在托运行李中等。

2. 集体办理乘机手续

一般来说,领队应事先收齐全团所有游客的护照,到所搭乘航空公司的值机柜台前交验全部护照,办理乘机手续。领队应要求游客配合将拟托运的行李在值机柜台前按顺序排列,以方便托运清点。为保证托运行李的准确,领队应做到两次清点:在办理托运前将要托运的行李件数清点一遍,在航空公司值机员将要托运的行李系上行李牌后,进行再次清点。

在托运行李的过程中,领队应要求有行李托运的游客在旁边协助,在看到自己的行李进入行李传送带后方可退后等待。

在办理完乘机手续后,领队需要认真清点航空公司值机员交还的物品,包括护照、登机牌和行李票。

集体办理完乘机手续后,领队要将证件、登机牌逐一发还给每位游客;不能委托其他游客代为转发,并提醒游客妥善保管。全团的行李票,由领队保管存放,不再发给游客,但应告知游客。

（四）通过卫生检疫

出境旅游团对如果前往或途径的国家为传染病流行疫区,或者欲前往的国家对国际旅行预防接种有明确要求的,都需要提前办理黄皮书。

领队带领游客在关口的卫生检疫柜台前,应接受卫检工作人员的黄皮书查验。如游客未办理黄皮书,应按照卫生检疫的要求,现场补办手续。

(五)边防检查及登机安检

1. 接受边防出境检查

过边检时,领队可带领游客排队按顺序接受边防出境检查。游客须出示本人护照(含有效签证)、登机牌,边检人员对护照、签证验毕,在护照上加盖出入境验讫章后将护照和登机牌交还旅客,完成边检手续。

如是团体签证或去免签国家,领队应出示《名单表》、领队证和团体签证。所有游客必须按照名单顺序排队,逐一通过边防检查。

旅游团队在过边防检查时,领队应始终走在前面,第一个办妥手续,然后在里面游客可以看到的地方站立等候游客。对完成边防检查的游客,可先指引他们继续前去进行登机前的安全检查。

2. 过安检、候机、登机

游客会通过安全门,经过磁性探测器近身检查或搜身,随身物品通过红外线透视仪器检查或全部物品打开检查。在完成了安检手续后,领队应带领游客到登机牌上标明的登机闸口的候机厅等候登机。

案例 7-18　关于办理安检手续

领队带团通过安检为什么受阻

2007 年 5 月黄金周期间,领队 M 先生带着一个"澳洲七日游"的旅游团一行 32 人,乘航班从上海飞悉尼,在上海通过海关检查时受阻:领队 M 先生新买的一支牙膏和一瓶头发定型水被海关没收,一位患风湿病的老人拿了七瓶医院熬制的液体中药,也不能随身携带上机。

牙膏和定型水被没收,领队无话可说。而老太太急得要哭了:"我不想出门旅游,花钱太多,我女儿一定让我去澳大利亚,说那边风景好、人少、气候好,对我身体有好处,我有痛风病,临出发前,特地去医院看病,让医生开了七瓶中药,每天服用一瓶,一日三次,这样走路时膝关节就不会痛……"海关人员请老人出示医院处方或病历以及医院证明,老人均拿不出上述证明,无论怎么说情都无效,老人家由于着急,情绪失控哭喊着说花了 1 万多元一定要上机。最后,海关检察官找到领队,让他帮助老人让机场包裹行李服务处将其中六瓶中药用坚硬的材料包装好,再与办理托运行李柜台的工作人员商量,将托运的行李找出来,把包装好的中药包在行李里,重新托运。老太太则随身携带一瓶中药登机。

>> **案例分析**

这件麻烦事的发生,主要责任在领队。依据民航总局[2007]1 号《公告》,全国民用机场于 2007 年 5 月 1 日起遵照公告内容实施新的液态物品检查规定。《公告》中规定"乘坐国际、地区航班的旅客要将随身携带的液体物品(包括液体、凝胶、气溶胶、膏状物)盛放在容积不超过 100 毫升的容器内。对于容器超过 100 毫升的容器,即便该容器未装满液体,也不允许随身携带,应办理交运"。

在本案例中,领队在讲解时显然未强调遵守法令的重要性。

三、办理国外入境手续

工作内容:办理入境手续——领取托运行李——接受海关查验——与接团导游员会合

领队对他国入境各个环节的把握,大致可以依照在中国关口出境时经过的各个环节作反向认识。境外国家入境的大致流程如图 7-8 所示。

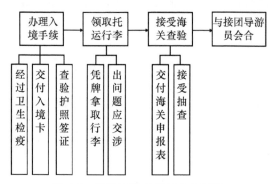

图 7-8 领队国外入境工作流程图

(一) 办理入境手续

到达旅游目的地后,领队应带领旅游团办理入境手续,通常称为"过三关",即卫生检疫、证照查验和海关检查。

入境卡及申报单的表卡应事先由领队代游客填写,这是领队的工作职责之一。在入境检查柜台前,游客需交付护照、签证、入境卡,入境官审验无误后,在护照上加盖入境章,把护照和签证归还给游客,领队和游客即通过入境关,正式进入这个国家。

(二) 领取托运行李

过移民局边检后,领队应带领游客到航空公司的托运行李领取处认领自己的行李。领队应在确认自己和每位游客的托运行李都拿到后,再带领游客一起去办理入境的下一项手续。

(三) 接受海关查验

游客抵达外国入境口岸时,需要接受外国海关的检查。许多国家的海关,是设立在卫生检疫和护照签证查验结束并提取托运行李之后。

一般海关检查为例行抽查,领队带游客经过海关的时候,把申报单交付海关人员后,即可直接走出。领队应当告诫游客,如果海关人员进行抽查,应当服从配合而不要与之争执。

（四）与接团导游员会合

办完上面的各项手续后，领队就可以举起领队旗，带全体游客到出口与前来迎接的导游员会合了。与导游员见面后，领队应主动与导游员交换名片，并与导游员进行简单的工作交流。内容包括：

（1）团员人数是否有变化。

（2）问清是否由机场直接去下榻饭店。

（3）机场与饭店的距离和行驶时间。

（4）与导游员约定时间对团队行程进行商定核对。

在走出机场、上车前，领队须先清点人数，并请所有游客清点自己的托运行李和随身行李。

四、境外旅行游览服务

工作内容：抵达联络——入住饭店——商定日程——监督计划实施——维护游客权益——做好团结工作——保管证件机票——指导游客购物

在境外旅游期间，领队服务往往要通过与当地导游员的配合一道完成。旅游计划中所涉及的食、宿、行、游、购、娱各项要素的实现，都需要在以当地导游员为主、领队为辅的合作过程中进行。

（一）抵达联络

领队是一个出境旅游团队的核心，因此团队运行程序中所有环节的衔接，都应由领队来做。旅游团抵达任何城市的时候，最先讲话的都应该是领队，这有助于消除游客在异国他乡的陌生感。

抵达目的地后，领队应立即与当地接待社的导游员接洽，交接各项团队事宜。

（二）入住饭店

《旅行社出境旅游服务规范》要求："入住饭店时，领队应向当地导游员提供团队住宿分房方案，并协助导游员办好入店手续。"其具体工作如下：

（1）抵达饭店后为游客办理入住手续并分配房间。

（2）针对中国游客的特点对饭店的设施（如付费服务、可能发生的问题等）进行特别介绍。

（3）宣布自己的房号，协助游客解决入住后的有关问题。

（4）将饭店的房卡分发给每一位游客。

（三）商定日程

遇有当地导游员修改日程时，应坚持"可以调整顺序，不可减少项目"的原则，必要时报告国内组团社；当地导游员推荐自费项目时，要征求全体旅游团成员的意见。

（四）监督计划实施

在旅游目的地国（或地区）旅游期间，领队应认真监督接待社实施旅游计划，也要积极协助全陪和地陪组织、安排好旅游计划和活动日程,共同做好旅游接待工作。

(五) 维护游客权益

游览中,如果导游员或司机提出无理要求,或者有随意增加自费项目、延长购物时间或增加购物次数、降低服务标准等侵害游客利益的情况,领队应及时与导游员交涉,维护游客的合法权益,必要时向接待社投诉并向国内组团社报告。

(六) 做好团结工作

领队应维护旅游团内部的团结,协调好游客之间、游客与当地导游员之间、游客与司机之间的关系,妥善处理各种矛盾。

(七) 保管证件机票

首先,在旅途中,最好将游客的护照和签证集中保管,便于工作;努力避免游客在国外滞留不归;其次,保管好全团机票(现基本为电子客票)和各国入境卡;最后,提醒游客保管好自己的海关申报单等。

(八) 指导游客购物

购物前,领队应告诉游客购物退税的规定,提前向游客介绍一些国家退税的规定,提醒游客索要发票;购物时,领队要提醒游客注意商品的质量和价格,谨防假货或以次充好。

案例 7-19 关于境外购物服务

领队带团购物的原则

杨女士参加了某出境社组织的出境旅游团,一路上领队为游客提供了周到的服务,并声称会保护游客的利益,游客提出的任何要求,只要她能够办到,一定尽力而为。领队和游客关系十分和谐,游客们对领队也很信任。在境外旅游商城购物时,领队竭力向游客推荐商品,并帮助游客挑选珠宝首饰,同时大力宣传外国珠宝如何便宜、美观等,结果游客购买了大量的珠宝首饰。杨女士回国后担心所购商品质量有问题,就向有关鉴定部门提出鉴定申请。

经鉴定,部分商品质量的确存在瑕疵。杨女士要求旅行社的领队承担赔偿,但协商未能取得满意的结果,杨女士于是向有关管理部门反映:领队和游客搞好关系,目的就是推销商品,由于轻信领队的介绍,导致自己上当,购买了质次价高的商品,领队应当负全部责任;旅游期间,旅游团在商场的时间很长,而花在景点的时间很短,没有达到旅游的目的,要求管理部门责令领队赔偿的同时,对其进行行政处罚。

>> **案例分析**

通过以上案例,我们应明确领队在提供旅游购物服务上应遵循的原则:

(1) 督促地接社安排购物点时,其商品质量必须有保障。

(2) 领队不引导甚至误导游客购物。

(3) 领队应制止地陪擅自增加购物点。

（4）购物时间和旅游时间的分配必须适当。

（5）领队应协助游客索要购物凭证。

五、办理国外离境手续

办理国外离境手续与在中国出境时基本相同，通常都是先办登机手续，再过边检海关。在即将结束旅游目的地活动时，领队应与全陪和地陪一起落实出境的票证，如机(车、船)票等。

向地接社的导游员告别。临别前，领队要代表旅行社和全体团员向接待方旅行社的导游员(包括全陪和地陪)致谢。

过关前，领队应告诉游客航班号、登机口和登机时间，叮嘱游客一定要在约定时间前赶到登机口；过关时，游客手中应持有护照、该国移民局所要求的出境卡和登机牌。持团体签证或落地签证的游客，领队应要求游客按名单顺序排队，一次审核出关。

六、办理回国手续

领队应告诉游客遵守中国边检和海关规定，不得携带违禁品和管制品入境，也不得携带未经检疫的水果入境。

凡在《名单表》上的游客，须按《名单表》上的顺序排队，依次到边检审检护照，领队将《名单表》交边检官审验盖章。

健康声明书通常不必每人都填写，只要领队在统一名单上说明全团人员均健康即可(有规定检疫疾病的除外)，但人数较多的团队入境时尽量每人填写一份，以避免麻烦。

七、散团及善后工作

工作内容：送别——后续工作——填写《领队日志》

（一）送别

1. 带领旅游团安全回国(家乡)

根据事先确定的行程计划，团队回国后，领队在散团前应提请游客注意有关事项，包括清点行李物品、注意安全等；了解游客离团后的去向，有的团队在深圳、北京、上海等口岸入境后即散团，对返家交通有困难或不清楚的游客，领队应尽可能予以帮助。

2. 致欢送辞，诚恳征求游客的意见

在散团前，领队应充分利用时间让游客填写《旅游服务质量评价表》，回国后及时上交组团社。

（二）后续工作

领队团在散团后应处理的后续工作包括：将游客有价值的建议、重大事情处理经过、尚待解决的问题，整理后交旅行社；妥善处理游客的委托事务；协助旅行社领导处理可能出现的投诉问题；与旅行社结清账目，归还物品。

(三) 填写《领队日志》

领队写好《领队日志》具有十分重要的意义。组团旅行社的领导往往是通过《领队日志》了解接待国(地)旅游业的发展状况、旅游服务水准、导游员的业务水平、旅游设施水平及演变状况等，从而采取必要的对策。因此，领队应重视《领队日志》的填写工作。

《领队日志》的主要内容包括以下几个方面：

(1) 旅游团名称与编号、人数、出入境时间、全陪路线、各接待社名称、全陪和地陪姓名。

(2) 游客的表现、状况、意见、建议及对旅游活动的反馈。

(3) 接待方导游员的知识水平、服务水平、服务态度、处理问题的能力与表现。

(4) 接待方落实旅游接待计划的情况及存在的主要问题，包括饭店(如等级、实际用房数)、交通(如车、船状况)、餐饮、景点、娱乐场所等旅游设施状况及接待水准。

(5) 与接待方导游员之间的合作状况及存在的主要问题。

(6) 旅游过程中出现的问题或事故的原因、处理经过和结果及游客反映等。

(7) 带团中的成功经验和体会、工作中的不足及对自己的意见和改进建议等。

第四节 景区导游员规范服务流程

景区导游员是导游队伍中的一个重要组成部分，根据《旅游景区讲解服务规范》的定义：旅游景区导游员，又称"景区讲解员"，是指受旅游景区的委派或安排，为旅游团或旅游者提供讲解服务的专职人员和兼职人员。

随着我国旅游业的不断发展，景区导游服务已成为大多数景区不可或缺的服务内容，景区导游队伍也不断壮大。景区导游服务是让游客认识景区、了解景区的一个重要手段，旨在为游客提供游览的便利，增进游客对环境保护、生态系统或文物意义的认识。优质的导游服务能增加游客的游览兴趣、有效地提高游客的满意度，是景区产品的核心组成部分，是传播文化的重要渠道。景区导游员的规范服务流程如图7-9所示。

一、服务准备

与全陪和地陪相比，景区导游员的服务准备也包括自身准备、知识准备、计划准备、物质准备等方面，但侧重点又有所不同，其中对知识的准备尤为重要。

(一) 自身准备

1. 身体准备

良好的体魄是做好导游工作的基础和条件。这里所说的身体因素包括健康、形象、态度和言谈。景区导游员直接面对游客，一个健康热情的导游员，会给游客留下良好的第一印象。景区导游员的体力、脑力消耗都较大，因此要做好导游工作必须有一个健康的身体。健康既包括身体的健康又包含心理的健康。景区导游员在日常的生活和工作中要做到劳逸结合。为保持身体健康应做到：充分休息、经常放松、注意饮食、经常锻炼身体、保

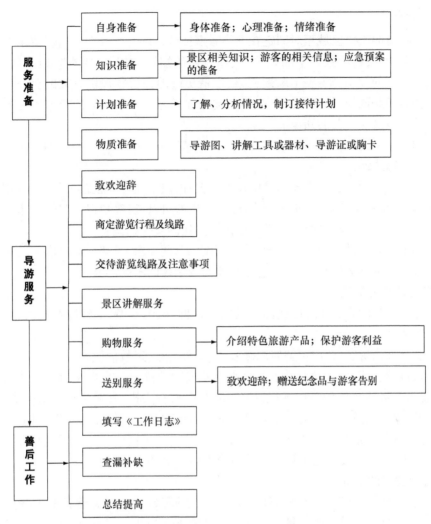

图 7-9　景区导游员规范服务流程图

持健康的思想和头脑。每次工作前要检查自己的衣着和发型是否符合导游员的形象要求;调整自己的心态,以热情饱满的态度去迎接每一位游客;培养自己良好的气质和风度,在工作中做到待客有礼、诚恳、乐于助人;对待每一位游客都应做到热情、体贴;训练表达能力,力求在讲解中做到材料翔实、语法正确、用词准确、音量适度、声调悦耳。

2. 心理准备

心理准备是指景区导游员对到景区游览的游客的批评、挑剔和反驳,能有正确的态度;要敢于面对和接受各种挑战,善于处理各种突发事件和问题,做好与全陪和地陪合作的准备。

3. 情绪准备

与此同时,景区导游员要善于控制好自己的情绪,要注意工作中自我角色的转变,不能把自己生活中不愉快的情绪带到工作中。在工作中要积极观察游客的反应,并根据其反应调整自己的导游技巧。

(二) 知识准备

景区导游员的工作区域相对固定在一个景区或景区的几个景点。这就要求导游员对景区的情况全面掌握,而且要不断地更新、储备新的知识,同时还要不断地扩展知识面。凡是与景区相关的知识都需要不断地积累,以便更好地为游客提供有效的服务。知识是靠不断的积累而获取的,景区导游员应不断地加强学习。靠一两天的突击不可能掌握作为一个优秀导游员应具备的知识。

知识的准备主要包括以下三个方面:

1. 景区相关知识

(1) 熟悉并掌握本景区讲解内容所需的情况和知识(基于景区的差异,可分别包括自然科学知识、历史和文化遗产知识、建筑与园林艺术知识、宗教知识、文学、美术、音乐、戏曲、舞蹈知识等;必要时与国内外同类景区内容对比的文化知识)。

(2) 基于游客对讲解的时间长度、认知深度的不同要求,讲解员应对讲解内容做好两种或两种以上讲解方案的准备,以适应旅游团队或个体的不同需要。

2. 游客的相关信息

(1) 预先了解游客所在地区或国家的宗教信仰、风俗习惯,了解游客的禁忌,以便能够实现礼貌待客。

(2) 若是外国游客,还应了解客源国政体、对外关系、宗教信仰等。

(3) 接待游客前,景区导游员要认真查阅核实所接待团队或贵宾的接待计划及相关资料,熟悉该群体或个体的总体情况,如停留时间、游程安排、有无特殊要求等诸多细节,以使自己的讲解更有针对性;对于临时接待的团队或散客,景区导游员同样也应注意了解游客的有关情况,一般应包括游客主体的来源、职业、文化程度及其停留时间、游程安排、有无特殊要求等,以便使自己的讲解更能符合游客的需要。

3. 应急预案的准备

应变能力是景区导游员应对和处理突发事件的基础。应变灵活有助于减少事故损失,留给游客美好的旅游感受。景区导游员应该在带团前对游览中可能发生的各种意外作出处理预案,备好有关联系电话,这样当意外发生时才能从容应对、妥善处理。

案例 7-20 关于景点导游员的知识准备

熟记导游辞还不够

三峡大坝是国家 5A 级旅游景区,人们站在坛子岭观景区能鸟瞰三峡工程全貌,体会毛主席诗句"截断巫山云雨,高峡出平湖"的豪迈情怀;登上坝顶能直面雷霆万钧的泄洪景观……小王是景区讲解员,对几个游览点的导游辞背得滚瓜烂熟,对自己的导游工作充满了自信。一天,小王接待了一个南京的中学教师旅游团,在坛子岭模型室,小王讲道:"三峡水利枢纽工程主要建筑物由拦河大坝、水电站、通航建筑物三大部分组成,是治理开发长江的关键工程,也是迄今为止世界上最大的水利枢纽工程。三峡大坝也是世界上最大的混凝土重力坝……"游客听后很感兴趣,纷纷提问道:"什么叫重力坝?它有什么优点?""三峡大坝调控洪水具体是怎样操作的?"小王一时回答不上来,只得说:"这些问题太专业了,我还不是很清楚。"来到观景区,又有一游客对小王感叹道:"多么宏伟的工程啊,要是有敌对势力利用武器攻击炸毁怎么办?设计时考虑过这方面的因素吗?"小王从没留意过这个问题,更不知从何回答,只尴尬地应付道:"不会出现这种情况的。"另一游客反问道:"怎么不会?'台独'势力都曾叫嚣过。"小王当时真觉得无地自容,后悔自己相关的知识掌握得太少了。

请思考:小王是一名优秀的景区导游员吗?

>> **案例分析**

小王当然不是一名优秀的景区导游员。作为一名优秀的景区导游员,要求对景区的情况全面掌握,而且要不断地更新、储备新的知识,同时还要不断地扩展知识面。凡是与景区相关的知识都需要不断地积累,以便更好地为游客提供有效的服务。停留在表面的讲解和对介绍资料的死记硬背是无法满足游客需求的。

(三) 计划准备

景区导游员的接待工作具有及时性的特点,不可能像全陪和地陪那样为每一个旅游团队列出详细的书面计划,但仍要尽可能地制订相应的简单的书面或非书面的计划,对事先预定的旅游团队也可提前制订详细的接待计划,这样才能使导游员做到心中有数,增强工作的主动性、计划性和针对性。

(四) 物质准备

景区导游员应准备好导游图册或相关资料,同时还要准备好导游讲解的工具或器材,并携带导游证或胸卡。

二、导游服务

(一) 致欢迎辞

景区导游员致欢迎辞应当在景区的入口处或讲解的开场时,对于重要的游客一般应安排在景区接待室。

欢迎辞的内容应包括代表景区对游客表示欢迎;介绍本人姓名及所属单位;表达景区对提供服务的诚挚意愿;了解游客的旅游需求;表达希望游客对讲解工作给予支持配合的意愿;预祝游客旅游愉快。致欢迎辞应注意音量适度、语调真挚,说话符合自己的身份,不能让对方感到不真实、做作,以免产生不良效果。

(二) 商定游览行程及线路

商定游览行程事宜主要发生在较大的游览景区;而在一般的旅游点如博物馆等,除了旅行社组织的团队和某些特殊团队之外,其他游客一般愿意听从导游员推荐的游览行程安排。商定游览行程不仅表明导游员对游客的尊重和欢迎,而且还可以从商谈安排过程中了解游客的主要兴趣,以使游览计划安排更符合游客的需求,这是保证景区导游工作顺利进行的重要一环。不同的游客对同一个景区所感兴趣的内容是不同的。因此,了解游客的需求是非常必要的。

景区导游员在与游客商谈安排游览行程和线路时,应注意以下几个问题:

1. 商谈的时间

与游客商谈的时间越早越好。越早了解游客的要求,越能尽早有的放矢地安排好游览的程序、线路与相关节目,并适时调整导游员的讲解内容。所以,游客一旦到达,景区导游员就应安排时间与游客商谈。若有可能,在游客到达之前通过电话等通信工具谈妥更好。

2. 商谈的对象

（1）接待散客时,原则上应与所有游客商谈。

（2）对一般的参观团,与领队商谈就可以了;若领队希望团内某些人士参加,也可以考虑并表示欢迎。

（3）对较正式的代表团,若负责人说话有权威性,那么主要与代表团选定的负责人商谈即可。

（4）对于学术团和专业团,由于这样的团队学者较多,个人意见很重要,因此,若可能,应与全体团员共同商谈。

（5）对于旅行社组织的旅游团,由于有地陪引领,因此主要与地陪和全陪商谈,必要时可以邀请海外领队参与。

（6）对于贵宾团,特别是有一定级别领导（如省级及以上领导）人员参加时,他们的行程应早已定好。在商定行程时,导游员往往不参加。只需听从本景区领导的安排和指示即可。

3. 商谈行程、线路时应掌握的原则

（1）尽量使景区已有的安排不作太大的变动。

（2）尽力满足游客的合理而可能的要求,特别是重点游客的个别要求,尽量照顾一般游客的特殊要求。

（3）当出现异议时,本着少数服从多数的原则进行。导游员不要介入旅游团的内部矛盾,不能将团队分裂或分组。

（4）对变动内容确有困难、游客的要求不能满足时,导游员要耐心解释。婉言拒绝要留有余地,要让游客感到,自己的要求虽然没有得到满足,但导游员确实已尽最大努力了。

（5）对记者、作家的要求应尽可能满足,"满足一位记者的要求,便满足了成千上万的读者要求"。

（6）对旅行代理商和旅游界知名人士,要努力满足他们的要求,因为接待好他们,可能会带来更多的客源。

4. 商谈的方法

在一般情况下,应尽力引导游客按景区原有的方案进行游览。在商谈的时候,可以先请游客提要求。导游员发现和已有的安排差不多时,便可顺水推舟,表示按大家的要求安排。若意见有一定差距时,景区导游员要学会引导,通过讲解的艺术技巧,把游客的思路引到既定的安排上来。

（三）交代游览路线及注意事项

在开始游览前,景区导游员应向游客交代景区游览路线和注意事项,地点可选在景区大门导游图前,个别景区门票上印有游览线路的,也可请游客边看线路图边讲解。景区导游员应明确告知游客景区的构成部分、游客在本景区游览的主要路线和所需时间、景区游览注意事项等。讲解线路和注意事项的介绍应简明扼要,尽可能让每一位游客听清楚,以免游客在景区走失。

（四）景区讲解服务

景区讲解服务是景区导游工作的核心内容,应做到知识性、趣味性和科学性的有机统一。

1. 讲解内容的选取原则

（1）有关景区内容的讲解,应有景区一致的总体要求。

（2）内容的取舍应以科学性和真实性为原则。

（3）民间传说应有故事来源的历史传承。

（4）有关景区内容的讲解应力避同音异义词语造成的歧义。

（5）使用文言文时需注意游客对象,需要使用时,宜以大众化语言给予补充解释。

（6）对历史人物或事件,应充分尊重历史的原貌,如遇尚存争议的科学原理或人物、事件,则宜选用中性词语给予表达。

2. 讲解中的方法与技巧

（1）对景区的讲解要繁简适度;讲解语言应准确易懂;吐字应清晰,并富有感染力。

（2）要努力做到讲解安排的活泼生动,做好讲解与引导游览的有机结合。

（3）要针对不同游客的需要,因人施讲,并对游客中的老幼病孕和其他弱势群体给予合理关照。

（4）在讲解过程中,应自始至终与游客在一起活动;注意随时清点人数,以防游客走失;注意游客的安全,随时做好安全提示,以防意外事故发生。

（5）要安排并控制好讲解时间,以免影响游客的原有行程。

（6）讲解活动要自始至终使用文明语言;回答问题要耐心、和气、诚恳;不冷落、顶撞或轰赶游客;不与游客发生争执或矛盾。

（7）如在讲解过程中发生意外情况,则应及时联络景区有关部门,以期尽快得到妥善处理或解决。

3. 讲解中与游客的沟通

（1）旅游讲解也是沟通,景区导游员在讲解中应注意平等沟通的原则,注意游客与自己在对事物认知上的平等地位。

（2）在时间允许和个人能力所及的情况下,宜与游客有适度的问答互动。

（3）要意识到自己知识的盲点,虚心听取游客的不同意见和表达。

（4）对游客的批评和建议,应该礼貌地感谢,并视其必要性及时或在事后如实向景区有关部门反映。

(五)购物服务

大多数游客有购买旅游纪念品的要求,许多景区也都设有为数不少的购物商店,既出售旅游纪念品,也推销各地土特产品。这些商店按所有制关系可分为两大类:一类是景区管理部门所有,经营比较规范,货真价实,明码实价;另一类是小型个体工商户甚至是地摊式经营,货品良莠不齐,价格随意性大,游客在这类商店购物有一定风险。

游客如需购物时,讲解员应做到:

(1)如实向游客介绍本地区、本景区的商品内容与特色。

(2)如实向游客介绍本景区合法经营的购物场所。

(3)不得强迫或变相强迫游客购物。

(六)送别服务

1. 致欢送辞

参观游览活动结束后,景区导游员要向游客致简短的欢送辞,在欢送辞中先要对游客参观中的合作表示感谢,诚恳征求游客对本次讲解工作的意见和建议,欢迎游客再次光临等。

2. 赠送纪念品

参观游览活动结束后,景区导游员可向游客赠送有关的宣传资料或小纪念品,以加深游客的印象。

3. 与游客告别

景区导游员可与游客握手告别,应将游客送上交通工具,待交通工具启动离开后方可返回。

三、善后工作

景区导游员送走游客后,还要做好总结工作。这是提高导游服务效率和导游服务质量的必要手段,还可以帮助导游提高自己的写作水平,填补导游只动口、不动手的缺憾。

(一)填写《工作日志》

景区导游员完成接待服务后,要认真、按时写好《工作日志》,实事求是地汇报接待情况。接待小结的内容包括:

(1)接待游客的人数、抵离时间;若是旅游团队,还需记录团队的名称和旅行社的名称。

(2)游客成员的基本情况、背景和特点。

(3)重点游客的反映,尽量引用原文,并注明游客的姓名和身份。

(4)游客对景区景观及建设情况的感受和建议。

(5)对接待工作的反应。

(6)尚需办理的事情。

(7)自己的体会及对今后工作的建议。

(8)若发生重大问题,需另附专题报告。

（二）查漏补缺

景区导游员在总结工作中,应及时找出工作中的不足或存在的问题,如导游员不清楚的知识、回答不准确的地方甚至有些回答不出的问题。根据这些问题进行有针对性的补课,请教有经验的同行,以提高自己的导游讲解水平。

（三）总结提高

在导游服务中,游客提出的意见和建议涉及景区导游的,景区导游员应认真检查、汲取教训、不断改进,以提高自己的导游水平和服务质量;涉及其他接待部门的应及时反馈到所在部门,以便改进工作。

❓ 思考题

1. 地陪在带团前熟悉接待计划与团队情况主要包括哪些内容?
2. 地陪首次沿途导游的内容是什么?
3. 地陪如何做好旅游团队的购物工作?
4. 全陪在整个旅游接待过程中,做好联络协调工作的主要内容是什么?
5. 《全陪日志》包括哪些内容?
6. 地陪和全陪在旅游接待工作中有哪些异同?
7. 什么叫海外领队?海外领队带团出境有哪些程序?
8. 出境旅游行前说明会包括哪些内容?

第八章　散客导游服务规范

随着社会经济的发展，人们的旅游需求趋向于个性化。近年来，散客旅游迅速发展，已成为国内、国际旅游业的主要形式之一。在我国，无论是出、入境旅游，还是国内旅游，散客都占有很大的比重，已成为我国旅游客源的重要组成部分之一。

第一节　散客旅游概述

一、散客旅游的概念

散客旅游又称自助或半自助旅游。它是由游客自行安排旅游行程，零星现付各项旅游费用的旅游形式。

大部分散客都是自己安排旅游活动，但也有不少人委托旅行社安排全部或部分旅游活动，他们往往要求旅行社提供交通、住宿服务，要求全陪服务的人不多，而且大多只要求地陪服务。因此，有不少旅行社为适应散客旅游的发展需要，在各大饭店设立营业点为散客服务，或为其订购机(车、船)票，或临时组团在本地游览或去外地旅游。

近年来，从国际旅游的统计数据来看，散客旅游发展迅速，已成为当今旅游的主要形式；从国内市场来看，人们外出旅游已从观光旅游逐步向参与型旅游发展，国内散客市场也日益扩大。散客旅游之所以越来越受到游客的青睐，除了它的旅游形式比团队旅游灵活性强、自由度高等内在原因外，还与以下外部因素有关：

(一) 游客自主意识增强

随着我国国内旅游业的发展，游客的旅游经验得到积累，他们的自主意识、消费者权益保护意识不断增强，更愿意根据个人喜好自主出游或结伴出游。

(二) 游客内在结构改变

随着我国经济的发展，社会阶层发生了变化，一部分人先富了起来，中产阶层逐渐形成，改变了游客的经济结构；大量青年游客增多，他们往往性格大胆，富有冒险精神，旅游过程中带有明显的个人爱好，不愿受团队旅游的束缚和限制。

(三) 交通和通信的发展

现代交通和通信工具的迅速发展，为散客旅游提供了便利的技术条件。随着我国汽车进入家庭步伐的加快，人们自驾车或租车出游十分盛行。现代通信、网络技术的发展，也使得游客无需通过旅行社来安排自己的旅行，他们越来越多地借助于网上预订和电话预订。

（四）散客接待条件改善

世界各国（地区）和我国各地区，为发展散客旅游都在努力调整其接待机制，增加或改善散客接待设施。他们通过旅游咨询电话、电脑导游显示屏等为散客提供服务。我国不少旅行社已经在着手建立完善的散客服务网络，并运用网络等现代化促销手段，为散客旅游提供详尽、迅捷的信息服务，还有的旅行社设立专门的散客接待部门，以适应这种发展的趋势。

二、散客旅游与团队旅游的区别

散客旅游与团队旅游的目的是相同的，即外出参观游览。但在旅游方式、人员组合、活动内容和付款方式等方面还是存在一定的差别，如表8-1所示。

表8-1　散客旅游与团队旅游的区别

内容	散客旅游	团队旅游
旅游方式	散客自行安排和计划，自由度大，形式灵活，选择性强	由旅行社或旅游服务中介机构提前安排，活动受到限制
旅游人数	现行规定9人以下	必须在10人以上（含10人）
服务内容	随意性大，变化多，服务项目不固定	按照预定的行程计划安排，项目固定
付费方式	零星现付，即购买什么、购买多少，按零售价格当场支付	支付综合包价形式，即全部或部分旅游费用由游客在出游前一次性支付
价格	单项服务付费，零售价格支付，很难享受最优折扣，价格较贵	批量，可享受最优折扣优惠，价格相对便宜
服务难度	难度大、相对复杂	难度相对较小

（一）旅游方式

团队旅游的食、宿、行、游、购、娱一般都由旅行社或旅游服务中介机构提前安排。而散客旅游则不同，其外出旅游的计划和行程都是自行安排。当然，这并不意味着散客进行的旅游活动完全由自己安排，而是散客在出游前曾经向旅行社咨询，所需要的服务项目也是委托旅行社办理的。

（二）游客人数

团队旅游一般都是由10人（包括10人）以上的游客组成。而散客旅游的人数较少，一般界定为10人（不包括10人）以下的游客组成；可以是单个的游客也可以是一个家庭，还可以由几个好友组成。

（三）服务内容

团队旅游是有组织地按预定的行程和计划出游。而散客旅游的随意性很强，变化大，服务项目不固定，而且自由度大。

（四）付款方式和价格

团队旅游是通过旅行社或旅游服务中介机构，采取支付综合包价的形式，即全部或部分旅游服务费用由游客在出游前一次性支付或者是支付大部分。而散客旅游的付款方式有时是零星现付,即购买什么、购买多少,按零售价格当场现付。

由于团队旅游的人数多,购买量大,在价格上有一定的优惠。而散客旅游则是零星购买,相对而言,数量较少。所以,散客旅游的服务项目的价格比团队旅游的服务项目的价格就相对高一些。另外,每个服务项目散客都按零售价格支付,而团队旅游在某些服务项目(如机票和住房)上可以享受折扣或优惠,因而相对便宜。

（五）服务难度

散客旅游常常没有领队和全陪,有些散客服务是预先委托的,但大部分则是临时到旅行社委托安排其旅游活动,游客之间也互不相识,而且往往时间紧迫,导游员没有时间做准备。因此,与团队旅游相比,散客导游服务的难度要大得多、复杂得多、琐碎得多。

三、散客旅游的特点

（一）规模小

由于散客旅游多为游客本人单独出行或与朋友、家人结伴而行,因此同团体旅游相比,人数规模小。对旅行社而言,接待散客旅游的批量比接待团体旅游的批量要小得多。

（二）批次多

虽然散客旅游的规模小、批量小,但由于散客旅游发展迅速,采用散客旅游形式的游客人数大大超过团体游客人数,各国家和地区都在积极发展散客旅游业务,并为其发展提供了各种便利条件,散客旅游更得到长足的发展。旅行社向散客提供的旅游服务,由于其批量小、总人数多的特征,从而形成了批次多的特点。

（三）要求多

散客旅游中,大量的公务和商务游客的旅行费用多由其所在的单位或公司全部或部分承担,所有他们在旅游过程中的许多交际应酬及其他活动,一般都要求旅行社为他们安排,这种活动不仅消费水平较高,而且对服务的要求也较多。

（四）变化大

由于散客的旅游经验还有待完善,在出游前对旅游计划的安排缺乏周密细致的考虑,因而在旅游过程中常常需随时变更其旅游计划,导致更改或全部取消出发前向旅行社预定的服务项目,而要求旅行社为其预订新的服务项目。

（五）预定期短

同团体旅游相比,散客旅游的预定期比较短。因为散客旅游要求旅行社提供的不是全套旅游服务,而是一项或几项服务,有时是在出发前临时提出的,有时是在旅行过程中遇到的,他们往往要求旅行社能够在较短时间内安排或办妥有关的旅行手续,从而对旅行社的工作效率提出了更高的要求。

第二节　散客旅游规范服务流程

散客旅游与团队旅游,在接待工作和接待程序上有许多相似的地方,但也有不同之处。地陪不能全盘照搬团队旅游的导游服务程序,而应掌握散客服务的特点。

散客部导游员随时都在办理接待散客的业务,按散客的具体要求提供办理单项委托服务的事宜。一般情况下,柜台工作人员先用电话通知散客部计调人员,请其按要求配备地陪和车辆,并填写《旅游委托书》。地陪具体按委托书(即接待计划)的内容进行操作。

散客导游规范服务流程如图8-1所示。

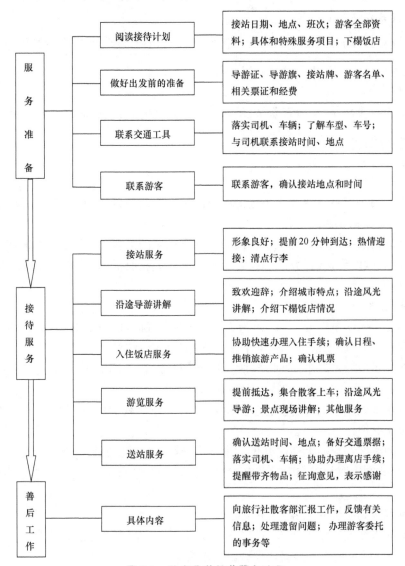

图8-1 散客导游规范服务流程

一、服务准备

(一)阅读接待计划

导游员应明确迎接的日期、航班(车、船)的抵达时间;游客姓名、人数和下榻的饭店;

游客的阶层、职业、年龄、性别、宗教信仰、特殊要求和需要特殊照顾的对象；有无航班（车、船）及人数的变更；需要提供哪些服务项目；是否与其他散客合乘一辆车至下榻的饭店等。

（二）做好出发前的准备

导游员应准备好迎接散客的姓名或小包价旅游团的欢迎标志，随身携带导游 IC 卡、导游旗或接站牌；检查所需票证和经费，如离港机（车、船）票、餐费、游览券等。

（三）联系交通工具

导游员应与计调部或散客部确认司机姓名并与司机联系，约定出发的时间、地点，了解车型、车号。

（四）联系游客

导游员应在接站前，与游客联系，确认接站地点和时间，以免造成错接或漏接事故。

二、接待服务

（一）接站服务

导游员接站时应给予散客或小包价旅游团热情友好的接待，使其有宾至如归之感。

1. 提前到达接站地点等候

导游员应提前抵达接站地点。若接的是乘飞机来的散客，导游员应提前 20 分钟到达机场，在国际或国内到达区门外等候；若散客乘火车或轮船抵达，导游员应提前 30 分钟抵达接站地点。

2. 迎接游客

接散客比接团队游客要困难，因为人数少、没有领队和全陪，稍有疏忽，就会出现漏接，如游客自行到饭店或被别人接走。因此，迎接散客应注意：

（1）在航班（或列车）抵达时，导游员应与司机站在不同的出口、易于被游客发现的位置举牌等候，也可根据游客的特征上前询问。

（2）确认接到应接的散客后，应主动问候，并介绍所代表的旅行社和自己的姓名，向他们表示热忱欢迎。

（3）询问游客在交通港还需办理的事情，并给予必要的协助；询问游客行李件数并进行清点，帮助游客提取行李和引导游客上车。如果是小包价旅游团，将行李清点后交行李员运送。

如果没有接到应接的散客，导游员应该：

（1）询问机场或车站工作人员，确认本次航班（火车、轮船）的乘客是否已全部下飞机（火车、轮船）或在隔离区内确认没有出港游客。

（2）导游员（如有可能与司机一起）在尽可能的范围内寻找（至少 20 分钟）。

（3）与散客下榻的饭店联系，查询游客是否已自行到达饭店。

（4）若确实找不到应接的散客，导游员应打电话与计调人员联系并告知情况，进一步核实其抵达的日期和航班（火车、轮船）及是否有变更的情况。

（5）当确定迎接无望时，须经计调部或散客部同意方可离开机场（车站、码头）。

（6）对于未在机场（车站、码头）接到散客的导游员来说，回到市区后，应前往游客下榻的饭店前台,确认散客是否已入住饭店。如果散客已入住饭店,必须主动与其联系,并表示歉意。

案例 8-1　关于接站服务

准时接站　导游员必须无条件服从

比利时游客布兰特先生因工作要到 N 市去,他想利用此次机会,参观一下该市的博物馆,在出发前,他通过北京的旅行社委托 N 市旅行社提供接机和第二天博物馆的导游讲解服务。按照委托要求,导游员小孟于 6 月 3 日 14 时前往机场接待。他还为接站写了接站牌,但由于交通堵塞,他在路上耽误了半个小时,待到达机场时飞机已经降落,该航班的乘客有的已经出来了,他举着写有布兰特中文字样的接站牌,在到达厅出口等待。可是全部乘客都出来后,他还是没有接到客人。于是他又举着接站牌在机场到达厅里转了两圈依然没有找到客人。无奈之下,他只好打电话给旅行社的计调人员,请他们帮助寻找。经过计调人员与布兰特先生预定的饭店联系,得知客人自己坐出租车去了饭店。第二天小孟去饭店接客人去博物馆游览时,布兰特先生已向旅行社提出换人。事后客人对小孟进一步提出了投诉,请问小孟在哪些方面存在问题?

≫ 案例分析

小孟的主要失误有以下几点:
(1) 没有按规定的时间提前 20 分钟到达机场接机。
(2) 虽然准备了接站牌,但是由于疏忽,小孟未用英文注明游客姓名。
(3) 在没有接到客人时,未到问讯处确认此次航班的客人是否已全部抵达。
(4) 未到出租车服务处、行李领取处及可能的范围内寻找,仅在机场到达大厅里转圈(事后得知,客人在问讯处等了 20 多分钟才乘出租车去饭店的)。
(5) 漏接事故发生后应到饭店向客人当面致歉并退还接站的服务费用。

例如:迎接比尔·约翰逊先生(导游员小张和经理一同在机场迎接客人)
导游员:对不起,请问您是比尔·约翰逊先生吗?
游客:是的,我就是。
导游员:我是中国旅行社的导游员,我姓张。
游客:您好,张先生。
导游员:您好,我们的经理董先生也一同前来迎接您。我来介绍一下,这是我们的经理董先生,这是从美国来的比尔·约翰逊先生。
经理:您好,比尔·约翰逊先生。欢迎您到中国来。
游客:您好,董先生。您来接我,太好了!
经理:我很高兴来迎接您。一路上还好吧?
游客:谢谢!很好。

经理:约翰逊先生,您是初次来中国旅游吗?
游客:是的,的确是第一次。
经理:希望您在中国过得很愉快。
游客:谢谢,我一定会过得很愉快的。
导游员:这旅行包好像很重,我来替您拿吧!
游客:不用,谢谢,我自己能行。
导游员:我们先来办理海关手续好吗?只需一会儿就行了。
游客:张先生,一切照你说的办。
导游员:好的。我们将为您安排好一切,汽车就在那儿等着,我们走吧。
经理:约翰逊先生,请上车。

(二) 沿途导游服务

在从机场(车站、码头)至下榻的饭店途中,导游员应对散客进行沿途导游,介绍所在城市的概况、下榻饭店的地理位置和设施及沿途景物和相关注意事项等。对个体散客,沿途导游服务可采取对话的形式进行。

例如:游览北京市容(导游员小张带比尔·约翰逊先生游览天安门广场)

导游员:这就是天安门广场。
游客:我的天哪,我还从来没有见过这么宽阔的广场。
导游员:它的总面积为44 000平方米,是世界上最大的广场。
游客:真难以相信。我想北边那个肯定就是天安门吧?
导游员:没错。它前面的七座桥叫金水桥,是以它们下面的河命名的。
游客:为什么要有七座桥呢?
导游员:在古代,只有皇帝和皇后才能在中间那座桥上行走;中间两边的两座是给皇室成员行走的;再外面两座桥是为高级官员修建的;其他的官员只能从修建得远离这五座桥的最外边两座桥上行走。
游客:这真表明了封建时期社会地位的差异。
导游员:这座雄伟的建筑有两个博物馆,是1958—1959年间10个月建成的。它南北长313米,东西宽100米,总面积65 000平方米。
游客:这么宏伟的建筑仅仅用了10个月就建成了,真了不起。
导游员:是啊。北面是中国革命博物馆,里面有自1919年"五四"运动以来中国革命的文物。
游客:南面呢?
导游员:南面是中国历史博物馆,里面展出了约30万件艺术品、文物、字画、货币和图片,跨越了从约4 000年前的夏、商朝一直到20世纪初清朝覆灭时期的中国历史。
游客:哦,我已经急不可待地想去看看了。
导游员:我们会去的,但不是今天,因为我们首先要去故宫博物院。我们继续往前走。这是人民英雄纪念碑,它坐落在广场的中央,建于1958年。碑北面镌刻的八个字是毛泽东主席的亲笔手书。

游客：写的什么字？

导游员："人民英雄永垂不朽"。纪念碑底座上装饰有八块浮雕，描绘了从 1840 年到 1949 年的中国革命的大事件。

游客：真是雄伟的建筑。

导游员：它的南面是毛泽东主席纪念堂，6 个月内建成。再往南就是正阳门，也称前门，是天安门广场的最南端。

游客：北面那座辉煌的建筑是什么？

导游员：那是人民大会堂。这座宏伟的建筑南北长 336 米，东西宽 206 米，建筑面积为 171 800 平方米。整个建筑是 1958—1959 年间不到一年的时间内建成的。

游客：不到一年的时间！你们中国人真能创造奇迹。

导游员：这个建筑分为三部分。中间部分是一个设备齐全、可容纳 10 000 人的礼堂，重要的国家会议和演出都在这里举行。北面部分是能同时容纳 5 000 人的宴会厅。

游客：南面部分呢？

导游员：南面部分包括全国人民代表大会常务委员会的办公室和会客室。中国领导人经常在人民大会堂会见外国友人。许多重要问题都是在这里讨论的，许多国家政策和法律法规也是在这里制定的。

游客：我想，天安门广场，再加上这些建筑，可以被称为中国的心脏。

导游员：我同意这种说法。它也是中国历史的一个见证人，因为 1949 年中华人民共和国成立就是由毛泽东主席在这里宣布的。

游客：多么伟大的广场啊！

导游员：好了，我们现在……

（三）入住饭店服务

入住饭店服务应使散客进入饭店后尽快完成住宿登记手续，导游员应热情介绍饭店的服务项目及入住的相关注意事项，与散客确认日程安排及离店的有关事宜。

1. 协助办理入住手续

散客抵达饭店后，导游员应帮助散客办理饭店入住手续。按接待计划向散客明确说明饭店将为其提供的服务项目，并告知散客离店时要现付的费用和项目；记下散客的房间号码；散客行李抵达饭店后，导游员还需要负责核对行李，并督促行李员将行李运送到散客的房间。

2. 确认日程安排

等散客入住后，导游员应与其确认日程安排。在散客确认后，将填好的安排表、门票及赴下站的飞机（火车、轮船）票据交给散客，并让其签字确认。对于有送机（车、船）服务项目的散客要与其商定好离站时间和送站安排。

例如：导游员与散客商谈日程

……

导游员：好了，现在入住手续都办好了。咱们确认一下日程吧？

游客：好的。

导游员：您看有什么问题吗？

游客：嗯，安排得很好。不过，我得拜访我父亲的一位老朋友，还要去拍摄一下我父亲以前在北京工作过的地方——××大学。所以，我想把参观碧云寺的活动改成这个项目。你看可以吗？

导游员：没问题。其实，您来之前我们已经帮您联系到了那位老先生，他正等着您的到来呢。

游客：你考虑得真周到，实在是太感谢你啦。

导游员：这是我应该做的。……这就是我们刚刚确认的日程安排表，还有您到下一站的机票。如果没有问题的话，请您签字确认一下。

游客：好的。

3．确认机票

若散客是乘飞机离开本地，无论游客是否提出要求导游员帮助确认机票，导游员都应主动提醒散客确认机票并提供协助。如果散客希望导游员帮其确认机票，导游员不得推辞而应积极办理，但可以向散客收取确认费用并向其出具发票。

导游员帮助确认机票后，应向散客部或计调部报告确认后的航班号和离港时间，以便及时派人、派车，提供送机服务，并将收取的确认机票服务费交给旅行社。

4．推销旅游服务项目

导游员在迎接散客的过程中，应灵活询问散客在本地停留期间还需要旅行社为其代办何种事项，并表示愿竭诚为其提供服务。

迎接散客完毕后，导游员应及时将同接待计划有出入的信息及散客的特殊要求反馈给散客部或计调部。

案例 8-2　关于散客接待服务

导游员未按标准提供服务遭投诉

比利先生是一家跨国公司的驻京代表，他想利用周末的时间去泰山旅游，于是他委托旅行社办理了泰山二日游。他乘火车到达泰安后，在站台等了十多分钟，未见到导游员。而此前在办理委托时，他要求导游员在站台接站。无奈之下，他只好提着行李出了车站，在出站口，他也没有见到导游员。就在他准备乘出租车自己去饭店时，导游员小黄才匆匆赶过来。原来小黄在出站口等了半个小时，看到旅客都走完了，还不见比利先生。于是他就到问讯处了解情况，而此时比利先生正好出来，所以又错过了。比利先生十分不满。

小黄把他送到饭店后，安排完房间，简单地介绍了一下饭店的设施和用餐时间，就离开了。比利先生立即打电话给北京的旅行社，要求终止服务并索赔。

根据以上情况，请分析：

1．你认为出现差错的原因是什么？
2．小黄的服务有哪些不周到的地方？

>> **案例分析**

1. 出现差错的原因可能有以下几点：
（1）北京的旅行社没有将比利先生在站台接站的要求传达给接待社。
（2）接待社没有将接站地点通知导游员。
（3）小黄没有认真地阅读接待计划。
2. 小黄的服务有以下几个问题：
（1）没有认真地阅读接待计划。
（2）无论什么原因，都应对没有按要求在站台接站表示歉意。
（3）要更加努力地工作以求取得客人的谅解。
（4）没有提供沿途导游服务。
（5）没有和客人确认日程。
（6）没有确认返程交通票据。
（7）没有详细了解客人其他方面的要求。

（四）游览服务

由于散客通常文化层次较高，而且有较丰富的旅游经验。因此他们对服务的要求更高，更重视旅游产品的文化内涵，所以对于接待散客的导游员的素质要求也比较高。导游员应有高度的责任感，多倾听散客的意见，做好组织协调工作。在游览过程中，散客旅游因无领队和全陪，因此相互之间没有约束，集合很困难，导游员更应尽心尽力，做好提醒工作，多提合理建议，努力使散客参观游览安全、顺利。

1. 出发前的准备

出发前，导游员应做好有关的物质准备、知识准备和心理准备等，并与司机联系集合的时间、地点，督促司机做好有关的准备工作。

导游员应提前15分钟抵达集合地点，引导散客上车。如果是散客小包价旅游团，散客分住不同的饭店，导游员应偕同司机驱车按时到各饭店接散客。散客到齐后，再驱车前往游览地点。根据接待计划的安排，导游员必须按照规定的路线和景点进行游览。

2. 沿途导游服务

散客的沿途导游服务与旅游团队大同小异。如果导游员接待的是临时组合起来的小包价旅游团，初次与散客见面时，应代表旅行社和司机向散客致以热烈的欢迎，并表达将竭诚服务的意愿，希望游客予以配合，多提宝贵意见和建议，并祝游览愉快、顺利。

导游员除做好沿途导游之外，还应特别向散客强调在游览景点中注意安全。

3. 现场导游讲解

散客旅游的现场导游讲解与团队旅游讲解在方式和细节上有着明显的不同。

（1）讲解方式多对话。导游员应向散客提出游览线路的合理建议，由游客自行选择。导游讲解要形象生动、幽默风趣，可采用对话或问答形式进行，更显亲切自然。针对散客旅游团，导游员应陪同旅游团，边游览边讲解，随时回答游客的提问；并注意观察游客的动向和周围的情况,以防游客走失或发生意外。

(2) 讲解服务重细节。如果游客人数不多,应注重与游客的互动。音量不用太大,但要有抑扬顿挫的语调、生动丰富的表情及适当的辅助动作,善于察言观色,随时观察游客的反应。散客与团队游客相比有更多的机会与导游员现场沟通,所以当游客有疑问时,应及时予以解答。如果是散客拼团,游客来自不同国家或地区,互不熟悉,语言不通,导游员在讲解时还应注意语言的交替讲解。在话题的选择上,要讲究求同存异,注意文化差异带来的障碍。

例如:参观游览北京故宫

导游员:北京故宫是世界上规模最大、保存最完好的古代皇宫建筑群,是中国古代建筑最高水平的体现。

游客:我很早就听说故宫了,真高兴今天能来参观。

导游员:的确,故宫历史非常悠久,始建于明朝永乐四年(1406),建成于永乐十八年(1420),是明清两朝的皇宫,其时称紫禁城;1925年改称故宫,并结束了中国历史上数千年的封建王朝统治。故宫一直是中国统治阶级的政治和文化中心,先后经历了24位皇帝。

游客:真是很了不起啊,那么多皇帝在里面住过,里面肯定很壮观。

导游员:是的,故宫占地面积72万平方米,建筑面积15万平方米,现有建筑980余座,房屋8 700余间,故宫四周绕以10米高的城墙,外有50多米宽的护城河。明清故宫建于北京城的中央,以南北为中轴线,坐北朝南,充分体现了皇权至上的封建统治思想,故宫城外是皇城,皇城外又有北京城,城城包围,显示了森严的等级制度。

案例8-3 关于游览服务

如何接待老年散客

地陪王小姐在接待一对老年夫妇游览湖北省博物馆和黄鹤楼时工作认真负责,在四个小时内一直陪着客人,向客人详细介绍了博物馆的展出文物,以及黄鹤楼的历史、传说和建筑等情况。客人在参观时经常提出一些有关展出文物和黄鹤楼的问题,王小姐说:"由于时间很紧,现在先游览,回饭店后我再回答你们的问题。"在游览途中,他们几次建议她休息一下,她也都谢绝了。虽然很累,但她很高兴,认为自己出色地完成了导游讲解任务。然而,出乎她意料的是那对老年夫妇不仅没有表扬她,反而写信给旅行社领导批评了她。她很委屈,但领导了解情况后说客人批评得对。

1. 为什么说客人批评得很对?
2. 应该怎样接待老年散客?

>> **案例分析**

1. 客人的批评很有道理,主要原因如下:
(1) 由于王小姐不了解老年游客的兴趣爱好,导游讲解没有针对性,因此游客经常提问。

(2) 没有针对老年游客的身体特点,劳逸结合地安排游览活动,让他们作了一次疲劳的游览。

(3) 要注意观察游客,要善于发现问题,理解游客某些话的真正含义,既然王小姐自己都觉得很累,那老年人就更会觉得累了;老年夫妇表面上劝王小姐休息,实际上是他们也累了,很想休息一会儿,可惜王小姐并未理解。

(4) 王小姐不应该拒绝现场回答他们关于黄鹤楼的问题,也不应在短时间内安排过多游览内容。

2. 接待老年散客的正确做法是:

(1) 对游览线路,导游员要提出建议或方案、当好顾问,但应由游客选择,不能勉强游客接受你的安排。

(2) 对老年散客,一定要注意劳逸结合,他们提出要休息,就应找地方休息,有时还要建议他们休息,绝不能强拉他们去游览。

(3) 对景点作必要的介绍后,导游讲解应不同于团队导游,应以对话、讨论形式为主。

(4) 一般情况下,尤其是在为散客提供导游服务时,要在现场回答游客提出的与景点相关的问题。如果自己有些问题回答不出,要尽可能在弄清楚后再向游客解答。

案例 8-4 关于导游讲解服务

如何同时接待不同语种的散客

某旅行社欧美部的英语导游员小吴作为地陪负责接待由散客组成的旅游团。旅游团共八人,其中五人说英语,三人说中文。在旅游车上,小吴用两种语言交替为游客讲解。到了一游览景点时,小吴考虑到团员中说英语的较多,便先用英语进行了讲解,没想到她讲解完并想用中文再次讲解时,说中文的游客已全都走开了,因而她就没用中文再做讲解。事后,小吴所在旅行社接到了那几位说中文游客的投诉,他们认为小吴崇洋媚外,对待游客不平等。

试分析:

1. 小吴被投诉的主要原因是什么?
2. 小吴当时应该如何做?

>> **案例分析**

1. 这是一次由误会而招致的投诉。散客旅游团一般是由旅行社门市工作人员临时组织成的旅游团,因而团员经常是来自不同国家或地区,互不熟悉,语言不通,行为各异。接待这样的旅游团要比接待团体游客复杂得多,困难得多。小吴遭投诉的原因,并非她真的崇洋媚外,也并非没有遵照"为大家服务"的原则去做,只是服务过程中工作欠细致、周到而已。从案例中可知,无论是动机上或行为上,小吴都没有不想为这些讲中文的游客做讲解,但是由于她没有与游客讲明自己的服务方式,没有考虑到自己先用英语讲解会给说中文的游客带来心理上的不平衡,结果导致游客对她的投诉。

2. 小吴应该事先与游客声明,她将用中英文交替的方式为游客讲解即可;若要完全平等,则可采用转换讲解法,在甲地英语讲解在先,到了乙地则英语讲解在后。

4. 其他服务

由于散客自由活动时间比较多,导游员应当好他们的参谋和顾问,可向他们推荐一些自费项目:介绍或协助安排晚间娱乐活动,把可观赏的文艺演出、体育比赛、宾馆饭店的活动告诉散客,请其自由选择。但应引导他们去健康的娱乐场所。

例如:导游员帮客人预订戏票

游客:张先生,我和我先生想去看京剧,你认为哪个剧院好些呢?

导游员:都市剧院如何?

游客:今天晚上演什么呢?

导游员:节目有《铡美案》。你们想看吗?

游客:是的,你能帮我们买票吗?

导游员:几张票?

游客:两张。

导游员:请等一会儿。我帮你们联系一下。(打电话)对不起,今晚没有戏票了。明天晚上好吗?

游客:可以。

导游员:好了,但明天才能取到票。

游客:太谢谢了。

导游员:如果您愿意看的话,第5频道有足球赛。

游客:哦。不,别告诉我先生。只要有足球赛,他就什么都不顾了。

导游员:哈哈,好的。

5. 后续工作

散客多采用付现款的方式参加游览,因此,如果计划书或委托书中注明需收现金,则在收款后立即将现金上交旅行社财务部。

接待任务完成后,导游员应及时将接待中的有关情况反馈给散客部或计调部,填写《零散游客登记表》。

(五) 送站服务

游客在结束本地参观游览活动后,导游员应使散客顺利、安全地离站。

1. 服务准备

(1) 详细阅读送站计划。导游员接受送站任务后,应详细阅读送站计划,明确所送散客的姓名和散客小包价旅游团人数、离开本地的日期、所乘航班(火车、轮船)和下榻的饭店;有无航班(火车、轮船)与人数的变更;是否与其他散客或散客小包价旅游团合乘一辆车去机场(车站、码头)。

(2) 做好送站准备。导游员在送站前24小时应与散客或小包价旅游团确认送站时间和地点。若散客不在房间,应留言并告知再次联络的时间,然后再联系、确认;应提前准备好散客的机(车、船)票。

导游员应同散客部或计调部确认与司机会合的时间、地点及车型、车号。如散客乘国内航班离开,导游员应掌握好时间,使散客提前60分钟到达机场;如散客乘国际航班离开,必须使散客提前2小时到达机场;如散客乘火车离站,应使散客提前40分钟到达车站。

2. 饭店接送散客

按照与散客约定的时间,导游员应提前20分钟到达散客下榻的饭店,协助散客办理离店手续,交还房间钥匙,付清账款,清点行李,提醒散客带齐随身物品,然后照顾客人上车离店。

若导游员到达散客下榻的饭店后,未找到要送站的散客,应到饭店前台了解散客是否已离店,并与司机共同寻找;若超过约定的时间20分钟仍未找到,应向散客部或计调部报告,请计调人员协助查询,并随时保持联系;当确认实在无法找到游客,经计调人员或有关负责人同意后,方可停止寻找,离开饭店。

若导游员要送站的散客与住在其他酒店的散客合乘一辆车去机场(车站、码头),要严格按照约定的时间顺序抵达各饭店。

若合车运送散客途中遇到严重交通堵塞或其他特殊情况,需调整原约定的时间顺序和行车路线时,导游员应及时打电话向散客部或计调部报告,请计调人员将时间上的变化通知下面饭店的散客,或请其采取其他措施。

3. 送站工作

在送散客到机场(车站、码头)途中,导游员应向散客征询在本地停留期间或游览过程中的感受、意见和建议,并代表旅行社向散客表示感谢。

散客若乘飞机离站,导游员应提醒和帮助游客带好行李和物品,协助游客办理登机手续、托运行李,然后送他们到安全检查入口处,向其道别,欢迎他们下次再来;若乘火车离站时,导游员应将车票交给游客,协助游客安顿好行李后,然后向其道别,欢迎他们再来。

例如:送游客去机场(导游员小张、游客卡特夫妇)

导游员:你们的行李都在这儿了吗?

夫人:我想是吧。

导游员:肯定没落下什么东西?

先生:没有,我敢肯定。

导游员:那好,我们出发去机场。您先请。

夫人:谢谢。

(上车赴机场)

导游员:时间过得真快,你们在中国待了半个月了。记得我去机场接你们的情景,就像是在昨天一样。现在你们却要走了。

先生：是啊，对我们来说这是一段最奇妙的经历。

导游员：你们现在对中国有什么印象？

夫人：嗯，跟我们来之前的印象截然不同。要知道，来中国之前，我们主要是从书本和电视节目中了解中国，而这其中许多东西都是片面的。我想现在对于中国和中国文化，我有了更好的了解。

先生：中国幅员辽阔、历史悠久、文化灿烂，我想我们简短的观光访问是很难公正地评价她的，还有许多地方我们想要去走一走，还有许多东西我们想要去看一看。

夫人：对中国了解得越多，我就越想去研究她。

导游员：我很高兴你们在中国过得很愉快。

先生：哦，我们会把这次经历珍藏在心中。

夫人：我们带回去的纪念品将永远使我们回想起在中国度过的难忘时光。

先生：张先生，您一路给了我们巨大的帮助，我们要向您表达我们最诚挚的谢意。

夫人：是啊，您一路陪同我们，为我们着想，使我们这次旅行收获极大。要是没有您的帮助，我们会茫然不知所措。

导游员：谢谢你们的夸奖。这是我应该做的。做你们的导游我也感到非常愉快。哦，到机场了，我们还有两小时的时间，进去吧。

（走进机场，卡特夫妇办理各种手续）

导游员：好了，我得说再见了。

夫人：您到机场来送我们真是太好了。张先生，非常感谢您为我们所做的一切。

先生：我们保持联系。

导游员：当然，我将等待你们下次来中国。

先生：我们一定会来的，我保证。

导游员：再见了，一路平安！

夫妇：再见！

案例 8-5　关于送站服务

服务不周到导致投诉

上海散客林先生结束了在 G 市的商务活动，按照委托旅行社的计划，6 月 23 日离开 G 市回上海。导游员小刘在当天陪他游完景点时告诉他，一定会和他联系，确认第二天的航班和商定出发时间。可是直到 22 日晚上 11 点，导游员小刘都没有和他联系。由于他没有小刘的联系方式，急得一点办法都没有。他以为没有买到票，小刘才没有与他联系。

第二天早上，他刚吃完早餐，小刘就急匆匆地找到他，让他赶快收拾行李去结账，他的航班是 9 点 30 分的。林先生一看表，已经 8 点 15 分了，他急忙返回房间，收拾行李，急匆匆地结了账。到达机场后，离停办手续还差 2 分钟。小刘把他送到后就离开了。林先生非常不满意，回去后对小刘的服务提出了投诉。请问，小刘的送站服务有哪些方面不符合导游规范？

>> **案例分析**

（1）必须提前和散客确认航班和商定好第二天的时间安排。
（2）要提前到达饭店，并确保提前两小时将客人送到机场。
（3）没有给客人留下自己的联系方式，以便客人有事能够与自己取得联系。
（4）没有协助客人办理离店手续。
（5）没有征求客人对自己工作的意见。

三、善后工作

导游员在完成送站服务后，应向旅行社散客部汇报工作，反馈有关情况，处理可能遗留的问题，认真办理游客委托的事务，归还所借物品。

案例 8-6 关于散客的标准服务流程

安排不合理触怒游客

罗伯特夫妇的女儿受聘在 W 市担任外语教师，7 月 5 日，他们从国外来看望自己的女儿。在 W 市和女儿一起过了一段时间后，他们决定 8 月 10 日启程回国。由于买的礼物和纪念品较多，行李非常重，而且 W 市没有直达航班，要在 G 市转机，他们的女儿为减轻他们的负担和安全起见，就委托 G 市的旅行社负责安排接送和代定饭店服务。

G 市旅行社接到委托后，就安排散客部的小王负责。小王接到罗伯特夫妇后，直接将他们送到预定的饭店，帮他们办理了住店手续后就离开了。由于小王没有与他们约定送机的时间，而他们的机票是第二天早上 8:30 分的，两位老人第二天 5:30 分就起来了。他们收拾好行李，连早餐都没有去吃就到饭店大厅等小王。他们一直等到 7:15 分，小王才和司机来到饭店接他们。小王请他们赶快上车，说时间太紧了。到达机场后，小王帮他们找来一辆手推车，告诉他们办理登机手续的地方后，就告诉他们说，他还要接一批马上要抵达的客人，说完就匆匆去机场到达厅接待其他的客人去了。

两位老人费了好大气力才办完手续，对此他们非常不满意。
请问，小王的服务有哪些方面的问题？

>> **案例分析**

1. 饭店服务方面：
（1）没有向客人介绍饭店设施和早餐时间及地点。
（2）没有送客人及客人行李到房间。
（3）没有和客人约定出发时间。
（4）没有安排早餐服务。

2. 送站方面：
(1) 到达饭店接客人的时间太晚，以致时间非常紧张。
(2) 没有帮助客人办理登机手续。
(3) 没有将客人送到安检口。
(4) 没有向客人道别并征求客人意见。

❓ 思考题

1. 什么是散客旅游？散客旅游和团队旅游有哪些区别？
2. 简述散客旅游的服务流程。
3. 在接散客时，导游员如果没有接到游客应该如何处理？
4. 在给散客进行导游讲解时，导游员应该采取哪种形式？

第九章 导游辞的创作规范

第一节 导游辞的内涵及其类型

一、导游辞的内涵

导游辞是导游员引导游客参观游览时使用的讲解语言,主要用于面对面的导游交际场合。关于导游辞之"辞",是写作"辞"还是写作"词",很长时间以来一直存在争议。

在东汉以前,一般只用"辞"而不用"词",如《易经·乾卦》的"修辞立其诚"、《论语·卫灵公》的"辞达而已矣"、《论语·季氏》的"而必为之辞"等;汉以后,出现了以"词"代"辞"的现象,如《史记·儒林外传》有"是时天子方好其词"、《文心雕龙·容裁》有"剪裁浮词谓之裁"等用法,但总体来看,用"辞"的现象还是更多一些。

《新华字典》(第11版)中对"辞"的解释是"① 中国古代的一种文字体裁,② 语言文词"。而把"词"诠释为"① 语言中最小的、有意义的、能自由运用的单位,② 说话或诗歌、戏剧、文章中的语句,③ 别称长短句,一种长短句押韵的诗体"。

在现代汉语中,"辞"用来指代优美的语言,而"词"则指语句。但是,也存在"文辞"和"文词""言辞"和"言词"并用的现象,且有积非成是的"解说词"的成例。受此影响,一些人将导游辞写成"导游词"。我们认为,这是不妥当的,导游辞应该用"辞"的本义,将其要点放在"优美的语言"上。

二、导游辞的类型

导游辞的类型并无一定之规,且因讲解内容和导游员的文化素养的不同而异,但较为常见的主要有以下几种类型。

(一) 漫谈型

这种类型的导游辞可以称为"流水账"。其特点是走到哪讲到哪,见到什么说什么,面面俱到,点到为止;其内容也只限于景点范围内游客目光所及的景色、建筑、文物等的一般性讲解。

比如,在博物馆,我们常见到导游员带着游客对一件件文物进行讲解,其导游辞是:"这是战国时期的青铜器,是用来喝酒的;这一件是用来吃饭的;这一件是战国时期的'冰箱',是用来冰酒的。"好比我们在日常生活中,遇到朋友和其他人在一起,见面后,朋友只是简单地介绍一下他所陪同的客人的姓名,而不是将他客人的来龙去脉交待清楚,也就是我们常说的只讲其然,而不讲其所以然。对景点的讲解只停留在表面,而没有深度。

漫谈型导游辞是导游辞中最容易的一种。因为它的内容停留在比较肤浅的层面上,是将各种相关资料中对景点的介绍拼凑在一起,导游员对其内容的理解往往只停留在文字上。在导游讲解时,导游员无心地背导游辞,游客也是无意地听讲解。这样,导游员就难以用自己的语言来吸引游客进行旅游审美,更谈不上让游客产生"听君一席话,胜读十年书"的感觉了。

当然,漫谈型导游辞有时还是必要的。对于刚刚涉足导游行业的导游员而言,它可以使导游员对旅游景点有一个初步的了解,在讲解时有一些最基本的素材可以讲;对于游客来说,可以对景观景物有一个轮廓性的认识。

(二) 混合型

混合型导游辞是介于漫谈型导游辞和知识型导游辞之间的一种导游辞。导游员在创作此类导游辞的时候,在漫谈型点到为止的基础上又融入了更多有益的信息。其特点是在介绍景点基本知识的基础之上,将其他有关的一些简单的背景资料(如科学成因、传说轶事等)穿插在导游介绍之中。

目前大多数导游员的讲解基本上属于这种类型,而且一般游客对此类导游辞多持认同态度。但创作这类导游辞只是一个合格导游员应具备的基本要求,距离成为一个真正优秀的导游员还有较大的空间。

(三) 知识型

知识型导游辞的创作有一定的难度。它不仅要求导游员具有渊博的知识,而且要求导游员善于处理知识内容,即根据游客的个性特点和旅游团的共同需求,结合景点的素材和自己储备的知识,创作出具有一定知识内涵和文化底蕴、符合游客需求的导游辞。

由于旅游所涉及的范围很广,游客需求各不相同,对于每个景点来说,导游员要把握好讲解内容,创作出知识性较强的导游辞的确不容易。在导游讲解时,要使游客体会到一种"听君一席话,胜读十年书"的感觉,就要求导游员不仅具有渊博的知识和良好的语言表达能力,而且要有适合游客需求的高水平导游辞。

(四) 比较型

比较型导游辞是所有导游辞中要求最高、难度最大的。因为这种导游辞不但要求有科学性、知识性、趣味性,还要求有可比性,要由此及彼、由表及里、举一反三,通过科学的比较、联想和推理,引领游客到一个较高的知识境界。

比如,在讲解武汉归元寺时,导游员要根据不同的游客,有针对性地讲解。对国内游客,要将佛教与道教的不同之处进行比较式的介绍;而对国外的游客,则要将其与天主教、基督教的不同之处以及各自的特点进行比较式的讲解。

上述四种类型的导游辞应根据游客不同的年龄、身份和层次而加以选择。如果我们在为一些文化层次较低的游客讲解时,大讲非常专业化的知识,则不可能收到良好的效果,反之亦然。

第二节　导游辞的内容结构

一篇完整的导游辞包括欢迎辞、沿途讲解辞、景点讲解辞和欢送辞四个方面。一般来说,欢迎辞是在游客抵达时前往下榻饭店的途中,或者是在前往景区的路上进行的;沿途讲解辞是在旅游团前往目的地景区途中讲解的;景点讲解辞用于导游员对景点所作的讲解,是导游辞内容的核心;欢送辞则是用在旅游团结束当地的旅游活动、前往机场(车站、码头)的送行途中。

一、欢迎辞

致欢迎辞对导游员来说非常重要,它好比一场戏的序幕、一篇乐章的序曲、一部作品的序言,会给游客留下深刻的"第一印象"。导游员应当通过致"欢迎辞"来展示自己的个人风采,努力使"良好的开端"成为"成功的一半"。

（一）欢迎辞的内容

关于欢迎辞的内容,有的专家认为应包括五大要素:表示欢迎、介绍人员、预告节目、表示态度和预祝成功;也有专家认为,欢迎辞分欢迎语、介绍语、导游态度语、预祝语等。

本书认为,欢迎辞的内容应视旅游团的性质及其成员的文化水平、职业、年龄及居住地等情况而有所不同。欢迎辞要有新意、亲和力和吸引力,能给游客留下深刻印象。欢迎辞一般应包括如下内容:

（1）问候语:向游客致以亲切的问候。
（2）欢迎语:代表所在旅行社、导游本人及司机欢迎游客光临旅游目的地。
（3）介绍语:介绍自己的姓名及所属单位,介绍司机。
（4）希望语:表示提供服务的诚挚愿望。
（5）祝愿语:预祝旅游愉快、顺利。

比如,"游客朋友们,大家好！大家辛苦了！首先,我代表××旅行社以及我们武汉800万人民欢迎大家来我们武汉观光游览。我姓周,是××旅行社的导游员,大家叫我"小周"或"周导"好了。"周导""周导",服务周到,我一定尽力为大家提供"周到"的服务;这位是我们的司机康师傅,今明两天就由康师傅和我为大家提供服务,大家在武汉可以把两颗心交给我们,一颗心就是把"放心"交给康师傅,他的车技相当娴熟,大家尽可以放心坐他的车;另一颗心就是把"开心"交给"周导"我好了！一路上大家有什么问题、有什么要求请尽量提出,我们将尽力满足;最后祝愿大家在武汉玩得开心、吃得满意、住得舒适,高高兴兴地度过一段难忘的美好时光"！

（二）致欢迎辞的形式

致欢迎辞的形式不拘一格,没有固定的模式。这里从语言艺术的角度,介绍三种致欢迎辞的方式。

（1）风趣式：导游员语言幽默、风趣、亦庄亦谐、妙趣横生，使游客听起来轻松愉快、情绪高昂。

例如：接待某医生旅游团时的一段欢迎辞

"游客朋友们，早上好！我叫张少昆，是××旅行社的导游员，十分荣幸能为各位服务。各位大都是医生吧？医生是人间最美好的职业。我一出生，就对医生有特别的感情，因为我是难产儿，多亏了医生我才得以'死里逃生'。长大之后，我立志当一名救死扶伤的医生，可是医学院却没有录取我。尽管我没有福气进医学院，但医院我每年都要去几次，我这人特别容易感冒。当医生不行，当'病人'却十分合格，真没有办法……今天的旅游节目是这样为大家安排的，首先参观岳阳楼、洞庭湖；然后去参观一家中医院。如果还有时间，我想请大家'参观'一个特别节目，就是看看我为什么老是容易患感冒。谢谢。"（游客大笑）

在致欢迎辞时，幽默是导游员与游客建立友好关系的最有效的手段之一，它不仅能缩短导游员与游客之间的感情距离，而且能够调节游客心理、营造活泼气氛、激发游客兴趣，往往给人以热情、开朗的良好印象。

（2）闲谈式：闲谈式的欢迎辞大都情感真挚、语气平和、不急不缓、娓娓道来，如同闲聊家常似的，能给人以亲切自然的感受。

例如：一位山西导游员对日本客人所致的一段欢迎辞

"游客朋友们，早上好！昨天晚上大家坐了七八个小时的夜车，一定很累吧？的确，我国交通事业还不十分发达，近几年虽然取得了很大进展，但比起贵国还有一定的差距。若乘坐高铁，从北京到大同，就会由现在的七八个小时缩短到一两个小时了，大家就不会像现在这样辛苦了，但众所周知，我国幅员辽阔，面积是贵国的26倍。实现这一愿望尚需时日，同时也需要各方面的大力支持与协助。在此，我真诚地希望各位能为中日友好，也为大家今后在我国旅游的方便作出贡献。说到贡献，大家实际上已付诸行动了。诸位这次来我国旅游不正是对我国旅游业的支持与贡献吗？在此，我代表大同市120万人民及国旅大同分社全体职工，表示衷心的感谢与热烈欢迎。中国有句古话叫'有朋自远方来，不亦乐乎'，此次能为大家提供导游服务，我感到由衷的高兴……"

（3）感慨式：导游员以善解人意的语言感而慨之，调整游客低落的情绪，并激起游客感情上的共鸣。

比如，有一台胞旅行团由香港转飞重庆，原定上午到达，次日早晨乘游船游三峡，因天气原因，航班延误至深夜11时才抵渝，游客心情不佳，情绪十分低落。重庆的导游员得知后，想在致欢迎辞时改变一下游客的情绪。他在自我介绍、向客人问候、表示欢迎之后，感慨地说："中国有句古话说'好事多磨'嘛。各位昼思夜想地盼了40多年，到了家门口都还要等十几个小时，中国人在中国的土地上却不能自由行动，这是一种很奇怪的现象。这是历史原因造成的，等到台湾回到祖国的怀抱后，这种局面就会改变。各位离别大陆40多年，哪里忘得了自己的故乡，忘得了这么一片广大的国土？忘得了家乡的亲人、年节的风俗和生养我们的土地？台湾有一支歌，叫《我的家乡在大陆上》，各位唱了40多年，今日终于唱回家了。在自己家里,想唱就唱,想笑就笑,想要去哪就去哪。大家就尽情地唱吧,笑吧!我谨以家乡亲人的名义,祝贺大家终于回——家——了……"

一番感人肺腑的话,立刻赢得了游客发自内心的热烈掌声。他们的精神为之一振,自发地哼唱起《我的家乡在大陆上》,思乡之情像火一样被点燃起来了。

游客到异地旅游,会产生陌生感、好奇感,以及一种茫然不安的心情。导游员的真挚情感、友好态度和贴切的欢迎辞,会使游客如见到久别的朋友那般倍感亲切。

二、沿途讲解辞

(一)首次沿途导游讲解

首次沿途导游是指导游员接团后赴下榻饭店的途中导游。游客初来一地感到好奇、新鲜,什么都想问,什么都想知道,导游员应把握时机,选择游客最感兴趣、最急于了解的事物进行介绍,以满足游客的好奇心和求知欲。因而,首次沿途导游讲解的内容应力求简约、概括,但富有针对性,主要包括两方面的内容:

(1)介绍城市概况:如地理位置、历史沿革、人口状况、行政区划、市政建设等巨大变化,等等。

(2)风光风情介绍:沿途风光介绍和风情讲解的内容要简明扼要,景物取舍得当,随机应变,做到见人说人、见景说景、与游客的观赏同步。

(二)去景点途中的讲解

导游员带团去参观游览点的途中应根据具体情况进行导游讲解,讲解内容一般包括以下几个方面:

(1)重申当日活动安排。游览车启动后,导游员首先向游客重申当日活动安排,包括午、晚餐的时间、地点;向游客报告到达游览点所需的时间;视情况介绍当日国内外重要新闻。

(2)引导欣赏沿途风光。在前往景点的途中,导游员向游客介绍本地的风土人情,引导游客欣赏沿途的景观景物,回答游客提出的问题。

(3)介绍将要游览的景点。抵达景点前,导游员向游客介绍该景点的概况,尤其是景点的历史价值和特色。讲解要简明扼要,目的是满足游客事先想了解有关知识的心理,激起其游览景点的欲望。

(4)组织活动,活跃气氛。如旅途较远,可以讨论一些游客感兴趣的国内外话题,或组织适当的娱乐活动等来活跃气氛。

三、景点讲解辞

景点讲解辞是导游辞的核心内容,它是对游览景点所作的全面介绍和详细讲解,包括景点名称的来历、历史典故、民间传说等。因此,讲解辞要具有知识性、幽默性、引导性与悬念性。

(一)景点讲解辞的素材收集

一般来说,我们把所有的景点分成两大类型,即自然景观和人文景观。在景点讲解辞创作素材的收集上导游员可以从这两个方面的各项特征着手进行。

自然景观主要是观形赏景，探寻其独特的地质地貌、景物景观的形成，了解其丰富的自然资源等；人文景观则偏重于历史渊源，重大历史事件和历史人物、民风民俗等。这些我们也可以称之为景点的讲解属性。但是，没有哪一个景点是只具备一种讲解属性的，往往是多个讲解属性相互结合、相互渗透。这就要求导游员在资料的搜集整理过程中不能只搜集景点某一方面的资料，而应将资料搜集全面。

比如，在搜集黄鹤楼的相关资料时，首先将黄鹤楼定位为人文景观，其资料主要从三个方面入手搜集：一是黄鹤楼的地理位置和建筑特点；二是黄鹤楼的历史意义；三是描写黄鹤楼的作品及黄鹤楼的相关传说。如果将讲解重点定位在黄鹤楼的传说上，那么"辛氏卖酒建楼"的传说和一楼大厅的巨型壁画就成了讲解的重点，而黄鹤楼的建筑特点和历史意义等就成了穿插和充实黄鹤楼讲解辞的部分了。前期的资料搜集工作中，就需要做大量的准备工作来搜集黄鹤楼的相关传说，如黄鹤楼建楼的传说、李白崔颢斗诗的传说，等等。

（二）景点讲解辞的写作要领

（1）切题：创作主题明确、思路清晰，讲解辞始终围绕主题展开。对以自然风光为主的景点，如长江三峡、神农架、九寨沟等，应着重突出其自然特色；对以人文景观为主的景点，如故宫、黄鹤楼、白马寺等，讲解内容应注重文化内涵的挖掘。

（2）创意：景点讲解辞一定要有新意，应凸显鲜明的个性。以讲解寺庙为例，从弥勒大殿到大雄宝殿，几乎所有的导游员都是讲布袋和尚的传说、四大金刚所持的法器及寓意、大雄宝殿中释迦牟尼如何成道，等等。这些千篇一律的讲解辞，让游客听到开头就已经知道结尾。

（3）正确：景点讲解辞中的每一个用词都要准确。如介绍武汉江汉路步行街的雕塑时，导游员讲"过去，每到夏夜，武汉会出现'壮观'的竹床阵"，这里的"壮观"与实际情况不符，不如改为"奇特"；对景观内容及其文化内涵还应正确解释，如黄鹤楼西门门楼背面的"江山入画"四个大字，景点讲解辞对其中的"入"字应予以解释：与大家熟悉的"江山如画"相比，将"如"改成"入"，一字之改，独具匠心，意为"风光绮丽，使四周美景聚入画廊之中"。

（4）层次：景点讲解辞应注意层次分明、结构完整，切忌头重脚轻或无头无尾。除此之外，还要注意讲解内容的层次应与游览的先后顺序相吻合，一般应由外到里、由下至上、由粗到细等。

（5）重点：景点讲解辞在对景点内容进行全面介绍的基础上，应选择重点内容突出讲解。

比如，大别山的讲解重点就在红色旅游和绿色旅游两个点上。大别山的红色旅游应着重介绍"黄麻起义""红四方面军的诞生"和"刘邓大军千里跃进大别山"等内容；而大别山的绿色旅游应重点讲解大别山生态旅游区中的天堂寨、薄刀峰、青苔关、吴家山、桃花冲五大景区，尤其是要突出讲解"天堂三绝"：天堂睡佛、哲人峰和大别神龟。

（6）发挥：景点讲解辞应在介绍基本内容的基础上，有创意地进行即兴发挥。如穿插一些趣味性较强的笑话、"小插曲",或唱唱民歌、山歌等,但注意不要喧宾夺主,偏离主题。

(7) 口语化:景点讲解辞应尽量使用通俗易懂、优雅文明的口头语言进行讲解,且语句力求简短。

四、欢送辞

欢送辞就是为某次旅行画上圆满的句号所作出的道别语。送别是导游服务工作的尾声。这时导游员与游客已很熟悉,有的已成了朋友。如果说"欢迎辞"给游客留下了美好的第一印象,那么"欢送辞"则给游客留下了难以磨灭的最终印象。

(一)欢送辞的内容

关于欢送辞,有的学者认为包括五个要素:表示惜别、感谢合作、小结旅游、征求意见及期盼重逢;也有学者认为应包括此次旅行回顾语、虔诚道歉语、感谢大家配合语、希望再次光临语,等等。

欢送辞的内容概括起来,主要包括以下五个方面:

(1) 感谢语:回顾旅游活动,对领队、全陪、游客和司机的合作表示谢意。
(2) 惜别语:表达友谊和惜别之情。
(3) 征求意见语:向游客诚恳地征询意见和建议。
(4) 致歉语:行程中如有不尽如人意之处,祈求原谅,并向游客赔礼道歉。
(5) 祝愿语:期望再次相逢,表达美好的祝愿。

欢送辞除了要有文采之外,更要讲"情深""意切",让游客终生难忘。

比如,我国一位从事导游工作近40年的英文导游员,在同游客话别时说:"中国有句古语,叫做'两山不能相遇,两人总能相逢',我期盼着不久的将来,我们还会在中国再次相会,再见!"结果,每年的圣诞节和新年,他都会收到许多从世界各地寄来的贺卡,上面用英文手写着"Greetings From Another Mountain"(来自另一座山的问候)。

由此可见,一篇情深意切的欢送辞,会给游客留下多么深远的印象!

(二)致欢送辞的形式

在结束一国或一地的游览后,导游员致欢送辞是不可忽视的一个工作环节。不"辞"而别或随便收场都是一种"不够朋友""不礼貌"的行为。致不致欢送辞,如何致欢送辞,往往关系到导游工作最后成功与否。致欢送辞的内容和形式要机动灵活。比如,从内容上讲,对东方客人,在道别时叮嘱他们注意身体健康,适时增减衣服,他们会倍感温暖;而类似的话对西方人讲,就不大适用,由于文化价值观不同,他们会误以为你小看他。从形式上讲,欢送辞可分为以下两种:

(1) 抒情式:导游员用热情洋溢的话语,表达友谊和惜别之情,以巩固和加深与游客相处一段时间以来所建立的友谊。

例如:一位重庆导游员在送别一个日本汉诗研究团队时所致的欢送辞

"两天来,由于各位的通力合作,我们在重庆的游览就要圆满结束了。在此,我谨向各位表示深深的谢意！重庆和东京相距几千公里，但只不过是一水之隔。'我在长江头，君在长江尾'，我们两国是一衣带水的友好邻邦。我虽不能按照日本古老的风俗，给你们一束彩色的纸带，一头在你们手里，一头在我手里，船开了，纸带一分两半，却留下无尽的思念。虽然没有这种有形的纸带，但却有一条无形的彩带，那就是友谊的纽带。虽然看不见、摸不着，我却感受得到它已经存在 2 000 多年了。当年唐代诗人李白从这里去三峡时，有感于亲友不能登舟随行，写下了'仍怜故乡水，万里送行舟'的诗句。我也不能登舟随各位远行。就让我的故乡水——长江水，送各位去三峡，经汉口、上海，回东京好了。

"中国有句古话'物惟求新，人惟求旧'，东西是新的好，朋友还是老的好。这次我们是新知，下次各位有机会再来重庆，我们就是故交了。祝各位百事如意，健康幸福，一路顺风！谢谢大家！"

这位导游员针对游客都精通汉诗这一特点，在致欢送辞时借"诗"抒情，既热情奔放，又韵味悠长，收到了良好的效果。

（2）总结式：导游员用热情而平静的口吻，简要回顾一下游览的旅程，并表示感谢合作、期待重逢、衷心祝福之意。

例如：一位北京全陪导游员的欢送辞

"游客朋友们，天下没有不散的筵席。我们相处了 20 多天，今天就要分别了。20 多天的时间不算很长，但各位从南到北，由东往西，既观赏了一些名山大川的壮丽雄伟，又领略了一些古迹名胜的悠久底蕴，对中国有了一个概略的印象，这段时间得到了大家的协助和配合，旅游活动进行得十分顺利，对此，我由衷地向大家表示感谢！我有服务不周的地方，还请各位多多批评指正。我们有缘这次相逢，深信将来还有缘再会。最后，祝大家旅途顺利，身体健康！谢谢！"

这位导游员用朴实、真挚的语言对这次陪同旅行作了一个简短的总结，为整个旅行活动画上了一个圆满的"句号"。这是一种普通的、极常见的致欢送辞的形式。

第三节 导游辞的写作方法

导游员要创作出好的导游辞，必须把握一定的要领。下面从导游辞的选题原则、主题确立、借题发挥和写作要求四个方面谈谈导游辞创作的主要技巧。

一、把握选题原则

导游辞要选准创作选题，应当遵循以下几个原则。

（一）个性化原则

导游辞一定要突出所描写景观的个性，即充分揭示其本身独有的、区别于其他任何景观的特色。个性越鲜明，则导游辞的价值越高。

对自然景观要突出其自然特色。每一个自然景观都有其独特的地方，我们要准确地把它表达出来，这样才能吸引游客。如名山各有其个性，像泰山之雄、华山之险、黄山之奇、峨嵋之秀、青城之幽，等等；溶洞很多，也各有其特色。导游员一定要深刻地挖掘所要描述的对象本身拥有的个性，决不能停留在泛泛的描述上，如风景秀丽、气候宜人、四季如春、别有洞天等，太一般化，落入俗套。

对人文旅游资源的讲解则应尽可能保持其原始风貌，特别是古建筑与古园林，除审美价值外还具有历史价值，在一定程度上反映古人的审美意识与生活情趣。如古寺院，不必过多描述山门、大雄宝殿、四大天王等，这些是每个寺院都有的，虽有细微差别，但对于不是研究佛教艺术的一般游客，他们并不感兴趣；导游员应着力去发现它与其他寺院不同的、在宗教史和艺术史上独具特色的地方。

（二）创新性原则

导游辞创作要求所选主题有新角度、新见解、新材料和新内容。导游辞中描写的景观，不论是自然景观或人文景观，都有悠久的历史，一般都有着大量的口头流传的故事或丰富的文学材料。因此，首先要广泛搜集材料，经过认真阅读、分析、比较，筛选出优秀的、科学的、符合时代精神的、富有艺术性的精华，而祛除荒诞的、迷信的、毫无意义的糟粕。

尤其重要的是，要努力从新的角度去观察和思考客观世界的对象，或者前人虽已有涉猎但尚未充分表现的东西，以此获得新意，这也就是我们经常说的"推陈出新"。

比如，黄崖口关长城的十二寡妇楼，以前解说更多突出其苦难、节妇的悲剧气氛，现在主要颂扬其忠烈、抗敌的悲壮气概；东陵孝庄太后墓在围墙之外，以前都传说她下嫁多尔衮，不守妇道，是个风流皇后，被逐出家门，现在则还原历史本来面目，宣扬她对稳定清初政治局面、扶助康熙帝治理国家的功绩；许多溶洞都是大闹天宫、八仙过海、天女散花等场景，处处雷同，平淡无奇，现有五谷丰登、宇宙飞船等景观，颇有新意。

（三）整体性原则

任何一处具有一定价值和较强吸引力的景观景物，不论是自然风光还是名胜古迹，都有其广阔的社会政治背景及深厚的历史文化内涵，它往往是众多景点中具有特色的珍品。但是，它之所以具有吸引力，一定有其出类拔萃的原因。因此，在创作导游辞时，不能"就事论事""就景写景"，孤零零地描述单个景点。这不仅显得单调肤浅，而且也失去了由此及彼、以点带面的整体性。

例如：苏州寒山寺的导游辞

"游客朋友们，说起寒山寺，大家都会想起唐代诗人张继写的《枫桥夜泊》：'月落乌啼霜满天，江枫渔火对愁眠。姑苏城外寒山寺，夜半钟声到客船。'这是当年张继进京考试名落孙山，归途中夜泊枫桥写下的千古绝唱。寒山寺的钟声使他消除了烦恼，继续寒窗苦读，后来再次赴京应试，终于得中进士。可见，苏州寒山寺的钟声能消除人们心中的烦恼，启迪心灵的智慧，寄托幸福的期望，给您带来美好吉祥的预兆。下面请大家跟我一起前往寒山寺游览。

寒山寺位于苏州阊门外的枫桥镇，建于六朝时期的梁代天监年间（502—519年），距今已有近1500年的历史。寒山寺最初的名字叫'妙利普明塔院'。后来在唐代贞观年间，这里来了两位天台山的高僧寒山和拾得，才改名为'寒山寺'的。传说寒山和拾得分别是文殊菩萨普贤菩萨的化身,后来被人识破,两人就双双乘鹤而去。又传说拾得和尚乘了寒山寺里的一口钟,漂洋过海东渡日本,到了一个名叫萨堤的地方,继续传播佛学和中国文化。

在寒山寺,最让游人感兴趣的就是那口大钟了。寒山寺的钟,历来受到诗人们的题咏,这在文学史上是罕见的。相传张继诗中所提及的钟,历经沧桑,在明末流入日本。清末,日本的山田寒山先生四处探寻,欲将此钟归还,但终无下落,便募捐集资,在日本明治38年(1906年)由小林诚等一批工匠精心铸成一对青铜钟,一口留在日本观山寺,一口送来苏州寒山寺,在中日民间文化交流和友好往来的史册中书写了美好的一页。在日本,苏州寒山寺几乎家喻户晓,老幼皆知;在日本的小学里,张继的《枫桥夜泊》甚至被选入教科书作为课文来讲授和背诵。

自1979年12月31日除夕夜开始,苏州每年举办除夕寒山寺听钟声活动,每年除夕,近3万以日本人为主的海内外游人来寒山寺聆听夜半钟声。

游客朋友们,现在我们已经进入寒山寺景区了。寒山寺景区拥有'古寺、古桥、古关、古镇、古运河'。古寺即寒山寺;古桥指寒山寺两侧大运河上的江村桥和枫桥,即张继诗中'江枫渔火对愁眠'中的江、枫这两座桥;古关指大运河和上塘河交汇处的铁铃关,建于1557年,为明代抗击倭寇的关隘,城楼雄伟,现设抗倭史迹陈列室;古镇就是枫桥镇,粉墙黛瓦,一派姑苏水乡风光;古运河即开凿于隋炀帝时的京杭大运河,全长1794公里,从寺前流过……"

这一篇介绍苏州寒山寺的导游辞,语言生动、内容丰富、层次分明。由古桥—古镇—古寺—古钟,重点描述寒山寺及其大钟;同时也介绍了古桥和古镇。这里的寒山寺不是孤立的一个寺院,而是由许多相关景点烘托起来的大的景区。历史典故被描绘得让人仿佛身临其境,对众多海内外游客产生了巨大的吸引力。

(四)针对性原则

导游辞创作要有针对性,主要体现在两个方面:一方面是要针对时代特性,另一方面是要针对市场需求。

导游辞创作首先要与时俱进,要有鲜明的时代精神,应站在时代的高度去发掘景观景物的本质意义,不能只囿于写作对象的具体范围,而不顾及社会生活的发展和变化。因为随着市场经济的发展和社会生活的变化,当代游客的旅游动机也在不断变化,这使旅游资源随时都面临入时与过时、扩大或丧失吸引力的可能性。比如,历史上温泉曾是旅游的主要对象;而后,人们又向往海水和阳光,于是海滨胜地出现了;后来,文化旅游日益风行起来,人们热衷于参观文物古迹,为此各国又十分重视文化资源的开发。因此,要对已不入时的资源进行正确评估,努力挖掘其时代精神,恢复其市场吸引力。

同时,导游辞创作要特别重视市场需求的变化,随着游客关注点的转移而选择重点目标和题材。此外导游辞也要根据景观景物目标市场的不同而进行创作。每一个旅游目的地成景观景物,都有其不同的消费市场,即不同的游客群体。因而导游辞创作要立足于自己的听众,有的放矢,才能扣人心弦。如北京周口店猿人遗迹,既是青少年的爱国主义教育阵地,又是考古学家和人类学家的科研场所,对这两种不同的旅游群体就要有针对性地进行不同导游辞的的创作。

二、确立写作主题

主题,通常是写作者在文章中表达的中心思想,表现了写作者对文章中所反映的客观事物的基本认识、理解和评价。主题具有客观性和主观性双重属性,任何文章都是对客观事物和社会生活的反映,但主题不是客观事物本身,而是写作者对它的主观认识和主观反映。因而,写作者的主观因素在形成和表现主题的过程中起着决定性的作用。

导游辞的写作也要重视主题的确立和提炼。一篇导游辞,导游员要向游客表达一种什么思想和意图,要激发游客怎样的情感、认识和评价,最终要达到怎样的目的,都是紧紧围绕主题来实现的。

(一) 主题是导游辞的核心和灵魂

1. 主题决定导游辞和景观景物的价值

导游辞是导游员对景观景物的历史文化价值、艺术观赏价值和科学研究价值的评价,也是导游员的政治理想、思想意识和审美情趣的表现。导游辞的主题也有深浅、新旧、正误之别,这决定了一篇导游辞本身的价值,更加重要的是影响了景观景物的价值。有的景观,本身的价值很高,但导游员没有深刻挖掘其主题,使它变得平淡无奇;而有的景观,原本看似平平淡淡,经导游员描述、发掘其深刻的内涵,顿时闪耀起来,成为著名景观。由此可见确立主题的重要性。

2. 主题决定创作素材的取舍提炼

一个景点往往已存在大量的创作素材。它们往往是分散的,甚至是互相矛盾的,既有真实的、高雅的,也有虚构的、庸俗的。我们不能把这些素材原封不动地都写进导游辞,一定要进行前期的取舍提炼,也就是所谓的"去伪存真"的过程。根据主题表达的需要进行取舍和提炼,才能使杂乱无章的素材变成富有生命的、互相联系的、表现景观特色的有机整体,成为一篇优秀的导游辞。

3. 主题支配导游辞的谋篇布局

导游辞要按照旅游线路先后有序、层次分明、思路清晰地娓娓道来。导游员只有在动笔之前把写作意图(即主题)明确起来,才能在创作中做到先后有序、增减适度、详略得当、藏露合理,这样才能做到谋篇严谨、布局合理。否则,偏离主题、盲目铺陈,就不能形成一篇组织严密、逻辑统一的导游辞。

4. 主题制约导游辞的表达方式

不同景观景物的导游辞有不同的表达手法,不同的主题总要寻找最适于表现自己的表达方式。如自然风光,以描写和抒情为主;文物古迹,以说明和论述为主;风俗民情,以叙述和展示为主;革命圣地,以记述和颂扬为主。总之,不同主题的导游辞有不同的表达方式,即便对于同一性质的景物,由于导游员表达的主题不同,也会采用不同的表达手法。

(二) 确立导游辞主题要注重"三性"

(1) 正确性:对主题的思想性、科学性或审美价值的要求。导游辞的主题要符合景观景物的真实情况,充分揭示其文化内涵,激发人们积极健康的情感,如对祖国、生活、大自然和科学知识的热爱、颂扬悠久历史、绚烂文化、民族团结等。

(2) 集中性:主题的简明和单一。一般来说,一篇导游辞只能有一个主题,不宜同时存在两个或两个以上的中心。否则就会枝乱叶蔓,偏离导游辞的中心思想。要求主题简明和单一,就是为了让导游员说深讲透,增强主题的表达效果。

(3) 深刻性:反映主题的深度。导游辞不能停留在对景观景物表面现象的罗列和说明上,它应该揭示景观景物深层次、本质的内涵和意蕴。当然,主题的深刻性不是抽象推论或凭空拔高的产物,而是寄寓于个性鲜明的具体素材之中。两者巧妙结合,导游辞才能既生动又深刻。

(三) 确立导游辞主题应凸显"两点"

1. 突出重点

导游辞是一种新的特殊文体,不同于小说、散文、诗歌、论文、应用文等。它要求文字优美、朗朗上口,既可以读,也可以结合场景实地讲解,最重要的是要让游客获得对景观景物的鲜明印象。因此,把握导游辞创作的重点,显得尤为重要。

(1) 重点介绍最能体现景物本质特征的内容。如关于园林景观的导游辞,应着重于它的特色和表现手法;对历史文物的介绍,则应着重于它的文化价值和历史意义等。

(2) 着重介绍游客最需要了解的内容。一个景区的游览内容很多,游客不可能全部游览,导游辞要择其最主要的内容加以说明。这样既满足了游客的要求,又突出了讲解重点。

在导游辞的创作中,可把旅游景点的内容分成重点、次重点、一般景点依次布局,这样就能重点突出、层次分明、结构清晰、布局合理。

2. 选择亮点

导游辞中最精彩的部分就是所谓的亮点。每个景观景物都由许多内容组成,其中最吸引游客的、最有价值的、最独特的东西,就是通篇导游辞的闪光点,亦即亮点。我们知道,诗有"诗眼",文有"警句",画有"点睛",同样,导游辞的创作应该重视选择"亮点"。

(1) 亮点的选择要立足于导游员拥有的创作素材。只有当导游员拥有的景观景物资料十分丰富且符合实际时,才能找到亮点之所在,形成通篇导游辞的高潮。

(2) 亮点的选择还在于选取新视角,探求景观景物的新意。新颖独特的视角能提供新的场面,发掘新的含义,找到新的突破口,发现新的意境。如果总沿着前人的传说走下去,只能看到老生常谈的旧景;相反,如果独辟蹊径,重新创作一定能领略到前人所未见的奇观。

三、善于借题发挥

导游辞通常都是依照旅游线路设计、紧扣主题创作的。但在介绍某一景观景物时,往往需要导游员从内容上加以扩充和增补,帮助游客更加深入地理解画面和实物本身难以直接表达的含义。因此,导游辞的创作在许多地方需要借题发挥。

(一) 知识上旁征博引

比如,北京故宫的导游辞中介绍保和殿时写道:"清朝时常在这里举行宴会,每年正月初一和十五宴请蒙古和新疆的王公大臣,公主下嫁时皇帝也在这里宴请驸马。"然后就旁征博引,将封建时代的科举制度叙说一番,从汉代初建一直到1905年废止,很有知识性和趣味性。

这种手法在导游辞中十分常见,关键是使用得是否恰当。

(二) 情理上借题发挥

比如,电视剧《泰山》中,当画面出现挑山工登十八盘时,解说词写道:"十八盘是考验意志和耐力的路,十八盘是砥砺恒心和韧性的路。在人生的道路中总是会遇到这样那样的困难。往往困难越大,离胜利也就越近了。登过泰山十八盘的人,可以深刻地体会到这个道理。"

这段解说词借题发挥,揭示了画面以外的深刻含义,给人们以某种启迪。

(三) 史料上借古论今

比如,陕西历史博物馆导游辞的最后一段写道:"各位在陕西历史博物馆内数千件文物中徜徉,好似踏入了历史的长河,回到了早已逝去的时代,领略了陕西历史文化及文物年代早、品种全、规模大、水平高的特征。它对弘扬民族文化,促进改革开放和旅游事业的发展,起到了积极的推动作用!我相信各位会为先辈们用勤劳智慧创造的辉煌业绩所激励,重振汉唐雄风,再创辉煌!"

这种挥洒自如的借古论今,既不装腔作势,又不牵强附会,对加深主题思想很有用处。这在导游辞中处处可见。借题发挥的手法很多,导游员在使用这种手法时必须注意:

(1) 紧扣景观景物。要以真实的场景为基础,紧扣景观景物,不能随意发挥、信口开河。

(2) 引用史料真实。引用的史料知识,必须是真实的、科学的,而不是杜撰的。未经证实的史料不得任意引用,民间传说就要如实注明,不能以假乱真。

(3) 抒发的感情积极。抒发的感情应该是积极的、健康的、催人奋进的,而不是消极的、颓废的、令人厌世的。

(4) 发挥的内容简洁。借题发挥的内容要简洁,文字要精炼。做到有的放矢,收放自如,而不要漫无边际,离题万里。

四、注意写作要求

(一) 强调知识性

一篇优秀的导游辞必须有丰富的知识内容,在融入各类知识的基础上旁征博引、融会贯通。导游辞不能只满足于一般性介绍,还要注入深层次的知识内容,如同类事物的鉴赏、有关诗词的点缀、名家的评论等。这样,无疑会提高导游辞的水准和价值。

以悬空寺的讲解为例,先介绍"悬空寺位于山西省北岳恒山金龙峡的半崖壁间,为恒山十八景之一。始建于北魏后期,距今已有1 400多年的历史。寺内有大小殿阁四十间,各种佛尊神像八十多尊"的概况后;再点出"悬空寺整个建筑面对北岳恒山,背倚翠屏山,上载危岩,下临深谷,楼阁悬空,结构巧奇。从谷底仰望,若断崖飞虹;隔峡遥望,如壁间嵌雁"的建筑特色;最后用"明代大旅行家徐霞客曾留下'天下巨观'的赞语"来作为点睛之笔。

(二) 讲究口语化

导游语言是一种具有丰富表达力、生动形象的口头语言,导游辞也多采用口头传播的方式,最终目的是直接讲解给游客听。所以,在语音、词汇、语法、修饰等方面,必须无条件地服从口语表达的一系列要求,以形成通俗易懂、亲切自然的口语风格。因此在句式上,应多采用简洁的短句、散句,以使节奏轻快、朗朗上口;在词汇选择上,要尽量避免书面语,多使用口语形式,包括人们喜闻乐见的俗语、俚语等。

比如,《蓬莱仙洞解说词》:"是仙人送子,你看她,左手抱一个,背上驮一个,前面跪一个,身后还跟着一大群,哭哭啼啼,一片凄惨景象,真是儿多母苦啊!"有位游客看了说:"还是计划生育好哇!"

这一段导游辞全是用的口语词、短句子,显得生动活泼,便于讲解,听起来效果很好。

(三) 突出趣味性

为了突出导游辞的趣味性,必须注意以下几个方面的问题:

(1) 精心编织故事情节:讲解一个景点,要不失时机地穿插趣味盎然的传说和民间故事,以激起游客的兴趣和好奇的心理。

比如,介绍北京香山的双清别墅,可插入这样一段传说:相传金代第六帝辛宗来此游览时,突然感到疲乏,席地而卧,就进入了梦乡。梦中他看见一群大雁在头顶上空盘旋鸣叫,便拈弓连发两箭,大雁惊飞,但在两处箭跌落的地方顿时涌出两股清泉,他十分高兴,就命名为"梦感泉"。

这一段传说使景点增添了神秘色彩,更引人入胜。但是,选用的传说故事必须与景观密切相关,不得胡编乱造。

(2) 语言力求生动形象:生动形象的语言能将游客引入意境,给他们留下深刻的印象。

比如,有一段导游辞是这样写的:"各位团友,大家现在看到佛像头部微微前倾,目光向我们凝视,嘴唇微开,是不是正在向诸位讲经说法呢?……不知各位有没有留意,我们在大雄宝殿看到的所有佛像,包括菩萨、罗汉等,都是在海水背景之上的,大家知道这是为什么吗?对了,这位女士回答得好,这里有着'苦海无边,回头是岸'的寓意。好了,现在就请各位回过头来,不过我们可不是'登岸不看',而是再接着往上面参观。"

这段导游辞通过生动的语言,借景发挥,为游客留下了深刻的印象。

(3) 恰当运用修辞手法:导游辞中,恰当地运用比喻、比拟、夸张、象征等修辞手法,可使静止的景观幻化为生动鲜活的画面,焕发出迷人的内在美,令游客如痴如醉。

比如"有人说三峡像一幅展不尽的山水画卷,也有人说,三峡是一条丰富多彩的文化艺术长廊。我们说,三峡倒更像一部辉煌的交响乐。它由'瞿塘雄、巫峡秀、西陵险'这三篇具有不同旋律和节奏的乐章所组成"。

《话说长江》中的这一段导游辞用三个生动的比喻诠释了长江三峡内在的美。

（4）具有幽默风趣的韵味：幽默风趣是导游辞艺术性的重要体现，可使讲解更具趣味，营造轻松和谐的氛围。

例如：江西景德镇镇窑的导游辞

"女士们，先生们，非常欢迎诸位前来参观这座古老的镇窑，请女士们优先。现在我这样大大方方地欢迎大家，看来似乎是件很平常的事，但若回到50年前，我就不能这样从容，而只能说：'非常抱歉，先生们请进，女士们留步。'为什么呢？因为在那时，镇窑是谢绝女士参观的。对此有两种解释……自20世纪50年代后，随着人们思想观念的转变，镇窑逐步对女性开放，而它烧的瓷器不仅没有受影响，而且越来越好，越来越漂亮。我相信各位会同意我的看法：漂亮的瓷器正是由于漂亮女士们的到来而烧制成的！

好了，接下来就请大家进去领略一下古镇窑的风采。请看，这就是窑房的内部，建筑结构是不是很特殊呢？梁都是弯的，东倒西歪的柱子，宛如一群擅长中国功夫的拳师在打醉拳……我们眼前的建筑真的是非常牢固。据说在明代时，景德镇发生过一次地震，许多房屋倒塌了，可这窑房却岿然不动。这是为什么呢？打个比方说吧，如果有谁想把我推倒，我是笔笔直直站着，紧紧张张迎战呢？还是两脚分开，微微弯曲，全身放松而又集中注意力对付呢？生活经验告诉我们，后者是上策。同样的道理，弯曲的梁柱，只要合理构架，受力平衡，这样的建筑物是很牢固的。由此可见，景德镇古代的建筑师是多么富有智慧和才华呀。

镇窑烧制的瓷器品种多，以颜色釉为例，一窑能烧出100多种，成色离奇，五彩缤纷。颜色釉是景德镇的一大传统瓷，瓷工配制各种不同成分的釉施于瓷器表面，在高温下经过一系列的化学变化而形成各种不同的颜色，所以人们常说，颜色釉瓷是进窑一色，出窑万彩。这种瓷的颜色都是'窑变'而成的，变幻莫测，很难把握。后来'窑变'一词在古汉语中也用以形容男女爱情变卦。元代散曲家张可久的《寨儿令》中有句话：'您窑变您薄情。'不知各位是否有人买了颜色釉瓷馈送亲友？如果是送给您心上人，可得要慎重啊！不要引起误会，说您是在传递'变心'的信号。我告诉您一个办法，在送这种瓷器的时候，附上一封'情书'，写一句话：'送上窑变瓷，警告莫负心！'"

一上来就来个"女士们"，又来个"请女士们优先"，其目的是引出50年前"女士们留步"，以及新中国成立后和最近"漂亮的瓷器正是由于漂亮的女士们到来而烧制成的！"。这个设计十分巧妙且自然。引起游客兴致后，他便如数家珍般，用了一个个的比喻介绍景德镇瓷器的生产过程：他把"东倒西歪的柱子"比喻为"中国功夫的拳师在打醉拳"；为了解释窑房抗震，他又借喻两脚分开、微弯曲"站立的人"会更有力且受力更平衡……最后，又引出"进窑一色，出窑万彩"的"窑变"多形容男女爱情变卦的古义。但一提"变卦"导游立刻担心，会影响瓷器的销售，所以建议送给"爱人"和"情侣"瓷器时，一定附上"情书"，写上一句话"送上窑变瓷，警告莫负心！"。

当然，用"比喻"引出幽默，这个比喻一定是通俗易懂、形象生动的。"打醉拳""人站立""爱情变卦"，都是符合这些条件的。

（5）随机应变，临场发挥：导游辞创作成功与否，不仅表现其知识渊博，也反映出导游的技能技巧。

比如,导游员在车上讲解时,忽然遇到一段坑坑洼洼的道路,车内游客顿时抱怨起来,这时导游员即景生情地说:"请大家放松一下,我们的汽车现在开始为大家做全身按摩,按摩时间大约10分钟,不另外收费。"

一席话使游客忍俊不禁,同时也增添了旅途中的乐趣。

(四) 具有针对性

导游辞不是千篇一律的,它必须是从实际以发,因人而异,有的放矢。创作导游辞一般应有假设对象,这样才能具有针对性。

每个旅游景点都有其代表性的景观,每个景观又都从不同角度有其特色内容。导游辞必须在兼顾全面的情况下针对重点内容作详细介绍。面面俱到、没有重点的导游辞是不成功的。导游员应该像一个画家,将景点视同一件美术作品,先将景点的主线条勾画出来,然后再灵活地运用我们平时牢记于心的各种素材加以润色。景点就如同一朵红花,加以绿叶的衬托,会显得更加美丽。

(五) 富有高品位

导游辞创作必须注意提高品位,一要强调思想品位,因为弘扬爱国主义精神是导游员义不容辞的职责;二要讲究文学品位,导游辞的语言应该是规范的,文字是准确的,结构是严谨的,内容层次是符合逻辑的,这是对一篇导游辞的基本要求。如果再在基本内容之外适当地引经据典,合理地运用些诗词名句和名人警句,就会使导游辞的文学品位更为提高。

❓ 思考题

1. 导游辞有哪几种类型?其内容由哪几部分构成?
2. 导游辞选题应遵循哪些原则?
3. 导游辞创作中如何做到借题发挥?
4. 在导游辞写作中如何突出趣味性?
5. 尝试创作一篇导游辞。

21世纪经济与管理规划教材
旅游管理系列

技 能 篇

第十章　导游员的语言技能
第十一章　导游员的带团技能
第十二章　导游员的讲解技能
第十三章　导游员的应变技能

第十章 导游员的语言技能

语言,是人类沟通信息、交流感情、促进相互了解的重要手段,是人们进行交际活动的重要工具。导游服务效果的好坏在很大程度上取决于导游员掌握和运用语言的能力。通过导游语言表达,可使景观景物更加生动形象、民俗风情更加绚丽多姿,使沉睡了千百年的文物古迹焕发新生,使令人迷惑的自然奇观豁然开朗,从而使游客领略妙趣横生的旅游生活,留下经久难忘的深刻印象。所以,导游员应该练好导游语言这一基本功,努力提高自己的语言技能。

第一节 导游语言的内涵及特性

一、导游语言的内涵

从狭义的角度来定义导游语言,是导游员与游客交流感情、指导游览、进行讲解、传播文化时使用的一种具有丰富表达力、生动形象的口头语言;从广义的角度来说,导游语言是导游员在导游服务过程中必须熟练掌握和运用的所有含有一定意义并能引起互动的一种符号。所谓"所有",是指导游语言不仅包括口头语言,还包括态势语言、书面语言和副语言。其中,副语言是一种有声而无固定语义的语言,如重音、笑声、叹息、掌声等。所谓"含有一定意义",是指能传递某种信息或表达某种思想感情。如介绍旅游景观如何美、美在何处等。所谓"引起互动",是指游客通过感受导游语言行为所产生的反应。比如,导游员微笑着搀扶老年游客上车,其态势语言(微笑语和动作语)就会引起游客的互动:老年游客说声"谢谢",周围游客投来"赞许的目光"。所谓"一种符号",是指导游过程中的一种有意义的媒介物。

二、导游语言的特性

语言是以语音为物质外壳、以词汇为建筑材料、以语法为结构规律而构成的体系。导游语言也是思想性、科学性、知识性和趣味性的结合体。导游语言除了符合语言规范之外,还具有以下特性。

(一) 准确性

准确性是指导游语言必须以客观现实为依据,在遣词造句和叙事上要以事实为基础,准确地反映客观实际。要确保导游语言的准确性,导游员必须注意如下几个方面:

1. 态度严肃认真

导游员严肃认真的科学态度是导游语言准确性的前提。其一，导游员要有竭诚为游客服务的思想，有不断提高导游服务质量的意愿，才能抱着对游客、对自己、对旅行社、对国家负责的态度，实事求是地用恰当的语言予以表达；其二，导游员要有锲而不舍、勤学苦练的科学精神。只有这样才能不断进取，认真地对待导游语言中的每一个词语，使之符合语境并贴切地反映客观实际。

2. 了解所讲内容

了解、熟悉所讲、所谈的事物和内容，是运用好导游语言的基础。如果导游员对景点的情况及讲解内容不了解、不熟悉，很难想象其语言能表达得清楚、准确，更谈不上流畅、优美了。如果导游员对所讲、所谈的事物和内容有充分的准备，谙熟于胸，讲起来不仅侃侃而谈、旁征博引，而且遣词造句也十分贴切，就能准确地反映所讲、所谈事物的本来面貌，易于为游客所接受和理解。

3. 遣词造句准确

遣词造句准确是运用导游语言的关键。一个句子或一个词语要表达确切、清楚，首先在于用词，即词语的选择，如果词语用法不当，就会使信息失真。

比如，导游员在武汉归元寺向游客介绍《杨柳观音图》时说："这幅相传为唐代阎立本的壁画，它所体现的艺术手法值得我们珍惜。"

这里，"珍惜"属于用词不当，而应该"珍视"。"珍惜"是爱惜的意思，而"珍视"则为看重的意思，即古画所体现的艺术手法值得仔细欣赏。

4. 词语组合得当

词语的组合、搭配要恰当。导游员在选择贴切的词汇基础上，还要按照语法规律和语言习惯进行词语的有机组合和搭配，使之符合规范，搭配相宜，这样才能准确地表达意思。

比如，导游员在向游客介绍了某一自然景观之后说："这里的景色真叫人心旷神怡。"

这里的"叫"字同心旷神怡的搭配就不如用"令"字更好，因为"令"字有"使"的含义，即客观事物使人们主观上产生一种感受。

(二) 逻辑性

逻辑性是指导游员的思维要符合逻辑规律，语言要保持连贯性，并且语言表达条理清晰、有层次感。要使导游语言具有逻辑性，导游员必须做到以下几点：

1. 思维要符合逻辑规律

逻辑分为形式逻辑和辩证逻辑。前者是孤立地、静止地研究思维的形式结构及其规律；后者是从事物本身矛盾的运动、变化、发展来观察和把握，研究事物的内在联系及其相互转化的规律性。

形式逻辑的思维规律主要有同一律、矛盾律和排中律。同一律的公式：甲是甲。它要求在同一思维过程中，思想要保持自身同一；矛盾律的公式：甲不是非甲。它要求在同一思维过程中，对同一对象不能作出两个矛盾的判断，不能同时既肯定又否定；排中律的公式：或者是甲，或者是非甲。它要求对两个互相矛盾的判断，承认其中之一是真的，作出非此即彼的明确选择。

导游员若能掌握并正确地运用这些思维规律,就会使自己的思维具有确定的、前后一致的、有条理的状态,从而在语言表达上保持首尾一致,具有较强的逻辑性。

比如,在讲解杭州西湖的孤山时,导游员说:"孤山不孤、断桥不断、长桥不长。"

导游员作出"孤山不孤"这一判断是从"孤"和"不孤"选择而来的,作出这一选择是由其思维逻辑确定的,即孤山是由火山喷出的流纹岩组成的,整个岛屿原来是和陆地连在一起的,所以说"孤山不孤"。那么为什么又叫它孤山呢?一是因为自然的变迁,湖水将它与陆地分隔开来;二是因为这个风景优美的岛屿过去一直被称为"孤家寡人"的皇帝所占有。

同样,"断桥不断""长桥不长"也是如此。在这里,导游员运用了形式逻辑中的排中律,从地质学的角度分析了孤山这个岛屿同陆地的内在联系。

2. 语言表达要有层次感

导游员应根据思维逻辑,将要讲的内容划分前后次序,即先讲什么、后讲什么,使之层层递进、条理清楚、脉络清晰。

例如:一段介绍武汉夜游长江的导游辞

游客朋友们,我们的游船现在所在的位置就在长江与汉江交汇之处,浑黄的长江水与碧绿的汉江水汇成大大的人字,把武汉分为汉口、汉阳、武昌三镇。这两条江交接的地方像不像鱼的嘴巴?我们武汉人亲切地把它叫做南岸嘴。南岸嘴与被称为"德国角"的莫塞河与莱茵河交汇处极其相似,但规模更大,气势更恢弘。

现在我们看到的是位于汉水北岸的龙王庙码头,它全长 1 080 米,始建于清乾隆年间,具体年份为 1739 年,由于龙王庙地段河面非常狭窄,水急浪高,素以险要著称,故有人修筑龙王庙祈求龙王爷保佑平安。这里曾多次发生不同类型的险情,是武汉三镇防洪的重点区域……1998 年,武汉遭遇了百年罕见的特大洪水,水位达到 29.43 米。党和国家领导人亲临龙王庙险段指挥,武汉军民和全国人民一道,齐心协力、共同作战,取得了抗洪斗争的伟大胜利。1999 年 6 月 8 日龙王庙险段整治工程完工,并于当年汛期经受住了武汉水文史上第三高水位的严峻考验,真正使险点变成了景点。

请各位顺着我手指的方向看,在码头的防水墙上嵌有纪念"九八抗洪"的大型花岗石浮雕,共有 8 座,依次再现了洪水压境、军民抗洪、严防死守、顽强拼搏、团结奋战、科技神力、力挽狂澜、欢呼胜利的场景。这组浮雕高 3.45 米,总长度为 102 米,一幅一个故事,重现九八抗洪精神。这里还有一幅汉白玉的浮雕"双龙戏珠",两条巨龙腾空而起,威风凛凛,象征着长江和汉水在龙王庙交结之意。

这段导游辞的语言表达层次分明。首先介绍了南岸嘴的情况,再介绍龙王庙的历史,然后引导到九八抗洪救灾,最后到抗洪精神。由此可见,这位导游员对此景点的介绍的成功与其具有的严密的逻辑思维密不可分。

3. 掌握必要的逻辑方法

导游语言要具有逻辑性,导游员必须学习和掌握一些基本的逻辑方法。

(1) 比较法。它是对两种或两种以上的同类事物辨别其异同或高下的方法。人们常说"有比较才有鉴别",只有通过比较,才能对事物有所区分。

比如,"长江是中国第一长河,世界第三长河"。

这段导游辞就是运用比较法得出的结论,因为长江的长度仅次于非洲的尼罗河和南美洲的亚马逊河。

(2) 分析法和综合法。分析法是把一件事物、一种现象或一个概念分解成较简单的组成部分,然后找出这些部分的本质属性和彼此之间的关系;综合法则是把分析的对象或现象的各个部分、各种属性联合成一个统一的整体。

比如,导游员告诉游客:"到我们武汉归元寺的罗汉堂游览,要学会数罗汉,数罗汉的方法一般有三种:一是男左女右,进罗汉堂大门后男士靠左边、女士靠右边;二是哪只脚跨进罗汉堂大门门槛,就从哪个方向数;三是在罗汉堂里任何一处挑选一尊罗汉作为起点,数到自己年龄的最后一个数字,那一尊罗汉便象征您的性格、气质、命运……"

这段导游辞对武汉归元寺罗汉堂的讲解用分析法进行了介绍,首先将其分为三种类型,然后介绍它们各自的方法。若将这些导游辞倒过来叙述,即先讲数罗汉的各种方法再归纳为三种,这就是综合法的运用。

(3) 抽象法。抽象法又称概括法,是从许多事物中舍弃个别的、非本质的属性,抽取出共同的、本质的属性的方法。

比如,导游员讲:"正是由于人们对道教神仙的崇拜、敬仰和畏惧,才产生了道教文化。至今保存在武当山各宫观中大量道教神仙造像、法器供器,既是中国古人对神仙信仰的生动体现,也是道教文化留给今人的可贵的艺术成果。道教思想文化,作为中华传统文化的重要组成部分,在悠久和博大精深的中华传统思想文化的哺育下,形成了具有自己特色的思想哲理和信仰体系,为历代有识之学者和方外之士所珍重,引导着历代悟道修真之士信仰修行、研究继承和弘扬发展。"

这段导游辞就高度概括出道教文化对湖北武当山和中国传统文化的影响。

(4) 演绎法和归纳法。这两种方法都是推理的方法,前者是由一般原理推出在特殊情况下的结论,其中三段论就是演绎的一种形式;后者是由一系列具体的事实概括出一般原理。

比如,导游员在介绍湖北神农架的野人之谜时说:"关于野人的传说在我国流传几千年,且遍布全国,早在3 000年前,我国西南少数民族麇国就将'野人'作为礼物献给周成王。战国时屈原曾对'野人'在《九歌》中进行过充满诗意的描写。而在1976年5月14日,神农架林区副主任就曾在神农架大龙潭亲眼见到'红毛野人',后又有人再次发现野人的毛发、粪便和野人窝。从毛发的表皮来看,无论是髓质形态还是细胞结构都优于高等灵长目动物。最令人惊叹的是'野人窝',它用20根箭竹扭成,人躺在上面视野开阔,舒服如靠椅。其制造与使用者就是介于人和高等灵长目动物之间的奇异动物或野人了。"

这段导游辞首先介绍了我国关于野人的传说,然后了叙述神农架林区有关野人的情况,最后得出"野人窝"证明了这一情况的结论。导游员在这里采用的逻辑方法正是从一般到特殊的演绎法。归纳法则与此相反,即从特殊到一般。

(三) 生动性

导游语言除了要有准确性和逻辑性外,生动性也至关重要。要使口语表达生动形象,导游员除了要把握好语音和语调之外,还要善于运用比喻、比拟、排比、夸张、映衬、引用、双关和示现等修辞手法。

1. 比喻

比喻就是用类似的事物来打比方的一种修辞手法,它包括以下几种形式:

(1) 使抽象事物形象化的比喻;

比如:"土家族姑娘山歌唱得特别好,她们的歌声就像百灵鸟的声音一样优美动听。"

土家族姑娘的歌声是抽象的,这里将其比喻为百灵鸟的声音就形象化了。

(2) 使自然景物形象化的比喻;

比如:"如果说,九宫山的云中湖是一把优美的琴,那么,喷雪崖就是一根琴弦。"

这里将湖北九宫山的云中湖比喻为琴,将喷雪崖比喻为琴弦,显得既贴切又形象。

又如:"苏州城内园林美,城外青山更有趣。那一座座山头活脱脱像一头头猛兽,灵岩山像伏地的大象;天平山像奔驰的金钱豹;金山像沉睡的卧龙;虎丘犹如蹲伏的猛虎;狮子山的模样像回头望着虎丘的雄狮,那是苏州一景,名叫'狮子回望看虎丘'。"

这里运用生动形象的比喻,把苏州城外的山讲得活灵活现,具有较强的表现力。

(3) 使人物形象更加鲜明的比喻;

比如:"屈原的爱国主义精神和《离骚》《九歌》《天问》等伟大的诗篇与日月同辉!"

这里将屈原的精神和成就比喻为"日月",使其形象更加突出。

(4) 使语言简洁明快的比喻;

比如:"鄂南龙潭是九宫山森林公园的一处三级瀑布,其形态特征各异,一叠仿佛白练悬空;二叠恰似银缎铺地;三叠如同玉龙走潭。"

这里将瀑布比喻为白练、银缎和玉龙,言辞十分简洁明快。

(5) 激发丰富想象的比喻。

比如:"陆水湖的水,涟涟如雾地缠绕在山的肩头;陆水湖的山,隐隐作态地沉湎在水的怀抱。陆水湖的山水像一幅泼墨在宣纸上的风景画,极尽构图之匠心,俱显线条之清丽,那么风姿绰绰地舒展着,那么风情万种地起伏着。她用山的钟灵揽天光云影,她用水的毓秀成鉴湖风月。"

这里将湖北咸宁的陆水湖比喻为山水风景画,令人产生无穷的遐想。

2. 比拟

比拟是通过想象把物拟作人或把甲物拟作乙物的修辞手法。在导游语言中,最常用的是拟人。

比如："迎客松的主干高大挺直,修长的翠枝向一侧倾斜,如同一位面带微笑的美丽少女向上山的游客热情招手。"

迎客松是植物,赋予人的思想感情后,会"面带微笑"、能"热情招手",显得既贴切又生动形象。运用比拟手法时,导游员要注意表达恰当、贴切,要符合事物的特征,不能牵强附会;另外,还要注意使用场合。

3. 排比

排比是将几个内容相关、结构相同或相似、语气连贯的词语或句子组合在一起,以增强语势的一种修辞手法。导游讲解中运用得当,可产生朗朗上口、一气呵成的效果,增强情感的抒发。

比如,上海南浦大桥的一段导游辞:"大桥的建成已成为上海又一重要的标志。她仿佛一把钥匙,打开上海走向世界的大门;她仿佛一面镜子,映射出代表中国最先进生产力水平的大都市的现代文明;她仿佛一部史册,叙述着中国多年的发展史;她仿佛一本资质证书,充分证明中国完全可以参与和完成世界上的任何工程项目;她仿佛一曲优美的交响乐,奏出时代的最强音。"

4. 夸张

夸张是在客观事实的基础上,用夸大的词句来描述事物,以唤起人们丰富的想象的一种修辞手法。在导游语言中,夸张可以强调景物的特征,表达导游员的情感,引发游客的共鸣。

比如:"相传四川、湖北两地客人会于江上舟中,攀谈间竟相夸耀家乡风物。四川客人说'四川有座峨眉山,离天只有三尺三'。湖北客人笑道'峨眉山高则高矣,但不及黄鹤楼的烟云缥缈。湖北有座黄鹤楼,半截插在云里头'。惊得四川客人无言以对。"

这里用夸张的手法形容黄鹤楼的雄伟壮观,使游客对黄鹤楼"云横九派""气吞云梦"的磅礴气势有了更深的认识。导游员运用夸张手法应注意两点:一是要以客观事实为基础,使夸张具有真实感;二是要鲜明生动,能引发游客的共鸣。

5. 映衬

映衬是把两个相关或相对的事物,或者同一事物的两个方面并列在一起,以形成鲜明对比的修辞手法。在导游讲解中运用映衬的手法可以增强口语表达效果,激发游客的游览兴致。

比如:"溶洞厅堂宽敞、长廊曲折,石笋耸立、钟乳倒悬,特别是洞中多暗流、时隐时现、时急时缓,水声时如蛟龙咆哮,令人惊心动魄;时如深夜鸣琴,令人心旷神怡。"

这里"宽敞"和"曲折"、"耸立"和"倒悬"、"隐"和"现"、"急"和"缓"、"蛟龙咆哮"和"深夜鸣琴"形成强烈的对比,更加深了游客对溶洞景观的印象。

6. 引用

引用是指用一些现成的语句或材料(如名人名言、成语典故、诗词寓言等)作为依据来说明问题的一种修辞手法。在导游讲解中经常运用这种方法来增强语言的表达效果。引用包括明引、意引和暗引三种形式:

(1) 明引是指直接引用原话、原文，其特点是出处明确，说服力强。

比如："山西平遥古城作为世界文化遗产，它的特点是什么？联合国教科文组织给予了高度总结：'平遥古城是中国汉民族城市在明清时期的杰出范例，平遥古城保存了其所有特征，而且在中国历史的发展中为人们展示了一幅非同寻常的文化、社会、经济及宗教发展的完整画卷。'"

由于是联合国教科文组织的评价，一经引用后会给予游客更强的信服感。

(2) 意引是指不直接引用原话、原文而只引用其主要意思。

比如："国内外洞穴专家考察后确认，湖北利川的腾龙洞不仅是中国目前已知最大的岩溶洞穴，而且是世界特级洞穴之一，极具旅游和科研价值。"

这里引用的专家对腾龙洞的评价虽不是原话，但同样具有较强的说服力。

(3) 暗引是指把别人的话语融入自己的话语里，而不注明出处。

比如："东坡赤壁的西面石壁更峻峭，就像刀劈的一样。留在壁面上的层层水迹，表明当年这里确乎有过'惊涛拍岸，卷起千堆雪'的雄奇景象。"

这里引用的苏东坡《念奴娇·赤壁怀古》中的词句虽没有点明出处，却是对赤壁景观最形象的描写和绝妙的概括，让游客听后产生无穷的遐想。导游员在运用引用手法时，既要注意为我所用、恰到好处，不能断章取义，又要注意不过多引用，更不能滥用。

7. 双关

双关是利用词语同音或者多义的条件，使一个语言片段同时兼有表、里两层意思，并以里层意思为表意重点。双关有谐音和谐义两种，在导游辞中运用比较多的是谐音双关技巧。我国民俗文化内容异常丰富，各种用谐音双关手段表现的生活内容必然要反映在语言表达中。如果在导游辞中巧妙地加以利用，不仅能够为表达增色，而且还能够将一些民俗知识巧妙地传达给游客，从而十分生动形象地反映当地的民俗风貌，给游客留下深刻的印象。

8. 示现

示现是把已经过去的事情、将要发生的事情或想象中的事情活灵活现地描述出来的修饰技巧。示现一般有回忆、追述、预想、悬想等形式：回忆、追述，是使过去的事情再现出来，如在眼前，给人以身临其境之感；预想是将未来移至眼前，似真似幻，给人以活灵活现之感。不论是哪种示现形式，都使人产生"未见如见""未闻如闻"的奇妙体验，具有较强的艺术魅力与感染力。导游员为了给游客留下深刻的印象，应该根据交际的需要，不失时机地使用这种方法进行讲解，以收到更加理想的效果。

第二节　导游口头语言表达技巧

在导游服务中，口头语言是使用频率最高的一种语言形式，是导游员做好导游服务工作最重要的手段和工具。美学家朱光潜告诉我们，一个人"话说得好就会如实地达意，使听者感到舒服，发生美感。这样的说话也就成了艺术"。由此可见，导游员要提高自己的口头语言表达技巧，必须在"达意"和"舒服"上下功夫。

一、口头语言的基本形式

（一）独白式

独白式是导游员讲解游客倾听的语言传递方式。如导游员致欢迎辞、欢送辞或进行独白式的导游讲解等。

比如：(1)"武汉晴川阁又名晴川楼，始建于明嘉靖年间，取唐代诗人崔颢《黄鹤楼》诗'晴川历历汉阳树'之意而得名。其楼阁背山面江，气势恢弘，有'楚天晴川第一楼'之称。历史上晴川阁屡建屡毁，现存建筑是以清末晴川阁为蓝本于1983年重修而成的，共占地386平方米，高17.5米，楼正面匾额'晴川阁'三字出自赵朴初之手……"

(2)"来自新加坡的游客朋友们，大家好！欢迎你们来到美丽的江城武汉观光游览，我叫李明，是武汉大学旅行社的导游员，这位是司机王师傅，他有丰富的驾驶经验，大家坐他的车尽可放心。衷心地希望在旅游过程中大家能和我共同配合，顺利完成在武汉的行程，如果我的服务有不尽如人意的地方，也请大家批评指正。最后，祝大家在武汉旅游期间能度过一段难忘的时光。"

从上面两个例子可以看出独白式口头语言的特点：

(1) 目的性强。导游员讲一席话，或是为了介绍情况，或是为了联络感情，或是为了说明问题。如例(1)就是为了介绍晴川阁的概况，例(2)是为了欢迎游客、表达意愿，两者目的性都很强。

(2) 对象明确。如例(1)和例(2)始终面对旅游团的全体游客说话，因而能够产生良好的语言效果。

(3) 表述充分。如例(1)首先介绍晴川阁名称的由来，接着讲述晴川阁的历史和现状，使游客对晴川阁有了比较完整的印象；例(2)话语不多，但充分表明了自己的身份和真诚热情的服务态度。

（二）对话式

对话式是导游员与一个或一个以上游客之间所进行的交谈，如问答、商讨等。在散客导游中，导游员常采用这种形式进行讲解。

比如，导游员："你们知道武汉最有名的风味小吃是什么吗？"
游客："好像是热干面吧。"
导游员："那你们知道哪里的热干面最好吃呢？"
游客："听说是汉口蔡林记的热干面最鲜香可口。"
导游员："那你们知道热干面的来历吗？"
游客："不太清楚，你能给我们讲讲吗？"
导游员："说起热干面，这里还有个有趣的故事呢。20世纪30年代初期，汉口长堤街有一个名叫李包的人，在关帝庙一带卖凉粉和汤面。一个夏天的晚上，李包还剩下许多面没卖完……"

由上例可以看出对话式口头语言的特点:第一,依赖性强,即对语言环境有较强的依赖性。对话双方共处同一语境,有些话不展开来说,只言片语也能表达一个完整的或双方都能理解的意思。第二,反馈及时。对话式属于双向语言传递形式,其信息反馈既及时又明确。

二、口头语言的表达要领

(一) 音量大小适度

音量是指一个人讲话时声音的强弱程度。导游员在进行导游讲解时要注意控制自己的音量,力求做到音量大小适度。讲话时,音量的大小有两点要求:一要恰当、适度。声音当大则大,当小则小,当平则平。大,不可大到声嘶力竭的程度;小,不可小到别人没法听到的地步。二要顺畅、自然。音量不可没有根据地忽大忽小,生硬地变换音量,不仅听起来不自然、不舒服,还会引起误会。总之,音量的大小变化是由思想情感的抒发决定的,而恰当的音量又会有助于思想感情的表达。一般来说,导游员音量的大小应以每位游客都能听清为宜,但在游览过程中,音量大小往往受到游客人数、讲解内容和所处环境的影响,导游员应根据具体情况适当进行调节。比如,当游客人数较多时,导游员应适当提高音量,反之则应把音量降低一点;在室外嘈杂的环境中讲解,导游员的音量应适当放大,而在室内安静的环境中则应适当放小一些;对于导游讲解中的一些重要内容、关键性词语或要特别强调的信息,导游员应加大音量,以提醒游客注意,加深游客的印象。

(二) 语调高低有序

语调是指一个人讲话的腔调,即讲话时语音的高低起伏和升降变化,一般分为升调、降调和直调三种。高低不同的语调往往伴随着人们不同的感情状态。

(1) 升调:多用于表达兴奋、激动、惊叹、疑问等感情状态。

比如:"大家快看,前面就是黄果树大瀑布啦!"(表示兴奋、激动)
又如:"你也知道我们湖北咸宁有个神秘的'131'军事工程?"(表示惊叹、疑问)

(2) 降调:多用于表达肯定、赞许、期待、同情等感情状态。

比如:"我们明天早晨8点准时出发。"(表示肯定)
又如:"希望大家有机会再来我们厦门,再来鼓浪屿。"(表示期待)

(3) 直调:多用于表达庄严、稳重、平静、冷漠等感情状态。

比如:"这儿的人们都很友好。"(表示平静状态)
又如:"武汉红楼是中华民族推翻帝制、建立共和国的历史里程碑。"(表示庄严、稳重)

语调有着十分重要的表达情感的作用,被称为"情感的晴雨表"。导游员如果能根据讲解的具体内容对语调进行创造性的处理,使语调随着讲解内容的变化而呈现高潮、低潮的升降起伏,就会使讲解声情并茂。但是,在实地导游讲解中,也要注意避免因一味地追

求"抑扬顿挫"而造成的"诗歌朗诵式讲解"的倾向。

(三) 语速快慢相宜

语速是指一个人讲话速度的快慢程度。导游员在导游讲解或同游客谈话时,要力求做到徐疾有致、快慢相宜。如果语速过快,会使游客感到听起来很吃力,甚至跟不上导游员的节奏,对讲解内容印象不深甚至遗忘;如果语速过慢,会使游客感到厌烦,注意力容易分散,导游讲解亦不流畅;当然,导游员如果一直用同一种语速往下讲,像背书一样,不仅缺乏感情色彩,而且使人乏味,令人昏昏欲睡。

在导游讲解中,较为理想的语速应控制在每分钟 200 字左右。当然,具体情况不同,语速也应适当调整。比如,对中青年游客,导游讲解的速度可稍快些,而对老年游客则要适当放慢;对讲解中涉及的重要或要特别强调的内容,语速可适当放慢一些,以加深游客的印象,而对那些不太重要的或众所周知的事情,则要适当加快讲解速度,以免浪费时间,令游客不快。

(四) 停顿长短合理

停顿是一个人讲话时语音的间歇或语流的暂时中断。这里所说的停顿不是讲话时的自然换气,而是语句之间、段落之间的有意间歇。其目的是集中游客的注意力,增强导游语言的节奏感。停顿的类型主要包括以下几种:

(1) **语义停顿**:是指导游员根据语句的含义所做的停顿。一般来说,一句话说完要有较短的停顿,一个意思说完则要有较长的停顿。

比如:"武当山是我国著名的道教圣地,/是首批国家级重点风景名胜区和世界文化遗产。//武当山绵亘八百里,/奇峰高耸,险崖陡立,/谷洞纵横,云雾缭绕。//武当山共有七十二峰,/主峰天柱峰海拔高达 1 612 米,/犹如擎天巨柱屹立于群峰之巅。//发源于武当山的武当拳是中国两大拳术流派之一,/素有'北宗少林,南尊武当'之称。//"

这里的"/"表示一个短停顿,而"//"则表示一个长停顿。有了这些长短不一的停顿,导游员就能把武当山的特点娓娓道来,游客听起来也比较舒服。

(2) **暗示省略停顿**:是指导游员不直接表示肯定或否定,而是用停顿来暗示,让游客自己去判断。

比如:"请看,江对面的那座山像不像一只巨龟?//黄鹤楼所在的这座山像不像一条长蛇?//这就是'龟蛇锁大江'的自然奇观。//"

这里通过停顿让游客去思考、判断,从而留下深刻的印象。

(3) **等待反应停顿**:是指导游员先说出令人感兴趣的话,然后故意停顿下来以等待游客的反应。

比如:"三斗坪坝址的选择不是一帆风顺的,中外专家在三峡工程坝址的选择上曾发生过长时间的争论。"这时导游员故意停顿下来,看到游客脸上流露出急于知道答案的神情时,再接着介绍将坝址定在三斗坪的原因。

(4) **强调语气停顿**:是指导游员讲解时,每讲到重要的内容,为了加深游客的印象所做的停顿。

比如:"黄鹤楼外观为五层建筑,里面实际上有九层,为什么要这样设计呢?"导游员讲到这里,故意把问题打住,然后带团上楼参观,使游客在参观过程中联系这个问题进行思考。

第三节 导游态势语言的运用技巧

态势语言亦称体态语言、人体语言或动作语言,它是通过人的表情、动作、姿态等来表达语义和传递信息的一种无声语言。同口头语言一样,它也是导游服务中重要的语言艺术形式之一,常常在导游讲解时对口头语言起着辅助作用,有时甚至还能达到口头语言难以企及的效果。

一、首语

首语是通过人的头部活动来表达语义和传递信息的一种态势语言,它包括点头和摇头。一般来说,世界上大多数国家和地区都以点头表示肯定,以摇头表示否定。而实际上,首语有更多的具体含义,如点头可以表示肯定、同意、承认、认可、满意、理解、顺从、感谢、应允、赞同、致意等。另外,因民族习惯的差异,首语在有些国家和地区还有不同的含义,如印度、泰国等地某些少数民族奉行的是点头不算摇头算的原则,即同意对方意见用摇头来表示,不同意则用点头表示。

二、表情语

表情语是指通过人的眉、眼、耳、鼻、口及面部肌肉运动来表达情感和传递信息的一种态势语言。导游员的面部表情要给游客一种平滑、松弛、自然的感觉,要尽量使自己的目光显得自然、诚挚,额头平滑不起皱纹,面部两侧笑肌略有收缩,下唇方肌和口轮肌处于自然放松的状态,嘴唇微闭。这样,才能使游客产生亲切感。

对导游员来说,控制自己的面部表情要注意以下四点:

(一) 灵敏

导游员面部表情的变化要随着讲解内容的需要迅速表现出来。这对一般人而言,不会有太大的问题,但对导游员来说,就有必要强调一下了。因为导游员所讲解的内容可能已经重复过无数遍了,在这种情况下导游员很可能会面无表情,甚至表情麻木,这样就会引起游客的不满,很难再与游客沟通了。

(二) 鲜明

表情的鲜明是与灵敏联系在一起的,先有了灵敏的表情,进一步才是鲜明的表情。讲解的内容是明快的,就眉舒目展;是沉重的,就严肃凝重;是快乐的,就笑逐颜开;是郁闷的,就紧缩眉头;是愤怒的,就面色铁青……

（三）真诚

导游讲解时的面部表情要表现出真情实感，要让游客感到导游员的表情是真诚的，否则任何虚情假意或者做作的姿态都会引起游客的反感。

（四）有分寸

导游员在讲解过程中的各种表情还要有分寸，要自然、合理、和谐，千万不能夸张。

总之，导游员的面部表情应随着具体讲解内容的需要或随着游客的反应而变化，与表达同步，要表达出真情实感。

比如，导游员讲道："悬空寺是恒山的骄傲，也是我们每个中国人的骄傲。它建于北魏后期，大约公元6世纪。牛顿力学尚需孕育上千年才能问世，而恒山人却半插飞梁，巧借岩石，在峭壁上创造了这一惊世之作，其智慧的火花是何等绚丽，胸中的气魄又是何等伟大！"

随着这段导游辞的讲解，导游员的脸上就应该流露出喜悦、自豪、兴奋的神色，并且面部的这种表情也应该随讲解内容同时产生并结束，这样，才会打动游客，才会引发游客的共鸣。

微笑是一种富有特殊魅力的面部表情，人们称之为"交际世界语"。微笑可以美化人的形象，是导游员良好修养和文雅气质的体现，是塑造良好形象必不可少的手段。导游员的微笑要给游客一种明朗、甜美的感觉，微笑时要使自己的眼轮肌放松，面部两侧笑肌收缩，口轮肌放松，嘴角含笑，嘴唇似闭非闭，以露出半牙为宜。这样才能使游客感到和蔼亲切。

三、目光语

目光语是通过人与人之间的视线接触来传递信息的一种态势语言。艺术大师达·芬奇说"眼睛是心灵的窗户"，意思是透过人的眼睛，可以看到他的心理世界。

目光主要由瞳孔变化、目光接触的长度和向度三个方面组成。瞳孔变化是指目光接触瞳孔的放大或缩小，一般来说，当一个人处在愉悦状态时，瞳孔就自然放大，目光有神；反之，当一个人处在沮丧状态时，则瞳孔自然缩小，目光暗淡。目光接触的长度是指目光接触时间的长短。导游员一般连续注视游客的时间应在1—2秒钟，以免引起游客的厌恶和误解。目光接触的向度是指视线接触的方向。一般来说，人的视线向上接触（即仰视）表示"期待""盼望"或"傲慢"等；视线向下接触（即俯视）则表示"爱护""宽容"或"轻视"等；而视线平行接触（即正视）表示"理性""平等"等。导游员常用的目光语应是"正视"，让游客从中感到自信、坦诚、亲切和友好。

导游讲解是导游员与游客之间的一种面对面的交流。游客往往可以通过视觉交往从导游员的一个微笑、一种眼神、一个动作、一种手势中加强对讲解内容的认识和理解。在导游讲解时，运用目光的方法很多，常用的有以下几种：

（一）目光的联结

导游员在讲解时，应用热情而又诚挚的目光看着游客。正如德国导游专家哈拉尔德·巴特尔所说的：导游员的目光应该是"坦诚的、对人表示关切的，是一种可以从中看出谅解和诚意的目光"。那种一直低头或望着毫不相干处，翻着眼睛只顾自己口若悬河的导游员是无法与游客沟通的。因此，导游员应注意与游客目光的联结，切忌目光呆滞（无表情）、眼帘低垂（心不在焉）、目光向上（傲慢）、视而不见（轻视）和目光专注而无反应（轻佻）等不正确的目光联结方式。

（二）目光的移动

导游员在讲解某一景物时，首先要用目光把游客的目光牵引过去，然后再及时收回目光，并继续投向游客。这种方法可使游客集中注意力，并使讲解内容与具体景物和谐统一，给游客留下深刻的印象。

（三）目光的分配

导游员在讲解时，应注意自己的目光要统摄全部听讲解的游客，即可把视线落点放在最后边两端游客的头部，也可不时环顾周围的游客，但切忌只用目光注视面前的部分游客，使其他的游客感到自己被冷落，产生失落感。

（四）目光与讲解的统一

导游员在讲解传说故事和轶闻趣事时，讲解内容中常常会出现甲、乙两人对话的场景，需要加以区别，导游员应在说甲的话时，把视线略微移向一方，在说乙的话时，把视线略微移向另一方，这样可使游客产生身临其境之感。

四、手势语

手势语是通过手的挥动及手指动作来传递信息的一种态势语言。

（一）手指语

手指语是一种较为复杂的伴随语言，是通过手指的各种动作来传递不同信息的手势语。由于文化传统和生活习俗的差异，在不同的国家、不同的民族中手指动作的语义也有较大区别，导游员在工作中要根据游客所在国和所属民族的特点选用恰当的手指语，以免引起误会和尴尬。

1. 竖起大拇指

在世界上许多国家和地区包括中国都以"竖起大拇指"表示"好"，用来称赞对方高明、了不起、干得好，但在有些国家和地区还有另外的意思，如在韩国表示"首领""部长""队长"或"自己的父亲"，在日本表示"最高""男人"或"您的父亲"，在美国、墨西哥、澳大利亚等国则表示"祈祷幸运"，在希腊表示叫对方"滚开"，在法国、英国、新西兰等国则是请求"搭车"。

2. 伸出食指

这个手势在新加坡表示"最重要"，在缅甸表示"拜托""请求"，在美国表示"让对方稍等"，而在澳大利亚则是"请再来一杯啤酒"的意思。

3. 伸出中指

这个手势在墨西哥表示"不满"，在法国表示"下流的行为"，在澳大利亚表示"侮辱"，在美国和新加坡则是"被激怒和极度的不愉快"的意思。

4. 伸出小指

这个手势在韩国表示"女朋友"、"妻子",在菲律宾表示"小个子",在日本表示"恋人""女人",在印度和缅甸表示"要去厕所",在美国和尼日利亚则是"打赌"的意思。

5. 伸出食指往下弯曲

这个手势在中国表示数字"九",在墨西哥表示"钱",在日本表示"偷窃",在东南亚一带则是"死亡"的意思。

6. 用拇指与食指尖形成一个圆圈并手心向前

这是美国人爱用的"OK"手势,在中国表示数字"〇",在日本则表示"金钱",而希腊人、巴西人和阿拉伯人用这个手势表示"诅咒"。

7. 伸出食指和中指构成英语"victory"(胜利)的第一个字母"V"

西方人常用此手势来预祝或庆贺胜利,但应注意把手心对着观众,如把手背对着观众做这一手势,则被视为下流的动作。

在导游服务中,导游员要特别注意不能用手指指点游客,这在西方国家是很不礼貌的动作,如导游员在清点人数时用食指来点数,就会引起游客的反感。

(二)讲解时的手势

在导游讲解中,手势不仅能强调或解释讲解的内容,而且还能生动地表达口头语言所无法表达的内容,使导游讲解生动形象,富有感染力。导游讲解中的手势有以下三种:

(1)情意手势:是用来表达导游讲解情感的一种手势。比如,在讲到"我们中华民族伟大复兴的梦想一定能实现"时,导游员用握拳的手有力地挥动一下,既可渲染气氛,也有助于情感的表达。

(2)指示手势:是用来指示具体对象的一种手势。比如,导游员讲到黄鹤楼一楼楹联"爽气西来,云雾扫开天地撼;大江东去,波涛洗尽古今愁"时,可用指示手势来一字一字地加以说明。

(3)象形手势:是用来模拟物体或景物形状的一种手势。比如,当讲到"有这么大的鱼"时,可用两手食指比一比;当讲到"五公斤重的西瓜"时,可用手比成一个球形状;当讲到"四川有座峨眉山,离天只有三尺三""湖北有座黄鹤楼,半截插在云里头"时,也可用手的模拟动作来形容。

导游讲解时,在什么情况下用何种手势,都应视讲解的内容而定。在手势的运用上必须注意:一要简洁易懂,二要协调合拍,三要富有变化,四要节制使用,五要避免使用游客忌讳的手势。

(三)服务时的手势

导游员为游客提供服务时也要善于运用手势。比如,当游客提出询问时,导游员脸上马上露出笑容,并且用手势表示出一种关怀的姿态。这会使游客心里感到愉快,因为他得到了导游员的尊重和关注。又如,游客询问洗手间在何处时,一般导游员都会用手指指明方向,如果能改用手掌(手心朝上)指明方向,那就更好、更文明了。此外,在导游服务中用锐器的锋口指别人也是不礼貌的。比如,把刀子递给别人时,不能用刀口直指对方,而应把刀子横着递过去,刀朝向自己;在餐桌上,用刀、叉或筷子指着其他人也是不够友善的。

第四节 导游语言的沟通技巧

导游员与游客一见面,只需数分钟,游客就会在心里把印象和观念迅速组合成"山峰"屹立起来,以后便成为一种确定的观念。这就为导游员和游客之后的人际交往打下了良好的基础。而在接触过程中,语言是最基本、最重要的工具,语言表达方式、方法和技巧对沟通效果都会产生较大的影响。导游语言的沟通技巧很多,常用的有以下几种。

一、称谓的语言技巧

一般情况下,导游员对游客的称谓经常使用三种方式,即交际关系型、套用尊称型和密切关系型。

(一)交际关系型

交际关系型的称谓主要是强调导游员与游客在导游交际中的角色关系。如"各位游客""诸位游客""各位团友""各位嘉宾"等,这类称谓角色定位准确,宾主关系明确,既公事公办,又大方平和,特别是其中的"游客"称谓是导游语言中使用频率最高的一种。

(二)套用尊称型

套用尊称是在各种场合都比较适用,对各个阶层、各种身份也比较合适的社交通称。如"女士们、先生们""各位女士、各位先生"等,这类称谓尊敬意味浓厚,适用范围广泛,回旋余地较大。但一般对涉外团较好,对国内团有点太过正式,亲和力不够。

(三)亲密关系型

亲密关系型多用于关系比较密切的人际关系之间的称谓。如"朋友们""游客朋友们"等,这类称谓热情友好,亲和力强,注重强化平等亲密的交际关系,易于消除游客的陌生感。

在旅游活动中,导游员对游客的称谓应把握三个原则:一要得体,二要尊重,三要通用。

二、自我介绍的语言技巧

在旅游团抵达时,导游员常常要与旅游团团长、领队和游客接触见面,导游员即使佩戴了导游证章或社徽,也得做自我介绍。自我介绍,是导游员推销自我形象和价值的一种重要方法。从某种意义上讲,自我介绍是进入导游活动的一把钥匙,这把钥匙运用得好,那么"良好的开端便是成功的一半"。导游员掌握自我介绍的语言艺术,必须注意以下技巧:

(一)热情友善,充满自信

导游员自我介绍时要清晰地报出自己的姓名、单位、身份;面带微笑,用眼神表达友善、诚恳,并充满自信。如果言辞含糊,或态度冷淡、随意,就会使人产生疑虑和不信任感,彼此之间产生隔阂。

(二) 介绍内容繁简适度

导游员与旅游团团长、领队或地陪及全陪接头时,自我介绍一般从简,讲清自己的姓名、单位、身份即可,不便过多地自我介绍,因为旅游团初到一地,还有许多事情需要与他们接洽协商。在游客集中后,或去下榻饭店的途中,导游员的自我介绍可以具体详细一些,以便于游客尽快熟悉自己。

(三) 善于运用不同的方法

自我介绍不单单是介绍自己的姓名、单位、身份等,它往往还涉及一个自我评价的问题。恰如其分的自我评价是缩短导游员与游客之间距离的重要途径。其方法有以下三种:

1. 自谦式

比如:"我是去年从外语学院毕业的,导游经验不足,请各位多多关照。"

对东方游客用自谦式自我介绍未尝不可,但对西方客人大可不必用这种自谦式,否则会使游客对你产生不信任感,更有甚者,游客会提出调换导游员。

2. 调侃式

比如:"十分荣幸能成为各位的导游,只是我的长相不太符合合格导游员的标准。因为有名人说,导游员是一个国家的脸面。大家看,我这脸面能代表我们这个美丽的国家吗?……"

其自我嘲讽中包含着自律、自慰,于诙谐幽默的自我揶揄之中露出一丝自信和自得之意,既能增强言语风趣,又不流于自夸。

3. 自识式

比如:"我姓张,名曲,张是弯弓张,曲是弯弯曲曲的曲,但大家不要误会,我不是一个弯弯曲曲的人,而是一个十分正直的人。我为什么要取名'曲'呢?大概是我小时候特别爱唱歌,所以父亲给我取名'张曲'。现在,在唱歌方面,我还是名副其实的,等会儿有空,我将为大家献唱两三曲。"

导游员的自我介绍,既可用语言,也可借助名片。名片作为自我介绍的材料,古已有之。汉代时,把通报姓名的单片叫"谒"和"刺",可见以名片作为交际中介已是一种惯例。在导游活动中,对团长、领队、全陪或人数不多的游客皆可用这种自我介绍方法。赠送名片时要用双手恭敬地递给对方,并附带说声"认识您很高兴""请多关照,今后保持联系"等之类的话,这是一种礼貌的自我介绍艺术。

三、交谈的语言技巧

在导游交际过程中,虽然导游讲解占据主要的地位,但往往还有大量的时间用于同游客进行自由交谈。这种交谈是导游员与游客之间增进互相了解与交流感情的重要途径之一,因此,必须注意讲究交谈的语言技巧。

（一）开头要寒暄

不寒暄就开始进入交谈，往往显得唐突而不礼貌。如，"你觉得刚才看到的怎么样？"冷不丁一句，对方要不就莫名其妙，要不就只能"嗯啊"几句，很难进入实质性的交谈。因此，交谈之前，先寒暄一番，则可以缩短彼此之间的感情距离，打破双方陌生的界限，使彼此之间有些初步了解。寒暄的方法很多，主要有以下几种：

（1）问候式：如"你好，挺辛苦吧？"显得亲切自然。

（2）询问式：一般用于询问对方的姓名、职业。如"您贵姓？""您从事什么工作（职业）呢？"等。但切忌直接询问对方的履历、收入、家庭财产、衣饰价格、婚姻状况等私人生活方面的问题。

（3）夸赞式：如"王小姐，您的着装真漂亮！""张教授，您的身体比我们年轻人还棒啊！"诚心的赞美是一种活泼的寒暄方法。

（4）描述式：以友好的语气描述对方正在进行时的动态。如"您累了休息一下吧！""您对此挺有兴趣呀！"

（5）言他式：用双方都认同的话打破沉默，引出话题。如"今天天气真热！""唉，又下雨了。"

进入交谈的方法，不仅仅局限于寒暄，寒暄也不必拘泥于谈话的内容，但切忌干涉对方的事。如"你这衣服穿着不怎么合身。""你是大学毕业吗？"等。

（二）说话要真诚

导游员要给游客留下良好的印象，不能忘记真诚。这绝不是出于说话策略的需要，而是做人的基本准则。所谓真诚，就是敢于把自己真实的想法直接坦白地说出来。同时，当对方真诚地对你时，你也要以诚相报。对人真诚，并不是毫无节制地说话，也不是无原则地什么话都谈，而是谈话内容必须符合外事纪律和道德规范。

（三）内容要健康

导游员与游客交谈的内容一般不要涉及疾病、死亡等不吉利或不愉快的事情，不要谈及荒唐离奇、耸人听闻、黄色淫秽的事情，不要议论他人的长短，更不要谈有损国格和人格的事情。

（四）言语要中肯

喋喋不休、夸夸其谈或吞吞吐吐、欲言又止，又或故弄玄虚、矫揉造作等，都是交谈时的禁忌，导游员必须特别注意。

（五）要"看"人说话

在不同的场合，对不同的人要说不同的话，这是交谈的一个基本准则。日本专家把说话能力分解成五个因素：语气（Speaking）、用词（Word）、内容（Information）、感情（Emotion）、技巧（Technique）。只要对五个因素作适当调整，就能获得良好的交谈效果：① 对年长者：$S>W=I=E=T$；② 对同辈：$I>S=W=E=T$；③ 对晚辈：$S=W=I=E>T$；④ 对小孩：$W=I=E>S>T$；⑤ 对初见面者：$S>I>W>T>E$；⑥ 商谈：$W=I=T>S>E$；⑦ 恳谈：$I>W>E>T>S$；⑧ 开玩笑：$T>I>E>W>S$；⑨ 夸赞：$I>W>E>S>T$；⑩ 关注：$I>T>S=W>E$。

上述方程式的意思是,在各种不同的场合,语气(S)、用词(W)、内容(I)、感情(E)、技巧(T)各自发挥作用的程度也随之变化。如初次见面时,其方程式是:S＞I＞W＞T＞E,其含义是:初次与对方交谈,最重要的是选择适当的语气(S),其次是谈话的内容(I),之后依次是用词(W)、技巧(T)和情感(E),方程式中各因素的顺序,可按其在交谈中所起的作用的大小来确定。

（六）善于把握谈话过程

在交谈过程中,导游员要注意以下几点：

（1）切忌在对方谈兴正浓时戛然中止交谈。应待交谈告一段落时,再设法收场。

（2）不要勉强延长交谈。当发现自己或对方交谈的内容临近枯竭,应及时结束交谈,对方谈兴已衰时,不要无话找话。故意延长话题是最不明智的。

（3）要留意对方的暗示。若对方已无交谈兴趣,大多会利用肢体或言语来传达希望结束谈话的暗示,如故意看表、如坐针毡地改变坐势,或心不在焉地游目四周等,遇到这种情况,就要知趣地结束谈话。

（4）结束交谈要恰到好处。准备结束谈话之前,可先预定一段时间,以便从容游刃地停止,突然中止交谈,匆匆离开,显得粗鲁无礼。若因别的事需要打断对方的谈话,可说一句道歉的话,然后再离开。

（5）结束交谈时,要给对方留下一个愉快的印象。微笑往往是结束交谈的最佳"句号",几句幽默的话语更是结束交谈的"尾声"。

四、劝服的语言技巧

在导游服务过程中,导游员常常会面临各种问题,需要对游客进行劝服,如活动日程改变需要劝服游客接受,对游客的某些越轨行为需要进行劝说等。劝服游客一要以事实为基础,即根据事实讲明道理;二要讲究方式、方法,使游客易于接受。

（一）诱导式劝服

诱导式劝服即循循善诱,通过有意识、有步骤的引导,澄清事实,讲清利弊得失,使游客逐渐信服。

比如,某旅游团原计划自武汉飞往南京,因未订上机票只能改乘火车,游客对此意见很大。这时导游员首先诚恳地向游客致歉,然后耐心地向游客说明原委并分析利弊。导游员说:"没有买上机票延误了大家的旅游行程,我很抱歉,对于大家急于赴南京的心情我很理解。但是如果乘飞机去南京还得等两天以后,这样你们在南京只能停留一天,甚至一天还不到;如果现在乘火车,大家可在南京停留两天,可以游览南京的一些主要景点。另外,大家一路旅途都非常辛苦,乘火车一方面可以观赏沿途的自然风光,一方面也可以得到较好的休息。"导游员的这席话使游客激动的情绪开始平静了下来,一些游客表示愿意乘坐火车,另一些游客在他们的影响下也表示认可。

对这类问题的劝服,导游员一是要态度诚恳,使游客感到导游员是站在游客的立场上帮助他们考虑问题;二是要善于引导,巧妙地使用语言分析其利弊得失,使游客感到上策不行取其次也是最好的选择。

（二）迂回式劝服

迂回式劝服是指不对游客进行正面、直接地说服，而采用间接或旁敲侧击的方式进行劝说，即通常所说的"兜圈子"。这种劝服方式的好处是不伤害游客的自尊心，而又使游客容易接受。

比如，某旅游团有一位游客在游览中，常常喜欢离团独自活动，出于安全考虑和旅游团活动的整体性，导游员走过去对他说："××先生，大家现在游览休息一会儿，很希望您过来给大家讲讲您在这个景点游览中的新发现，作为我导游讲解的补充。"这位游客听了会心一笑，走了过来。

在这里，导游员没有直接把该游客喊过来，因为那样多少带有命令的口气；而是采用间接的、含蓄的方式，用巧妙的语言使游客领悟到导游员话中的含意，也维护了游客的自尊心。

（三）暗示式劝服

暗示式劝服是指导游员不明确表示自己的意思，而采用含蓄的语言或示意的举动使人领悟的劝说。

比如，有一位游客在旅游车内抽烟，使得车内空气混浊。导游员不便当着其他游客的面批评他，以免伤了这位游客的自尊，但在其又欲抽烟时，导游员面对着他摇了摇头、捂着鼻子轻轻咳嗽两声，使游客自觉地熄灭了香烟。

这里导游员运用了副语言——摇头、捂鼻子咳嗽，暗示在车内"请勿吸烟"，使游客产生了自觉的反应。

五、提醒的语言技巧

在导游服务中，导游员经常会碰到少数游客由于个性或生活习惯的原因表现出群体意识较差或丢三落四的行为，如迟到、离团独自活动、走失、遗忘物品等。对这类游客，导游员应从关心游客安全和旅游团集体活动的要求出发给予特别关照，在语言上要适时地予以提醒。提醒的语言方式很多，常用的有以下几种：

（一）敬语式提醒

敬语式提醒是导游员使用恭敬口吻的词语，对游客直接进行的提醒方式，如"请""对不起"等。导游员在对游客的某些行为进行提醒时应多使用敬语，这样会使游客易于接受，如"请大家安静一下""对不起，您又迟到了"。这样的提醒比"喂，你们安静一下""以后不能再迟到了"等命令式语言要好得多。

（二）协商式提醒

协商式提醒是导游员以商量的口气间接地对游客进行的提醒方式，以取得游客的认同。协商将导游员与游客置于平等的位置上，导游员主动同游客进行协商，是对游客尊重的表现。一般来说，在协商的情况下，游客是会主动配合的。

比如，某游客常常迟到，导游员和蔼地说："您看，大家已在车上等您一会儿了，以后是

不是可以提前做好出发的准备?"

又如,某游客在游览中经常离团独自活动,导游员很关切地询问他:"先生,我不知道在游览中您对哪些方面比较感兴趣?您能否告诉我,以便在以后的导游讲解中予以配合?"

(三)幽默式提醒

幽默式提醒是导游员用有趣、诙谐而意味深长的词语对游客进行的提醒方式。导游员运用幽默的语言进行提醒,既可使游客获得精神上的愉悦感,又可使游客在欢愉的气氛中独受到启示或警觉。

比如,导游员提醒游览长城的游客注意安全并按时返回时说:"长城地势陡峭,大家注意防止摔倒。另外,也不要一股脑儿地往前走,一直走下去就是丝绸之路了,有人走了两年才走到,特别辛苦。"

又如,几位年轻游客在游览时,纷纷爬到一尊大石象的背上照相,导游员见了连忙上前提醒他们:"希望大家不要欺负这头忠厚老实的大象!"这比一脸严肃地说:"你们这样做是损坏文物,是要罚款的!"效果要好得多。

六、回绝的语言技巧

回绝即对别人的意见和要求予以拒绝。在导游服务中,导游员常常会碰到游客提出的五花八门的问题和要求,除了一些常见的问题和一些合理且可行的要求可予以满足外,也有一些问题和要求是不合理的或不可能办到的,对这类问题和要求导游员需要及时回绝。但是,囿于导游员同游客之间主客关系的束缚,导游员不便于直接回答"不",这时导游员必须运用回绝的语言技巧。

(一)柔和式回绝

柔和式回绝是导游员采用温和的语言进行推托的回绝方式。采取这种方式回绝游客的要求,不会使游客感到太失望,避免形成导游员与游客之间的对立状态。

比如,某领队向导游员提出是否可把日程安排得紧凑一些,以便增加一两个旅游项目。导游员知道这是计划外的要求,并且不可能予以满足,于是采取了委婉的拒绝方式:"您的意见很好,大家希望在有限的时间内多看看的心情我也理解,如果有时间能安排的话我会尽力的。"这位导游员没有明确回绝领队的要求,而是借助客观原因(时间),采用模糊的语言表达了拒绝之意。

(二)迂回式回绝

迂回式回绝是指导游员对游客的发问或要求不正面发表意见,而是绕过问题从侧面予以回应或回绝。

比如,某导游员在同游客交谈时谈到了西藏,这时一位美国游客突然发问:"你们1959年进攻西藏是否合法?"该导游员想了想说:"你认为你们在19世纪60年代初期派兵进攻密西西比河南方的奴隶主是否合法?"美国游客一时语塞。

对这类政治性很强的问题,尤其是西方游客长期受资本主义宣传的影响,一时难以和他们讲清楚,采取这种迂回式的反问予以回绝是最好的选择。

(三) 引申式回绝

引申式回绝是导游员根据游客话语中的某些词语加以引申而产生新意的回绝方式。

比如,某游客在离别前把吃剩的半瓶药送给导游员并说:"这种药很贵重,对治疗我的病很管用,现送给你作个纪念。"导游员谢绝说:"既然这种药贵重,又对您很管用,送给我这没病的人太可惜了,还是您自己带回去慢慢用更好。"

这里导游员用客人的话语进行的引申十分自然,既维护了自己的尊严,又达到了拒绝的目的。

(四) 诱导式回绝

诱导式回绝是指导游员针对游客提出的问题进行逐层剖析,引导游客对自己的问题进行自我否定的回应方式。

比如,有位法国游客问导游员:"有人说,西藏应是一个独立的国家,对此你是怎样看的?"导游员反问他:"您知道西藏政教领袖班禅、达赖的名字是怎么来的吗?"法国游客摇摇头说:"不知道。"导游员接着说:"我告诉您吧,他们的名字是清朝皇帝册封的,可见西藏早就是中国的一部分。正如布列塔尼是法国的一部分一样,您能因为那里的居民有许多自己的风俗就说它是一个独立的国家吗?"这位法国游客摇摇头笑了。

总之,导游员应根据游客的情况、问题的性质、要求的合理与否,分别采用不同的回绝方式,尽量减少游客的不快。

七、道歉的语言技巧

在导游服务中,因为导游员说话的不慎、工作中的某些过失或相关接待单位服务上的欠缺,会引起游客的不快和不满,造成游客同导游员之间关系的紧张。不管造成游客不愉快的原因是主观的还是客观的,也不管责任在导游员自身还是在旅行社或相关接待单位,导游员都应妥善处理,通过恰当的语言表达方式向游客致歉或认错,以消除游客的误会和不满情绪,求得游客的谅解。

(一) 微笑式道歉

微笑是一种润滑剂,微笑不仅可以对导游员和游客之间产生的紧张气氛起缓和作用,而且也是向游客传递歉意信息的载体。如某导游员回答游客关于长城的提问时,将长城说成建于秦朝,其他游客纠正其回答不准确后,导游员觉察到这样简单地回答是错误的,于是对这位游客抱歉地一笑,这位游客也就不再计较了。

(二) 迂回式道歉

这种道歉方式是指导游员在不便于直接、公开地向游客致歉时,而采用其他的方式求得游客谅解的一种技巧。如某导游员在导游服务中过多地关照部分游客,引起了另一些游客的不悦,导游员觉察后,便主动地多接触这些游客,并给予关照和帮助,逐渐使这部分游客冰释前嫌。

除了采用迂回道歉方式改进导游服务外,导游员还可请示旅行社或同相关接待单位协商后,采用向游客赠送纪念品、加菜或免费提供其他服务项目等方式向游客道歉。

(三) 自责式道歉

由于旅游供给方的过错,游客因利益受到较大损害而表示强烈不满时,即使代人受过,导游员也要勇于自责,以缓和游客的不满情绪。

比如,某导游员接待一个法国旅游团,17:00入住饭店后发现团长夫人的行李箱不见了,团长夫人非常气愤,连18:30法国驻华大使的宴请也没有参加。至次日零时,行李还未找到,所有团员均未睡觉,都在静静地等着。在这种情况下,陪同的导游员一面劝游客早点休息,一面自责地对大家说:"十分抱歉,这件事发生在我们国家是一件很不光彩的事,对此我心里也很不安,不过还是请大家早点休息,我们当地的工作人员还在继续寻找,我们一定会尽力的。"不管团长夫人的行李最终是否找到,导游员这种勇于自责的道歉,既体现了帮助客人解决问题的诚意,也是对客人的一种慰藉。

不管采用何种道歉方式,道歉首先必须是诚恳的;其次,道歉必须是及时的,即知错必改,这样才能赢得游客的信赖;最后,道歉要把握好分寸,不能因为游客某些不快就道歉,要分清深感遗憾与道歉的界限。

八、答问的语言技巧

来自不同国家和地区的游客出于各种动机,常常会提出五花八门甚至是刁钻的问题,需要导游员给予回答。这时,避而不答和直率的表态是两种反应形式,但这两种反应都是机械的条件反射,有时可能会加深问题的严重性。如果讲究答问的语言技巧,那么不仅会降低问题的严重性,同时又不会削弱表达效果。因此,导游员有必要掌握答问的语言技巧。

(一) 是非分明

导游员在回答游客的提问时,能够给予明确回答的,就要是非分明、毫无隐讳地予以回答,以澄清对方的误解和模糊认识。

比如,一法国旅游团参观河北承德时,有游客问:"承德以前是蒙古人住的地方,因为它在长城以外,对吗?"导游员答:"是的。现在还有一些村落是蒙古名字。"游客又问:"那么,是不是可以说,现在汉人侵略了蒙古人的地盘呢?"导游员说:"不应该这么讲,应该叫民族融合。中国的北方有汉人,同样南方也有蒙古人。就像法国的阿拉伯人一样,是由于历史的原因形成的,并不是侵略。现在的中国不是哪一个民族的中国,而是一个统一的多民族的中国。"

(二) 以问为答

导游员对游客的有些问题,不直接给予肯定或否定的回答,而是以反问的形式,使对方从中得到答案。

(三) 曲语回避

有的游客提的问题很刁钻,导游员答问时容易陷入"两难境地",无论你是给予肯定或否定回答,都能被抓住把柄。这时只能以曲折含蓄的语言予以回避,不给予正面回答。

比如,有位美国游客问导游员:"你认为是毛泽东好,还是邓小平好?"这位导游员很机智,立即用曲语回避道:"您是否能先告诉我,是华盛顿好还是林肯好?"这位游客顿时哑然。

(四) 诱导否定

对方提出问题之后,不马上回答,而是先讲一点理由,提出一些条件或反问一个问题,诱使对方自我否定,自我放弃原来提出的问题。此方法类似于前述"诱导式回绝"。

? 思考题

1. 怎样理解导游语言的内涵?
2. 导游员的口语表达要注意掌握哪些要领?
3. 举例说明导游讲解中常用的修辞手法。
4. 导游讲解中常用的运用目光的方法有哪些?
5. 简述导游讲解中手势的运用方法。

第十一章　导游员的带团技能

导游员的带团技能是导游员根据旅游团的整体需求和不同游客的个别需求,熟练运用能提高旅游产品使用价值的方式、方法和技巧的能力。它贯穿于旅游活动的全过程,其水平高低直接影响着导游服务的效果。

第一节　导游员带团的特点和原则

一、导游员带团的特点

(一) 环境的流动性

导游员的工作环境不是静止和固定的,会随着游客的不同和业务的需要而不断发生变化。旅游景区、宾馆饭店、机场车站、旅游商店、娱乐场馆都是导游员工作的地方。

(二) 接触的短暂性

导游员与旅游团的游客之间通常互不熟悉,仅仅是通过短期的旅游活动才相互有了接触。旅游活动的时间往往并不长,导游员同游客之间也多停留在一种浅层次的接触。

(三) 服务的主动性

导游员是旅游团队的主导者和中心人物。在带团过程中,导游员担负着组织游客、联络协调、传播文化的职能。无论是哪个环节的工作,都需要导游员动脑筋、想办法,积极主动地为游客提供服务。

二、导游员带团的原则

(一) 游客至上原则

导游员在带团过程中,要有强烈的责任感和使命感,工作中要明辨是非,任何情况下都要严格遵守职业道德,遇事多从游客的角度去思考,将维护游客的合法利益摆在首位,真正做到"游客至上"。

(二) 服务至上原则

"服务至上"既是导游员的一条服务准则,也是导游员职业道德中一项最基本的道德规范,还是导游员在工作中处理问题的出发点。"服务至上"的关键在于关心他人,导游员要始终将游客放在心上,时时刻刻关心游客。

（三）履行合同原则

导游员带团要以旅游合同为基础,是否履行旅游合同的内容,是评价导游员是否尽职的基本尺度。一方面,导游员要设身处地为游客考虑;另一方面,导游员也应考虑旅游企业的利益,力争使游客在合同约定的范围内获得优质的服务,使旅行社获取应得的利益。

（四）公平对待原则

尊重他人是人际交往中的一项基本准则。不管游客是来自境外或境内,也不管游客的肤色、语言、信仰、消费水平如何,导游员都应一视同仁,公平对待。特别是不应对一些游客表现出偏爱,从而造成旅游团队内部关系的紧张,影响导游服务的正常进行。

第二节　导游员带团的方法和技巧

一、确立在旅游团的主导地位

旅游团队是由素不相识的游客构成的临时性和松散性的团体。导游员在带团过程中应该尽快确立自己在旅游团中的主导地位,这是带好一个旅游团的关键。导游员只有确立了主导地位并取得了游客的信任,才能有效发挥凝聚力、影响力和调控力,才能真正带好一个旅游团。

（一）以诚待人,热情服务

导游服务具有周期性短的特点,导游员每接一个团,与游客接触的时间都不长,难以"日久见人心",因此,导游员要尽快与游客建立良好的人际关系,这样才能顺利开展工作。真诚对待游客是建立良好人际关系的感情基础。当导游员的真诚和热情被游客认可,就能赢得游客的好感与信任。

许多初出茅庐的年轻导游员带团时难免会出现一些差错,但他们往往还能得到游客的肯定和欢迎,这是因为他们的热情和真诚感动了游客。热情和真诚有时还能弥补导游工作中的某些不足,当游客认定导游员是真心维护他们的利益时,即使遇到了问题,他们也会持合作的态度。

比如,某旅游团因故需要提前离开武汉,游客心中不快。而在游览东湖时又下起了大雨,这时,该团全陪请地陪放慢前进速度,让游客边听讲解边避雨;在协助地陪先安排好游客避雨后,自己冒雨跑到停车场,在旅游车中找到游客的雨具,并冒雨将雨具送到每位游客手中。他的真诚感动了游客,需要提前离开武汉的不快很快消失,全团游客十分配合,全陪的工作也因此进行得非常顺利。

（二）换位思考,宽以待客

换位思考是指导游员站在游客的角度,以"假如我是游客"的思维方式来理解游客的所想、所愿、所求和所为,从而做到"宽以待客",想方设法地满足游客的要求,理解他们的"过错"或苛求。由于客观存在的物质条件、生活水平的差距,往往游客在客源地很容易办到的事情到旅游目的地却很难办到,甚至成了"苛求"。如果导游员能站在游客的角度,对游客提出的种种要求平心静气地对待,努力寻找其中的合理成分,尽力使游客的要求得到满足,即使是苛求也一定能妥善地加以处理。

(三) 树立威信,善于"驾驭"

由于导游服务是一种引导、组织游客进行各种旅游活动的积极行为,因此导游员必须是旅游团的主导者,对旅游团具有"驾驭"能力。导游员要确立自己在旅游团中的威信,主导游客的情绪和意向,努力使游客的行为趋于一致,使一个临时组成的松散的游客群体成为一个井然有序的旅游团队。

二、树立良好的导游形象

树立良好形象是指导游员要在游客心目中确立可信赖,可以帮助他们并有能力带领他们安全、顺利地在旅游目的地进行旅游活动的形象。导游员要想在游客心目中树立良好的导游形象,必须从以下三个方面着手。

(一) 重视"第一印象"

在人际知觉中,给人留下的第一印象是至关重要的。如果一个人在初次见面时给人留下了良好的印象,就会影响人们对他之后一系列行为的评价和解释,反之也是一样。因此,导游员良好形象的塑造首先在于给游客留下良好的第一印象,使游客形成心理定势,在不知不觉中成为日后评判导游员的重要依据。

迎接旅游团是导游员与游客接触的开始,导游员在接团时留给游客的首次印象,对游客心理有重大影响,它往往会左右游客在接下来的旅游活动中的判断和认识。游客每到一地,总是怀着一种新奇的、忐忑不安的心情,用审视甚至近乎挑剔的目光打量前来接团的导游员。因此,导游员从第一次接触游客起就必须注意树立良好的形象。既要注意外在形象,又要注意自己的态度,还要通过周密的安排、细致的服务和高效的工作给游客留下良好的第一印象。导游员在接团前如能记住游客的姓名和特征,迎客时能叫出他们的名字,游客会迅速消除初到异地的孤独感和茫然感,增强安全感和信任感,这也为之后导游员与游客的和睦相处奠定了一定的感情基础。

导游员真正的第一次"亮相"是在致欢迎辞的时候,只有在这时,游客才会静下心来,"掂一掂导游员的分量"。他们会用审视的目光观察导游员的衣着装束和举止风度,仔细聆听导游员的讲话声音、语调、用词是否得体,然后通过分析思考对导游员作出初步的仔细。

比如,对导游员的衣着装扮,游客就有自己的想法。如果导游员太注重修饰自己,游客可能会想:"一个光顾修饰自己的人怎么会想着别人、照顾别人?"但是,如果导游员衣冠不整,游客又可能会想:"一个连自己都照料不好的人又怎能照顾好别人?"

因此,导游员应特别注意致欢迎辞这一环节的言行举止,力求在游客心目中留下良好的第一印象。

(二) 维护良好的形象

良好的第一印象只是体现在导游员接团这一环节,而维护形象则贯穿在导游服务的全过程之中,因此,维护形象比树立形象往往更艰巨、更重要。有些导游员只注意接团时的形象,而忽视在服务工作中保持和维护良好的形象,与游客接触的时间稍长一些就放松了对自己的要求,如不修边幅、说话不注意、承诺不兑现、经常迟到等,于是在游客中的威信逐渐降低,工作自然不好开展。导游员必须明白良好的第一印象不能"一劳永逸",而需要在以后的服务工作中注意保持和维护,因为形象塑造是一个长期的、动态的过程。导游员在游客面前要始终表现出豁达自信、坦诚乐观、沉着果断、办事利落、知识渊博、技能娴熟等特质,用使游客满意的行为来维护良好的形象。

（三）留下美好的最终印象

心理学中有一种"近因效应",它是指在人际知觉中,最后给人留下的印象因时间距离最近而对人有着强烈的影响。国外一些旅游专家有这样的共识:旅游业最关心的是其最终的产品——游客的美好回忆。导游员留给游客的最终印象也是非常重要的。若导游员留给游客的最终印象不好,就可能导致前功尽弃。一段旅程下来,尽管导游员已感到很疲惫,但从外表上依然要保持精神饱满而且热情不减,这一点常令游客对整个旅程抱肯定和欣赏的态度。同时导游员要针对游客此时开始思乡的心理特点,提供周到的服务,不厌其烦地帮助他们,如选购商品、捆扎行李等。致欢送辞时,要对服务中的不尽如人意之处诚恳道歉,广泛征求意见和改进建议,代表旅行社祝他们一路平安,真诚地请他们代为问候亲人。送别时要行注目礼或挥手示意,一定要等火车启动、轮船驶离后方可离开。美好的最终印象能使游客对即将离开的旅游目的地和导游员产生较强烈的依依不舍的心情,从而激起再次出游的动机。游客回到家乡后,通过口碑相传还可起到良好的宣传作用。

三、向游客提供心理服务

心理服务亦称情绪化服务,是导游员为调节游客在旅游过程中的心理状态所提供的服务。导游服务的对象是游客,带好旅游团,关键是带好游客。旅游团中的游客因受团体的限制,其个别要求难以在旅游合同中反映出来。当游客到达旅游目的地后,个人的想法和要求会在心里产生,继而在情绪上和行动上有所反映。此外,在旅游过程中,还可能遇到一些问题,这些问题有的来自接待服务某个环节的欠缺,有的来自与旅游团中其他游客的冲突,有的出自游客本人或其家庭,但碍于团体出游不便表示出来,而形成心理障碍。这些情况要求导游员除了要提供旅游合同中规定的游客有权享受的服务之外,还有必要向游客提供心理服务。

（一）了解游客的心理

导游员要有效地向游客提供心理服务,首先必须了解游客的心理。

1. 从人口统计特征上了解游客

每个国家、每个民族都有自己的传统文化和民风习俗,人们的性格和思维方式亦不相同,即使是同一个国家,不同地区、不同民族的人在性格和思维方式上也有很大差异;与此同时,游客所属的社会阶层、年龄和性别的不同,对其心理特征和生活情趣也会产生较为明显的影响。导游员应从以下三方面去了解游客,并有针对性地向他们提供心理服务。

（1）区域和国籍。一方面,从区域的角度看,东方人和西方人在性格及思维上有较明显的差异。西方人较开放、感情外露,喜欢直截了当地表明意愿,其思维方式一般由小到大、由近及远、由具体到抽象;东方人较含蓄、内向,往往委婉地表达意愿,其思维方式一般从抽象到具体、从大到小、从远到近。了解了这些差异,导游员在接待西方游客时,就应特别注重细节。在西方游客看来,只有各种具体的细节做得好,由各种细节组成的整体才会好,他们把导游员提供的具体服务抽象为导游员的工作能力与整体素质。另一方面,从国籍的角度看,同是西方人,在思维方式上也存在一些差别。如英国人矜持,讲究绅士风度;美国人开朗、随意、重实利;法国人浪漫,追求华丽,爱享受生活;德国人踏实、勤奋、守纪律;意大利人热情,热爱生活等。

(2) 所属社会阶层。来自上层社会的游客大多严谨持重,发表意见时往往经过深思熟虑,他们期待听到高品位的导游讲解,以获得高雅的精神享受;一般游客则喜欢不拘形式的交谈,比较关心普遍性的社会问题及当前的热门话题,在参观游览时,期待听到故事性的导游讲解,追求旅游的休闲舒适。

(3) 年龄和性别。年老的游客好思古怀旧,对游览名胜古迹、会见亲朋老友有较大的兴趣,他们希望得到尊重,希望导游员多与他们交谈;年轻的游客好逐新猎奇,喜欢多动多看,对热点社会问题有浓厚的兴趣;女性游客则喜欢谈论商品和购物,喜欢听故事性强的导游讲解。

2. 从分析地理环境来了解游客

游客由于所处的地理环境不同,对于同一类旅游产品会有不同的需求与偏好,他们对那些与自己所处地理环境迥然不同的旅游目的地往往情有独钟。比如,我国北方游客喜爱南国风情,南方游客偏好北国风光;内陆地区游客喜欢去青岛、三亚等海滨城市,沿海地区游客向往九寨沟、西双版纳独特的风貌;游客在盛夏时节爱去大连、哈尔滨等北方名城,隆冬季节则奔赴海南岛和东南亚,这种反向、反季节出游已成为一种普遍的现象,导游员可通过分析地理环境来了解游客的这些心理活动。

3. 从参团和出游动机了解游客

人们参加旅游团的心理动机一般包括:(1) 省心,不用自己安排;(2) 节省时间和金钱;(3) 有伴侣、有团友;(4) 有安全感;(5) 能正确了解所看到的景物。导游员通过周到、细致的服务和精彩、生动的讲解能满足游客的这些心理需求。

从旅游的角度看,游客的旅游动机则可分为:(1) 观赏风景名胜、探求文化差异、寻求文化交融的文化动机;(2) 考察国情民风、体验异域生活、探亲访友寻根的社会动机;(3) 考察投资环境、进行商务洽谈、购买旅游商品的经济动机;(4) 休闲度假、康体健身、消遣娱乐的身心动机。导游员只有了解和把握游客的旅游动机,才能更恰当地安排旅游活动和提供导游服务。

4. 从不同的个性特征了解游客

游客的个性各不相同,导游员从游客的言行举止可以判断其个性,从而达到了解游客并适时提供心理服务的目的。

(1) 活泼型游客:爱交际,喜讲话,好出点子,乐于助人,喜欢多变的游览项目。对这类游客,导游员要扬长避短,既要乐于与他们交朋友,又要避免与他们过多交往,以免引起其他团员的不满;要多征求他们的意见和建议,但注意不让其左右旅游活动,打乱正常的活动日程;可适当地请他们帮助活跃气氛,协助照顾年老体弱者等。活泼型游客往往能影响旅游团的其他人,导游员应与其建立良好关系,在适当的场合表扬他们的工作并表示感谢。

（2）急躁型游客:性急,易冲动,争强好胜,好遗忘,情绪不稳定,比较喜欢离群活动。对这类比较难对付的游客,导游员要避其锋芒,不与他们争论,不激怒他们;在他们冲动时不要与之计较,待他们冷静后再与其好好商量,这样往往能取得良好的效果;对他们要多微笑,服务要热情周到,而且要多关心他们,随时注意他们的安全。

（3）稳重型游客:稳重,不轻易发表见解;一旦发表,希望得到他人的尊重。这类游客容易交往,但他们不主动与人交往,不愿麻烦他人;游览时他们喜欢细细欣赏,购物时爱挑选比较。导游员要尊重这类游客,不要急慢,更不能故意冷落他们;要主动多接近他们,尽量满足他们的合理且可能的要求;与他们交谈要客气、诚恳,语速要慢,声调要低;讨论问题时要平心静气,认真听取他们的意见和建议。

（4）忧郁型游客:身体弱,易失眠,忧郁孤独,少言语但重感情。面对这类游客,导游员要格外小心,尊重他们的隐私;要多亲近他们、多关心体贴他们,但不能过分表示亲热;多主动与他们谈论愉快的话题,但不要与之高声说笑,更不要与他们开玩笑。

以上四种个性的游客,活泼型和稳重型居多,急躁型和忧郁型只是少数。不过,典型个性只能反映在少数游客身上,多数游客往往兼有其他类型个性的特征。而且,在特定的环境中,人的个性往往会发生变化。因此导游员在向游客提供服务时要因人而异,要随时观察游客的情绪变化,及时调整,力争使导游服务更具针对性,获得令游客满意的效果。

5. 从分析心理变化来了解游客

游客来到异国他乡,由于生活环境和生活节奏的变化,在旅游的不同阶段,其心理活动也会随之发生变化。

（1）旅游初期阶段:求安全心理、求新心理。游客刚到目的地,较为兴奋激动,但人生地疏、语言不通,往往容易产生孤独感、茫然感和不安全感,唯恐发生不测,危及财产甚至生命。也就是说,在旅游初期阶段,游客求安全的心态表现得非常突出,因此,消除游客的不安全感成为导游员的首要任务。旅游目的地全新的环境、奇异的景物、独特的民俗风情,使游客逐渐猎奇的求新心理空前高涨,这在旅游初期阶段表现得尤为突出,往往与不安全感并存。所以在消除游客不安全心理的同时,导游员要尽力安排富有特色的活动项目,满足他们的求新心理。

（2）旅游中期阶段:懒散心态、求全心理、群体心理。随着时间的推移、旅游活动的开展及相互接触的增多,旅游团各游客间、游客与导游员之间越来越熟悉,游客开始感到放松,会产生一种平静、轻松的心态。但是,正由于这种心态的左右,游客往往忘却了控制自己,思辨能力也不知不觉间减退,常常自行其是,甚至出现一些反常言行及放肆、傲慢、无理的行为。第一,游客的个性充分暴露,开始出现懒散心态,如时间概念较差,群体观念更弱,游览活动中自由散漫,到处丢三落四,旅游团内部的矛盾逐渐显现,等等;第二,游客把旅游活动理想化,希望在异国他乡能享受到在家中不可能得到的服务,希望旅游活动的一切都是美好的、理想的,从而产生生活上、心理上的过高期待,对旅游服务横加挑剔,求全责备;第三,由于游客的思考力和判断力减弱,这时,如果团内出现思辨能力较强而又大胆直言的"领袖人物"时,其他游客便会不假思索地附和他,"唯其马首是瞻",不知不觉地陷入一种人云亦云、随波逐流的群体心理状态。导游员在旅游中期阶段的工作最为艰巨,也最容易出差错。因此,导游员的精力必须高度集中,对任何事都不得掉以轻心。与此同时,这个阶段也是对导游员组织能力和独立处理问题能力的实战检验,是对其导游技能和心理素质的全面检阅,所以每个导游员都应充分重视这个阶段的工作。

(3) 旅游后期阶段:忙于个人事务。旅游活动后期,即将返程时,游客的心理波动较大,开始忙乱起来,比如,与亲友联系突然增多,想购买称心如意的纪念品但又怕行李超重等。总之,他们希望有更多的时间处理个人事务。在这一阶段,导游员应给游客留出充分的时间处理自己的事情,对他们的各种疑虑要尽可能耐心地解答,必要时做一些弥补和补救工作,使其前一段时间未得到满足的个别要求得到满足。

(二) 调整游客的情绪

游客在旅游过程中,会随着自己的需求是否得到满足而产生不同的情感体验。如果他们的需求得到满足,就会产生愉快、满意、欢喜等积极的情绪;反之则会产生烦恼、不满、懊恼甚至愤怒等消极的情绪。导游员要善于从游客的言行举止和表情变化去了解他们的情绪,在发现游客出现消极情绪后,应及时找出原因并采取相应措施来消除或进行调整。

1. 补偿法

补偿法是指导游员从物质上或精神上给游客以补偿,从而消除或弱化游客不满情绪的一种方法。比如,如果没有按协议书上注明的标准提供相应的服务,应给游客以补偿,而且替代物一般应高于原先的标准;如果因故无法满足游客的合理要求而导致其不满时,导游员应实事求是地说明困难,诚恳地道歉,以求得游客的谅解,从而消除游客的不满情绪。

2. 分析法

分析法是指导游员将造成游客消极情绪的原委向游客讲清楚,并一分为二地分析事物的两面性及其与游客的得失关系的一种方法。比如,由于交通原因不得不改变日程,游客要多花时间于旅途之中,常常会引起他们的不满,甚至愤怒抗议。导游员应耐心地向游客解释造成日程变更的客观原因,诚恳地表示歉意,并分析改变日程的利弊,强调其有利的一面或着重介绍新增加的游览内容的特色和趣味,这样往往能收到较好的效果。

3. 转移注意法

转移注意法是指在游客产生烦闷或不快情绪时,导游员有意识地转移游客的注意力,使其从不愉快、不顺心的事转移到愉快、顺心的事情上去。比如,有的游客因对参观对象有不同意见而不快;有的游客因爬山时不慎划破了衣服而懊恼;有的游客因看到不愉快的现象产生联想而伤感,等等。导游员除了说服或安慰游客以外,还可通过讲笑话、唱山歌、学说本地话或讲些民间故事等形式来活跃气氛,使游客将注意力转移到有趣的文娱活动上来。

案例 11-1

调节游客的情绪

小石在带团去景点的途中发生交通堵塞,这时距离景点还有两公里的路程。小石并不知道堵塞情况会持续多久。如果你是小石,遇到等候时间不确定的交通堵塞,你会怎样处理?

>> 案例分析

(1) 导游员可适当组织各种形式的小活动,以活跃车内气氛,缓解游客烦躁情绪。

(2) 前去了解打听恢复交通可能所需的时间。

(3) 看能否采取绕道行驶的措施,如果车被堵在中间而不能掉头,可与旅行社联系,看能否再派一辆车,然后带游客离开堵塞的路段。

(4) 征得游客同意,可与游客弃车步行前往景点。

(三) 激发游客的游兴

兴趣是人们力求认识某种事物或某种活动的倾向,这种倾向一经产生,就会产生积极主动、专注投入、聚精会神等心理状态,形成良好的游览心境。导游服务要取得良好的效果,需要导游员在游览过程中激发游客的游兴,使游客自始至终沉浸在兴奋、愉悦的氛围之中。导游员可从以下四方面去激发游客的游兴。

1. 通过直观形象激发游客的游兴

导游员应通过突出游览对象本身的直观形象来激发游客的游兴。

比如,湖北九宫山的喷雪崖,崖顶之云中湖的湖水喷薄而出,直落洞底狭谷,深达 70 余米。因谷口逼风,跌落之水化成缕缕雾霭,绕崖旋转,色白如雪,蔚为壮观。导游员要引导游客从最佳的角度观赏,才能突出喷雪崖的直观形象,使游客产生叹为观止的观感。

2. 运用语言艺术激发游客的游兴

导游员运用语言艺术可以调动游客的情绪,激发游客的游兴。比如,通过讲解历史故事可激发游客对名胜古迹和民间艺术的探索;通过朗诵名诗佳句可激起游客漫游名山大川的豪情;通过提出生动有趣的问题引发游客的思考和探讨。这样营造出的融洽、愉快的氛围可使游客的游兴更加浓烈。

3. 通过组织文娱活动激发游客的游兴

一次成功的旅游活动,仅有导游讲解是远远不够的,导游员还应抓住时机,组织丰富多彩的文娱活动,动员全团游客共同营造愉快氛围。比如,在旅游活动开始不久,导游员请游客们做自我介绍,以加速彼此之间的了解,同时还可以适时发掘游客的特长;如所去景点的路途较远,导游员可在途中组织游客唱歌、猜谜语、做游戏、教外国游客数数、学说中国话,等等。如果团内有多才多艺的游客,可请他出来主持或表演。导游员也应有一两手"绝活",来回报游客的盛情邀请。如有的导游员会演奏民族乐器,常常着唢呐、笛子上团;有的导游员会唱山歌,常在途中为游客即兴演唱,使外国游客惊叹不已,顿时对中国民间艺术兴趣陡增。

4. 使用声像导游手段激发游客的游兴

声像导游是导游服务重要的辅助手段,每天去景点游览之前,导游员如能先为游客放映一些内容相关的幻灯片、录像或光盘,往往能收到事半功倍的效果。有时有些景点因受客观条件限制或因游客体力不支,游客难以看到景点的全貌,留下不少的遗憾;借助声像则可以弥补这一缺憾,给游客留下完整的、美好的印象。如果是在旅游车上进行导游讲解,导游员还可利用车上的音响设备配上应景的音乐,或在讲解间歇时播放一些有着浓郁地方特色的歌曲、乐曲、戏曲等,使车厢内的气氛轻松愉悦,让游客始终保持游兴和兴奋、愉悦的心情。

(四) 把握心理服务的要领

1. 尊重游客

尊重人是人际关系中的一项基本准则。不管游客来自境外,还是来自境内;是来自东方国家,还是来自西方国家;也不管游客的肤色、宗教、信仰、消费水平如何,他们都是客人,导游员都应一视同仁地尊重他们。

尊重游客,就是要尊重游客的人格和愿望。游客对于能否在旅游目的地受到尊重非常敏感。他们希望在同旅游目的地的人们的交往中,其人格得到尊重,其意见和建议得到尊重;希望在精神上能得到在本国、本地区所得不到的满足;希望提出的要求得到重视,生活得到关心和照顾。游客希望获得尊重是正常且合理的,也是起码的要求。导游员必须明白,只有当游客生活在热情友好的气氛中,自我尊重的需求得到满足时,为他提供的各种服务才有可能发挥作用。

"扬他人之长,隐其之短"是尊重人的一种重要做法,在旅游活动中,导游员要妥善安排,让游客进行"参与性"活动,使其获得自我成就感,增强自豪感,从而在心理上获得最大的满足。

2. 微笑服务

微笑是自信的象征,是友谊的表示,是和睦相处、合作愉快的反映;微笑还是一种无声的语言,其有强化有声语言、沟通情感的功能,有助于增强交际效果。在旅游服务中,微笑具有特别的魅力。

20世纪30年代,西方国家饭店业受经济危机影响,呈现出一片萧条局面。希尔顿饭店集团的创始人康纳·希尔顿却告诫他的员工:"我请各位切记,万万不可把我们内心的愁云摆在脸上,无论遇到多大的困难,希尔顿饭店员工脸上的微笑永远是属于顾客的阳光。"微笑服务正是希尔顿饭店成功的秘诀之一。

导游员若想向游客提供成功的心理服务,就得学会笑口常开,"笑迎天下客"。

3. 使用柔性语言

"一句话能把人说笑,也能把人说跳。"导游员有时一句话说好了,会使游客感到高兴;有时一不当心,甚至是无意中的一句话,就有可能伤害游客的自尊心。因此,导游员在与游客交往时必须注意自己的语言表达方式,与游客说话要避免使用"铿锵有力""掷地有声"的刚性语言。要尽量做到语气亲切、语调柔和、措辞委婉、说理自然,常用商讨的口吻与游客交谈,这样的"柔性语言"既使人愉悦,又有较强的征服力,往往能达到以柔克刚的效果。

4. 与游客建立"伙伴关系"

在旅游活动中,游客不仅是导游员的服务对象,也是其合作伙伴。只有游客的通力合作,旅游活动才能顺利进行,导游服务才能取得良好的效果。而要想获得游客的合作,导游员应设法与游客建立"伙伴关系"。一方面,导游员可通过诚恳的态度、热情周到的服务、谦虚谨慎的作风,让游客获得自我成就感等方式与游客建立合乎道德的正常理性的情感关系。当然,这种情感关系应是面对每一位游客的,决不能厚此薄彼;另一方面,导游员在与游客交往时还应摆正心态,尊重游客,与游客保持平行性交往。

5. 提供个性化服务

个性化服务是导游员在做好规范化服务的同时,针对游客个别要求而提供的服务。个性化服务虽然针对的只是个别游客的个别需求,有时甚至只是旅游过程中的一些琐碎小事,但是,做好这类小事往往会起到事半功倍的效果,尤其是对注意细节的西方游客而言,这会使他们感受到导游员求真务实的作风和为游客分忧解难的关怀,从而产生对导游员的信任。"细微之处见真情",说的就是这个道理。

提供个性化服务并不容易,关键在于导游员必须将游客"放在心中",善于把握时机主动服务。个性化服务要求导游员要了解游客,用热情主动的服务尽力满足其合理的要求。此外,个性化服务只有与规范化服务完美地结合才是优质的导游服务。

四、正确引导游客观景赏美

旅游活动是一项寻觅美、欣赏美、享受美的综合性审美活动。它不仅能满足人们爱美、求美之需求,而且还能起到净化情感、陶冶情操、增长知识的作用。俄罗斯教育家乌申斯基说:"……美丽的城郭,馥郁的山谷,凹凸起伏的原野,蔷薇色的春天和金黄色的秋天,难道不是我们的老师吗?……我深信,美丽的风景对青年气质发展具有的教育作用,是老师都很难与之竞争的。"因此,导游员在带团旅游时,应重视旅游的美育作用,正确引导游客观景赏美。

(一) 传递正确的审美信息

游客来到旅游目的地,由于其对旅游景观,特别是人文景观的社会、艺术背景不了解,其审美情趣会受到很大的影响,往往不知其美在何处,从何着手欣赏。作为游客观景赏美的向导,导游员首先应把正确的审美信息传递给游客,帮助游客在观赏旅游景观时,感受、理解、领悟其中的奥妙和内在的美。

比如,欣赏黄鹤楼西门牌楼背面匾额"江山入画",既要向游客介绍苏东坡"江山如画,一时多少豪杰"的名句,又要着重点出将"如"改"入",这一字之改所带来的新意和独具匠心的审美情趣。

又如，游览汉阳古琴台，导游员除了要向游客讲解"俞伯牙摔琴谢知音"的传说故事外，还应引导游客欣赏古琴台这座规模不大但布局精巧的园林的特色，介绍古琴台依山就势、巧用借景手法，通过巧借龟山月湖，从而构成一个广阔深远的艺术境界。

当然，向游客传递正确的审美信息，导游员首先应确保其所传递的信息是准确无误的，很难想象在游览东湖时，导游员介绍"水杉是第四纪冰川时期遗留下来的珍贵树种"，内行的游客听后会是一种什么感觉。

（二）分析游客的审美感受

游客在欣赏不同的景观时会获得不同的审美感受，但有时游客在观赏同一审美对象时，其审美感受也不尽相同，甚至表现出不同的美感层次。我国著名美学家李泽厚就将审美感受分为"悦耳悦目""悦心悦意"和"悦志悦神"三个层次。

（1）悦耳悦目。它指审美主体以耳、目为主的全部审美感官所体验的愉快感受，这种美感通常以直觉为特征，仿若主体在与审美对象的直接交融中，不假思索便可于顷刻间感受到审美对象的美，同时唤起感官的满足和愉悦。

比如，漫步于九宫山森林公园之中，当游客看到以绿色为主的自然色调，呼吸到富含负离子的清新空气，嗅到沁人心脾的花香，听到林间百鸟的鸣唱，就会不自觉地陶醉其中，从而进入"悦耳悦目"的审美境界。

（2）悦心悦意。它指审美主体透过眼前或耳边具有审美价值的感性形象，在无目的中直观地领悟到对方某些较为深刻的意蕴，获得审美享受和情感升华，这种美感是一种意会，有时很难用语言加以充分而准确地表述。

比如，观赏齐白石的画，游客看到的不只是草木鱼虾，而更多的是感受到一种悠然自得、逍遥洒脱的情思意趣；泛舟神农溪，聆听土家族姑娘优美动人的歌声，游客感知的不只是节奏与旋律的形式美，更是一种饱含甜蜜和深情的爱情信息流或充满青春美的心声。这些较高层次的审美感受，使游客的情感升华到一种欢快愉悦的状态，进入了较高的艺术境界。

（3）悦志悦神。它指审美主体在观赏审美对象时，经由感知、想象、情感、理解等心理功能交互作用，从而唤起的那种精神意志上的昂奋和伦理道德上的超越感。它是审美感受的最高层次，体现了审美主体大彻大悟，从"小我"进入"大我"的超越感，体现了审美主体和审美对象的高度和谐统一。

比如，乘船游览长江和黄河，会唤起游客的思旧怀古之情，使游客产生深沉崇高的历史责任感；登上坛子岭俯视繁忙的三峡工程建设工地，会激起游客的壮志豪情，使游客产生强烈的民族自豪感。

导游员应根据游客的个性特征，分析他们的审美感受，有针对性地进行导游讲解，使具有不同美感层次的游客都能获得审美愉悦和精神享受。

(三) 激发游客的想象思维

观景赏美是客观风光环境和主观情感结合的过程。人们在观景赏美时离不开丰富而自由的想象,比如泰山登山路旁的一块摩崖刻石,上刻二字(如图11-1所示),如果不发挥想象,我们很难体会隐喻其中的"风月无边"的意境。人的审美活动是通过以审美对象为依据,经过活跃的思维活动,调动已有的知识和经验,进行美的再创造的过程。一些旅游景观,尤其是人文景观的导游讲解,需要导游员制造意境,进行美的再创造,才能激起游客的游兴。

图11-1 泰山摩崖刻石

比如,游览西安半坡遗址,导游员面对着那些打磨的石器、造型粗糙的陶器,如果只是向游客平平淡淡地介绍这是什么,那是什么,游客只会感到枯燥乏味。如果导游员在讲解中制造出一种意境,为游客勾画出一幅半坡先民们集体劳动、共同生活的场景:"在6 000年前的黄河流域,就在我们脚下的这片土地上,妇女们在田野上从事农业生产,男人们在丛林中狩猎、在河流中捕鱼,老人和孩子们在采集野果。太阳落山了,村民们聚集在熊熊燃烧的篝火旁公平合理地分配着辛勤劳动的成果,欢声笑语此起彼伏……半坡先民们就是这样依靠集体的力量向大自然索取衣食,用辛勤艰苦的劳动创造了光辉灿烂的新石器文化。"如此一来,游客们就会产生浓厚的兴趣,时而屏息细听,时而凝神遐想,游客的想象思维被充分激发起来,审美境界也得到了升华。

(四) 灵活掌握观景赏美的方法

1. 动态观赏和静态观赏

无论是山水风光还是古建园林,任何风景都不是单一的、固化的、静态的画面形象,而是生动的、多变的整体。游客漫步于景物之中,步移景异,从而获得空间进程的流动美,这就是动态观赏。

比如,在湖北赤壁的陆水湖中泛舟,游人既可以欣赏山上树木葱茏、百花争艳,也可以领略水上浮光跃金、沙鸥翔集,还有镶嵌在绿波之上的几百个岛屿,灿灿地撩你的思绪,楚楚地勾你的魂魄,让你在流动的湖水中流连忘返。

然而,在某一特定空间,观赏者停留片刻,选择最佳位置驻足观赏,通过感觉、联想来欣赏美、体验美,这就是静态观赏。这种观赏形式时间较长、感受较深,人们可获得特殊的美的享受。

比如,在湖北九宫山山顶观赏云雾缭绕的云中湖,欣赏九宫十景之一的"云湖夕照",引人遐想,令人陶醉。

2. 观赏距离和观赏角度

距离和角度是两个不可或缺的观景赏美的因素。自然美景千姿百态、变幻无穷,一些似人似物的奇峰巧石,只有从一定的空间距离和特定的角度去看,才能领略其风姿。

比如,游客在长江游轮上观赏长江三峡神女峰,远远望去,朦胧中看到的是一尊丰姿秀逸、亭亭玉立的中国美人塑像,然而若借助望远镜观赏,游客定会大失所望,因为看到的只是一堆石头而已,毫无美感可言。

又如,在黄山半山寺望天都峰山腰,有堆巧石状似公鸡,头朝天门,振翅欲啼,人称"金鸡叫天门",但到了龙蟠坡,观看同一堆石头,看到的则似五位老翁在携杖登险峰,构成了"五老上天都"的景观。

这些都是由于空间距离和观赏角度不同造就的不同景观。导游员带团游览时要善于引导游客从最佳距离、最佳角度去观赏风景,使其获得美的享受。

除空间距离外,游客观景赏美还应把握心理距离。心理距离是指人与物之间暂时建立的一种相对超然的审美关系。在审美过程中,游客只有真正从心理上超脱于日常生活中或功利或世俗的考虑,摆脱私心杂念,超然物外,才能真正获得审美的愉悦,否则就无法获得美的享受。

比如,恐海者不可能领略大海的波澜壮阔;刚失去亲人的游客欣赏不了地下宫殿的宏伟;有恐高症的游客体验不到"不到长城非好汉"的英雄气概,等等。常年生活在风景名胜中的人往往对周围的美景熟视无睹,也不一定能获得观景赏美带来的愉悦,"不识庐山真面目,只缘身在此山中"正说明了这个道理。

3. 观赏时机和观赏节奏

观赏美景要掌握好时机,即掌握好季节、时间和气象的变化。清明踏青、重阳登高、春看兰花、秋赏红叶、冬观腊梅等都是自然万物的时令变化规律造就的观景赏美活动。

比如,观赏山景为例,北宋郭熙在《林泉高致》中告诉游人:"真山水之烟岚,四时不同,春山淡冶而如笑,夏山苍翠而如滴,秋山明净而如妆,冬山惨淡而如睡。"

变幻莫测的气候景观是欣赏自然美景的一个重要内容。如在泰山之巅观日出、在峨眉山顶看佛光、在庐山小天池望瀑布云、在蓬莱阁赏海市蜃楼,这些都是因时间的流逝、光照的转换造就的美景,而观赏这些自然美景,就必须把握住稍纵即逝的观赏时机。

观景赏美是为了让游客愉悦身心、获得美感,如果观赏速度太快,不仅使游客筋疲力尽达不到观赏目的,还会损害他们的身心健康,甚至会影响旅游活动的顺利进行,因此导游员要注意调节观赏节奏。

(1) 有张有弛,劳逸结合。导游员要根据旅游团成员的实际情况有弹性地安排活动日程,努力使旅游审美活动既丰富多彩又松紧适度,让游客在轻松愉悦的氛围中获得最大限度的美的享受。

(2) 有急有缓,快慢相宜。在审美活动中,导游员要视具体情况把握好游览速度和导游讲解的节奏,哪里该快、哪里该慢、哪里多讲、哪里少讲甚至不讲,必须做到心中有数;对年轻人讲得快一点、走得快一点、活动多一点;对老年人则相反。如果游客的年龄相差悬殊、体质差异大,要注意既让年轻人的充沛精力有发挥的余地,又不使年老体弱者疲于奔命。总之,观赏节奏要因人、因时、因地随时调整。

(3) 有讲有停,导、游结合。导游讲解是必不可少的,通过讲解和指点,游客可适时地、正确地观赏到美景,但在特定的时间、特定的地点让游客去凝神遐想,去领略、体悟景观之美,往往会收到更好的审美效果。

总之,在旅游过程中,导游员应力争使观赏节奏适合游客的生理负荷、心理动态和审美情趣,安排好行程,组织好审美活动,让游客感到既顺乎自然又轻松自如。只有这样,游客才能真正获得旅游的乐趣和美的享受。

五、合理安排团队的旅游活动

旅游团是一个特殊的群体,游客参团旅游的动机各异,兴趣爱好各不相同,所以,导游员应该具备良好的组织协调能力,合理安排旅游团的各项旅游活动。

(一)灵活搭配活动内容

灵活机动地安排游览活动是导游员组织协调能力的重要体现。导游界有句行话:"有张有弛,先张后弛。"这就说明导游员在带团过程中应该掌握游览活动的节奏,遵循"旅速游缓""先远后近""先高后低"的原则。只有这样,才能带好旅游团。

导游员是组织游览活动的核心,旅游活动在内容和节奏上是否搭配得当,会直接影响游客的情绪和心理。导游员搭配活动内容时一方面应注意游览景点安排要避免雷同,这是因为游客在旅游活动中的相关需求是不断变化的;另一方面,游览要与购物、娱乐相结合,只有将游览、购物和娱乐结合好,才可以满足游客的多样化需求。

(二)科学安排游客饮食

游客在旅游活动中的饮食非常重要,只有吃得饱,才有精力去旅游;只有吃得好,才能游得好;只有吃得干净,吃得卫生,才能游得愉快,游得顺利。但是,出门在外,不同往日在家里,导游员在安排饮食时,要提醒游客特别注意以下几点:(1)不要过多地在旅游期间改变平日饮食习惯,坚持饮食荤素搭配,注意多吃水果,以利消化;(2)注意饮食卫生,防止"病从口入";(3)注意饮食平衡,切不可饥一顿、饱一顿,多饮水,保持体内水分;(4)防止偏食,特别注意少吃大鱼大肉等肥腻食物,防止消化不良;(5)各地名吃一定要"品",但一定要注意量不可大,注意自己的消化能力;(6)不要勉强吃自己不喜欢吃的东西,虽然有人主张"舍命吃名品",但有些从外观和原料上就有自己一向忌口的物品,不可勉强去吃;(7)各地都有风味小吃,特别是特产瓜果、生猛海鲜等,这些当地人吃得津津有味的东西,游客并不一定能享受,因为确实存在水土不服的问题,导游员应提醒游客特别注意。

(三)尽快安排游客入住

旅游团抵达下榻的饭店后,导游员要尽快安排游客入住。其主要技巧是:

(1)要安排好游客,在大厅找椅子让游客坐下休息,顺手拿些小册子、饭店介绍、景点介绍让游客看看。游客有了可看之物,就不会因干等而着急了。

(2)在游客休息时,导游同当地地陪一起将早已填好的住房名单(准备工作极为重要)交给前台服务员。前台服务员一看表格早已清晰地打印好了,自然愿意先行办理,这样便能很快地拿到住房卡和钥匙。

(3)拿到房卡和钥匙后,立即走到大家休息的地方,依次点名分发,同时请地陪协助将房号登记在游客名单上。然后将整理好的名单交给前台,复印三份,一份留前台,一份给地陪,一份留给自己。技巧的关键,是想得周到,准备工作做得好,到时才不会忙乱。

（4）游客陆续进入房间，领队和地陪要认真做好以下服务工作：一是帮助游客学会用饭店钥匙；二是帮助游客安排好行李，使行李迅速入房；三是帮助游客查看房间是否已打扫干净，有些饭店水平欠佳，尤其旅游旺季时，常常出现差错。

（四）注意旅行服务技巧

导游员带团乘坐任何交通工具时，按国际惯例，都要第一个下，最后一个上，这样便于照顾好游客。乘坐交通工具安全第一，还要注意掌握一些必要的技巧。

1. 乘坐飞机的技巧

乘坐飞机时，导游员一般应当最后登机，这样可以确保全团都顺利登机；导游员应选择坐在游客中间靠过道的位置，以便在飞行时照顾游客；下飞机时，应当先下，因为只有导游员才认识前来迎接的地陪。

在整个乘机过程中，导游员应特别注意以下几点：

（1）购票后，要检查一下票面，并了解乘机注意事项，一定要按时抵达机场候机。

（2）到机场后，办理登机手续，导游员应请游客准备好机票、身份证、登机牌等，过安全检查后，等候登机。

（3）登机后，如有晕机经历者，可先吃片乘晕宁。在飞机上如有游客出现晕机反应，导游员可用手压其合谷穴处以缓解反应。若情况严重，可与机上乘务员联系。

（4）登机后，听从机上乘务员安排，请游客仔细听乘务员介绍安全知识。一般来说，机上乘务员都能竭诚提供服务，所以，在机上有任何问题和要求，可以随时向乘务员提出。

（5）到达时，听从乘务员安排，按顺序下机，提醒大家千万别忘了取自己的行李，如果行李出现损坏现象，要及时报告，可向机场要求赔偿。

2. 乘坐火车的技巧

火车是旅游重要的交通工具。乘火车旅游，可以欣赏途中景色，特别是田园风光，这是其他交通工具难以做到的，因而备受游客欢迎。

乘坐火车时，导游员要尽量把自己安排在位于游客中间的包房、床位或席位，要经常走动以关照到每一位游客。在分配包房时，注意游客之间的关系，千万别把一家人、夫妻或情侣安排在两个包房中。乘车过程中，导游员要注意以下技巧：

（1）提前购票，最好买旅游专列车票，虽价格略贵一点，但车厢干净、服务规范，令人感到物有所值。关于这一点导游员要向游客说明，以示技巧。

（2）购得火车票后，要检查票面，千万别乘错车次。

（3）到车站，注意收听广播，千万别误了车次，如遇排队，导游员领头靠前，请团长负责其后，以便前后照料。

（4）上车后，引导游客找好铺位和席位，找不到时可请乘务员协助。

（5）上车后，要安顿好各位游客，要经常活动一下身体，防止因坐久而带来的不适。

（6）注意车上广播，关照游客提前做好下车准备。一般下一站的导游员，会在出站口迎接大家。请游客安心服从安排。

（五）引导游客理性购物

1. 帮助游客制订"购物计划"

中国人有个习惯，叫"穷家富路"，就是说在家里日子可以过得节俭些，一旦出外就要多带些钱,花着方便些。这也使得一些游客在旅游过程中,见什么买什么,结果回头一看,买了很多无意义的东西,造成不必要的浪费。

一些外国游客来到商店后,拿出个小本本,上面写着需要购买的商品,甚至还分门别类,他们称之为"购物计划"(shopping plan)。根据外国游客的做法,导游员可帮助游客制订一个"购物计划",并让游客对旅游商品有所了解。一般而言,旅游购物品主要包括:(1)旅游工艺品,如饰品、编织物、民间工艺品等;(2)旅游纪念品,如带有当地景观的小型纪念品,像泰山手杖、长城纪念章等;(3)文物古玩、土特产品,如贵州茅台、云南白药、东北人参、苏杭丝绸等;(4)旅游食品;(5)旅游日用品。

2. 引导游客学会理性购物

导游员应善于引导游客理性购物,避免其上当受骗。第一,导游员要告诉游客,购物的首要原则是"少买吃的,多买用的"。一些游客旅行回来,满载而归。但几个月后就发现,所购的食品,不是变质,就是坏掉,最后不得不扔掉。另有一些游客,刚刚到家,就发现食品已不能食用了,顿时后悔不迭。但一些生活用品,大部分都能派上用场。纪念性的物品,时间过得愈长,其价值愈大,每每拿出,展示给友人,总能带来些欢娱。

第二,导游员要提醒游客,购物时应坚持"三要"与"五不要"。许多游客购物时都有"从众心理",别人买样东西,也不管自己需要不需要,喜欢不喜欢,一哄而起地就跟着买。往往在这种情况下,小商贩最易搞骗术,而游客也最易上当。所以,应建议游客做到"三要":要买自己喜欢的物品,买东西一定要商家开"发票",贵重物品一定要"保单"。还要注意"五不要":贵重物品不要买,金银物品不要买,珠宝玉器不要买,大件物品不要买,海鲜水产不要买。

案例 11-2

引导游客购物(1)

上海女导游小周接待了一个来自山西的团队。由于小周聪明漂亮,服务热情,深得游客的信任。在一家工艺品商店,一位游客在小周的劝说下,购买了一套价值 2 000 元的工艺品,而且商家还说看在导游的面子上打了 5 折。游客准备上车时,却听到小周在一个角落里打电话说:"这个土老帽,一点都不识货,要是别人都像她一样,我就赚大了。"游客听后,非常气愤。请问导游小周有何不妥之处?

》案例分析

购物,是旅游团的一项重要活动,也是游客的重要需求。导游员在介绍商品时,要客观、公正,不能为了回扣,丧失职业道德,诱导游客购买质次价低的商品。在案例中,小周无视游客的利益,引导游客购买质次价低的商品,虽然表面上占了便宜,但她却伤了游客的心,失掉的是游客对她的信任。

案例 11-3

引导游客购物（2）

导游员小刘在带领某旅游团在某步行街进行购物时，有个商贩拉住其中一位游客进行强买强卖，试分析此时小刘应该如何处理。

>> **案例分析**

（1）导游员要勇敢地上前阻拦，必要时向当地旅游管理部门或当地市场管理部门投诉，使得游客免受伤害和损失。

（2）导游员在带团技巧上要采取"紧密而又快捷"的方法，确保旅游团顺利安全通过"包围圈"。

（3）景区环境需要整治，但导游员也必须提高警惕，及时提醒游客注意安全。

案例 11-4

引导游客购物（3）

地陪小周接待了一个来自上海的旅游团。某日，小周带领大家来到了一家玉器店选购玉器。作为地接导游员，在带领旅游团购物时，应做好哪些工作？

>> **案例分析**

（1）严格按照接待计划到指定购物商店购物。
（2）讲清购物时间和购物的注意事项。
（3）介绍本地商品特色，当好游客的购物参谋。
（4）谨防假冒伪劣商品，积极维护游客的合法权益。

六、做好重点游客的接待工作

游客来自不同的国家和地区，他们在年龄、职业、宗教信仰、社会地位等方面存在较大的差异，有些游客甚至非同一般，特点尤为突出，导游员必须给予特别关注和照顾。

（一）儿童的接待技巧

出于让孩子增长见识、健身益智的目的，越来越多的游客喜欢携带自己的孩子一同到目的地旅游，其中不乏一些儿童。导游员应在做好旅游团中成年游客旅游工作的同时，根据儿童的生理和心理特点，做好专门的接待工作。

1. 注意儿童的安全

儿童游客,尤其是2—6岁的儿童,天性活泼好动,导游员要特别注意他们的安全。地陪可酌情讲些有趣的童话和小故事吸引他们,这样既活跃了气氛,又能确保他们不到处乱跑,保障了其安全。在旅游过程中,经常会出现中国游客因喜爱要和外国儿童合影留念的情况。面对好客的中国人,孩子和家长开始很兴奋、新鲜,很愿意合作。但时间一长,次数一多,他们就会产生厌烦情绪。遇到这种情况,导游员一方面要代他们婉言谢绝,另一方面也可做一些工作,尽量让双方都满意。

2. 掌握"四不宜"原则

对有儿童的旅游团,导游员应掌握"四不宜"的原则:不宜为讨好儿童而给其买食物和玩具;不宜在旅游活动中突出儿童,而冷落其他游客;即使家长同意也不宜单独把儿童带出活动;儿童生病,应及时建议家长请医生诊治,而不宜建议其给孩子服药,更不能提供药品给儿童服用。

3. 对儿童多给予关照

导游员对儿童的饮食起居要特别关心,多给一些关照。如遇天气变化,要及时提醒家长给孩子增减衣服,如果天气干燥,还要提醒家长多给孩子喝水,等等;用餐前,考虑到儿童个子小,且外国儿童不会使用中餐用具,地陪应先给餐厅打电话,请餐厅准备好儿童用椅和刀、叉、勺等一些儿童必备餐具,以减少用餐时的不便。

4. 注意儿童的收费标准

对儿童的收费是根据不同的年龄,有不同的收费标准和规定,包括机(车、船)票、住宿、用餐等,导游员应特别注意。

案例 11-5

接待儿童游客(1)

在旅游团中,常有成年游客携带儿童出游的情况,对此导游员在做好成年游客旅游工作的同时,应如何根据儿童的生理和心理特征,做好关系和照料工作?

>> **案例分析**

(1)导游员在儿童饮食起居方面要多给予关心,多向家长了解其生活习惯。

(2)遇天气变化,导游员要及时提醒家长给孩子增减衣服;人多拥挤时,要协助家长看好孩子;在工作时间或陪同游客活动时,不要单独把游客的孩子带走,也不宜给儿童买零食或玩具。

(3)儿童生病,导游员要及时建议家长请医生诊治,而不宜建议私自服药,更不能将自己随身携带的药品给孩子服用。

案例 11-6

接待儿童游客（2）

导游员小王带某团去山东旅游。等下了火车，与地陪接洽后，才发现18人的团坐18个座的车，怎么也坐不下。原因是团里有两个孩子，身高都超过了1.3米，由于费用自理，没有计算在内。可是孩子家长以没法抱孩子为由，拒绝孩子让座，而交费的另两个散客只能在车外站着。请问全陪小王和地陪各有什么失职的地方？

>> **案例分析**

（1）全陪小王没有提前和地陪说明情况，虽然是18人的团队，但并不包括两个费用自理的孩子。

（2）地陪在做准备工作时，也没有对团队成员的具体情况进一步了解，结果导致最后游客的座位不够，造成了很大麻烦。

（3）导游员在带团时，应该详细了解旅游团队成员的基本信息，尤其了解是否有老人和儿童。同时，一定要注意儿童的接待价格标准。

（二）高龄游客的接待技巧

在我国入境旅游和国内旅游市场，老年游客均占有较大的比例。而在这些老年游客中还有年龄在80岁以上的高龄游客。尊敬老人是我们中华民族的传统美德，因此，导游员应通过谦恭尊敬的态度、体贴入微的关怀和不辞辛苦的服务做好高龄游客的接待工作。

1. 妥善安排日程

导游员应根据高龄游客的生理特点和身体状况，妥善安排好日程。首先，日程安排不要太紧凑，活动量不宜过大、项目不宜过多，在不减少项目的情况下，尽量选择便捷路线和有代表性的景观，以细看、慢讲为宜；其次，应适当增加休息时间，参观游览时可在上、下午各安排一次中间休息，在晚餐和看节目之前，应安排其回饭店休息一会儿，晚间活动不要结束得太晚；最后，带高龄游客团不能用激将法和诱导法，以免其体力消耗大，发生危险。

2. 做好提醒工作

高龄游客由于年龄大，记忆力减退，导游员首先应每天重复讲解第二天的活动日程并提醒注意事项，如预报天气情况、提醒增减衣服、带好雨具、穿上旅游鞋等；进入游人多的景点时，要反复提醒他们提高警惕，带好自己的随身物品；其次，由于外国游客对人民币不熟悉，加上年纪大、视力差，使用起来较困难，地陪应提醒其准备适量的小面值人民币，以免被骗且使用方便；最后，由于饮食习惯和生理上的原因，带高龄游客团队时，地陪还应适当增加去厕所的次数，并提前提醒他们准备好零钱（收费厕所）。

案例 11-7

接待高龄游客(1)

导游员小安接待了一个老年旅游团,游览几天后,一些游客提出安排的团餐口味太咸、米饭太硬,导致自己在游览过程中因口渴而频频喝水,但行驶途中又不能随便上厕所,非常痛苦。请分析小安忽视了什么地方?

案例分析

老年人大都患有一些慢性病,喜欢清淡、低盐的饮食,并且因为牙齿松动,需要吃一些绵软、易消化的食物,小安应提前与餐厅沟通,根据老年人的饮食习惯提供一些适合老年人吃的团餐。

---

3. 注意放慢速度

高龄游客大多数腿脚不太灵活,有时甚至力不从心。地陪在带团游览时,一定要注意放慢行走速度,照顾走得慢或落在后面的高龄游客,尽量选台阶少、较平坦的地方走,以防摔倒碰伤;在向高龄游客讲解时,导游员也应适当放慢速度、提高音量,吐字要清晰,必要时还要多重复。

4. 耐心解答问题

老年游客在旅游过程中喜欢提问题,好刨根问底,再加上年纪大、记忆力不好,一个问题经常需要重复问几遍。遇到这种情况,导游员不应表示反感,而就耐心、不厌其烦地给予解答。

5. 预防游客走失

每到一个景点,地陪要不厌其烦、反复告知高龄游客旅游路线及旅游车停车的地点,尤其是上下车地点不同的景点,一定要提醒他们谨记停车地点;另外,还要提前嘱咐高龄游客,一旦发现找不到团队,千万不要着急,不要到处乱走,要在原地等待导游员的到来。

案例 11-8

接待高龄游客(2)

在游客队伍中,老年旅游团和一般旅游团中老年游客逐渐增多,那么导游员在带领老年团时应该如何做好相关工作?

案例分析

(1) 其首要任务是安全问题,尤其是碰到上山下坡、路滑不平时,要提醒他们注意安全。

(2) 整个旅程安排要宽松、劳逸适度,参观游览完了一个景点后要适当给游客一些自由活动的时间。

案例 11-9

接待高龄游客(3)

导游员小李接待了一个老年团,在行程即将结束时,老人们提出品尝当地的正宗小吃。小李便提议带他们到一个水上餐厅吃海鲜餐,老人们一致表示赞同。可在当天用餐完毕返回酒店的途中,有的老人就出现了头晕、恶心、浑身乏力的症状,有的老人还出现了呕吐和腹泻的情况。请问小李此举有哪些不妥之处,以后应该注意些什么?

>> **案例分析**

不妥之处:小李没有考虑到老年人的生理特点和身体状况,差点造成严重的后果。

导游员在接待老年团时必须牢记以下服务细节:

(1) 饮食合理,就餐环境卫生。因老年人消化能力较弱,容易出现水土不服的情况,尽量不安排刺激性强、过于生冷的饮食。

(2) 游览消耗了大部分体力的老年人,其自身免疫力和抵抗力也会下降,导游员要注意劳逸结合,行程安排时间上要充裕、宽松。

6. 尊重西方传统

许多西方老年游客,在旅游活动中不愿过多地受到导游员的特别照顾,认为那是对他们的侮辱,衬托出他们的无用。因此,对此类游客应尊重西方传统,选取合适的照顾方式。

案例 11-10

接待西方高龄游客

北京导游员小孙接待了一个来自欧洲的旅游团。团队里有一位老者。在带团过程中,小孙非常热情地为游客服务,尤其对待那位老年游客更是体贴入微。上下车、游览景点等都很照顾他,尤其是吃饭时更是精心细致。但是在一次午餐的饭桌上,小孙帮这位游客夹菜的时候,那位游客粗暴地拿过盘子,生气地对小孙说:"你走开,我自己能行!"小孙顿时不知所措,不知怎么得罪了这位游客。请分析为什么会出现这种情况。

>> **案例分析**

导游员接待老年旅游者时,应适时地询问他们需要什么帮助,但不宜过问太多。因为过多的当众关心照顾,反而会令他们反感。尤其是面对国外游客,他们的自尊心很强,认为自己既然能到中国来旅游,就能自行照顾好自己,不想成为累赘。所以,导游员在接待老年游客时,一定要记住不能过多地照顾问候,这是非常重要的服务环节。一旦关心过度,反而会出现如导游员小孙满腔热情为老年游客服务,却招致游客不满的尴尬场面。

(三) 残疾游客的接待技巧

在外国旅游团队中,有时会有聋哑、截瘫、视力障碍(盲人)等残疾游客,他们克服了许多常人难以想象的困难来到中国旅游,这既表明他们有着比常人更加强烈的对旅游的渴望,也说明他们对中国有着特殊的感情,对中国悠久的历史文化有着浓厚的兴趣,甚至有的残疾游客会告知导游员他们之所以在众多的旅游目的地中选择了中国,就是相信在中国不会受到歧视。因此,在任何时候、任何场合都不应讥笑和歧视他们,而应表示尊重和友好。残疾游客的自尊心和独立性特别强,虽然他们需要关照,但又不愿给别人增添麻烦。因此,在接待残疾游客时,导游员要特别注意方式方法,既要热情周到,尽可能地为他们提供方便,又要不给他们带来压力或伤害他们的自尊心,真正做到让其乘兴而来、满意而归。

1. 适时、恰当的关心照顾

接到残疾游客后,导游员首先应适时地询问他们需要什么帮助,但不宜问候过多,如果过多地当众关心照顾,反而会使他们反感;其次,如果残疾游客不主动介绍,导游员不要打听其残疾的原因,以免引起不快;最后,导游员在工作中要时刻关注残疾游客,注意他们的行踪,并给予恰当的照顾。尤其是在安排活动时,要多考虑残疾游客的生理条件和特殊需要,如选择路线时尽量不走或少走台阶、提前告诉他们洗手间的位置、通知餐厅安排其在一层餐厅就餐等。

2. 具体、周到的导游服务

对不同类型的残疾游客,导游服务应具有针对性。

接待聋哑游客要安排他们在车上前排就座,因为他们需要通过导游员讲解时的口形来了解讲解的内容。为了让他们获得更多的信息,导游员还应有意面向他们讲解并放慢语速。

对截瘫游客,导游员应根据接待计划分析游客是否需要轮椅,如需要应提前做好准备。接团时,要与计调或有关部门联系,最好派有行李箱的车,以便放置轮椅或其他物品。

对有视力障碍的游客,导游员应安排他们在前排就座,能用手触的地方、物品可以尽量让他们触摸。导游在讲解时可主动站在他们身边,讲解内容要力求细致、生动,口语表达更加准确、清晰,讲解速度也应适当放慢。

(四) 宗教界人士的接待技巧

来中国旅游的外国游客中,常常会有一些宗教界人士,他们以游客的身份来华旅游,同时进行宗教交流活动。导游员要从以下方面做好接待工作。

1. 注意掌握宗教政策

导游员平时应加强对宗教知识和我国宗教政策的学习,接待宗教旅游团时,既要注意把握政策界限,又要注意观察宗教游客的特点。比如,在向游客宣传我国的宗教政策时,不要向他们宣传"无神论",尽量避免有关宗教问题的争论,更不要把宗教、政治、国家之间的问题混为一谈,随意评论。

2. 提前做好准备工作

导游员在接到接待宗教团的任务后,要认真分析接待计划,了解接待对象的宗教信仰及其职位,对接待对象的宗教教义、教规等情况要有所了解和准备,以免在接待中发生差错;如果该团在本地旅游期间适逢星期日,应征求领队或游客的意见,是否需要安排去教堂,如需要,要了解所去教堂的位置及开放时间。

3. 尊重游客信仰习惯

在接待过程中,要特别注意宗教游客的宗教习惯和戒律,尊重他们的宗教信仰和习惯。比如,由天主教人士组成的旅游团,每天早晨开车前,他们会在车上讲经、做祈祷。这时,导游员和司机应主动下车,等他们祈祷完毕后再上车。

4. 满足游客特殊要求

宗教界人士在生活上一般都有些特殊的要求和禁忌,导游员应按旅游协议书中的规定,不折不扣地兑现,尽量予以满足。比如,对宗教游客在饮食方面的禁忌和特殊要求,导游员一定要提前通知餐厅做好准备;又如,有些伊斯兰教人士用餐时,一定要去有穆斯林标志的餐厅用餐,导游员要认真落实,以免引起误会。

案例 11-11

接待宗教界人士(1)

导游员小李在带团讲解中,总是爱讲当地居民的饮食习惯和饮食结构,每次都能收到很好的效果。有一次,他在带领佛教旅游团时,又讲到了这个内容。他说这里老百姓比较喜欢吃甲鱼、蟹、乳鸽等。讲到这里,所有客人脸上都露出了不满,有位客人还发话:"李导,不要讲这些了,我们不爱听。"当时小李正讲得津津有味,面对游客的怒火摸不着头脑。请问小李做的有何不妥?

>> **案例分析**

(1) 小李带的是佛教团,佛教团奉行全素的饮食习惯,所以,小李讲肉食则是犯了大忌。

(2) 宗教旅游团的禁忌表现在很多方面,能够对旅游团的宗教习惯给予充分的尊重,既能考察出导游员是否有责任心,也能看出导游员综合素质的高低。

案例 11-12

接待宗教界人士(2)

导游员小张在接待的海外来华旅游团中,有几位是宗教界人士,那么小张应该如何做好相关的接待工作?

>> **案例分析**

（1）认真分析接待计划，了解接待对象的宗教信仰，并对该宗教的教义教规等情况进行事先准备，以免在接待中发生差错。

（2）在具体接待时，对这类人士的参观游览、社交活动和生活方面的特殊要求早做准备，认真落实，以免处理不当而引起误会。

（3）向饭店服务人员及其他有关人员交待接待对象的宗教习惯和戒律，提醒他们注意尊重客人的宗教信仰。

（4）不要向客人宣传无神论，避免涉及有关宗教问题的争论，更不要把宗教与政治、国家之间的问题混为一谈，随意评论。

（五）有特殊身份和地位的游客的接待技巧

所谓"有特殊身份和地位的游客"是指外国在职或曾经任职的政府高级官员、皇室成员，对华友好的官方或民间组织团体的负责人，社会名流或在国际国内有一定影响的各界知名人士，以及国际或某国著名的政治家、社会活动家、大企业家等。他们来到中国除了参观游览外，往往还有其他任务或使命，因此，做好他们的接待工作意义重大。

1. 要有充足的自信

接待有特殊身份和地位的游客，导游员首先要有自信心，不要因为这些游客地位较高、身份特殊而胆怯、畏惧。往往越是地位高的人，越懂得尊重别人。他们待人接物非常友好、客气，十分尊重他人的人格和劳动。如果导游员因为心理压力过大，工作起来缩手缩脚，反倒会影响导游效果。

2. 要提前做好准备

有特殊身份和地位的游客一般文化素质高、知识渊博，导游员要提前做好相关的知识准备，如专用术语、行业知识等，以便能选择交流的话题，并能流利地回答他们提出的问题。

3. 要随时请示汇报

接待有特殊身份和地位的游客时，往往会有领导人或有关方面的负责人接见、会谈，所以游览日程、时间变化较大，导游员要注意灵活掌握，随时向有关领导请示、汇报，尽最大努力安排好他们的行程。

七、妥善处理与合作者的关系

导游工作是联系各项旅游服务的纽带和桥梁，导游员在带团时离不开其他相关旅游服务部门和工作人员的协作。

（一）全陪（地陪）与领队的协作

领队是受海外旅行社委派，全权代表该旅行社带领旅游团从事旅游活动的人员。在旅游团中,领队既是海外旅行社的代表,又是游客的代言人,还是导游服务集体中的一员,在海外社、组团社和接待社之间以及游客和导游员之间架起了沟通的桥梁。导游员能否圆满完成任务,在很大程度上要依靠领队的配合和支持,因此,处理好与领队的关系就成为导游员不可忽视的重要内容。

1. 尊重领队,遇事与领队多磋商

带团到中国来旅游的领队,多数是职业领队,在海外旅行社任职多年并受过专业训练,对我国的情况尤其是我国旅游业的业内情况相当熟悉。他们服务周到细致,十分注意维护组团社的信誉和游客的权益,深受游客的信赖。此类领队是中方旅行社长期合作的海外客户代表,也是旅游团中的"重点客人",对他们一定要尊重。尊重领队就是遇事要与他们多磋商。旅游团抵达后,地陪要尽快与领队商定日程,如无原则问题应尽量考虑采纳领队的建议和要求。在遇到问题、处理事故时,全陪和地陪更要积极与领队磋商,争取领队理解和支持。

2. 关心领队生活,支持领队工作

职业领队常年在异国他乡履行自己的使命,进行着重复性的工作,十分辛苦。由于其"特殊的身份",游客只能要求他如何关心自己而很少去主动关心领队。因此,导游员如果在生活上对领队表示关心、在工作上给予领队支持,他会很感动。当领队的工作不顺利或不被游客理解时,导游员应主动助其一臂之力,尽全力给予帮助,无法帮助的也就代替领队向游客解释,为领队解围。但要注意,支持领队的工作并不是取代领队,导游员应把握好尺度。此外,作为旅游团中的"重点人物",导游员给领队以照顾或提供方便应掌握分寸,不要引起游客的误会和心理上的不平衡。

3. 多给领队荣誉,调动其积极性

要想维系好与领队的关系,导游员还要随时注意给领队面子,遇到一些显示权威的场合,应多让领队尤其是职业领队出头露面,使其博得游客们的好评,如商定好游览日程后,地陪应请领队向全团游客宣布。只要导游员真诚地对待领队,多给领队荣誉,领队一般也会领悟到导游员的良苦用心,从而采取合作的态度。

案例 11-13

全陪(地陪)与领队的协作(1)

导游员小张接待了一个旅游团,在机场到饭店的途中,她向游客介绍了团队的日程安排。当她通知游客第二天七点用早餐时,领队说:"七点不行,太早。"导游员说:"要不就七点半好了。""七点半也早。""那您看几点合适?"领队此时非常严肃,冷冷地说:"到时候再说吧!"车上的气氛顿时紧张起来,导游员小张也非常窘迫。请分析造成小张窘迫的原因,导游员就如何避免该情况的发生。

>> **案例分析**

(1) 在案例中,关键问题不是第二天到底几点用早餐更合适,而是导游员小张没有和领队商量就宣布日程,在领队看来是对他的不尊重,或是目中无人。显然,小张忽略了这个细节,不但得罪了领队,而且给之后的工作造成了被动。

(2) 导游员遇事要多与领队协商,在旅游的日程、旅游生活的安排上多与领队商量,一是领队有权审核旅游活动的落实情况,二是导游员可通过领队更清楚地了解游客的兴趣爱好及生活、游览的具体要求,从而向游客提供更具针对性的服务,掌握工作的主动权。

4. 灵活应变,掌握工作的主动权

由于旅游团成员对领队工作的评价会直接影响到领队的得失进退,所以有的领队为讨好游客而对导游工作指手画脚,当着全团游客的面"抢话筒",一再提"新主意",给导游员出难题,使地陪的工作比较被动。遇到类似情况地陪应采取措施化被动为主动,对于"抢话筒"的领队,地陪既不能马上反抢话筒,也不能听之任之,而应灵活应变,选择适当的时机给予纠正,让游客感到"还是地陪讲得好"。这样,导游员既表明了自己的态度又不失风范,工作上也更为主动了。

5. 争取游客支持,避免正面冲突

在导游服务中,接待方的导游员与领队在某些问题上有分歧是正常现象。一旦出现此类情况,接待方的导游员要主动与领队沟通,力求及早消除误解。对那些工作不熟练、个性突出且难于合作的领队,导游员要沉着冷静、坚持原则、分清是非,对违反合同内容、不合理的要求不能迁就;对于某些带侮辱性的或"过火"的言辞不能置之不理,要根据"有理、有利、有节"的原则讲清道理,使其主动道歉,但要注意避免与领队发生正面冲突。

有时领队提出的做法行不通,导游员无论怎样解释说明,领队仍固执己见。这时导游员就要向全团游客讲明情况,争取大多数游客的理解和支持。但要注意,即使领队的意见被证明不对也不能把领队"逼到绝路",要设法给领队台阶下,以维护领队的自尊和威信,争取以后的合作。

案例 11-14

全陪(地陪)与领队的协作(2)

导游员小李接待了一个旅游团到贵州旅游,团队中的领队因在贵州生活过一段时间,对一些景点很熟悉,当小李进行导游讲解时,该领队总是在客人面前滔滔不绝地介绍,在按照履行合同安排的项目上,他也总是给小李出难题。请问:针对这种领队,小李应该怎么办?

>> **案例分析**

(1) 导游员要主动与领队沟通,尊重领队,力求避免正面冲突。
(2) 对不合作的领队,导游员也不应被其牵着鼻子走,以免处于被动地位。

(3) 既不要与其赌气一争高低,也不能胆怯、退缩,努力做到有理、有利、有节。
(4) 做好游客的工作,争取大多数游客的支持和谅解。

案例 11-15

全陪(地陪)与领队的协作(3)

导游员小张接待了一个欧洲旅游团,领队是一位年轻的小伙子。在途中某城市转机时,由于领队经验不足,导致整个团队险些误机。而且,领队在带团的过程中,很少与客人进行沟通交流,引起了很多不必要的误会。整个团队的气氛非常紧张。如果你是小张,这时你应该怎么做?

》 案例分析

导游员对待游客和领队之间的矛盾,总的来说应该执行"三要三不要"的原则。三要是:要始终保持中立立场,不偏不倚;要防止他们之间的矛盾进一步恶化;要从侧面说服教育领队与游客。三不要是:不要发表自己的看法和意见;不要介入他们的矛盾之中;不要去寻根究底、搬弄是非;在"三要三不要"的原则中,导游员要重点把握好"从侧面说服教育领队与游客"的尺度,如果处理得不好,领队和游客都会对导游员产生意见和不好的看法。

(二) 全陪与地陪的协作

无论是全陪还是地陪,都有一个与对方配合的问题。协作成功的关键是各自应把握好自身的角色或位置,找准个人的定位;要充分认识到虽然各自受不同旅行社的委派,但都是旅游服务的提供者,都在执行同一个协议,彼此间应是相互平等的关系。

全陪或地陪正确的做法应该是:首先要尊重对方,努力与合作者建立良好的人际关系;其次,要善于向对方学习,有事多请教;最后,要坚持原则,平等协商。如果对方"打个人小算盘",提出改变活动日程、减少参观游览时间、增加购物等不正确的做法,另一方应负责向对方讲清道理,尽量说服并按计划执行,如对方仍坚持己见、一意孤行,应采取必要的措施并及时向接待社反映。

案例 11-16

全陪与地陪协作

组团社导游员小杨带团到贵州旅游,在刚到达贵州的晚上,地接社导游员小张告诉小杨自己是初次带团,对沿途的景点不太熟悉,这让小杨非常着急,因为游客对这次行程充满期待,临时换地接社导游员已经来不及,请问:如果你是组团社导游员小杨,该如何与地陪小张协作,尽量让游客满意?

>> **案例分析**

(1) 让地接社导游员马上向当地有经验的导游员请教,如途中易出现的问题、主要讲解的内容等。

(2) 小杨和地接社导游员一起尽可能多的看一些相关的材料进行补课。

(3) 商定设计一些在途中进行的活动来调动游客的情绪。

(4) 准备介绍贵州风光和风俗习惯的 VCD 光盘、民歌磁带等。

(三) 导游员与司机的协作

旅游车司机在旅游活动中扮演着非常重要的角色,司机一般熟悉旅游线路和路况,经验丰富,导游员与司机配合得好坏,是导游服务工作能否顺利进行的重要因素之一。

1. 及时向司机通报相关信息

旅游线路有变化时,导游员应提前告诉司机;如果接待的是外国游客,在旅游车到达景点时,导游员用外语向游客宣布集合时间、地点后,要记住用中文告诉司机。

2. 协助司机做好安全行车工作

大部分旅游车的司机具有丰富的驾驶经验,可以胜任旅游团的安全驾驶任务。但有些时候,导游员适当给予协助能够减轻司机的工作压力,便于工作的更好开展。导游员可为司机做的一些事情包括:帮助司机更换轮胎、安装或卸下防滑链,或帮助司机进行小修理;帮助司机保持旅游车挡风玻璃、后视镜和车窗的清洁;遇到险情,由司机保护车辆和游客,导游员去求援;不要与司机在行车途中闲聊,影响驾驶安全;不要过多干涉司机的驾驶工作,尤其不应对其指手画脚,以免使司机感到受辱。

3. 征求司机对日程安排的意见

导游员在旅游过程中应注意倾听司机的意见,进而使司机产生团队观念和被信任感,从而积极参与导游服务工作,帮助导游员顺利完成带团的工作任务。

(四) 导游员与相关单位的协作

旅游产品是一种组合性的整体产品,不仅包括沿线的旅游景点,还包括沿线提供的交通、食宿、购物、娱乐等各种旅游设施和服务,需要旅行社、饭店、景点和交通、购物、娱乐场所等旅游接待单位的高度协作。作为旅行社的代表,导游员应与旅游接待单位建立好良好的协作。

1. 及时协调,衔接好各环节的工作

导游员在服务过程中,要与饭店、车队、机场(车站、码头)、景点、商店等许多单位打交道,其中任何一个接待单位或服务工作中的某一环节出现失误和差错,都可能导致"一招不慎,满盘皆输"的不良后果。导游员在服务工作中要善于发现或预见旅游服务中可能出现的各项差错和失误,通过各种手段及时予以协调,使各个接待单位的供给正常有序。比如,旅游团活动日程变更涉及用餐、用房、用车时,地陪要及时通知相关的旅游接待单位并进行协调,以保证旅游团的食、宿、行能有序地衔接。

2. 主动配合,争取协作单位的帮助

导游服务工作的特点之一是独立性强,导游员一人在外独立带团,常常会有意外、紧急情况发生,仅靠导游员一己之力,往往难以解决问题,因此导游员要善于利用与各地旅游接待单位的协作关系,主动与协助单位有关人员配合,争取得到他们的帮助。比如,迎接散客时,为避免漏接,地陪可请司机站在另一个出口处举牌帮助迎接;又如,旅游团离站时,个别游客到达机场后发现自己的贵重物品遗落在饭店客房内,导游员可请求饭店协助查找,找到后将物品立即送往机场。

❓ 思考题

1. 如何认识导游员带团的特点?
2. 对不同个性的游客,导游员应如何提供心理服务?
3. 导游员应从哪些方面去引导游客观赏美景?
4. 如何做好高龄游客的接待工作?
5. 导游员应如何与领队合作共事?

第十二章　导游员的讲解技能

导游服务是一门艺术，它集表演艺术、语言艺术和综合艺术于一身，集中体现在导游讲解之中。因此，导游讲解往往被看做衡量导游员水平高低的最为重要的技能。

第一节　导游讲解的内涵及原则

一、导游讲解的内涵

对于导游讲解的内涵，许多专家学者和导游从业人员有着不尽相同的认识。我们认为，导游讲解就是导游员以丰富多彩的社会生活和绚丽多姿的景观景物为题材，以兴趣爱好不同、审美情趣各异的游客为对象，对自己掌握的各类知识进行整理、加工和提炼，用简洁明快的语言进行的一种意境的再创造。

（一）言之友好

导游员在讲解时用词、声调、语气和态势语言都应该表现出友好的感情。"有朋自远方来，不亦乐乎""能认识大家是我的荣幸""很高兴与大家有缘在这里相识"等都是表达友好的语言。作为友谊的载体，友好的语言可以使游客倍感温暖。

（二）言之有物

导游讲解要有具体的指向，不能空洞无物。讲解资料应突出景观特点，简洁而充分。为此，导游应充分准备，细致讲解，不要东拉西扯，以免缺乏主题和思想。导游员应把讲解内容最大限度地"物化"，使所要传递的知识深深地烙在游客的脑海中，实现旅游的最大价值。

（三）言之有据

导游员说话要有依据，不能没有根据而胡乱地瞎说一通。对游客讲话、谈问题，对参观游览点的讲解及对外宣传都要从实际出发，有据可依。

（四）言之有理

导游员讲解的内容必须要以事实为依据，以理服人，不要言过其实或弄虚作假，更不要信口开河。那种违反以事实为依据的讲解，一旦游客得知事实真相，即刻会感到自己受到了嘲弄和欺骗，导游员在游客心目中的形象就会一落千丈。

（五）言之有趣

导游讲解要生动、形象、幽默和风趣，要使游客紧紧地以导游员为核心，在听讲解的过程中，获得一种美好的享受。需要指出的是，导游员在讲解中的幽默和风趣，要自然、贴切，不可牵强附会，不正确的比拟往往会伤害游客的自尊心，并对其他游客产生不良的影响，令其反感。

比如，在景色如画的苏州西湖洞庭山的石公山上，一位导游员对游客描绘说："朋友们，我们现在身在仙山妙境，请看，我们的背后是一片葱翠的丛林，面前是无边无垠的太湖。青山绕着湖水，湖水映着青山。山石伸进了湖面，湖水'咬'住了山石，头上有山，脚下有水。真是天外有天，山外有山，岛中有岛，湖中有湖，山如青龙伏水，水似碧海浮动。"接着，他跌宕有致地吟道："茫茫三千顷，日夜浩青葱，骨立风云外，孤撑涛声中。"

又如，在苏州西园的五百罗汉堂里，导游员指着那尊"疯僧"塑像逗趣说："朋友们，这个疯和尚有个雅号叫'九不全'，就是说，有九样毛病：歪嘴、驼背、斗鸡眼、招风耳、瘌痢头、烧脚、鸡胸、斜肩脚，外加一个歪鼻头。大家别看他相貌不完美，但残而不丑，从正面、左面、右面看，你会找到喜、怒、哀、乐等多种感觉……另外，那边还有五百罗汉，大家不妨去找找看，也许能发现酷似自己的'光辉形象'。"风趣的话，逗得游客乐此不疲，游兴大增。

再如，有位导游员在讲解岳阳楼旁的"三醉亭"（传说诗酒神仙吕洞宾曾三醉岳阳楼，故建此亭）时说："女士们，先生们！岳阳有句俗话，叫做'三醉岳阳成仙人'，各位想不想成仙呢？""成仙？当然想啊！"几个游客兴奋地答道。导游员说："大家若想成仙人，有两个条件：一是醉酒，二是吟诗。"客人们乐不可支，有的说会吟诗，可惜不会饮酒；有的说会饮酒，可又不会吟诗。顿时，气氛十分活跃。这位导游员又推波助澜地说："如果谁又能饮酒，又会吟诗，而且到过岳阳三次，那么就会像吕洞宾一样成仙。如果只会饮酒，不会吟诗，或者只会吟诗，不会饮酒，那就只能半人半仙了。"游客们都乐得大笑起来。这种机智、风趣的讲解语言，不仅能融洽感情、活跃气氛，而且能增添游客们的游兴，使其获得愉悦的精神享受。

（六）言之有神

导游讲解应尽量突出景观的文化内涵，使游客领略其内在的神韵。其讲解内容要经过综合性的提炼并形成一种艺术，让游客得到一种艺术享受。同时，导游员要善于掌握游客的神情变化，如游客的眼神是否转移、是否有游客打呵欠等，分析哪些内容游客感兴趣，哪些内容游客不愿听，对这些情况的随时掌握有助于及时调整所讲内容。

（七）言之有力

导游员在讲解时要正确掌握语音、语气和语调，既要有鲜明生动的语言，又要注意语言的音乐性和节奏感。此外，导游员在讲解收尾时，语音要响亮，让游客有心理的准备。

（八）言之有情

导游员要善于通过自己的语言、表情、神态等传情达意。讲解时，应充满激情和热情，又充满温情和友情，富含感情的讲解更容易被游客接受。

（九）言之有喻

导游员在讲解时要运用比喻，以游客熟悉的事物作类比，来介绍参观的事物，使游客对自己陌生的事物很快地理解并产生亲切感。恰当地运用比喻手法,可以降低游客理解的难度,增加旅游审美中的兴趣。

(十) 言之有礼

导游员在讲解时,其言行举止要文雅、谦恭,让游客获得美的享受。

二、导游讲解的原则

导游讲解是导游员的一种创造性的劳动,因而在导游实践中其方式方法可谓千差万别,但这并不意味着导游讲解可以随心所欲。相反,要保证导游讲解质量,无论导游员采用何种讲解方式,都必须符合导游讲解的基本规律,遵循导游讲解的基本原则。

(一) 客观性原则

所谓客观性是指导游讲解要以客观事实为依据,在客观事实的基础上进行意境的再创造。客观事实是指独立于人的意识之外,又能为人的意识所反映的客观存在,它包括自然界的万事万物和人类社会的各种事物,这些客观存在的事物既有有形的,如自然景观和名胜古迹;也有无形的,如社会制度和旅游目的地居民对游客的态度等。在导游讲解中,导游员无论采用什么方法或运用何种技巧,都必须以客观存在为依托,必须建立在自然界或人类社会某种客观事实的基础上。

比如,向游客介绍湖北鄂州的"吴王城",虽然游客看到的只是城垣、护城河等残垣断壁,但导游员以此为基础来创造意境,通过讲解再现1700多年前东吴都城的盛景,以使游客顿生身临其境之感。

(二) 针对性原则

所谓针对性是指导游员从游客的实际情况出发,因人而异、有的放矢地进行导游讲解。游客来自四面八方,审美情趣各不相同,因此,导游员要根据不同游客的具体情况,在讲解内容、语言运用、讲解方法上有所区别。通俗地说,就是要看人说话,投其所好,导游员讲的正是游客希望知道并感兴趣的内容。

比如,带领建筑业的旅游团参观故宫和天坛,导游员应多讲我国古建筑的特色、风格和设计方面的独到之处,甚至还要同他们交流有关建筑业方面的专业知识。如果是带领一般的游客参观这些地方,就应将重点转到讲述封建帝王的宫廷轶事和民间有关的传说。又如,来到湖北的外国、外地游客一般都要去武当山旅游,但对不同的游客,导游讲解的内容应有所区别:对初次远道而来的西方游客,导游员可讲得简单一些,简洁明了地介绍武当山的基本情况;对多次来华的游客则应多讲一些,可从道教文化和古建筑等方面作一些较深入的讲解;对宗教旅游团应以道教文化的介绍为主,还可引导游客欣赏武当山独特的道教音乐;对"功夫团"和"健身疗养团"则要重点介绍著名的武当拳术,讲解它的健身妙用;对由建筑界人士组成的专业团,导游员可从武当山古建筑严整的规划布局、高超的建筑技艺及建筑与自然高度和谐的特征上去进行深入、细致的讲解。这样才能使不同类型的游客各得其所,使游客的不同需求都得到合理的满足。

（三）计划性原则

所谓计划性就是要求导游员在特定的时空条件下针对特定的工作对象发挥主观能动性，科学地安排游客的活动日程，有计划地进行导游讲解。

旅游团在目的地的活动日程和时间安排是计划性原则的中心。导游员按计划带团进行每一天的旅游活动时，要特别注意科学地分配时间，如饭店至各参观游览点的距离及行车所需时间、出发时间、各条参观游览线所需时间、途中购物时间、午间就餐时间等。如果在时间安排上缺乏计划性，就会出现"前松后紧"或"前紧后松"的被动局面，甚至有的活动被挤掉，影响计划的正常进行而招致游客的不满甚至投诉。

计划性的另一个具体体现是每个参观游览点的导游方案。导游员应根据游客的具体情况合理安排在景点内的活动时间，选择最佳游览路线，导游讲解内容也要有针对性地进行取舍。什么时间讲什么内容、什么地点讲什么内容、重点介绍什么内容，都应该有所计划，这样才能达到最佳的导游效果。

比如，武汉黄鹤楼的讲解一般以一、三、五楼为重点，导游员透过一楼大厅《白云黄鹤图》的壁画可向游客介绍黄鹤楼"因仙得名"的传说故事；透过三楼的陶板瓷画《文人荟萃》的组画向游客介绍长江的古老文化和自然风光，也可引导游客登高望远，欣赏武汉三镇的秀丽景色。当然，如果游客对历史和古建筑有兴趣，导游员也可以二楼为重点，为游客讲解《黄鹤楼记》，介绍历代黄鹤楼的模型和建筑特色。

（四）灵活性原则

所谓灵活性是指导游讲解要因人而异、因时制宜、因地制宜。旅游活动往往受到天气、季节、交通及游客情绪等因素的影响，我们所讲的最佳时间、最佳线路、最佳景点都是相对而言的，客观上的最佳条件缺乏，主观上完美导游艺术的运用就不可能有很好的导游效果。因此，导游员在讲解时要根据游客的具体情况及天气、季节的变化，灵活地运用导游知识，采用切合实际的导游内容和导游方法。

导游讲解以客观事实为依托，针对性、计划性和灵活性体现了导游活动的本质，也反映了导游方法的规律。导游员应灵活运用这四个基本原则，自然而巧妙地将其融于导游讲解之中，这样才能不断提高自己的讲解水平。

例如：游览金鞭溪

（晴天）今天真是个好天气，秋高气爽阳光明媚。在这样的好天气之下，相信大家的心情也不错！带着这样一份好心情，让我们走进金鞭溪，领略一下"名山大川处处有，唯有金鞭奇上奇"的美丽风景吧！

（小雨）今天老天爷他老人家不太赏脸，有点儿小雨。可能他老人家也在嫉妒我们来到张家界这个美丽的人间仙境吧。这倒正好，这霏霏细雨就像一层轻纱一样，给我们金鞭溪这个美女更增添了一分妩媚。各位这次来的真是物超所值呀！

（大雨）好大的雨呀！各位可能有点儿担心这瓢泼大雨会不会影响我们欣赏金鞭溪美丽的风景呢？您尽管放一百个心，大家如果细心一点的话就会注意到，前面刚刚游完金鞭溪的其他游客身上淋湿的地方并不多。这就要归功于我们张家界98%以上的森林覆盖率了！正是这茂密的森林给我们撑起了一把巨伞,让我们就像作家李健吾所写的《雨中登泰山》一样,"有雨趣而无淋漓之苦"地去好好欣赏一下雨中的金鞭溪吧！

(雪天)各位今天一早起来就发现,张家界下了今年第一场雪。大雪虽然给我们的旅行带来了一定的影响,但也未尝不是件好事。您知道张家界什么时候最美吗？对了！就是雪中的张家界最美。这可不是我瞎说,许多摄影师们专门到冬天下大雪才来拍风景照片呢！不信的话,我们就亲自去体验一下雪后的金鞭溪是什么样子吧！

接下来,让我们再看四个例子：

(1) 一批日本客人在参观乾陵壁画时,导游员指着侍女壁画对日本客人说："中国盛唐时期美女的特征和在日本高松家古坟里发现的壁画非常相似。"到此的日本客人仔细一看,发现的确如此,经过对比,从而对乾陵壁画有了具体的了解。

(2) 在讲解西安半坡文化村时,如果导游员加上这么一句话："半坡人的生活在很大程度上和当今美国居住在'保留地'的印第安人的生活习性很相似。"这样讲解,美国客人就会恍然大悟。

(3) 在讲解北京故宫的建造时间时,对外国游客,如果只说"它始建于明代永乐四年,也就是公元 1406 年。"他们并不会有多少印象,一下子也难以感到北京故宫历史的悠久。如果采用类比式,对美国游客说："故宫在哥伦布发现新大陆 70 年之前就已建成。"对英国游客说："故宫的建造时间是在莎士比亚诞生之前的 140 年。"这样一比较,他们就能更好地感受到中国文化的悠久历史。

(4) 导游员正在豫园九曲桥旁向游客介绍湖心亭的建筑特点和中国民间风俗,忽然,一边传来了悠扬动听的唢呐声,只见六位穿着民族服装的抬轿人,随着唢呐声、吆喝着跳起舞来,轿内的游客乐得笑个不停。导游员觉察到游客的兴趣已转移到花轿上,就顺水推舟,带着游客来到花轿旁说："各位来宾,这就是中国古代的'的士',世界上第一辆汽车诞生时远远不如它那么漂亮。"说完,他走到花轿旁,学着那抬轿夫的姿势边跳舞边吆喝着,游客如梦初醒,拍着手哈哈大笑起来。事后游客都拍着导游员的肩膀说："了不起,短短一席话使我们了解了中国独特的民间风俗。"

第二节 导游讲解常用的方法技巧

一、概述法

概述法是导游员就旅游城市或景区的地理、历史、社会、经济等情况向游客进行概括性地介绍,使其对即将参观游览的城市或景区有一个大致的了解和轮廓性认识的一种导游方法。这种方法多用于导游员接到旅游团后坐车驶往下榻饭店的首次沿途导游中,它好比是交响乐中的序曲,能起到引导游客进入特定的旅游意境,初步领略游览地奥秘的作用。

例如：用"概述法"介绍武汉

武汉地处中国腹地，城市总面积8 494平方公里，是华中地区政治、经济、文化的中心。中国母亲之河长江和其最长的支流汉江在这里交汇，并形成汉口、汉阳、武昌三镇鼎立的城市格局，故武汉素有"江城"的美誉。

历史上的武汉凭借其独特的地理区位优势，一直是我国的商贸重镇；改革开放以来，武汉也始终站在我国经济发展的前沿，并建成了钢铁、汽车、机电、光电子信息技术等产业领军的现代化新型工业体系。"中国·光谷"落户武汉，为武汉带来了巨大的发展机遇。商业方面，武汉强大的市场集散功能，使得国内外客商无不把占领武汉市场看做抢占中国内陆市场的重要战略。同时，武汉还是华中地区的教育中心，科技教育事业发达。

武汉处于京广铁路大动脉与长江黄金水道十字交汇中心，是中国少有的集铁路、公路、水运、航空于一体的重要交通枢纽。

近年来，武汉的城市面貌日新月异，城市功能也不断增强。江滩改造工程全面展现了老武汉的风貌，而城市中一座座跨越长江汉水的桥梁、一处处绿树红花装点的广场，则让武汉充满勃勃生机。武汉已经逐渐成为集购物、休闲、旅游为一体的新型重点城市。

二、分段讲解法

分段讲解法就是对那些规模较大、内容较丰富的景点，导游员将其分为前后衔接的若干部分来逐段进行讲解的导游方法。

一般来说，导游员可首先在前往景点的途中或在景点入口处的示意图前介绍景点概况（包括历史沿革、占地面积、主要景观名称、观赏价值等），使游客对即将游览的景点有个初步印象，达到"见树先见林"的效果。然后带团到景点按顺序进行游览，并依次进行导游讲解。在讲解这一部分的景物时注意不要过多涉及下一部分的景物，目的是让游客对下一部分的景物充满期待，并使导游讲解环环相扣、景景相连。

例如：用"分段讲解法"介绍长江三峡

乘船自西往东游览长江三峡，导游员就可将其分为五个部分来讲解：

① 在游船观景台上介绍长江三峡概况："长江三峡是瞿塘峡、巫峡和西陵峡三段峡谷的总称，西起四川奉节的白帝城，东至湖北宜昌的南津关，全长约193公里。峡谷两岸悬崖绝壁，奇峰林立，江流逶迤湍急，风光绮丽，瞿塘峡素以雄伟险峻著称，巫峡一向以幽深秀丽为特色，西陵峡过去则以滩多水急闻名。这种山环水绕、峡深水急的自然风光系由历次造山运动，特别是'燕山运动'使地壳上升、河流深切而成，是大自然的鬼斧神刀留下的山水和谐的经典之作，它与峡谷沿岸众多的名胜古迹交相辉映，使长江三峡成为闻名遐迩的中国十大风景名胜区之一，并被中外游客评为'中国旅游胜地40佳'之首。"

② 船进瞿塘峡时，导游员介绍："瞿塘峡是长江三峡第一峡，从四川奉节的白帝城到巫山的大溪镇，全长约8公里，是长江三峡中最短也是最雄奇险峻的峡谷。瞿塘峡中，高达1 300多米的赤甲山、白盐山耸峙峡口两岸，形成一扇陡峻的峡门，称为夔（kui）门，素有'夔门天下雄'之称……"

③ 船过巫峡时，导游员再讲解："巫峡是长江三峡第二峡，从四川巫山县大宁河口到湖

北巴东县官渡口,绵延44公里。巫峡口的长江支流大宁河全长300多公里,著名的'小三峡'就位于其中。'放舟下巫峡,心在十二峰',巫峡中景色最秀丽、神话传说最多的就是十二峰,其中最为挺拔秀丽的是神女峰,峰顶有一突兀石柱,恰似亭亭玉立的少女……"

④ 船到西陵峡时,导游员进一步介绍:"西陵峡为长江三峡第三峡,西起湖北秭归县的香溪口,东至湖北宜昌的南津关,全长66公里,历来以滩多水急著称,西陵峡西段自西向东依次为兵书宝剑峡、牛肝马肺峡和崆岭峡三个峡谷;西陵峡东段由灯影峡和黄猫峡组成……"

⑤ 最后再向游客讲解举世闻名的三峡工程。

三、突出重点法

突出重点法就是在导游讲解中不面面俱到,而是突出讲解某一方面的导游方法。一处景点,要讲解的内容很多,导游员必须根据不同的时空条件和对象区别对待,有的放矢地做到轻重搭配、重点突出、详略得当、疏密有致。导游讲解时一般要突出以下四个方面:

(一) 突出景点的独特之处

游客来到目的地旅游,要参观游览的景点很多,其中不乏一些与国内其他地方类似的景点。导游员在讲解时必须讲清这些景点的特征及与众不同之处,尤其在同一次旅游活动中参观多处类似景观时,更要突出介绍其特征。

比如,湖北钟祥的显陵之所以能在众多的明陵中脱颖而出,率先被联合国教科文组织列为世界文化遗产,主要就在于它的独特性。其陵寝建筑中金瓶形的外罗城、九曲回环的御河、龙鳞神道、琼花双龙琉璃影壁和内外明塘等都是明陵中仅见的孤例,尤其是"一陵两冢"的陵寝结构为历代帝王陵墓绝无仅有。显陵是明嘉靖初期重大历史事件"大礼仪"的产物,其规划布局和建筑手法亦很独特,在明代帝陵中具有承上启下的作用。导游员在讲解中应突出这些独特之处。

(二) 突出具有代表性的景观

游览规模大的景点,导游员必须事先确定好重点景观。这些景观既要有自己的特征,又能概括全貌。实地参观游览时,导游员应主要向游客讲解这些具有代表性的景观。

比如,去云冈石窟游览,主要是参观第五、第六窟及五华洞和昙曜五窟。如果把第六窟的艺术特色讲解透彻了,就可以使游客对云冈石窟的整体艺术特色有个基本的了解。

又如,湖北省博物馆展出的曾侯乙墓出土文物,包括礼器、兵器和乐器三个部分,导游讲解要把重点放在乐器上;而乐器中又包括弹拨乐器(如五弦琴和十弦琴)、吹奏乐器(如排箫)和打击乐器(如编钟和编磬),导游员要重点介绍其中的曾侯乙编钟。

(三) 突出游客感兴趣的内容

游客的兴趣爱好各不相同,但从事同一职业、文化层次相同的人往往有共同的爱好。导游员在研究旅游团的资料时要注意游客的职业和文化层次,以便在游览时重点讲解旅游团内大多数成员感兴趣的内容。

比如,游览湖北神农架,对华侨及港澳台胞应重点介绍祭坛,讲解炎帝尝百草、搭架采药的壮举;对青年学生则把重点放在神农架自然博物馆,向他们介绍珙桐、金丝猴等珍稀动植物;对喜欢逐新猎奇的游客,多给他们讲一讲神农架"野人"之谜、神奇的白化动物、冬水夏冰的岩洞、闻雷涌鱼的暗泉,等等。

(四)突出"……之最"

面对某一景点,导游员可根据实际情况,介绍这是世界或中国最大(最长、最古老、最高,甚至可以说是最小)的,因为这也是在介绍景点的特征,很容易引起游客的兴致。

比如,三峡工程是世界上施工期最长、建筑规模最大的水利工程;三峡水电站是世界上最大的水电站;三峡工程泄洪闸是世界上泄洪能力最强的泄洪闸;三峡工程对外专用公路是国内工程项目最齐全的公路。

这样的导游讲解突出了三峡工程的价值,使国内游客产生自豪感、外国游客产生敬佩感,从而留下深刻的印象。不过,在使用"……之最"进行导游讲解时,必须实事求是,言之有据,绝不能杜撰,更不能张冠李戴。

四、问答法

问答法就是在导游讲解时,导游员向游客提出问题或启发他们提问题的导游方法。使用问答法的目的是活跃游览气氛,激发游客的想象思维,促使游客和导游员之间产生思想交流,使游客获得参与感或自我成就感的愉悦。问答法包括自问自答法、我问客答法、客问我答法和客问客答法四种形式。

(一)自问自答法

导游员自己提出问题,并作适当停顿,让游客猜想,但并不期待他们回答;只是为了吸引他们的注意力,促使他们思考,在激起其兴趣之后,导游员再做简洁明了的回答或做生动形象的介绍,还可以借题发挥,给游客留下深刻的印象。

(二)我问客答法

导游员要善于提问,所提问题要问得恰当,既不能认为游客一无所知,也要估计到会有不同答案。同时还要诱导游客回答,但不要强迫他们回答,以免使游客感到尴尬。游客的回答不论对错,导游员都不应打断,更不能笑话,而要给予鼓励。最后由导游员讲解,并引出更多、更广的话题。此外,导游员提问的时机也要把握好。只有懂得把握时机,才能收到较好的效果。一般来说,游客在静想和思考问题的时候,导游员不宜打扰游客;游客在欣赏美景和节目的时候,导游员不提与此不相关的事情和问题。

(三)客问我答法

导游员要善于调动游客的积极性和想象思维,欢迎他们提问题。游客提出问题,说明他们对某一景物产生了兴趣,进入了审美角色。对他们提出的问题,即使是幼稚可笑的,导游员也绝不能置若罔闻,千万不能笑话他们,更不能表现出不耐烦,而应善于有选择地将回答和讲解有机结合起来。不过,对游客的提问,导游员不要他们问什么就回答什么,一般只回答一些与景点有关的问题,注意不要让游客的提问扰乱你的讲解,影响你的安排。

在导游实践中,导游员要学会认真倾听游客的提问,善于思考,掌握游客提问的一般规律,并总结出一套相应的"客问我答"的导游技巧,以随时满足游客的好奇心理。

(四)客问客答法

导游员对游客提出的问题并不直截了当地回答,而是有意识地请其他游客来回答问题,亦称"借花献佛法"。导游员在为"专业团"讲解专业性较强的内容时可运用此法,但前提是必须对游客的专业情况和声望有较深入的了解,并事先打好招呼,切忌安排不当,引起其他游客的不满。如果发现游客回答问题时所讲的内容有偏差或不足之处,导游员也应见机行事,适当指出,但注意不要使其自尊心受到伤害。此外,这种导游方法不宜多用,以免游客对导游员的能力产生怀疑,产生不信任感。

比如,游无锡蠡园时,导游员让游客先看春、夏、秋、冬四个亭中的春亭,指着匾说:"春亭挂的匾额是'滴翠',表达了春天的形象,很有特色。那么,夏、秋、冬三个亭子会用什么题匾呢?各位朋友是否能猜中?"一石激起千层浪,游客边猜边看,猜中的笑逐颜开,未猜中的纷纷敬佩题匾者的文笔之妙。

又如,有位导游员在杭州九溪十八涧对游客说:"这儿的路处处曲,路边的溪水叮咚响,远近的山峦绿葱葱。清代文人俞樾到这里时,诗兴大发,挥笔写道:'曲曲环环路,叮叮咚咚泉,远远近近山……',前面已用了叠词,朋友们猜猜看,第四句写树时,俞樾用的什么叠词?"游客们议论纷纷,有的说"郁郁葱葱树",有的说"大大小小树",最后在导游员的启发下猜出是"高高下下树"。大家都惊叹俞樾用词的精妙这"高"和"下"贴切传神,写活了沿山而长的树林。

五、虚实结合法

虚实结合法就是在导游讲解中将典故、传说与景物介绍有机结合,即编织故事情节的导游方法。所谓"实"是指景观的实体、实物、史实、艺术价值等,而"虚"则指与景观有关的民间传说、神话故事、趣闻轶事等。

"虚"与"实"必须有机结合,但应以"实"为主,以"虚"为辅,"虚"为"实"服务,以"虚"烘托情节,以"虚"加深"实"的存在,努力将无情的景物变成有情的讲解内容。

比如,"当提起阿诗玛,人们就不由自主地想起云南路南石林风景名胜区内,那块高约20米,仿佛头戴彩帽、身背篓筐的美丽少女的岩石,同时又会想起阿诗玛的动人故事:相传在很久很久以前,阿著底山上的撒尼人格路日明家有两兄妹,哥哥叫阿黑,妹妹就是聪明勤劳美丽的阿诗玛。一天,大财主热布巴拉见阿诗玛长得漂亮,顿生歹念,想娶其回家……"

在实地导游讲解中,导游员一定要注意不能"为了讲故事而讲故事",任何"虚"的内容都必须落实到"实"处。导游员在讲解时还应该注意选择"虚"的内容要"精"、要"活"。所谓"精",就是所选传说故事是精华,与讲解的景观密切相关;所谓"活",就是使用时要灵活,见景而用,即兴而发。

六、触景生情法

触景生情法就是在导游讲解中见物生情、借题发挥的一种导游方法。在导游讲解时，导游员不能就事论事地介绍景物，而要借题发挥，利用所见景物制造意境，引人入胜，使游客产生联想，从而领略其中之妙趣。

比如，"上海黄浦江畔的新外滩共有五条旅游路线，在您的左手边是被誉为'万国建筑博览'的建筑群和宽敞的中山路，在您的右手边是波光粼粼的黄浦江及日新月异的浦东陆家嘴金融贸易区，眼前是新颖独特的观光游览区。这建筑群、中山路、观光区、黄浦江、陆家嘴仿佛乐曲中的五线谱，勤劳勇敢的上海人民则好似串串音符，正组成最新最美的乐章，欢迎各位来宾的光临……"这段导游辞十分精彩地叙述了上海的高速发展，生动形象地描绘了新外滩宛如五线谱，使游客在这跳动的"音符"中深受感染，身临其"景"，景中怀情。

触景生情法要求导游讲解内容与所见景物和谐统一，使其情景交融，让游客感到景中有情，情中有景。

比如，在湖北九宫山云关道上有一座观音崖，崖下有一个天然石床，传说死在石床上的人能超度成仙。九宫山道祖张道清死前留下戒规：每年只能有一个道士去石床等死。有一年，两个道士同时得病，都想抢先占床登仙，结果闹出一段令人忍俊不禁的"道士争死"的趣事。游客望着这张5尺多宽、6尺多长的石床，听着导游员风趣的讲解，定会发出欢快的笑声。

触景生情贵在发挥，要自然、正确、切题地发挥。导游员要通过生动形象的讲解、有趣而感人的语言，赋予静态的景物以动态的活力，注入情感，引导游客进入审美对象的特定意境，从而使他们获得更多的知识和美的感受。

七、制造悬念法

制造悬念法就是导游员在导游讲解时提出令人感兴趣的话题，但故意引而不发，激起游客急于知道答案的欲望，使其产生悬念的导游方法，俗称"吊胃口""卖关子"。这种"先藏后露、欲扬先抑、引而不发"的手法，一旦"发（讲）"出来，会给游客留下特别深刻的印象。

比如，参观世界文化遗产——湖北钟祥明显陵，游客看到陵前的外明塘往往困惑不解，导游员不失时机地介绍："明塘是显陵的独特设置，不仅有外明塘，里面还有内明塘，那么显陵为什么要在陵前设置明塘呢？请大家边参观边思考，等到了明楼我再告诉大家答案。"这就给游客留下了一个悬念。游客登上明楼后，导游员再告诉游客："一方面，按风水理论：山为龙的骨肉，水为龙的气血，水有截止龙气流逝的作用。于陵前设置明塘，就满足了吉壤中穴对水的基本要求；另一方面，明塘含有龙珠寓意，如果说神道犹如一条旱龙，那么九曲河就好似一条水龙，两龙交汇于明塘，构成了双龙戏珠的奇特景观"。

制造悬念是导游讲解的重要手段，在活跃气氛、制造意境、激发游客游兴等方面往往能起到重要作用,所以导游员都比较喜欢用这一手法。

比如,苏州网师园的月到风来亭,依水傍池,面东而立,亭后装一大镜,将对面的树石檐墙尽映其中。对这个亭子的介绍有两种方法,效果完全不同。

一位导游员介绍说:"如果在晚上,当月亮从东墙上徐徐升起,另一个月亮也在水波中荡漾,这镜子安置得十分巧妙,从里面还可以看到一个月亮。"游客们看了看镜子,并未引起多大兴趣。

另一位导游员将游客带到亭中,这样介绍说:"当月亮升起的时候,在这里可以看到三个月亮。"他微笑着,望着游客,并没有立即往下讲。游客们好生奇怪,都以为是听错了或是导游员讲错了,最多只有两个月亮:天上一个,水池里一个,怎么可能会有第三个呢?大家的脸上都露出了迷惑不解的表情。这时,导游员才点出:天上、池中、还有镜里共有三个月亮,大家才恍然大悟,在响起一阵掌声、叫好声之后,也更领悟到镜子安置之巧妙,印象极其深刻。

同是一地,前者介绍虽很热情,也富有诗意,但因是平铺直叙,听者不以为然;而后者虽用词简朴,却能做到出其不意,引起了游客的注意、思考、怀疑和猜测,兴趣陡增。后者的成功之处,还在于掌握了游客的心理,不是一下子把话讲完,而是留有余地,让大家去体会、回味,然后由自己做出补充,因此效果尤佳。

八、类比法

类比法就是在导游讲解中风物对比,以熟喻生,以达到类比旁通的一种导游方法。导游员用游客熟悉的事物与眼前景物进行比较,既便于游客理解,又使他们感到亲切,从而达到事半功倍的导游效果。类比法可分为以下两种:

(一) 同类相似类比

同类相似类比是将相似的两个事物进行比较,便于游客理解并使其产生亲切感。

比如,将北京的王府井比作日本东京的银座、美国纽约的第五大街;将上海的城隍庙比作日本东京的浅草;参观苏州时,将其称作"东方威尼斯";讲到梁山伯和祝英台的故事时,可以将其称为中国的罗密欧和朱丽叶等。

(二) 同类相异类比

同类相异类比是将两种同类但有明显差异的风物进行比较,比出规模、质量、风格、水平、价值等方面的不同,以加深游客的印象。

比如,在讲解楚文化时,可以与同时期的古希腊文化进行类比:"在世界范围内,从公元前6世纪到公元前3世纪的300年间,东西方文化竞相争辉,我们完全可以把楚文化与同时期的古希腊文化并列为世界文明的代表。楚国的青铜冶炼、铸铁、丝绸、漆器等技术和工艺场早于古希腊,此外,还有许多科学技术处于世界领先地位。在哲学方面,二者各有所长。中国传统哲学的重要根基在老子和庄子,而老子和庄子都是楚国人。1993年,湖北荆门出土的竹简本《老子》甲、乙、丙三种,受到国际汉学界的高度关注。在国家政体建设、货币制度方面,楚国则比古希腊更为完善;航海古希腊在前,车运楚人在先；古希腊人在理论科学、造船航海、体育竞技、写实艺术、建筑技术等方面要比楚人擅长。可以这么说，楚文化和古希腊文化分别在不同领域登上了世界古文明的光辉殿堂。"

要正确、熟练地使用类比法，要求导游员掌握丰富的知识，熟悉客源国，对相比较的事物有较为深刻的了解。面对来自不同国家和地区的游客，要将他们知道的风物与眼前的景物相比较，切忌作胡乱、不相宜的比较。

九、妙用数字法

妙用数字法就是在导游讲解中巧妙地运用数字来说明景观内容，以促使游客更好地理解的一种导游方法。导游讲解中离不开数字，因为数字是帮助导游员精确地说明景物的历史、大小、角度、功能等方面内容的重要手段之一，但是使用数字必须恰当，如果运用得当，就会使平淡的数字焕发光彩；否则，就会令人滋生索然无味之感。运用数字切忌平铺直叙，大量枯燥数字的堆砌只会令游客厌烦。所以使用数字要讲究"妙用"。

比如，讲解湖北黄石国家矿山公园的标志性建筑——毛主席手托铁矿石的巨型花岗岩雕像，导游员自豪地告诉游客，这是一代伟人毛泽东视察过的唯一一座铁矿山，雕像重58吨，高9.15米，就是让人们记住1958年9月15日毛主席来这里视察这个特别重要的日子。

在实地导游实践中，导游员常用数字换算来帮助游客了解景观内容。导游员运用数字分析可以更准确地说明景观内容。导游员还可以通过数字来暗喻中国传统文化。

比如，"清代的黄鹤楼以独特的楼制为特点，第一层十二个角代表一天有十二个时辰，第二层十二个角代表一年有十二个月，第三层有二十八个角代表天上有二十八星宿。清代的黄鹤楼与道教有着密切的联系，说起道教就会想到'五行八卦'，这是如何在楼制中体现的呢？楼上有一个主楼及四个骑楼，代表五行金、木、水、火、土，底座中间突出，四面削角，连线后是一个规矩的八角形，是八卦的形制……"

十、画龙点睛法

画龙点睛法就是导游员用凝练的词句概括所游览景点的独特之处，给游客留下突出印象的导游方法。游客听了导游讲解，观赏了景观，既看到了"林"，又欣赏了"树"，一般都会有一番议论。导游员可趁机给予适当的总结，以简练的语言，甚至几个字，点出景物精华之所在，帮助游客进一步领略其奥妙，获得更多、更高的精神享受。

比如，旅游团游览云南后，导游员可用"美丽、富饶、古老、神奇"来赞美云南风光；参观南京后，可用"古、大、重、绿"四个字来描绘南京风光特色；总结青岛风光特色可用"蓝天、绿树、红瓦、金沙、碧海"五个词项来概括。

又如，游览颐和园后，游客可能会对中国的园林大加赞赏。这时导游员可指出，中国古代园林的造园艺术可用"抑、透、添、夹、对、借、障、框、漏"九个字概括，并帮助游客回忆在颐和园中所见到的相应景观。

导游讲解常用的方法技巧还有很多,如点面结合法、引人入胜法、启示联想法、谜语竞猜法、知识渗透法等,它们都是导游员在工作实践中提炼和总结出来的。在具体工作中,各种导游方法和技巧都不是孤立的,而是相互渗透、相互依存、相互联系的。导游员在学习众家之长的同时,还应结合自己的特点融会贯通,在实践中形成自己的导游风格和导游方法,并视具体的时空条件和对象,灵活、熟练地加以运用,这样才能获得良好的导游效果。

第三节 实地导游讲解的基本要领

导游讲解是导游员的重要职责,导游讲解水平的高低也是评判导游员综合水平的重要内容之一。要想成为一名优秀的导游员,就应该不断提高自己的导游讲解水平,掌握导游讲解的方法和要领。

一、做好讲解前的准备工作

(一)注重日常的知识积累

如果没有导游员日常的知识积累,前面章节中提到的言之有物、言之有理、言之有据等导游讲解要求,概述法、分段讲解法、突出重点法等导游讲解技法,就很难做到运用自如。导游讲解也很难满足游客的求知需求。要提高导游讲解水平,日常的知识积累是重要基础。在日常工作和生活中,导游员可以通过以下渠道积累知识:

(1)通过媒体关注"身边事",搜集城市和景区的点滴变化。

比如,武汉长江隧道2008年12月28日试通车,当天众多媒体从各方面报道了该隧道的相关消息。《武汉晚报》的报道《过江隧道处处闪亮》中写道:"监控:在隧道的中央控制室内,通过多个计算机显示屏,值班人员对整条隧道交通运行情况实行全范围、全断面的监视,能及时发现各种险情。降噪:过江隧道路面加铺'降噪'沥青,里面掺入了特殊的橡胶颗粒,以降低路面的硬度,减少车辆与路面的摩擦;同时,隧道入口处放置有吸声作用的玻璃纤维。通风:过江隧道顶部设有专门的排烟通道,火灾发生后,立即启动风阀,产生的烟雾可及时排放。防火:过江隧道设计有火灾自动报警系统,隧道内消防栓等消防网络覆盖可靠。隧道侧壁有逃生滑梯通往路面下的紧急逃生通道。两个通车孔间有隔离墙,隔离墙分段留有联络通车孔道的横向通道口(紧急出口),可供紧急情况下人员疏散。逃生:隧道内部设置有多处逃生通道。在隧道行车层地面侧部,每隔80米就设置有一个逃生滑梯,滑梯平时被一个专用盖子盖住。一旦发生火灾,被困人员可以快速将盖子打开,并通过滑梯滑到地下一层的安全通道中……"这些内容导游员如能"有心"收集,在日后讲解过江隧道时将成为有用的素材,丰富导游讲解内容。

(2)通过阅读专业书籍,丰富自己在某一知识领域的积累。

比如,导游员要想讲好楚文化,阅读如《楚文化知识丛书》之类的书籍是非常有必要的,只有通过深入学习,才能让自己的讲解不仅能"讲其然",还能"讲其所以然"。

(3) 通过网络搜索,寻找某一关注问题的相关背景知识。

比如,导游员要想通过讲解武汉长江段的水文历史来介绍武汉的抗洪史,可以在网络上搜集各种长江的水文数据及抗洪史实,再运用类比法、妙用数字法等讲解方法灵活运用搜集到的素材,以达到良好的讲解效果。

(二) 做好接到任务后的准备

虽然平时的积累非常重要,但是"临阵磨枪"也是做好导游讲解工作的要领之一。因为导游员只有在接到讲解任务,确切了解游客情况及游览线路和景点后,才能有针对性地做好讲解前的准备。

(1) 分析游客信息,厘清讲解重点。

如果旅游团成员的年龄偏长,可多准备一些民间传说、历史上的人文逸事、革命历史故事及人物等内容;如果旅游团成员多为年轻人,对他们关心的购物和娱乐方面的情况就要用心多收集一些,在讲解内容上要突出城市的新亮点、新变化。

比如,以参观武汉江滩为例,如果接待的是以休闲为目的老年游客,可以选择武汉的码头文化为讲解重点,延伸讲解到武汉的风俗民情;如果接待的是以考察为目的的商务游客,可以选择武汉江滩的建设为讲解重点,延伸讲到武汉近几年城市的发展与建设。

当然,以某一个方面为重点并非其他的方面就一点都不涉及,技巧在于讲解内容的组合,层次分明,主题突出。

(2) 温习"旧内容",构思"新创意"。

导游员在讲解前要注意"温故知新"。"温故"指的是对于自己不是特别熟悉或曾经出过错的讲解内容,需要再次温习,以免出错,尤其是自己不太熟悉的重要历史年代、建筑物的长度或高度等数据;"知新"指的是在讲解前有意识地去寻找自己未曾讲解过的知识点和内容,力争使自己的讲解每次都有新信息、新创意。

(3) 养精蓄锐,做好身体准备。

导游讲解也是一项"体力活",边走边讲,眼观六路,耳听八方,因此导游员在讲解前要养精蓄锐,保护好嗓子。

二、把握讲解过程中的要领

导游讲解过程中,有可能受到其他因素的影响,如天气变化、行程变更、游客情绪等,因此,即使做了大量的前期准备工作,如果没有当场的随机应变、灵活应对,也可能达不到理想的讲解效果。因此,在导游讲解过程中要学会吸引游客的"耳朵",也就是"讲游客最想听的"。

(一) 在旅游车上讲解时应掌握的要领

(1) 与司机商量确定行车线路时,在合理且可能的原则下尽量不要错过城市的重要景观。

(2) 在经过重要的景点或标志性建筑时,要及时向游客指示景物的方向,讲解的内容要及时与车外的景物相呼应。

(3) 要学会使用"触景生情法",在讲解城市的交通、气候、地理特点等概况时,可与游客看到的景象结合并借题发挥。比如,通过提醒游客观察计程车的车型,讲到武汉经济开发区的汽车产业;看到水杉树时,及时介绍武汉的市树和市花;经过三峡专用公路众多的隧道和桥梁时,介绍宜昌的地理特点等。

(4) 在讲解的过程中要注意观察游客的反应,如果大部分人的关注点是车外或频繁的互相交流,此时导游员要注意调整讲解内容,通过指示游客观看车外的某个景物或现象将其注意力吸引回来,并及时运用"问答法"与游客进行互动交流。

(5) 在快要到达将要游览的景区时,要使用"突出重点法"将景区的最重要的价值及最独特之处向游客进行讲解,以激发游客对该景区的游览兴致。同时要注意强调景区游览时的注意事项及集合时间和地点。

(二) 在景区(点)讲解时应掌握的要领

(1) 在景区(点)的游览指示图前向游客说明游览线路、重要景点、洗手间和吸烟区的位置。

(2) 要做好景区(点)的讲解,需要确定讲解主题,以主题为红线将每一个小景点串起来,引导游客去发现景区(点)最独特之处。

比如,讲解武汉黄鹤楼,可以古诗词为主题和线索,无论是鹅字碑、毛主席诗词亭,还是题诗壁、黄鹤楼的主楼,都可以以不同的诗词为线索展开;讲解三峡大坝,可以以人类改造自然的智慧和力量为线索,建设三峡专用公路的隧道与桥梁、将开挖五级船闸的岩石用于大坝坝体的建设、冲沙闸的设计等均反映出建设者的智慧。

又如,讲解武汉东湖磨山,楚文化是贯穿始终的主题,而建筑或文物上的凤形图案、火红色彩等就是线索。导游员如果在讲解中能注意去寻找和发现更多的主题及相应的线索,就可以针对不同的游客从不同的主题讲解一个景区,引导游客去发现美、欣赏美,满足他们的求知、求美的需求。这样的导游讲解一定会给游客留下深刻的印象。

(3) 在讲解每个小景点时可以用"突出重点法"来讲解该景点的独特之处,用"触景生情法"延伸讲解与此有关的景区背景和历史,用"妙用数字法"来讲解其历史、建筑特点等,有些还需要用"类比法"将该景点与游客家乡或熟知的景点联系起来以加深印象。

(4) 导游员在讲解自己熟悉或擅长的内容时,不要过于张扬卖弄,避免过多使用"你们知不知道……""让我来告诉你……"等语言,同时注意控制节奏,给游客缓冲、消化知识内容的时间。

三、注意讲解后的导游服务

(一) 巧妙回答游客的提问

在导游讲解结束后,游客有可能会提出各种各样的问题,如果问题与游览有关,而且导游也知道如何回答,可以在回答问题的同时进行深入讲解,往往会有好的效果,也能增强游客对自己的信任;如果问题与游览无关,就要学会巧妙地回避。当遇到自己不清楚的问题时切忌胡乱回答,以免被当面指出、贻笑大方,从而失去游客对自己的信任;如果自己知道确切答案,但游客有另一种说法时,要注意不要与其当众争执,不要直接指出对方的错误,要学会回避矛盾、找出共同点,给对方找"梯子"下台,并及时转换话题。

(二)引导游客"换位欣赏"

导游员在讲解结束后,要善于引导游客用眼睛去发现美、从不同角度去欣赏美、从不同层面去感受美。比如在某个角度拍照效果最好、从某个地方远眺风景最美等。

(三)告知游客相关注意事项

导游员在讲解结束后,要向游客说明自由活动的注意事项,建议他们值得去的地方及线路,再次强调集合的时间和地点,并告诉游客如果需要帮助可以在什么地方找到导游员等。

每个导游员在实地导游讲解中都会自觉或不自觉地运用各种方法技巧,只要善于总结和提炼,往往就能成为导游讲解中重要的要领。

思考题

1. 导游讲解应遵循哪些原则?
2. 导游讲解时一般应突出哪些方面?
3. 问答法包括哪几种形式?
4. 导游员运用虚实结合法应该注意什么问题?
5. 导游员在讲解结束后应该做好哪些服务?

第十三章　导游员的应变技能

在旅游过程中,导游员常常会遇到不同种类的事故和游客提出的各种要求,无论其轻重大小都会影响到游客的兴致;如果处理不好,更会直接影响到导游服务的质量。很多时候,这些问题或事故的出现并不是导游员的责任,但作为旅游第一线的工作人员,导游员有职责去处理这些问题和事故,这就需要导游员具备相应的应变能力。

第一节　事故类型及应变处理原则

一、导游服务中的事故类型

(一) 按严重程度划分

1. 一般事故

一般事故是经常发生又能及时补救的差错和事故,如游客证件和物品的丢失、游客的一般走失等。一般事故虽然不会带来严重的经济损失或人身伤害,但会给旅游活动带来诸多不便,影响游客情绪,降低服务质量。

2. 严重事故

严重事故是突发的、性质严重的、处理难度较大的事故。严重事故会给游客生理和心理带来较大的伤害,甚至对社会产生恶劣影响,游客为此反映强烈甚至提出解除旅游合同并进行投诉、索赔等。

(二) 按事故性质划分

1. 安全性事故

安全性事故指有关游客人身和财产安全的事故,可分为以下四种:

(1) 轻微事故:一次事故造成游客轻伤,或经济损失在1万元以下者。
(2) 一般事故:一次事故造成游客重伤,或经济损失在1万(含1万)至10万元者。
(3) 重大事故:一次事故造成游客死亡或重伤致残,或经济损失在10万(含10万)至100万元者。
(4) 特大事故:一次事故造成多名游客死亡,或经济损失在100万元以上,或性质特别严重,产生重大影响者。

2. 业务性事故

业务性事故是指因旅游服务部门运行机制出现故障造成的事故,可分为两种:

(1) 责任事故：由于接待方的疏忽、计划不周等原因造成的事故。
(2) 自然事故(非责任事故)：由于天气变化、自然灾害或非接待部门的原因造成的事故。

二、导游员应变处理的原则

旅游过程中可能会发生不同类型的事故，也会面临游客的各种要求。根据国际惯例和导游服务的经验，导游员在突发事件时，一般应遵循以下六条基本原则。

(一) 维护游客利益原则

当事故发生时，导游员不能只考虑自身利益、贪生怕死，而应该挺身而出、维护游客利益。不论是财产保护、疾病抢救还是治安维护都应以游客利益为重，以最有效的方式灵活处理事故。

(二) 符合法律原则

《导游员管理条例》和《旅行社管理条例》中规定了游客、导游员、旅行社三者之间的权利和义务，导游员在处理游客个别要求时，要符合法律对这三者的权利和义务规定。同时，还要考虑游客的个别要求是否符合我国法律的其他规定，如果相违背，应断然拒绝。

(三) "合理而可能"原则

"合理而可能"原则是导游员处理问题、满足游客要求的依据和准绳。满足游客的需求，使游客旅游生活顺利、愉快是导游服务工作的出发点。因此，对于游客在旅游过程中提出的个别要求，只要是合理的，又是可能办到的，即使有一定困难，导游员也应该设法予以满足。同时，导游员有权拒绝旅游者提出的超出旅游合同约定的不合理要求。

(四) 公平对待原则

公平对待原则是指导游员对所有游客应一视同仁、平等对待。游客不论来自哪个国家、属于哪个民族、信仰何种宗教、是何种肤色；不论其社会经济地位高低、年老年幼、是男性还是女性；也不论其身体是否残疾，都是客人，都是导游员服务的对象。导游员要尊重他们的人格，热情周到地为他们提供导游服务，维护他们的合法权益，满足他们的合理可行要求，切忌厚此薄彼、亲疏有别。

(五) 尊重游客原则

游客提出的要求，大多数是合情合理的，但也总会有游客提出一些苛刻的要求，让导游员为难。旅游团中也不可避免地会出现无理取闹之人。对待这种情况，导游员一定要谨记自己的职责，遵守尊重游客的原则，对游客要礼让三分。游客可以挑剔、吵架甚至谩骂，但导游员要保持冷静，始终有礼、有理、有节，不卑不亢。

在游客提出个人要求时，导游员一要认真倾听，不要中途打断甚至指责游客的要求不合理；二要微笑对待，切忌面带不悦、恶言相向；三要实事求是、耐心解释，不要以"办不到"一口拒绝。需要强调的是，一定不要和游客起正面冲突，以免影响整个旅游活动的开展。

（六）维护尊严原则

导游员在对待游客的个别要求时,要坚决维护祖国的尊严和导游员的人格尊严。对游客提出的有损国家利益和民族尊严的要求要断然拒绝、严正驳斥;对游客提出的侮辱自身人格尊严或违反导游员职业道德的不合理要求,有权予以拒绝。

第二节　常见事故（问题）的应变处理

一、漏接、空接和错接的处理

（一）漏接的原因、预防及处理

漏接是指旅游团(者)抵达后,无导游员迎接的现象。出现漏接现象,无论出于什么原因,都会引发游客的不满情绪,这都是正常的。重要的是导游员要做好处理工作,时刻为游客着想,尽快消除游客的不满情绪。

1. 漏接的原因

（1）主观原因造成的漏接:① 由于导游员自身工作不够细致,没有认真阅读接待计划,把旅游团抵达的日期、时间、地点搞错;② 导游员迟到,没有按预定的时间提前抵达接站地点;③ 由于某种原因,班次变更,旅游团提前到达,接待社有关部门在接到上一站通知后,在接待计划上注明,但导游员没有认真阅读,仍按原计划接站;④ 导游员没有核对新的航班时刻表,特别是新、旧时刻表交替时,"想当然"地仍按旧时刻表的时间接站,因而造成漏接事故;⑤ 导游员举牌接站的地方选择不当。

（2）客观原因造成的漏接:① 由于种种原因,上一站接待社变更了旅游团原定的班次或车次而提前抵达,但漏发变更通知,造成漏接;② 接待社已接到变更通知,但有关人员没有及时通知该团地陪,造成漏接;③ 司机迟到,未能按时到达接站地点,造成漏接;④ 由于交通堵塞或其他不可控的情况发生,未能及时抵达接站地点,造成漏接;⑤ 由于国际航班提前抵达或游客在境外中转站乘其他航班而造成漏接。

2. 漏接的预防

（1）认真阅读计划。导游员接到任务后,应了解旅游团抵达的日期、时间、接站地点并亲自核对清楚。

（2）核实交通工具到达的准确时间。旅游团抵达的当天,导游员应与旅行社有关部门联系,确认班次或车次是否有变更,并及时与机场(车站、码头)联系,核实抵达的确切时间。

（3）提前抵达接站地点。导游员应与司机商定好出发时间,保证按规定提前30分钟到达接站地点。

3. 漏接的处理

（1）实事求是地向游客说明情况,诚恳地赔礼道歉,求得游客谅解。如果不是自身的原因要立即与接待社联系,报告情况,立即查明原因,并耐心地向游客解释,消除误解。

（2）尽量采取补救措施,使游客的损失降低到最低限度。如果产生额外费用(如游客自行乘出租车到饭店的车费),应主动将费用赔付给游客。

(3) 提供更加热情周到的服务,高质量地完成计划内的全部活动内容,以求尽快消除因漏接而给游客造成的不愉快情绪。

(4) 必要时请接待社领导出面赔礼道歉,或酌情给游客一定的物质补偿。

案例 13-1

漏接的处理案例

导游员小王因处理私事,17 日请了一天假,按照两天前部门经理交给他的接待计划要求,他必须于 18 日 9 点准时到达机场接待 10 点到达的法国 ART-HB-O33 团。第二天他没有时间去办公室,就直接奔赴机场接团。他与司机到达机场后,经过查询,得知该团乘坐的航班晚点两个小时,于是他就和司机在车上聊天等候,可事实上该团已经改乘另一个航班于 9 点 40 分抵达。上站已于两天前将变更通知书面告知了地接社。领队与全陪没有见到接站的地陪,在等候了 20 分钟后,立即与当地接待社联系。接待社立即与小王联系,可是由于小王的手机已经停机,一直未联系上,于是旅行社一边安抚游客,一边立即重新安排导游员和车辆去机场接团。此时游客已在机场等候了一个多小时,大家情绪非常不好,以至于要求立即离开去往下一站。经旅行社领导出面做工作,游客的情绪才有所好转,该团回国后对该旅行社进行投诉并要求赔偿。

1. 此次事故属于什么类型事故?请说明造成此次事故的可能原因。
2. 导游员小王在此次接团过程中,存在哪些问题?
3. 如何预防此类事故?

>> 案例分析

1. 此次事故属于典型的漏接。造成此次事故的可能原因有:
(1) 接待社接到了变更通知,但没有在接待计划上做记录,进而没有通知导游员。
(2) 接待社做了变更记录,但是没有提前通知导游员。
(3) 上、下站接待社与导游员间沟通失误。
2. 导游员在此次接团过程中存在以下问题:
(1) 接团前没有与旅行社联系,确认准确的接团时间。
(2) 做接站准备时,未检查自己的手机是否状态正常,事后才知道手机已经停机。
(3) 当得知航班晚点时,因等待时间不长,应在原地即到达厅等候,不应在车上等候。
(4) 游客情绪不满时,没有及时道歉。
3. 预防漏接事故的措施主要有:
(1) 认真阅读接待计划。
(2) 核实交通工具到达的准确时间。
(3) 提前到达接站地点。

（二）空接的原因及处理

空接是指由于某种原因旅游团推迟抵达某站，导游员仍按原计划前往预定的班次或车次接站而没有接到旅游团。

1. 空接事故的原因

（1）接待社没有接到上一站的通知。由于天气原因或某种故障，旅游团仍滞留在上一站或途中。而上一站旅行社并不知道这种临时的变化，没有通知下一站接待社。此时，全陪或领队也无法通知接待社，因此造成空接。

（2）上一站忘记通知。由于某种原因，上一站旅行社将该团原定的航班或车次变更，变更后推迟抵达。但上一站有关人员由于工作疏忽，没有通知下一站接待社，而造成空接。

（3）没有通知地陪。接待社有关人员接到了上一站的变更通知，但没有及时通知该团地陪，造成空接。

（4）游客本身原因。由于游客本人生病、急事或其他原因，临时决定取消旅游，没乘飞机或火车前往下一站，但又没及时通知下一站接待社，造成空接。

2. 空接的处理

（1）导游员应立即与旅行社有关部门联系，查明原因。

（2）如推迟时间不长，可留在接站地点继续等候，迎接旅游团的到来，同时要通知各接待单位，处理相关事宜。

（3）如推迟时间较长，导游员应按旅行社有关部门的安排，重新落实接团事宜。

案例 13-2

空接的处理案例

某旅游团计划于 2 月 5 日 16:30 乘 WU3243 航班由 A 市飞抵 B 市，导游员小孟按接待计划上的时间前往机场接团。乘坐该航班的游客人都已经走完了，他仍未见到该团游客。经与有关方面联系，才得知由于该团在从某景点返回的途中，遇上道路塌方，未能赶上飞机，准备乘坐第二天上午的航班。试分析造成小孟空接的可能原因；如果该团推迟到第二天上午抵达，小孟该怎么办？

>> **案例分析**

1. 小孟没接到该团的主要原因有三点：

（1）旅游团由于道路塌方而误机，A 市的接待社在该团误机后，没有及时通知 B 市的接待社。

（2）B 市接待社已经接到更改通知，但工作人员忘记通知或未能联系到导游员。

（3）小孟接到了更改通知，但他粗心大意，没有将其记录；或是前往机场接团前，他没有去旅行社确认是否有变更。

2. 如该团推迟到第二天上午抵达，小孟应：

(1) 马上与旅行社联系,请其通知饭店退掉当天的餐饮、住宿,预订第二天的餐饮、住宿。

(2) 重新安排在 B 市的活动日程。

(3) 与司机商定第二天接团的时间。

(三) 错接的原因、预防及处理

错接是指导游员接了不应由他接的旅游团(者)。

1. 错接的原因

错接旅游团一般是责任事故,是由导游员责任心不强造成的。错接事故容易发生在旅游热点地区和旅游旺季。有的旅行社同时派出一个以上的团队前往同一地;或者多个团队会乘同班次(车次)抵达目的地。

2. 错接的预防

(1) 导游员应提前到达接站地点迎接旅游团。

(2) 接团时认真核实。导游员要认真逐一核实旅游客源地派出方旅行社的名称、旅游目的地组团旅行社的名称、旅游团的代号、人数、领队姓名(无领队的团要核实游客的姓名)、下榻饭店等。

(3) 提高警惕,严防社会其他人员非法接走旅游团。

3. 错接的处理

一旦发现错接,地陪应立即采取的措施是:

(1) 报告领导。发现错接后马上向接待社领导及有关人员报告,查明两个错接团的情况,再做具体处理。

(2) 将错就错。如经核查,错接发生在本社的两个旅游团之间,两个导游员又同是地陪,那么可将错就错,两名地陪将接待计划交换之后就可继续接团。

(3) 必须交换。如经核查,错接的团分属两家接待社接待,则必须交换;如错接的两个团属同一旅行社接待,但两个导游员中有一名是地陪兼全陪,那么,也应交换旅游团。

(4) 地陪要实事求是地向游客说明情况,并诚恳地道歉,以求得游客的谅解。

(5) 如发生其他人员(非法导游员)将游客带走,应马上与饭店联系,看游客是否已住进计划下榻的饭店。

案例 13-3

错接的处理案例

近几年来,在我国一些旅游热点城市,尤其是在黄金周,由于客流量较大,不止一次发生接错团的情况,即甲社的导游员把乙社的一个旅游团误认为是自己的团而接走,往往是汽车开到半路甚至到达饭店后才发现差错。请问:如果你是地陪,应从哪些方面着手,防止此类事故发生?

>> **案例分析**

作为地陪,可从以下方面着手防止错接事故的发生:
(1) 认真阅读接待计划,了解并记住团队的特点。
(2) 提前30分钟到达接站地点。
(3) 站在出站口醒目的位置举起接站牌,以便领队、全陪(或游客)前来联系。
(4) 主动从游客的民族特征、衣着、组团社的徽记等分析判断。
(5) 要主动上前委婉询问,尤其是团队较多时更要如此。
(6) 及时找到领队和全陪,问清姓名、国别(地区)、团号和人数。
(7) 如果该团无领队和全陪,应与该团成员核对团名、国别(地区)和团员姓名等。

二、旅游计划和日程变更的处理

计划和日程的变更是根据旅游活动中实际需要而决定的,一般有以下三种情况:

(一) 客观原因需要变更计划和日程

旅游过程中,因客观原因、不可预料的因素(如天气、自然灾害、交通问题等)需要变更旅游团的旅游计划、路线和活动日程时,一般会出现三种情况,针对不同的情况要有灵活的应变措施:

1. 缩短或取消在某地的游览时间

(1) 旅游团(者)的抵达时间延误,造成旅游时间缩短:① 仔细分析因延误带来的困难和问题,并及时向接待社外联或计调部门报告,以便将情况尽快反馈给组团社,找到补救措施。② 在外联或计调部门的协助下,安排落实该团交通、住宿、游览等事宜;提醒有关人员与饭店、车队、餐厅联系及时办理退房、退车、退餐等一切相关事宜。③ 地陪应立即调整活动日程,压缩在每一景点的活动时间,但尽量保证不减少计划内的游览项目。

(2) 旅游团(者)提前离开,造成游览时间缩短:① 立即与全陪和领队商量,采取尽可能的补救措施;立即调整活动时间,抓紧时间将计划内的游览项目完成;若有困难,无法完成计划内的所有游览项目,地陪应选择最有代表性、最具特色的重点旅游景点,让游客对游览景点有个基本的了解。② 做好游客的工作:不要急于将旅游团提前离开的消息告诉游客,以免引起躁动;待与领队和全陪制订新的游览方案后,找准时机先向旅游团中有影响力的游客实事求是地说明困难,诚恳地道歉,以求得谅解,并将变更后的安排向他们解释清楚,争取他们的认可和支持,最后分头做其他游客的工作。③ 地陪应通知接待社计调部门或有关人员办理相关事宜,如退房、退餐、退车等。④ 给予游客适当的补偿:必要时经接待社领导同意可采取加菜、赠送风味餐和小纪念品等物质补偿的办法;如果旅游团的活动受到较大的影响,游客损失较大而引发强烈的不满时,可请接待社领导出面表示歉意,并提出补偿办法。⑤ 若旅游团提前离开,全陪应立即报告组团社,并通知一下站接待社。

案例 13-4

旅游计划和日程变更处理案例(1)

美国 SW-032 团一行 24 人，按照接待计划，应于 11 月 23 日 11:30 乘 SU3352 航班抵达 B 市，11 月 24 日 14:25 乘 HU4432 航班赴 S 市。由于航班晚点，该团 23 日 19 时才抵达 B 市。原计划在 B 市是利用一天的日程游览四个景点，但飞机晚点使可供游玩的时间压缩了大半，面对这种情况，作为导游员，应该如何应对？

>> **案例分析**

面对这种情况，导游员可采取以下措施：
(1) 立即通知旅行社退掉 23 日的中餐。
(2) 做出两种以上的日程预案：① 按原计划离开 B 市预案；② 如果下站的时间允许，晚上航班机位没有问题的话，建议推迟离开 B 市的预案。
(3) 团队抵达后立即与领队讨论日程，在征得领队和游客的同意后，作出日程调整。
(4) 如果要推迟离开 B 市，需征得组团社和接待社的同意。
(5) 如果推迟离开，要及时通知下一站。
(6) 导游员要更加积极主动地工作，以消除游客因日程调整带来的不快情绪。

2. 延长旅游时间

游客提前抵达或推迟离开都会造成延长游览时间而变更游览日程。出现这种情况，地陪应该采取以下措施：
(1) 落实有关事宜：与接待社有关部门或有关人员联系，重新落实旅游团的用房、用餐、用车的情况，并及时落实离开的机(车)票。
(2) 迅速调整活动日程：适当地延长在主要景点的游览时间。经组团社同意后，酌情增加游览景点，或晚上安排健康的文体活动，努力充实活动内容。
(3) 提醒有关接待人员通知下一站该团的日程变化。
(4) 在设计变更旅游计划时，地陪要征求领队和全陪的建议和要求，共同商量，获取他们的支持和帮助。在变更的旅游计划确定之后，应与领队和全陪商量好如何向团内游客解释说明，以得到他们的谅解与支持。

案例 13-5

旅游计划和日程变更处理案例(2)

德国 YT-011 团按照计划应于 10 月 17 日 11:20 乘机飞往 H 市。票务人员由于疏忽，为该团订错了航班，起飞时间变为 17 日 17:15。16 日早餐后，地陪在送团前核实航班时发现了该问题并将此情况告诉了游客。该团游客获悉航班改变的消息，反应强烈。随后通过领队向地陪提出了口头投诉。在饭店大堂,该旅游团中一位游客告诉地陪,他刚向航空公司询问过,原航班还有票,请他尽快和旅行社联系改票。

针对上述情况,地陪应按哪些方式和步骤处理此事?

>> **案例分析**

此案例中既有导游员获知情况后的处理方式问题,还有处理游客口头投诉的问题及延长在一地游览时间的问题,地陪的正确处理过程如下:

1. 获知订错航班后的处理方式:
(1) 应先与领队和全陪协调,以争取领队和全陪的支持,未商定出最终结果前,不要向全团宣布。
(2) 立即向接待社报告。

2. 对待口头投诉的处理方式:
(1) 认真倾听。
(2) 向航空公司核实原航班是否有票。
(3) 将核实情况向旅行社汇报。

3. 对所有游客说航班有票的问题的正确处理是:

第一种情况,有票:
(1) 敦促票务人员换票。
(2) 向游客赔礼道歉。
(3) 采取措施消除游客的不满情绪。

第二种情况,无票:
(1) 向游客耐心解释并诚恳道歉。
(2) 及时将变动情况报告组团社。
(3) 必要时请旅行社领导出面道歉。
(4) 安排17日午餐,并适当加菜或赠送小纪念品。
(5) 增加游览景点,充实活动内容。
(6) 及时通知下一站(H市)接待旅行社,避免空接。

---

3. 逗留时间不变,但被迫改变部分旅游计划

这种情况肯定是外部客观原因造成,如大雪封山、维修改造进入危险地段等。这时导游员应采取如下措施:(1) 实事求是地将情况向游客讲清楚,求得谅解;(2) 提出由另一景点代替的方案,并与游客协商;(3) 以精彩的导游讲解、热情的服务激起游客的游兴;(4) 按照有关规定做些相应补偿,如用餐时适当地加菜,或将便餐改为风味餐,赠送小礼品等。必要时,由旅行社领导出面,诚恳地向游客表示歉意,尽量让游客尽兴而归。

案例 13-6

旅游计划和日程变更处理案例(3)

导游员小吴按照接待计划,为上海的一个旅游团安排了在 K 市的活动日程,7 月 17 日早上 9 点,该团按时到达 K 市,并按计划于上午参观了计划景点博物馆后;该团游客得到信息,当地正在举行民族节庆,当天下午有许多活动,晚上有通宵篝火歌舞晚会等丰富多彩的文艺节目。按照原来的计划和日程安排,该团下午是自由活动,晚上 9 点观看文艺演出,次日乘早班机离开。在返回饭店的路上,团里部分游客提出,下午想去观赏民族节庆活动,并放弃观看晚上的文艺演出,改为参加篝火晚会,同时希望导游员能派车接送。

针对此种情况,导游员应如何处理?应做好哪些工作?

>> **案例分析**

针对这种情况,导游员可处理如下:
(1) 与接待社计调部联系,尽可能帮其调换。
(2) 如无法退掉部分游客晚上的文艺演出票,应向游客解释,请求谅解。
(3) 帮助部分游客购买民族节庆活动和晚间篝火晚会入场券,费用由游客自行承担。
(4) 为部分游客安排接送车辆,但车费由游客自理。
(5) 提醒游客注意安全,并按时返回饭店(不能通宵参加篝火晚会)。
(6) 按计划带领其他游客观看文艺演出,并提供相关服务。

(二) 旅游团(者)要求变更计划日程

在旅游过程中,由于种种原因,游客向导游员提出变更旅游路线或旅游日程时,原则上应继续按旅游合同执行;遇有较特殊的情况或由领队提出,导游员也无权擅自做主,要先上报组团社或接待社有关人员,须经有关部门同意,并按照其指示和具体要求做好变更工作。

(三) 因旅行社的原因需要调整计划日程

在旅游计划安排过程中,可能出现因旅行社的工作疏忽(如景区当天不开放、游客预定节目没安排等)造成旅游活动安排不周,需要进行临时调整。出现这种情况时,应首先对计划进行合理安排,尽量不影响日程;然后将安排后的计划与领队及游客沟通,获取他们的谅解,再按照新计划安排游览。

三、误机(车、船)事故的处理

误机(车、船)事故是指因故造成旅游团(者)没有按原定航班(车次、船次)离开本站而导致暂时滞留。

(一) 误机(车、船)事故的原因

一般此类事故的发生有两种情况：一种是由于导游员工作上的差错和不负责任造成的，如安排日程不当或过紧，未能按时抵达机场(车站、码头)；没有认真核实票据，将时间或地点搞错；另一种情况则是因为游客走失或游客没有按约定时间准时集合及其他意外事件(如交通事故、天气变化、自然灾害等)所造成的。

(二) 误机(车、船)事故的预防

误机(车、船)带来的后果十分严重。杜绝此类事故的发生关键在预防，地陪应做到以下几点：

(1) 认真核实机(车、船)票的班次(车次、船次)、日期、时间及在哪个机场(车站、码头)乘机(车、船)等。

(2) 如果票据未落实，接团期间应随时与接待社有关人员保持联系。没有行李车的旅游团在拿到票据核实无误后，地陪应立即将其交到全陪或游客手中。

(3) 离开当天不要安排旅游团到地域复杂、偏远的景点参观游览，不要安排自由活动。

(4) 留有充足的时间去机场(车站、码头)，要考虑到交通堵塞或突发事件等因素。

(5) 保证按规定的时间到达机场(车站、码头)。一般来说，乘国内航班应提前一个半小时到达机场；乘国际航班出境应提前两个小时到达机场；乘火车或轮船应提前一个小时到达火车站或码头。

(三) 误机(车、船)事故的处理

1. 将成事故的应急措施

旅游团正在去往机场(车站、码头)，误机(车、船)尚处将成事故时，导游员应采取如下应急措施，以误机为例：与机场取得联系，请求等候，讲明旅游团的名称、人数、现在何处、大约何时能够抵达机场。如取得同意，导游员要立即组织游客尽快赶赴机场，同时向旅行社汇报情况，请求帮助协调。同时还需要向各个有关部门、有关人员(如海关、交通车队、行李员、旅游车司机等)讲明游客误机情况和补救办法，并说明请求协助的事项。

2. 已成事故的处理办法

(1) 地陪应立即向旅行社领导及有关部门报告并请求协助。

(2) 地陪和旅行社尽快与机场(车站、码头)联系，争取让游客乘最近班次的交通工具离开本站，或采取包机(车厢、船)或改乘其他交通工具前往下一站。

(3) 稳定旅游团(者)的情绪，安排好在当地滞留期间的食宿、游览等事宜。

(4) 及时通知下一站，对日程作相应的调整。

(5) 向旅游团(者)赔礼道歉。

(6) 写出事故报告，查清事故的原因和责任，责任者应承担经济损失并接受相应的处分。

案例 13-7

误机(车、船)事故的处理案例(1)

加拿大 WGH-YT-08 团一行 16 人,9 月 14 日上午 9 点抵达 W 市,在 W 市按计划游览了一天后,按计划乘坐 9 月 15 日的 WU5342 航班,于上午 9:15 离开 W 市去 G 市。该团地陪安排的离开饭店的时间是上午 8 点。由于团里几位游客在结账时耽误了时间,直到 8:20 旅游车才离开饭店;由于正值交通的高峰时间,旅游团于 9:16 才抵达机场,这时飞机已经滑入跑道准备起飞。导游员立即与机场有关方面协商,但是由于没有事先联系,该团还是未能赶上该航班。

试分析:地陪导游员在哪些方面做法不妥而导致发生此次误机事故?如果你是该团的导游员,你将如何做好下一步的工作?

>> 案例分析

1. 导游员在以下几个方面做法不妥:

(1) 由于是乘坐早班机,应预先告诉团队的游客尽可能地在当天晚上结清有关账务,最迟也应在早餐前结账。

(2) 送团的时间不能安排过紧,要留有充分的余地。

(3) 发现不能按时抵达机场时要立即向旅行社报告,通过旅行社与机场联系,以得到机场相关部门的支持。

2. 导游员下一步的工作包括:

(1) 立即与机场方面联系,了解去 G 市的其他航班,以及最近的一个航班,如果有票,立即订座并报告旅行社。

(2) 如果座位不够或无票,则应立即报告旅行社采取措施,如果座位不够或无票,则立即报告旅行社采取措施,或者采取其他交通方式,使该团能尽快地离开。

(3) 立即通知 G 市旅行社以避免空接。

(4) 向游客诚恳地道歉。

(5) 安排好该团滞留期间的活动,更加出色地提供导游服务。

(6) 及时将安排的情况报告组团社。

(7) 定好航班后及时通知 G 市接待社。

案例 13-8

误机(车、船)事故的处理案例(2)

地陪小夏接待一个来自 S 市的 40 人旅游团,在按计划游览完 H 市的景点后,该团将乘 16:45 的火车赴 N 市。一些游客认为午饭后离火车开车还有较长时间,计划景点都已经游览完了,希望小夏能安排一个热闹的地方,给大家一点自由活动时间。于是小夏在

14:30将旅游团带到市中心广场,要求游客在1小时后集合上车。于是游客们三三两两地各奔东西。1个小时后只有38人返回,待最后几位游客返回时,已是16:10了,等他们的旅游车匆匆赶到火车站时,火车早已离站。

  1. 说明此次事故的性质。
  2. 试阐述此次事故会造成什么损失。
  3. 分析事故的原因,当发现只有38人返回时,导游员应采取什么措施。

>> **案例分析**

  1. 此次事故纯属责任事故,属于严重的旅游服务缺陷。
  2. 此次误车事故会造成如下损失:
  (1) 使游客被迫减少或取消在N市的活动。
  (2) 给旅行社造成经济损失。
  (3) 影响旅游服务质量,损害旅行社信誉。
  3. 造成此次事故的原因:
  (1) 日程安排不当:旅游团快离开时,不应安排游客购物或去广场和易迷路的地方。
  (2) 措施不力:发现游客未归时,应积极寻找;发现只有38人返回时,应让全陪带他们先行前往车站,自己留下寻找,而不应都在原地等候,使损失进一步扩大。

四、遗失问题的处理

  遗失事故有些是由于游客个人马虎大意造成的,也有些是相关部门的工作失误造成的。它们不仅给游客带来了经济损失,影响了游客的情绪,还会给游客的旅游活动带来诸多不便,严重时甚至耽误游客离境。

  导游员和领队要注意做好在关键时刻的提醒工作,特别是游客每次下旅游车(飞机、火车、轮船)前、购物时和离店前。导游员需要集中证件办理有关手续时,应通过领队向游客收取,用完后立即归还,不要代为保管。

  一旦发生游客财产安全事故,导游员要做到态度积极、头脑冷静、行动迅速、设法补救。如果有线索,应迅速与有关部门联系查找,把损失降低到最低程度;如果寻找不到,应迅速向组团社或接待社报告,向有关部门报案,并协助游客根据有关规定办理必要的手续。

  (一) 证件、钱物、行李遗失的预防

  1. 多做提醒工作

  参观游览时,导游员要提醒游客带好随身物品;在热闹、拥挤的场所和购物时,导游员要提醒游客保管好自己的钱包、提包和贵重物品;离开饭店时,导游员要提醒游客带好随身行李物品,检查旅行证件是否遗漏;下车(飞机、轮船)时提醒游客不要将贵重物品留在交通工具上。

2. 不代为保管证件

导游员在工作中需要游客的证件时,要经由领队收取,用毕立即如数归还,不要代为保管;还要时刻提醒游客保管好自己的证件。

3. 切实做好每次行李的清点和交接工作。

4. 每次游客下车后,导游员都要提醒司机清车、关窗并锁好车门。

(二) 证件丢失

若游客证件丢失,首先请其冷静地回忆,详细了解丢失情况,找出线索,尽量协助寻找。如确已丢失,马上报告公安部门、接待社领导和组团社并留下游客的详细地址、电话;再根据领导或接待社有关人员的安排,协助失主办理补办手续,所需费用由失主自理。

1. 丢失外国护照和签证

(1) 由旅行社出具证明。

(2) 请失主准备照片。

(3) 失主本人持相关证明去当地公安局(外国人出入境管理处)报失,由公安局出具证明。

(4) 持公安局的证明去所在国驻华使、领馆申请补办新护照。

2. 丢失团体签证

(1) 由接待社开具遗失公函。

(2) 准备原团体签证复印件(副本)。

(3) 重新打印与原团体签证格式、内容相同的该团人员名单。

(4) 该团全体游客的护照。

(5) 持以上证明材料到公安局出入境管理处报失,并填写有关申请表(可由一名游客填写,其他成员附名单)。

3. 丢失中国护照和签证

(1) 华侨丢失护照和签证:① 接待社开具遗失证明;② 失主准备照片;③ 失主持证明、照片到公安局出入境管理处报失并申请办理新护照;④ 持新护照到其居住国驻华使、领馆办理入境签证手续。

(2) 中国公民出境旅游时丢失护照、签证:① 请地陪陪同协助在接待社开具遗失证明;② 持遗失证明到当地警察机构报案,并取得警察机构开具的报案证明;③ 持当地警察机构的报案证明和有关材料到我国驻该国使、领馆领取《中华人民共和国旅行证》;④ 回国后,可凭《中华人民共和国旅行证》和境外警方的报失证明,申请补发新护照。

4. 丢失港澳居民来往内地通行证(港澳同胞回乡证)

(1) 向公安局派出所报失,并取得报失证明;或由接待社开具遗失证明。

(2) 持报失证明或遗失证明到公安局出入境管理处申请领取赴港澳证件。

(3) 经出入境管理部门核实后,给失主签发一次性《中华人民共和国入出境通行证》。

(4) 失主持该出入境通行证回港澳地区后,填写《港澳居民来往内地通行证件遗失登记表》和申请表,凭本人的港澳居民身份证,向通行证受理机关申请补发新的通行证。

5. 丢失台湾同胞旅行证明

失主向遗失地的中国旅行社或户口管理部门或侨办报失,核实后发给一次性有效的入出境通行证。

6. 丢失中华人民共和国居民身份证

由当地接待社核实后开具证明,失主持证明到公安局报失,经核实后再开具身份证明,机场安检人员核准放行。回到居住所在地后,凭公安局报失证明和有关材料到当地派出所办理新身份证。

(三) 钱物丢失

1. 外国游客丢失钱物的处理

(1) 稳定失主情绪,详细了解物品丢失的经过,物品的数量、形状、特征和价值。仔细分析物品丢失的原因、时间和地点,并迅速判断丢失的性质:是不慎丢失还是被盗。

(2) 立即向公安局或保安部门及保险公司报案(特别是贵重物品的丢失)。

(3) 及时向接待社领导汇报,听取领导指示。

(4) 接待社出具遗失证明。

(5) 若丢失的是贵重物品,失主持证明、本人护照或有效身份证件到公安局出入境管理处填写《失物经过说明》,列出遗失物品清单。

(6) 若失主遗失的是入境时向海关申报的物品,要出示《中国海关行李申报单》。

(7) 若将《中国海关行李申报单》遗失,要在公安局出入境管理处申请办理《中国海关行李申报单报失证明》。

(8) 若遗失物品已在国外办理财产保险,领取保险时需要证明,可以向公安局出入境管理处申请办理《财物报失证明》。

(9) 若遗失物品是旅行支票、信用卡等票证,在向公安机关报失的同时也要及时向有关银行挂失。

失主持以上由公安局开具的所有证明,可供出海关时查验或向保险公司索赔。

发生证件、财物特别是贵重物品被盗,属于治安事故,导游员应立即向公安机关及有关部门报警,并积极配合有关部门早日破案,挽回不良影响;若不能破案,导游员要提供更加周到热情的服务,尽力安慰失主,缓解其低落的情绪并依照上述步骤处理。

2. 国内游客丢失钱物的处理

(1) 立即向公安局、保安部门或保险公司报案。

(2) 及时向接待社领导汇报。

(3) 若旅游团结束时仍未破案,可根据失主丢失钱物的时间、地点、责任方等具体情况做善后处理。

(四) 行李遗失

1. 来华途中丢失行李

海外游客行李在来华途中丢失,并不是导游员的责任,但也应帮助游客追回行李。

(1) 带失主到机场失物登记处办理行李丢失和认领手续。失主须出示机票及行李牌,详细说明始发站和转运站,说清楚行李件数及丢失行李的大小、形状、颜色、标记、特征等,并一一填入失物登记表;将失主将下榻饭店的名称、房间号和电话号码(如果已经知道的话)告诉登记处并记下登记处的电话和联系人,记下有关航空公司办事处的地址、电话,以便联系。

(2)游客在当地游览期间,导游员要不时打电话询问寻找行李的情况,一时找不回行李,要协助失主购置必要的生活用品。

(3)离开本地前行李还没有找到,导游员应帮助失主将接待旅行社的名称、全程旅游线路及各地可能下榻的饭店名称转告有关航空公司,以便行李找到后及时运往相应地点交还失主。

(4)如行李确系丢失,失主可向有关航空公司索赔或按国际惯例取得赔偿。

2. 在中国境内丢失行李

游客在我国境内旅游期间丢失行李,一般是在三个环节,即交通运输部门、饭店行李部门和旅行社的行李员上出了差错。导游员必须认识到,不论是在哪个环节出现的问题,都是我方的责任,应积极设法负责查找。

(1)仔细分析,找出差错的线索或环节:① 如果游客在机场领取行李时找不到托运行李,则很有可能是上一站行李交接或机场行李托运过程中出现了差错。这时,全陪应马上带领失主凭机票和行李牌到机场行李查询处登记办理行李丢失或认领手续,并由失主填写行李丢失登记表。地陪立即向接待社领导或有关人员汇报,安排有关人员与机场、上一站接待社、有关航空公司等单位联系,积极协助寻找。② 如果抵达饭店后,游客告知没有拿到行李,问题则可能出现四个方面:其一,本团游客误拿;其二,饭店行李员送错了房间;其三,旅行社行李员与饭店行李员交接时有误;其四,在往返运送行李途中丢失。出现这种情况,地陪应立即依次采取以下措施:地陪与全陪、领队一起先在本团内寻找。如果不是以上原因,应立即与饭店行李部取得联系,请其设法寻找。如果仍找不到行李,地陪应立即向接待社领导或有关部门汇报,请其派人了解旅行社行李员的有关情况,设法寻找。

(2)做好善后工作:主动关心失主,对因丢失行李给失主带来的诸多不便表示歉意,并积极帮助其解决因行李丢失而带来的生活方面的困难。

(3)随时与有关方面联系,询问寻找进展情况。

(4)若行李找回,及时将找回的行李归还失主。若确定行李已丢失,由责任方负责人出面向失主说明情况,并表示歉意。

(5)帮助失主根据有关规定或惯例向有关部门索赔。

(6)事后写出书面报告,应涵盖事故的全过程,包括行李丢失的原因、经过、查找过程、赔偿情况及失主和其他团员的反映等。

案例 13-9

遗失问题的处理案例(1)

法国 SH-Y-017 团在导游员小王的陪同下结束了在 H 市的游览,按计划于 12 月 23 日上午 9 时乘飞机由 H 市飞抵 D 市。在旅游车快要抵达机场时,游客怀特夫人神色慌张地告诉小王,她将一条钻石项链放在枕头下面,因离店时匆忙,忘记取出,要求立即返回饭店。请问:在得知怀特夫人将钻石项链遗忘在房间后,小王应如何妥善处理?

>> **案例分析**

小王在得知这种情况,应依照以下步骤冷静处理:
(1) 阻止怀特夫人返回饭店,并说明原因。
(2) 立即与饭店联系(或通过旅行社联系),请其协助寻找。
(3) 找到后,请饭店或旅行社立即派人送到机场,如来不及,请他们将项链送到旅游团在 D 市下榻的饭店。
(4) 将找到的消息告诉怀特夫人,并告知处理的方法及所需费用由其自理。
(5) 如果找不到项链,应表示歉意,并请怀特夫人仔细回忆,让饭店继续寻找。
(6) 钻石项链是珍贵物品,如确定找不着时,应请地接社和当地公安局开具遗失证明,以便出关时查验或向保险公司索赔。

案例 13-10

遗失问题的处理案例(2)

西班牙 HU-008 旅游团从 A 市飞往 B 市,在 A 市机场理办登机手续时,由于是团队机票(机票附团队名单),值机人员要求检查护照以便核对名单,全陪小张立即匆匆地向游客收取护照。办理完登机手续后,他随手将护照递给了领队,自己则向游客分发登机卡。到 B 市后,游客彼得告诉全陪他的护照不见了,还说在 A 市机场收护照后好像没有还给他,但领队说他肯定将护照还给了彼得。请问:
1. 在 A 市机场,全陪的行为有何不对?
2. 怎样处理游客丢失护照的问题?
3. 对待游客的护照等证件,导游员正确的态度是什么?

>> **案例分析**

1. 在 A 市机场,全陪在以下方面做得不对:
(1) 需要证件时不应直接向游客收取,用完后将证件交还领队时要当面点数。
(2) 登机卡应由领队发放。
2. 处理游客彼得丢失护照的问题应:
(1) 因为通过安检时必须出示护照,所以领队肯定已将护照还给了彼得。
(2) 问清情况,帮助彼得回忆护照是否遗落在什么地方或是放在什么地方。
(3) 与领队一起协助彼得寻找护照。
(4) 确定护照已丢失,地接社应开具遗失护照证明。
(5) 失主持旅行社的证明到当地公安局挂失并开具遗失证明。

(6) 失主持遗失证明到所在国驻华使、领馆申请领取新护照或临时证件。
(7) 领到新证件后再到公安局或其派出机构办理签证手续。
(8) 费用应由彼得自行承担。
3. 对游客的证件，导游员的正确做法是：
(1) 不代为保管游客的护照等证件。
(2) 需要时由领队收取，导游员在接收证件时要点清数目，用完后立即将证件交还领队并点清数目。

五、游客走失的处理

在参观游览或自由活动时，时常有游客走失的情况。一般来说，造成游客走失的原因有三种：一是导游员没有向游客讲清车号、停车位置或景点的游览路线；二是游客对某种现象和事物产生兴趣，或在某处摄影滞留时间较长而脱离团队自己走失；三是在自由活动、外出购物时游客没有记清饭店地址和路线而走失。

无论哪种原因，都会影响游客情绪、有损带团质量。导游员只要有责任心，肯下功夫，就能降低这种事故的发生率。但一旦发生这种事故，导游员要立即采取有效的措施以降低或消除不良影响。

(一) 游客走失的预防

(1) 做好提醒工作：① 提醒游客记住接待社的名称、旅行车的车号和标志，下榻饭店的名称、电话号码，佩戴饭店的店徽等。② 团体游览时，地陪要提醒游客不要走散；自由活动时，提醒游客不要走得太远，不要回饭店太晚，不要去热闹、拥挤、秩序混乱的地方，等等。

(2) 做好各项活动的安排和预报：① 在出发前或旅游车离开饭店后，地陪要向游客预告一天的行程，上、下午游览景点和吃中、晚餐餐厅的名称和地址。② 到游览点后，在景点示意图前，地陪要向游客介绍游览线路，告知旅游车的停车地点，强调集合时间和地点，再次提醒游客记住旅游车的特征和车号。

(3) 时刻和游客在一起，经常清点人数。
(4) 地陪、全陪和领队应密切配合。全陪和领队要主动负责做好旅游团的断后工作。
(5) 导游员要以高超的导游技巧和丰富的讲解内容吸引游客。

(二) 游客走失的处理

1. 游客在旅游景点走失

(1) 了解情况，迅速寻找。导游员应立即向其他游客、景点工作人员了解情况并迅速寻找。地陪、全陪和领队要密切配合，一般情况下是全陪和领队分头去找，地陪带领其他游客继续游览。

(2) 寻求帮助。在经过认真寻找仍然找不到走失者后，导游员应立即向游览地的派出所和管理部门求助，特别是面积大、范围广、地段复杂、进出口多的游览点，因寻找工作难度较大,争取当地有关部门的帮助尤其必要。

(3) 与饭店联系。在寻找过程中,导游员可与饭店前台、楼层服务台联系,请他们留意该游客是否已经回到饭店。

(4) 向旅行社报告。如采取了以上措施仍找不到走失的游客,地陪应向旅行社及时报告并请示帮助,必要时请示领导,向公安部门报案。

(5) 做好善后工作。找到走失的游客后,导游员要做好善后工作,分析走失的原因。如属导游员的责任,导游员应向游客赔礼道歉;如果责任在走失者,导游员也不应指责或训斥对方,而应对其进行安慰,讲清利害关系,提醒其以后注意。

(6) 写出事故报告。若发生严重的走失事故,导游员要写出书面报告,详细记述游客走失经过、寻找经过、走失原因、善后处理情况和其他游客的反映等。

2. 游客在自由活动时走失

(1) 立即报告接待社和公安部门。导游员在得知游客自己在外出时走失,应立即报告旅行社领导,请求指示和帮助;通过有关部门向公安局管区派出所报案,并向公安部门提供走失者可辨认的特征,请求帮助寻找。

(2) 做好善后工作。

找到走失者,导游员应表示高兴;问清情况后,安抚因走失而受惊吓的游客,必要时提出善意的批评,提醒其引以为戒,避免走失事故的再次发生。

(3) 若游客走失后出现其他情况,应视具体情况作为治安事故或其他事故处理。

案例 13-11

游客走失的处理案例

11月3日13:30某旅游团一行26人按照旅游计划去某森林公园游览,导游员小李在公园门口的示意图前向游客介绍了一下公园的基本情况,然后告诉大家16:40在停车场集合。他希望游客们都能按时回到集合地点,他会在那里等待大家。在游览的过程中,由于景区有一段道路坑洼不平,有位游客在游览时不慎踏到一个坑里,摔倒在地。在其他游客的帮助下,这位游客好不容易才返回停车点,这时已经是17:15。小李见到他们时以埋怨的口气说他们耽误了大家的时间,该游客非常不满。回去后他自己去医院检查,经X光透视,发现小腿骨折,于是他向旅游局投诉并提出索赔。请问:小李在哪些方面的做法不符合导游规范的要求?

>> **案例分析**

小李的做法在以下几个方面不妥当:
(1) 在示意图讲解时应就公园的情况交代安全注意事项。
(2) 要和游客一起游览,以便随时提醒游客注意安全。
(3) 游客晚到要向其了解情况,不能不问理由地埋怨。
(4) 知道游客摔伤后要安慰游客并做应急处理。

（5）如情况紧急要立即送游客去医院，并对其他游客做妥善安排。

（6）及时将有游客受伤的情况向旅行社报告。

六、游客患病、死亡问题的处理

旅途劳累、气候变化、水土不服或饮食起居不习惯，尤其是年老体弱者难免会感到身体不适，导致患病，甚至出现病危情况。常见的旅行疾病或不适包括晕车晕船、失眠、高原反应、中暑、便秘、腹泻、呕吐等；在旅游过程中，游客可能会突发急症，如心脏病猝发、昏厥，还会出现摔伤、咬伤等受伤事故。

这就需要导游员从多方面了解游客的身体状况，照顾好他们的生活，经常关心、提醒游客注意饮食卫生，避免人为的原因致使游客生病；导游员应该学习预防和治疗旅行常见病的知识，掌握紧急救护的方法，以便在关键时刻为游客的救治争取时间，但是不得随意将自备药品提供给患者。

（一）游客患病的预防

（1）游览项目选择有针对性。导游员在做准备工作时，应根据旅游团的信息材料，了解旅游团成员的年龄及旅游团其他情况，做到心中有数。选择适合这一年龄段游客的游览路线，如游览磨山时，老年人多的团可选择坐缆车下山而不要用滑道下山。

（2）安排活动日程要留有余地。做到劳逸结合，使游客感到轻松愉快；不要将一天的游览活动安排得太多、太满；更不能将体力消耗大、游览项目多的景点集中安排，要有张有弛；晚间活动的时间不宜安排过长。

（3）随时提醒游客注意饮食卫生，不要买小贩的食品，不要喝生水。

（4）及时报告天气变化。导游员应提醒游客随着天气的变化及时增减衣服、带雨具等；气候干燥的季节，提醒游客多喝水、多吃水果；尤其是炎热的夏季要注意防中暑。

（二）游客患一般疾病的处理

经常有游客会在旅游期间感到身体不适或患一般疾病，如感冒、发烧、水土不服、晕车、失眠、便秘、腹泻等，这时导游员应该：

（1）劝其及早就医，注意休息，不要强行游览。在游览过程中，导游员要观察游客的神态、气色，发现游客的病态时，应多加关心，照顾其在较舒服的座位上休息，或留在饭店休息，并一定要通知饭店给予关照，切不可劝其强行游览。游客患一般疾病时，导游员应劝其及早去医院就医。

（2）关心患病的游客。对因病没有参加游览活动，留在饭店休息的游客，导游员要主动前去问候询问身体状况，以示关心。必要时通知餐厅为其提供送餐服务。

（3）需要时导游员可陪同患者前往医院就医。应向患者说明所需费用自理，提醒其保存诊断证明和收据。

（4）严禁导游员擅自给患者用药。

（三）游客突患重病的处理

1．在前往景点途中突然患病

游客在去旅游景点的途中突然患病，导游员应做到：

（1）在征得患者、患者亲友或领队同意后，立即将患重病的游客送往就近医院治疗，或拦截其他车辆将其送往医院。必要时，暂时中止旅行，用旅游车将患者直接送往医院。

（2）及时将情况通知接待社有关人员。

（3）一般由全陪、领队、病人亲友同往医院。如无全陪和领队，地陪应立即通知接待社请求帮助。

2．在参观游览时突然患病

（1）不要搬动患病游客，让其坐下或躺下。

（2）立即拨打电话叫救护车（医疗急救电话：120）。

（3）向景点工作人员或管理部门请求帮助。

（4）及时向接待社领导及有关人员报告。

3．在饭店突然患病

游客在饭店突患重病，先由饭店医务人员抢救，然后送往医院，并将其情况及时向接待社领导汇报。

4．在向异地转移途中突患重病

（1）全陪应请求乘务员帮助，在乘客中寻找从医人员。

（2）通知下一站旅行社做好抢救的各项准备工作。

综合以上四种情况，游客突患重病需注意的有以下几点：

（1）游客病危，需要送往急救中心或医院抢救时，需由患者家属、领队或患者亲友陪同前往。

（2）如果患者是国际急救组织的投保者，导游员应提醒其亲属或领队及时与该组织的代理机构联系。

（3）在抢救过程中，需要领队或患者亲友在场，并详细记录患者患病前后的症状及治疗情况，并请接待社领导到现场或与接待社保持联系，随时汇报患者情况。

（4）如果需要做手术，需征得患者亲属的同意，如果亲属不在，需由领队同意并签字。

（5）若患者病危，但亲属又不在身边时，导游员应提醒领队及时通知患者亲属。如果患者亲属系外国人士，导游员要提醒领队通知所在国使、领馆。患者亲属到达后，导游员要协助其解决生活方面的问题；若找不到亲属，一切按使、领馆的书面意见处理。

（6）有关诊治、抢救或动手术的书面材料，应由主治医生出具证明并签字，要妥善保存。

（7）地陪应请求接待社领导派人帮助照顾患者、办理医院的相关事宜，同时安排好旅游团继续按计划活动，不得将全团活动中断。

（8）患者度过危险期但仍需要继续住院治疗，不能随团继续旅游或出境时，接待社领导和导游员（主要是地陪）要不时去医院探望，帮助患者办理分离签证、延期签证及出院、回国手续和交通票证等事宜。

(9) 患者住院和医疗费用自理。如患者没钱看病,请领队或组团社与境外旅行社、其家人或保险公司联系解决其费用问题。

(10) 患者在离团住院期间未享受的综合服务费由中外旅行社之间结算后,按协议规定处理。患者亲属在当地期间的一切费用自理。

案例 13-12

游客患病处理案例

美国某旅游团一行 15 人按计划 5 月 3 日由 A 市飞往 B 市,5 月 7 日离境。在从 A 市飞往 B 市的途中,团内一位老人心脏病复发,其夫人手足无措。该团抵达 B 市后,老人马上被送往医院,经抢救脱离危险,但仍需住院治疗。半个月后老人痊愈返美。

1. 老人在途中心脏病复发时,全陪应采取哪些措施?
2. 在医院抢救过程中,地陪应该做好哪些工作?
3. 老人仍需住院治疗期间,地陪又应做好哪些工作?

>> **案例分析**

1. 全陪在途中应采取的措施:
(1) 让老人平躺,头略高。
(2) 让其夫人在老人身上找药,让其服下。
(3) 请乘务员在飞机上找医生,若有,请其参加救护工作。
(4) 请机组与 B 市的急救中心和接待社联系。

2. 在医院抢救过程中,地陪应:
(1) 请领队、老人的夫人、亲友及旅行社领导到抢救现场。
(2) 详细了解老人的心脏病病史和治疗情况,做好文字记录,以备医院参考。
(3) 了解该游客是否是国际急救组织的投保者,如果是,要及时通知该组织在华代理机构。
(4) 医院采取特殊措施时,需征得老人夫人的同意并由其签字。
(5) 如老太太需子女来华时,应请领队帮其联系,子女来后要安排好他们的生活。
(6) 有关抢救、治疗或动手术的书面材料应由主治医生出具证明并签字,导游员要妥善保管。
(7) 提醒领队通知美国驻华使、领馆。

3. 在住院治疗期间,地陪应:
(1) 不时去医院探视老人,帮助解决老人和亲属生活方面的问题。
(2) 出院时帮老人办理出院手续。
(3) 帮助老人夫妇办理分离签证、延长签证(必要时)并重订航班、机座等手续。
(4) 如果该游客不是国际急救组织的投保者,上述各项所需费用均由老人自理;如果是,则由该游客投保的国际急救组织委托其代理机构支付。

（5）老人住院期间未能享受的综合服务费按旅游协议书规定或国际惯例退还给老人。

（四）游客因病死亡的处理

游客在旅游期间不论什么原因导致死亡，都是一件很不幸的事情。当出现游客死亡的情况时，导游员应沉着冷静，立即向接待社领导和有关人员汇报，按有关规定办理善后事宜。

（1）如果死者的亲属不在身边，应立即通知亲属前来处理后事；若死者系外国人士，应通过领队或有关外事部门迅速与死者所属国的驻华使、领馆联系，通知其亲属来华。

（2）由参加抢救的医师向死者的亲属、领队及好友详细报告抢救经过，并出示"抢救工作报告""死亡诊断证明书"，由主治医生签字后盖章，复印后分别交给死者的亲属、领队或旅行社。

（3）对死者一般不做尸体解剖，如果要求解剖尸体，应由死者的亲属或领队，或其所在国家使、领馆有关官员签字的书面请求，经医院和有关部门同意后方可进行。

（4）如果死者属非正常死亡，导游员应保护好现场，立即向公安局和旅行社领导汇报，协助查明死因。如需解剖尸体，要征得死者亲属和领队或所在国驻华使、领馆人员的同意，并签字认可。解剖后出具《尸体解剖报告》（无论属何种原因解剖尸体，都要写《尸体解剖报告》），此外，旅行社还应向司法机关办理《公证书》。

（5）死亡原因确定后，在与领队、死者亲属协商一致的基础上，请领队向全团宣布死亡原因及抢救、死亡经过情况。

（6）遗体的处理，一般以火化为宜，遗体火化前，应由死者亲属或领队，或所在国家驻华使、领馆写出"火化申请书"并签字后进行火化。

（7）死者遗体由领队、死者亲属护送火化后，火葬场将死者的《火化证明书》交给领队或死者亲属；我国民政部门给对方携带骨灰出境出示证明。各有关事项的办理，我方应予以协助。

（8）死者如在生前已办理人寿保险，我方应协助死者亲属办理人寿保险索赔、医疗费报销等有关证明。

（9）出现因病死亡事件后，除领队、死者亲属和旅行社代表负责处理外，其余团员应当由代理领队带领仍按原计划参观游览。至于旅行社派何人处理死亡事故，何人负责团队游览活动，一律须请示旅行社领导决定。

（10）若死者亲属要求将遗体运回国，除需办理上述手续外，还应由医院对尸体进行防腐处理，并办理"尸体防腐证明书""装殓证明书""外国人运送灵柩（骨灰）许可证"和"尸体灵柩进出境许可证"等有关证件，方可将遗体运出境。灵柩要按有关规定包装运输，要用铁皮密封，外观要包装结实。

（11）由死者所属国驻华使、领馆办理一张经由国的通行证，此证随灵柩通行。

（12）有关抢救死者的医疗、火化、尸体运送、交通等各项费用，一律由死者亲属或该旅游团交付。

(13) 死者的遗物由其亲属或领队、全陪、死者生前好友代表或所在国驻华使、领馆有关官员共同清点造册，列出清单，清点人要在清单上一一签字。该清单一式两份，签字人员分别保存。遗物要交死者亲属或死者所在国家驻华使、领馆有关人员。接收遗物者应在收据上签字，收据上应注意接收时间、地点、在场人员等。

★ 处理要点提示

在处理死亡事故时，应注意的问题是：

（1）需有死者的亲属、领队、使领馆人员及旅行社有关领导在场，导游员和我方旅行社人员切忌单独行事。

（2）在有些环节还需公安局、旅游局、保险公司的有关人员在场。每个重要环节应经得起事后查证并有文字根据。

（3）口头协议或承诺均属无效。事故处理后，将全部报告、证明文件、清单及有关材料存档备案。

案例 13-13

游客因病死亡的处理案例

8月19日早上，美国 YTSE-001 团的全陪小宋发现卡特先生没来吃早餐，他是团里一位每天用餐非常准时的游客，集合登车时也没有看见他。由于他住单间，小宋就找领队询问是怎么回事，领队也不知情。小宋给他的房间打电话，铃响了好长时间也没人接。小宋请领队和他一起寻找，他们找遍了饭店的所有公共场所，都没有见到卡特先生。他们一起来到客人的房间前，敲门也没有应答。他们试着推了推门，门是锁着的。于是他们问楼层服务员见到这位游客外出没有，服务员回答说没有。最后他们决定请服务员打开门。一进门，他们发现该游客还睡在床上。领队叫了他几声，他也毫无反应，待他们走近床前，才发现他已死在床上。两人吓得跑到前厅，惊恐地告诉大家该游客死亡的消息。地陪小李当即决定取消当天的游览活动，并赶紧打电话向地接社报告，请领导前来处理问题，打完电话他就在前厅走来走去，紧张地等待领导。

1. 此次事件中，全陪和地陪在哪些方面做得不妥？
2. 此次事件中，导游员应如何正确处理？

≫ 案例分析

1. 此次事件中，全陪和地陪分别在以下几个方面做得不妥：

（1）全陪的不妥之处：① 发现游客死亡时，不应该与领队同时跑下来；② 不应该惊恐地向游客宣布游客死讯。

（2）地陪的不妥之处：① 不应该立即宣布取消当天的游览活动；② 没有向公安局报案；③ 不应该在大厅焦急地等待旅行社领导而不管其他游客。

2. 此次事件中，导游员应当：

（1）全陪和领队应有一人留在原地与楼层服务员一起保护现场。

(2) 与领队、地陪商量后再向全团宣布该游客的死讯。
(3) 安抚其他游客的情绪。
(4) 通知公安局、外事处和饭店保卫部门共同处理。

七、旅游安全事故的处理

国家旅游局在《旅游安全管理暂行办法实施细则》中规定：凡涉及游客人身、财产安全的事故均为旅游安全事故。旅行社接待程中可能发生的旅游安全事故，主要包括交通事故、治安事故、火灾事故、食物中毒等。

（一）交通事故

交通事故在旅游活动中时有发生，包括海、陆、空三种，最常见的是汽车事故。为此，在行车期间要保证司机注意力集中，不要和他聊天；发现司机过度疲劳，要提醒他注意安全。交通事故不是导游员所能预料和控制的。遇到交通事故发生，只要导游员没负重伤，神志还清楚，就应立即采取措施，冷静果断地处理，并做好善后工作。

1. 交通事故的预防

(1) 司机开车时，导游员不要与司机聊天，以免分散其注意力。

(2) 安排游览日程时，在时间上要留有余地，避免造成司机为抢时间、赶日程而违章超速行驶；不催促司机开快车。

(3) 如遇天气不好（下雪、下雨、大雾）、交通堵塞、路况不好，尤其是道路狭窄、山区行车时，导游员要主动提醒司机注意安全，谨慎驾驶。

(4) 如果天气恶劣，地陪对日程安排可适当灵活地加以调整；如遇有道路不安全的情况，可以改变行程。必须把安全放在第一位。

(5) 阻止非本车司机开车，提醒司机在工作期间不要饮酒。如遇司机酒后驾驶，决不能听之任之，地陪要立即阻止，并向领导汇报，请求改派其他车辆或换司机。

(6) 提醒司机经常检查车辆，一旦发现事故的隐患，应及时提出更换车辆的建议。

2. 交通事故的处理

(1) 立即组织抢救。导游员应立即组织现场人员迅速抢救受伤的游客，特别是抢救重伤员，进行止血、包扎、上夹板等初步处理；立即打电话叫救护车（医疗急救中心电话：120）或拦车将重伤员送往距出事地点最近的医院抢救。

(2) 立即报案，保护好现场。事故发生后，不要在忙乱中破坏现场，要设法保护现场，并尽快通知交通、公安部门（交通事故报警台电话：122），如果有两个以上导游员在场，可由一个指挥抢救，另一个留下保护现场。如果只有一名导游员，可请司机或其他熟悉情况的人协助处理，并尽快让游客离开事故车辆。

(3) 迅速向接待社报告。地陪应迅速向接待社领导和有关人员报告，讲清交通事故的发生和游客伤亡情况，请求派人前来帮助和指挥事故的处理，并要求派车把未伤和轻伤的游客接走送至饭店或继续旅游活动。

3. 善后处理

(1) 做好安抚工作。事故发生后,交通事故的善后工作将由交运公司和旅行社的领导出面处理。导游员在积极抢救、安置伤员的同时,应做好其他游客的安抚工作,力争按计划继续进行参观游览活动。待事故原因查明后,请旅行社领导出面向全体游客说明事故原因和处理结果。

(2) 办理善后事宜。请医院开出诊断和医疗证明书,并请公安局开具交通事故证明书,以便向保险公司索赔。

(3) 写出书面报告。交通事故处理结束后,需有关部门出具有关事故证明、调查结果,导游员要立即写出书面报告。内容包括:事故的原因和经过,抢救经过和治疗情况,人员伤亡情况和诊断结果,事故责任及对责任者的处理结果,受伤者及其他游客对处理的反映等。书面报告力求详细、准确、清楚、实事求是,最好和领队联署报告。

(二) 治安事故

在旅游活动过程中,遇到坏人行凶、诈骗、偷窃、抢劫,导致游客身心和财物受到不同程度的损害的事故,统称为治安事故。

导游员在带团时,要注意观察周围的环境,发现异常情况,立即采取措施,尽快把旅游团转移到安全地带。若遇到坏人抢劫或行凶,导游员要敢于、善于应战,挺身而出保护游客生命财产安全,决不能置身事外,更不能临阵脱逃。

1. 治安事故的预防

导游员在接待工作中要时刻提高警惕,采取一切有效的措施防止治安事故的发生。

(1) 入住饭店时,导游员应建议游客将贵重财物存入饭店保险柜。不要将大量现金随身携带或放在客房内。

(2) 提醒游客不要将自己的房号随便告诉陌生人;更不要让陌生人或自称饭店的维修人员随便进入自己的房间;尤其是夜间决不可贸然开门,以防意外;出入房间一定要锁好门。

(3) 提醒游客不要与私人兑换外币,并讲清关于我国外汇管制的规定。

(4) 每当离开游览车时,导游员都要提醒游客不要将证件或贵重物品遗留在车内。游客下车后,导游员要提醒司机关好车窗、锁好车门,尽量不要走远。

(5) 在旅游景点活动中,导游员要始终和游客在一起,随时注意观察周围的环境,发现可疑的人或在人多拥挤的地方,提醒游客看管好自己的财物,如不要在公共场合拿出钱包,最好不买小贩的东西(防止物品被小贩偷去),并随时清点人数。

(6) 在汽车行驶途中,不得停车让非本车人员上车、搭车;若遇不明身份者拦车,导游员应提醒司机不要停车。

2. 治安事故的处理

导游员在陪同旅游团(者)参观游览的过程中,遇到治安事故的发生,必须挺身而出,全力保护游客的人身安全。一旦发现不正常情况,应立即采取行动。

(1) 全力保护游客。遇到歹徒向游客行凶、抢劫,导游员应做到临危不惧,毫不犹豫地挺身而出,奋力与歹徒拼搏,勇敢地保护游客。同时,立即将游客转移到安全地点,力争在在场的群众和公安人员的帮助下缉拿罪犯,追回钱物,但也要防备犯罪分子携带凶器恼羞成怒。所以,切不可鲁莽行事,要以游客的安全为重。

(2) 迅速抢救。如果有游客受伤,应立即组织抢救,或送伤者去医院。

(3) 立即报警。治安事故发生后,导游员应立即向公安局(电话:110)报警,如果罪犯已逃脱,导游员要积极协助公安局破案;要把案件发生的时间、地点、经过、作案人的特征,以及受害人的姓名、性别、国籍、伤势及损失物品的名称、数量、型号、特征等向公安部门报告清楚。

3. 善后事宜

(1) 及时向接待社领导报告。导游员在向公安部门报警的同时要向接待社领导及有关人员报告。如情况严重,请求领导前来指挥处理。

(2) 安抚游客。治安事故发生后,导游员要采取必要措施安抚游客情绪,尽量使旅游活动继续进行下去;并在领导的指挥下,准备好必要的证明、资料,处理好受害者的补偿、索赔等各项善后事宜。

(3) 写出书面报告。事后,导游员要按照有关要求写出详细、准确的书面报告,包括案件整个经过和案件的性质、采取的应急措施,以及受害者和其他游客的情况等。

案例 13-14

旅游安全事故的处理案例

德国 DT-023 团一行 25 人,7 月 16 日下午在参观游览结束离用晚餐还有一个多小时的时候,团队里有一部分游客想利用这段时间到街上转转。导游员小王就陪同他们一起出去了。游客们有说有笑地逛了半个多小时,快到饭店的时候,突然有一个中年男子手里拿着一根棍子,追打团里的一位女客人。小王见状吓得叫了起来,一时不知如何去制止,她立即拿出手机拨打 110 报警。那位女游客被打得到处乱跑,头破血流。最后在团里其他游客和路人的帮助下,歹徒被最终制服。不久公安部门的人员赶到,带走了那个歹徒。小王立即拦了一辆出租车,陪同受伤的女客人去了医院。

事后才知道,行凶的那个中年男子有间歇性精神病,当时家里的人没有留意,让他溜了出来,造成了这次伤害外国游客的事件。

作为一名导游员,小王在此次事件中的表现如何?

>> **案例分析**

总的来说,小王此次应对有许多不尽如人意的地方:

(1) 虽然事发突然,但是导游员不应该慌乱。

(2) 首先要保护游客,而不是在一边拨打电话报警。

(3) 应动员路上的行人帮助自己制服持棍行凶的歹徒。

(4) 应请其他的人帮助报警。

(5) 因为离饭店不远了,可以请受伤的游客先到饭店做简单的处理(止血、简单包扎),再去医院。

(6) 应请全陪或饭店人员帮助照顾和安抚其他游客。
(7) 应请受伤游客的亲友和领队一同陪游客去医院。
(8) 应做好其他善后事宜。

(三) 火灾事故

饭店、景点、娱乐购物等场所发生火灾,会威胁到游客的生命和财产安全。导游员平常应熟悉饭店或游客常去场所的防火措施,了解安全出口、太平门、安全楼梯的位置,掌握火灾避难和救护的基本常识,才能做到遇事不慌、妥善处理。

1. 火灾事故的预防

(1) 做好提醒工作。提醒游客不要携带易燃、易爆物品,不乱扔烟头和火种,不要躺在床上吸烟,在托运行李时应按运输部门有关规定去做,不得将禁止作为托运行李运输的物品夹带在行李中。只有这样,才能尽可能防患于未然。

(2) 熟悉饭店的安全出口和转移路线。导游员带领游客住进饭店后,在介绍饭店内的服务设施时,必须介绍饭店楼层的太平门、安全出口、安全楼梯的位置,并提醒游客进入房间后,看懂房门上贴的安全转移路线示意图,掌握一旦失火时应走的路线。

(3) 牢记火警电话。导游员一定要牢记火警电话(119);清楚领队和全体游客的房间号码。一旦火情发生,能及时通知游客。

2. 火灾事故的处理

万一发生了火灾,导游员应:首先,立即报警;其次,迅速通知领队和全团游客;再次,配合工作人员,听从统一指挥,迅速通过安全出口疏散游客;最后,判断火情,引导游客自救。如果情况危急,不能马上离开火灾现场或被困,导游员应采取的正确做法是:

(1) 千万不能让游客搭乘电梯或慌乱跳楼。尤其是置身三层楼以上的游客,切记不要跳楼。

(2) 用湿毛巾捂住口鼻,身体重心尽量下移,使面部贴近墙壁、墙根或地面。

(3) 必须穿过浓烟时,可用水将全身浇湿或披上用水浸湿的衣被捂住口鼻,贴近地面蹲行或爬行。

(4) 若身上着火了,可就地打滚,将火苗压灭,或用厚重衣物压灭火苗。

(5) 大火封门无法逃脱时,可用浸湿的衣物、被褥将门封堵塞严,或泼水降温,等待救援。

(6) 当见到消防队来灭火时,可以摇动色彩鲜艳的衣物为信号,争取救援。

3. 协助处理善后事宜

游客得救后,导游员应立即组织抢救受伤者;若有重伤者应迅速送往医院,有人员死亡,应按有关规定处理;采取各种措施安抚游客的情绪,解决因火灾造成的生活方面的困难,设法使旅游活动继续进行;协助旅行社领导处理好善后事宜;最后写出翔实的书面报告。

(四) 食物中毒

游客因食用变质或不干净的食物常会发生食物中毒,其特点是潜伏期短、发病快且常常集体发病,若抢救不及时会有生命危险。

1. 食物中毒的预防

为防止食物中毒事故的发生,导游员应:

(1) 严格执行在旅游定点餐厅就餐的规定。

(2) 提醒游客不要在小摊上购买食物。

(3) 用餐时,若发现食物、饮料不卫生,或有异味变质的情况,导游员应立即要求更换,并要求餐厅负责人出面道歉,必要时向旅行社领导汇报。

2. 食物中毒的处理

发现游客食物中毒,导游员应:设法催吐,让食物中毒者多喝水以加速排泄,缓解毒性;立即将患者送医院抢救,请医生开具诊断证明;迅速报告旅行社并追究供餐单位的责任。

八、游客越轨言行的处理

越轨行为(tourist impermissible behavior)一般是指游客侵犯一个主权国家的法律和世界公认的国际准则的行为。外国游客在中国境内必须遵守中国的法律,若犯法,必将受到中国法律的制裁。

(一) 预防措施

导游员应积极向游客介绍我国的有关法律、宗教、习俗、景点管理的有关规定,多做提醒工作,以免个别游客无意中做出越轨、犯法行为。发现可疑现象,导游员要有针对性地给予必要的提醒和警告,迫使预谋越轨者知难而退;对冥顽不灵者,一旦发现其越轨行为应立即汇报,协助有关部门调查,认定性质。处理这类问题要严肃认真,实事求是,合情、合理、合法。

(二) 处理原则

游客越轨言行的处理,事前要认真调查核实,处理时要特别注意"四个分清":

(1) 分清越轨行为和非越轨行为的界限。

(2) 分清有意和无意的界限。

(3) 分清无故和有因的界限。

(4) 分清言论和行为的界限。

只有明确厘清上述界限,才能正确处理此类问题,才能团结游客、增进友谊,维护国家的主权和尊严。

(三) 几种典型情况的处理办法

1. 对攻击和诬蔑言论的处理

对于海外游客来说,由于其国家的社会制度与我国的不同,政治观点也会有差异,因此,他们中的一些人可能对中国的方针政策及国情有误解或不理解,在一些问题的看法上产生分歧也是正常现象,可以理解。此时,导游员要积极友好地介绍我国的国情,认真地回答游客的问题,阐明我国对某些问题的立场、观点。总之,多做工作,求同存异。

对于个别游客站在敌对的立场上进行恶意攻击、蓄意诬蔑挑衅,作为一名中国的导游员要严正驳斥,驳斥时要理直气壮、观点鲜明。导游员应首先向其阐明自己的观点,指出

问题的性质,劝其自制。如其一意孤行,影响面大,或有违法行为的,导游员应立即向有关部门报告。

2. 对违法行为的处理

对于海外游客的违法行为,首先要分清是由于对我国的法律缺乏了解,还是明知故犯。对前者,应讲清道理,指出其错误之处,并根据其违法行为的性质、危害程度、确定是否报有关部门处理;对那些明知故犯者,导游员要提出警告,明确指出其行为是中国法律和法规所不允许的,并报告有关部门严肃处理。

中外游客中若有窃取国家机密和经济情报、宣传邪教、组织邪教活动、走私、贩毒、偷窃文物、倒卖金银、套购外汇和以及贩卖黄色书刊、录像、录音带,以及嫖娼、卖淫等犯罪活动,一旦发现应立即汇报,并配合司法部门查明罪责,严正处理。

3. 对散发宗教宣传品行为的处理

外国游客若在中国散发宗教宣传品,导游员一定要予以劝阻,并向其宣传中国的宗教政策,指出不经我国宗教团体邀请和允许,不得在我国布道、主持宗教活动和在非完备活动场合散发宗教宣传品。处理这类事件要注意政策界限和方式方法,但对不听劝告并有明显破坏活动者,应立即报告,由司法、公安有关部门处理。

案例 13-15

游客越轨言行的处理案例

小严 5 月 27 日按照接待计划从机场接到了意大利 YI-O33 信使旅华团,在该团的计划里,要求在 W 市参观一个天主教堂。小严在接团前就已经与教堂取得了联系,约定好在 28 日上午去教堂。当小严带领游客进入教堂的时候,门口有许多好奇的观众围看。这时,团里有位游客从所带的背包里取出一些宗教宣传资料和物品向他们散发。此举造成了教堂门口的拥挤。教堂的工作人员见状,请小严赶快让游客进去,而小严却说,没关系,等他发完了再进去,让他看看在我们国家,信仰是自由的;要不他就会有话题了。事后,教堂的工作人员向有关部门反映了这个问题,有关部门对此事进行了通报批评。

请问:小严遇到此类情况,正确的做法应是什么?

》》 案例分析

小严这样处理的不妥之处有以下几点:
(1) 小严对我国的宗教政策不了解,缺乏相关政策知识。
(2) 发现游客在散发宗教宣传品时要加以劝阻。
(3) 向游客宣传我国的宗教政策。
(4) 向其说明未经我国宗教团体的允许,不得随意散发宗教宣传品。
(5) 如果游客不听劝阻,要立即向司法、公安部门报告。
(6) 向旅行社报告并写出事后书面报告。

4. 对违规行为的处理

（1）一般性违规的预防及处理：在旅游接待中，导游员应向游客宣传、介绍、说明旅游活动中涉及的具体规定，防止游客不知而误犯。如参观游览中某些地方禁止摄影、禁止进入等，应事先同游客讲清，并随时提醒。若在导游员已讲清且提醒了的情况下明知故犯，当事人要按规定受到应有的处罚（由管理部门、司法机关处理）。

（2）对异性越轨行为的处理：对于游客中举止不端、行为猥亵的任何表现，都应向其郑重指出其行为的严重性，令其立即改正。导游员遇到此类情况，出于自卫要采取断然措施；情节严重者应及时报告有关部门依法处理。

（3）对酗酒闹事者的处理：游客酗酒，导游员应先规劝并严肃指明可能造成的严重后果，尽力阻止其饮酒。不听劝告、扰乱社会秩序、侵犯他人、造成物质损失的肇事者必须承担一切后果，甚至法律责任。

第三节　游客个别要求的处理

游客的个别要求是指参加团体旅游的游客提出的各种计划外的特殊要求。面对游客的种种特殊要求，导游员应该如何处理？如何才能使要求得到基本满足的游客高高兴兴，又使个别要求没有得到满足的游客也满意导游员的服务，甚至使爱挑剔的游客也对导游员没有更多的指责？这是对导游员处理问题能力的一个考验，也是保证并提高旅游服务质量的重要条件之一。

面对个别游客的苛刻的要求和过分的挑剔，导游员一定要认真倾听、冷静、仔细地分析；决不能置之不理，更不能断然拒绝。导游员不应在没有听完对方讲话的情况下就胡乱解释，或表示反感、恶语相加。对不合理或不可能实现的要求和意见，导游员要耐心解释，实事求是说明情况；处理问题要合情合理，以使游客心悦诚服；导游员千万不能一口回绝，不能随便地说出"不行"两字。当然，旅游团队中也难免有个别无理取闹者，如遇到这种情况，导游员应沉着冷静、不卑不亢，既不伤主人之雅又不损客人之尊，理明则让。经过导游员的努力仍有解决不了的困难时，导游员应向接待社领导汇报，请其帮助。总之，对游客提出的要求，不管其难易程度、合理与否，导游员都应给予足够的重视并正确及时、合情合理地予以处理，力争使大家愉快地旅行游览。

一般来看，游客的个别要求可以分为四种情况：合理的经过导游员的努力可以满足的要求，合理的但现实难以满足的要求，不合理的经过努力可以满足的要求，不合理的且无法满足的要求。

一、游客在餐饮方面个别要求的处理

俗话说"民以食为天"，跨国界、跨地区的游客对餐饮的要求各不相同，因餐饮问题引起的游客投诉屡见不鲜。下面就常见的六种情况讲述导游员面对此类问题的处理方法。

(一) 对特殊饮食要求的处理

由于宗教信仰、生活习惯、身体状况等原因,有些游客会提出一些饮食方面的特殊要求,如不吃荤、不吃油腻、辛辣食品、不吃猪肉或其他肉食,甚至不吃盐、糖、味精等。对游客提出的特殊要求,导游员要区别对待:若所提要求在旅游协议书有明文规定的,接待方旅行社须早做安排,地陪在接团前应检查落实情况,不折不扣地兑现;若旅游团抵达后或到定点餐厅后临时提出要求,则需视情况而定。一般情况下地陪应立即与餐厅联系,在可能的情况下尽量满足其要求;如情况复杂,确实满足不了其特殊要求,地陪也应实事求是地说明情况,协助游客自行解决。如建议游客到零点餐厅临时点菜或带他去附近餐馆(最好是旅游定点餐馆)用餐,餐费自理。

案例 13-16

游客在餐饮方面个别要求的处理案例(1)

导游员小孟是美国 JL-0908 团的地陪,他在 4 月 23 日 17:20 在机场接到团队后,根据该团的日程安排,回饭店办理了入住手续并稍作休息后,就带游客去定点餐厅用晚餐。他引导游客坐好后就和司机一起到陪同餐厅用餐去了。过了一会,餐厅经理来找地陪,告诉他有几位游客没有入座就餐。他连忙赶过去了解情况:原来团里有三位素食游客,他们告诉小孟说在其他城市,地陪都为他们安排了素食,为什么小孟不为他们安排。小孟向他们解释说自己不知道此事,希望他们谅解,虽然他们吃素食,但毕竟不是宗教信仰问题,请他们将就一下,下一餐一定安排。这三位游客非常不高兴,请领队来协商。最后还是餐厅经理帮忙安排了这三位游客用餐。

请问:小孟的做法有哪些欠妥的地方?

>> **案例分析**

小孟的欠妥之处主要有以下几点:

(1) 没有认真阅读接待计划(事后查明,接待计划里有说明)。

(2) 游客说其他几个城市都安排了他们的素餐,应该引起地陪的注意,立即核对接待计划,纠正用餐安排。

(3) 即使当时自己不知道,也不能讲那样的一番话,更不能让游客将就。

(4) 应及时与餐厅经理协调,尽快安排游客用餐。

(5) 对自己的疏忽应向游客表示歉意。

(6) 应向游客介绍餐厅的设施,待游客开始用餐后,没有什么问题之后再到陪同餐厅用餐,而且在游客用餐时还要不时过来巡视,以便发现问题及时解决。

(二) 要求换餐

部分外国游客不习惯中餐的口味,在几顿中餐后要求改换成西餐;有的外地游客想尝尝当地小吃,要求换成风味餐。诸如此类要求,处理时应考虑如下几方面:首先要看是否有充足的时间换餐。如果旅游团在用餐前3个小时提出换餐的要求,地陪应尽量与餐厅联系,但需事先向游客讲清楚,如能换妥,差价由游客自付。并且,询问餐厅能否提供相应服务。若计划中的供餐单位不具备供应西餐或风味餐的能力,应考虑换餐厅。如果是在接近用餐时间或到餐厅后提出换餐要求,应视情况而定:若该餐厅有该项服务,地陪应协助解决;如果情况复杂,餐厅又没有此项服务,一般不应接受此类要求,但应向游客做好解释工作。若游客仍坚持换餐,地陪可建议其到零点餐厅自己点菜或单独用餐,费用自理并告知原餐费不退。

案例 13-17

游客在餐饮方面个别要求的处理案例(2)

李丽是瑞士 WH-003 团的全陪,自9月3日开始接团起,已经陪同该团游览了三个城市。该团游客年龄较大,由于连日旅途劳顿,加上餐饮不太习惯,每到吃饭的时间,大家看到大同小异的菜点,顿时都没有了胃口。一天,领队对李丽说,是否能改用一次西餐。李丽对领队说,按照接待计划,没有安排西餐,游客到中国来,就是要多吃吃中餐,这样可以使他们对中国博大精深的餐饮文化有更加深刻的了解。如果改变计划用西餐,还有个差价问题,那得由游客现付,所以不便安排。在该团的中国之行结束以后,在游客评价表上,对全陪李丽语言水平评价较好,可是对她的服务却评价不高。你认为问题出在什么地方?

>> **案例分析**

从这个案例来看,全陪李丽以下几个方面仍需改进:
(1) 作为全陪,在每地用餐时要注意菜谱是否雷同。
(2) 要注意游客对餐饮的反映,发现问题要及时调整。
(3) 对领队提出的用一次西餐的问题要认真对待,要及时了解有什么问题导致领队提出改换餐饮,要了解是部分游客的要求还是全体游客的要求。
(4) 对领队提出改换餐饮的问题可以与其商量,并征求全体游客的意见。
(5) 如果是部分游客的意见,可以帮助安排到西餐厅自己点菜用餐,并向他们说明有关费用问题。
(6) 如果是全体游客的要求,要及时向旅行社汇报,在游客愿意补差价的前提下,和饭店联系安排。
(7) 在以后的城市,要注意向地陪说明用餐的要求,注意菜式的调配。

(三) 要求单独用餐

由于旅游团的内部矛盾或其他原因,个别游客要求单独用餐。此时,导游员要耐心解释,并告诉领队请其调解;如游客坚持,导游员可协助与餐厅联系,但应告知餐费自理且综合服务费不退。

由于游客外出自由活动、访友、疲劳等原因不随团用餐,导游员应同意其要求,但要说明餐费不退。

(四) 要求在客房内用餐

若游客生病,导游员或饭店服务员应主动将饭菜端进房间以示关怀。若是健康的游客希望在客房用餐,应视情况办理;如果餐厅能提供此项服务,可满足游客的要求,但须告知服务费标准。

(五) 要求自费品尝风味

旅游团要求外出自费品尝风味,导游员应予以协助,可由旅行社出面,也可由游客自行与有关餐厅联系订餐;风味餐订妥后旅游团又不想去,导游员应劝他们在约定时间前往餐厅,并说明若不去用餐须赔偿餐厅的损失。

(六) 要求推迟就餐时间

由于游客的生活习惯不同,或由于游客在某旅游地游兴未尽等原因要求推迟用餐时间。导游员可与餐厅联系,视餐厅的具体情况处理。一般情况下,导游员要向旅游团说明餐厅有固定的用餐时间,劝其入乡随俗,过时用餐需另付服务费。若餐厅不提供过时服务,最好按时就餐。

二、游客在住宿方面个别要求的处理

旅游过程中,饭店是游客临时的家。对于在住房方面的要求,游客是相当重视的,导游员一定要尽力协助解决,满足游客的要求。

(一) 要求调换饭店

团体游客到一地旅游时,享受何种星级饭店的住房在旅游协议书中有明确规定,有的在什么城市下榻于哪家饭店也都列示得清清楚楚。所以,一旦接待旅行社向旅游团提供的客房低于标准,即使用同星级的饭店替代协议中标明的饭店,游客都会提出异议。

如果接待社未按协议安排饭店或协议中的饭店确实存在卫生、安全等问题而致使游客提出换饭店,地陪应随时与接待社联系,接待社应负责予以调换。如确有困难,应按照接待社提出的具体办法妥善解决,并向游客说明理由,提出补偿条件。

(二) 要求调换房间

根据游客提出的不同原由,有不同的处理方法:

(1) 若由于房间不干净,如有蟑螂、臭虫、老鼠等,游客提出换房应立即满足,必要时应调换饭店。

(2) 由于客房设施尤其是房间卫生达不到清洁标准,应立即打扫、消毒,如游客仍不满意,坚持调房,应与饭店有关部门联系予以满足。

(3) 若游客对房间的朝向、层数不满意,要求调换另一朝向或另一楼层的同一标准客房时,若不涉及房间价格并且饭店有空房,可与饭店客房部联系,适当予以满足,或请领队在团队内部进行调整。若无法满足,应做耐心解释,并向游客致歉。

（4）若游客要住高于合同规定标准的房间。如仍有空房间,可予以满足,但游客要交付原定饭店退房损失费和房费差价。

（三）要求住单间

团队旅游一般安排住标准间或三人间。由于游客的生活习惯不同或因同室游客之间闹矛盾,而要求住单间,导游员应先请领队调解或内部调整,若调解不成,饭店如有空房,可满足其要求。但导游员必须事先说明,房费由游客自理(一般由提出方付房费)。

（四）要求延长住店时间

由于某种原因(生病、访友、改变旅游日程等)而中途退团的游客提出延长在本地的住店时间。导游员可先与饭店联系,若饭店有空房,可满足其要求,但延长期内的房费由游客自理;如原住饭店没有空房,导游员可协助联系其他饭店,房费由游客自理。

（五）要求购买房中物品

如果游客看中客房内的某种摆设或物品,要求购买,导游员应积极协助,与饭店有关部门联系,满足游客的要求。

案例 13-18

游客在住宿方面个别要求的处理案例(1)

五一黄金周到了,导游员小周带领 W 市的一个 37 人的旅游团开始了九寨沟之行。5月3日该团乘汽车抵达九寨沟后,受到了当地导游员小刘的接待。小刘告诉游客们,这几天游客太多了,他每天的工作像打仗一样,他好不容易才将他们团队的日程安排落实下来。游客们听说后纷纷对小刘表示感谢。因为他们在来九寨沟的路上都见到了一辆接一辆满载游客的大巴进入景区,为此还担心景区接待问题。

小周和小刘一起,将游客都安顿好了以后,一起来到饭店的会议室——这里就是陪同休息的地方。

吃晚饭的时候,有两位游客找到小周和小刘,说他们住的房间太差,要求调换房间,这时又有几位游客也提出了类似的问题。小刘有点不高兴地说,能住上你们原定的饭店就不错了,这还是我好不容易"抢"到的呢,差一点就被别的团住了。我们陪同连住的地方都没有,都住在会议室了。

游客对小刘的解释非常不满意。小周立即到游客的房间去看了一下,原来由于当地的气候问题,房间里比较潮湿,加上光线较暗,给人的感觉确实不好。

请问:游客为何对小刘的解释不满意?在这种情况下,导游员应如何处理才能得到游客的认可呢?

>> **案例分析**

导游员要注意的是以下两个方面的问题:

1. 解释的方式方法问题:

（1）对游客提出的换房要求要认真听取，到房间去看一下，了解游客为什么对房间不满意。

（2）在未弄清问题之前不要急于表态。

（3）不要在游客面前表功，以此回避游客提出的问题。

（4）不要以自己的住宿条件来回应游客提出的要求。

（5）注意控制自己的情绪，要和颜悦色地面对游客。

2．地接社提供的饭店是否符合合同要求：

（1）如果符合，则应与饭店方面联系，尽可能调换房间。

（2）如没有房间可以调换，可采取一些措施，如更换床单、被褥，利用空调除潮等，并耐心地向游客做好解释工作。

（3）如果地接社提供的饭店不符合合同规定，则应与地接社联系，更换饭店。

（4）如果不能更换饭店，地接社领导要出面向游客赔礼道歉并给予经济补偿。

案例 13-19

游客在住宿方面个别要求的处理案例（2）

美国太平洋旅行社组织的 YTS-003 团一行 17 人按计划乘豪华旅游船抵达 W 市，在接团前，导游员小高认真地阅读了接待计划，并按照计划里的细节，为该团制定了详尽的日程安排。该团赴饭店的途中，小高向游客致以热情洋溢的欢迎辞，并介绍了沿途风光和活动日程安排，游客们对小高的服务报以热烈的掌声。

抵达饭店后，小高按导游服务规范的要求将游客安排妥当，告诉他们半个小时之后在饭店大堂集合，前去参观博物馆。

集合时间快到的时候，大部分游客已经来到饭店大堂。这时，一对老年夫妇走到小高面前，激动得含着眼泪，向小高连声道谢。不明原因的其他游客纷纷询问是怎么回事，这对老年夫妇说，他们是美籍犹太人，第二天是他们犹太人的节日，小高将他们的住房安排在朝着耶路撒冷的方向，并在书桌上放置了贺卡，这使他们非常感动。其他游客听后都对小高的服务称赞不已，同时为他们 W 市之行遇到一位好导游员感到非常高兴。

请问：游客给予小高的赞扬对你有什么启示？

>> **案例分析**

该案例是一位优秀导游员规范而具有针对性的服务示范。它说明了导游员在做日程安排时要认真阅读接待计划，对于一些细节要注意。小高正是在计划中看到计划里注明团里有一对美国籍的犹太人，而丰富的知识储备让他知道犹太人对他们节日的重视程度和具体体现在住房上的要求。由此可见，事先做好安排比游客临时提出个别要求时在处理要主动得多，而且可以收到非常好的效果。

三、游客在交通方面个别要求的处理

交通是衔接旅游行程的纽带,一般情况交通行程都是事先预订好,并且不方便更改,但在实际工作中仍会有游客提出个别要求。

(一) 要求更换交通工具类型

如火车改为飞机或更换交通工具时间等。这种要求除非在自然灾害、误车(机、船)等特殊情况下,一般都不能答应更换。旅途中票务预订、退换非常麻烦,时间仓促很难满足。

(二) 要求提高交通工具等级

如提高舱位、座位等级等。导游员遇到这种要求应首先与接待社计调部门联系,若有所要求等级的舱位、座位可帮忙更换,但差价和相关费用应告知游客自理。

(三) 要求单独提供交通服务

这种情况可能是因为某些游客想自由活动、单独返回购物等原因暂时脱离团队分头行动。导游员在保证安全、不影响行程的前提下,可与接待社计调部门联系交通工具或联系出租车等方式满足其要求。

四、游客在游览方面个别要求的处理

游览是游客出行的主要目的,在行程中随着环境和兴致的变化,游客可能会提出些个别要求,导游员应针对不同的要求区别处理。

(一) 游客要求去不对外开放的地方游览

游客要求去不对外开放的地区、机构和单位参观游览,导游员应婉言拒绝,不得擅自作主张答应游客的这种要求;必要时,须提醒对方尊重中国方面的有关规定。

(二) 游客要求更换或取消游览项目

凡是计划内的游览项目,导游员一般应该不折不扣地按计划进行。若是全团统一提出更换游览项目,则需请示接待社计调部门,请其与组团社联系,同意后方可更换;若是个别游客提出更换游览项目,地陪应向游客耐心解释,不能随意更换。

(三) 游客要求增加游览项目

在时间允许的情况下,导游员应请示接待社并积极协助,与接待社有关部门联系,请其报价,并将接待社的对外报价报给游客;若游客认可,地陪则陪同前往,并将游客交付的费用上交接待社,将收据交给游客。

五、游客在购物方面个别要求的处理

购物是旅游活动的重要组成部分,游客往往会有各种各样的特殊要求,导游员要不怕麻烦、不图私利,设法予以满足。

(一) 要求单独外出购物

游客要求在自由活动时间单独外出购物,导游员要尽力帮助,当好购物参谋。如建议

去哪家商场、联系出租车、写中文便条等。但是,在离开本地当天要劝阻,以防误机(车、船)。

(二) 要求退换商品

当游客购物后发现是残次品、计价有误或对物品不满意,要求导游员帮其退换,导游员应积极协助,必要时陪同前往。

(三) 要求再次前往某商店购物

游客欲购买某一商品,出于"货比三家"的考虑或对于商品价格、款式、颜色等犹豫不决,当时没有购买。后来经过考虑又决定购买,要求地陪帮助。对于这种情况,地陪应热情帮助,如有时间可陪同前往,车费由游客自理;若因故不能陪同前往可为游客写张中外文便条,写清商店地址及欲购商品的名称,请其乘出租车前往。

(四) 要求购买古玩或仿古艺术品

游客希望购买古玩或仿古艺术品,导游员应带其到文物商店购买,买妥物品后要提醒他保存发票,不要将物品上的火漆印(如有的话)去掉,以便海关查验;游客在地摊上选购古玩,导游员应劝阻,并告知中国的有关规定;若发现个别游客有走私文物的可疑行为,导游员须及时报告有关部门。

(五) 要求购买中药材

有些游客想买些中药材,并携带出境。导游员应告知中国海关有关规定(数量、品种、限量等,有关内容见第十五章)。

(六) 要求代办托运

外汇商店一般都经营托运业务,导游员应告诉购买大件物品的游客。若商店无托运业务,导游员要协助游客办理托运手续。

游客欲购买某一商品,但当时无货,请导游员代为购买并托运,对游客的这类要求,导游员一般应婉拒;实在推托不掉时,导游要请示领导,一旦接受了游客的委托,导游员应在领导指示下认真办理委托事宜:收取足够的钱款(余额在事后由旅行社退还委托者)、发票、托运单及托运费收据寄给委托人,最后由旅行社保存复印件,以备查验。

案例 13-20

游客在购物方面个别要求的处理案例(1)

瑞士 BL-0213 团于 2 月 26 日乘船抵达 W 市,在参观博物馆的时候,团里的两位游客被展出的一件楚国的漆器吸引,饶有兴趣地在展柜前流连。参观快要结束时,他找到地陪说,他们非常想购买此件文物的复制品。参观结束后,地陪带领该团来到博物馆的纪念品部,工作人员告诉地陪说,该文物的复制品已经卖完,新的还没有到货。这两位游客非常失望,回到饭店后,经过商议,他们找到地陪说,因为他们太喜欢这件文物了,想请地陪代为购买。

如果你是这位导游员,应如何妥善处理此事?

> **案例分析**

导游员的具体处理可参照如下：
(1) 请示领导,报告详细情况。
(2) 收足钱款,并请游客留下详细通信地址。
(3) 购买后将物品和单据交旅行社部门经理审核。
(4) 妥善包装、邮寄。
(5) 将发票、邮寄单据寄给游客,如有余款,转汇给游客。
(6) 复印各种单据并妥为保存。
(7) 游客的委托事宜办妥后向领导汇报。

案例 13-21

游客在购物方面个别要求的处理案例(2)

美国 ABC-002 旅游团一行 18 人参观某地毯厂后乘车返回饭店。途中,游客格林太太对地陪小王说:"我刚才看中一条地毯,但没拿定主意。刚才我和丈夫商量了一下,还是想购买。你能让司机送我们回去吗?"小王欣然应允,并立即让司机驱车返回地毯厂。

在地毯厂,格林夫妇以 1 000 美元买下了地毯。但当地毯厂的工作人员为其包装时,格林夫人发现地毯有点瑕疵,由于他们选中的地毯只有这一条了,其他的还没有生产出来。他们犹豫了一会,最终还是没有买。在该团离开 H 市之前,格林夫妇委托小王代为订购同样款式的地毯一条,并留下 1 500 美元作为购买和托运等费用。小王本着"宾客至上"的原则,当即允诺下来。

格林夫人十分感激,并说:"朋友送我们一幅古画,但画轴太长,不便携带。你能替我们将画和地毯一起托运吗?",小王建议:"画放在地毯里容易弄脏和损坏,还是随身携带比较好。"格林夫人认为此话很有道理,称赞他考虑周到,然后满意地离去。

送走旅游团后,小王立即与地毯厂联系并办理了购买和托运地毯的事宜,并将发票、托运单、350 美元托运手续费收据寄给格林夫妇。

试分析小王处理此事过程中的不当之处。

> **案例分析**

1. 不应让司机立即返回地毯厂,而是应先征求其他游客的意见：
(1) 如大家都同意,可返回。
(2) 若大家不同意,应让格林先生自行坐出租车去地毯厂并为其写便条(注明工厂名称和饭店名称),或者先回饭店,安排好其他游客后再陪同格林先生前往地毯厂。
注:最好的方式是先返回饭店,再安排格林夫妇去地毯厂。因为即使其他游客同意,有时因为要当场表态,碍于情面。此举毕竟耽误了大家的时间,其他游客或多或少还是会有些不高兴。

2. 不应该应允游客代购地毯的要求并收钱,正确的做法应是:
(1) 婉拒格林先生的代购地毯的要求。
(2) 推托不了时应请示领导,如领导同意,可接受委托并收钱。
(3) 购妥、托运后,将发票、托运单、托运费、收据和余款寄给格林先生,将各种单据的复印件交旅行社保存。
3. 对古画的处理不妥,地陪要向格林夫妇讲明如下几点:
(1) 古画须送国家文物管理部门鉴定,未经鉴定不准出境。
(2) 古画出境应开具出口许可证。
(3) 携带古画出境时必须向海关据实申报。

六、游客在娱乐方面个别要求的处理

文娱活动是晚间活动的重要内容,有协议书规定的,也有游客要求自费观赏的文艺演出。在我国,为外国游客提供的文娱活动有京剧、古代音乐舞蹈、杂技、民族歌舞等,也有饭店的服务人员和周围群众自己组织的文娱晚会。这些活动不仅充实了游客的夜间生活,也会给他们留下深刻的印象,帮助他们进一步了解中国的传统文化。对于文娱活动,游客各有所爱好,不应该强求一致。对于游客提出的种种要求,导游员应本着"合理而可能"的原则,视具体情况妥善处理。

(一) 要求调换计划内的文娱节目

凡在计划内注明有文娱节目的旅游团,一般情况下,地陪应按计划准时带游客到指定娱乐场所观看文艺演出。若游客提出调换节目,地陪应针对不同情况,本着"合理而可行"的原则,做出如下处理:

(1) 如全团游客提出更换:地陪应与接待社计调部门联系,尽可能调换,但不要在未联系妥当之前许诺;如接待社无法调换,地陪要向游客耐心地解释,并说明票已订好,不能退换,请其谅解。

(2) 部分游客要求观看别的演出:处理方法同上。若决定分路观看文艺演出,在交通方面导游员可作如下处理:如两个演出点在同一线路,导游员要与司机商量,尽量为少数游客提供方便,送他们到目的地;若不同路,则应为他们安排车辆,但车费由其自理。

案例 13-22

游客在娱乐方面个别要求的处理案例

法国 A-V-003 团抵达 S 市后,按照计划,该团 6 月 14 日晚上安排了观看歌舞表演。在参观途中路过杂技厅时,有部分游客看到了有关杂技演出的快报。中午吃饭的时候,有三个游客提出晚上不去看歌舞,能否为他们安排看杂技。地陪小王告诉他们说,杂技票要提前预订,现在很难买到,而且已经按计划为他们准备了歌舞表演,最好还是随团一起活动。晚上,在出租车司机的帮助下,三位游客自己乘车去看了杂技。事后他们在游客评价表上对小王的服务评价不好。

请问:小王在处理这个问题时有什么不妥之处?

>> **案例分析**

小王正确处理该问题应参考以下几点:
(1) 在没有了解情况之前不应先拒绝。
(2) 请公司计调帮助联系。
(3) 如果有票,向游客解释,由于歌舞票已经购买,而歌舞表演和杂技表演的时间冲突,看杂技的费用由他们自理。
(4) 为他们安排好车辆,告诉他们注意事项,为他们准备好中文的指路条,上面注明所住饭店。
(5) 如果没有票,要向他们做好解释工作。

(二) 要求自费观看文娱节目

对于游客提出的这个要求,在时间允许的情况下,导游员应积极协助。以下两种方法地陪可酌情选择:

(1) 与接待社有关部门联系,请其报价。将接待社的对外报价(其中包括节目票费、车费、服务费)报给游客,并逐一解释清楚。若游客认可,请接待社预定,地陪应陪同前往,将游客交付的费用上交接待社并将收据交给游客。

(2) 协助解决,提醒游客注意安全。地陪可帮助游客联系购买节目票,请游客自乘出租车前往,一切费用由游客自理。但应提醒游客注意安全、记好饭店地址。必要时,地陪可将自己的联系电话告诉游客。

(三) 要求前往不健康的娱乐场所

游客要求去不健康的娱乐场所和过不正常的夜生活,导游员应断然拒绝并介绍中国的道德风貌,严肃指出不健康的娱乐活动在中国是明令禁止的。

七、游客在其他方面个别要求的处理

(一) 游客要求自由活动的处理

旅游线路安排中往往有自由活动时间,在集体活动时间内也有游客提出单独活动的要求。导游员应根据不同情况,妥善处理。

1. 应劝阻游客自由活动的几种情况

(1) 在旅游团计划去另一地游览,或旅游团即将离开本地时,一般应提醒游客不要自由活动,特别是需要较长时间的活动,如到热闹的地方购物,以免影响整个团队准时抵达机场(车站、码头),免误机(车、船)。

(2) 如地方治安不理想、复杂、混乱的地方,导游员要劝阻游客外出活动,更不要单独活动,但必须实事求是地说明情况。

(3) 不宜让游客单独骑自行车去人生地不熟、车水马龙的街头游玩。

(4) 游河(湖)时,游客提出希望划船或在非游泳区游泳的要求,导游员不能答应,不能置旅游团于不顾而陪少数人去划船、游泳。

(5) 游客要求去不对外开放的地区、机构参观游览,导游员不得答应此类要求。

2. 允许游客自由活动时导游员应做的工作

(1) 要求全天或某一景点不随团活动:由于有些游客已来旅游城市多次,或已游览过某一景点,不想重复游览,因而不想随团活动,要求不游览某一景点或一天、数天离团自由活动。如果其要求不影响整个旅游团的活动,可以满足并提供必要帮助。

① 提前说明如果不随团活动,无论时间长短,所有费用不退,需增加的各项费用自理;② 告诉游客用餐的时间和地点,以便其归队时用餐;③ 提醒其注意安全,保护好自己的财物;④ 提醒游客带上饭店卡片(卡片上有中英文饭店名称、地址、电话)备用;⑤ 用中英文写张便条,注明游客要去的地点的名称、地址及简短对话,以备不时之需;⑥ 必要时将自己的手机号码告诉游客。

(2) 到游览点后要求自由活动:到某一游览点后,若有个别游客希望不按规定的线路游览而希望自由游览或摄影,若环境许可(游人不太多,秩序不乱),可满足其要求。导游员要提醒其集合的时间和地点及旅游车的车号,必要时留一字条,上写集合时间、地点、车号,以及饭店名称和电话号码,以备不时之需。

(3) 自由活动时间或晚间要求单独行动:导游员应建议不要走得太远,不要携带贵重物品(可寄存在前台),不要去秩序混乱的场所,不要太晚回饭店等。

(4) 少数人要求一起活动:少数人自由活动时,导游员应与大多数游客在一起,不可置大多数人于不顾,陪少数人单独活动,而且要确保旅游计划的全面贯彻实施。

(二) 游客要求代为转递物品的处理

由于种种原因游客要求旅行社或导游员帮其转递物品。一般情况下,导游员应建议游客将物品或信件亲手交给或邮寄给收件部门或收件人,若确有困难,可予以协助。转递物品和信件,尤其是转递重要物品和信件,或向外国驻华使、领馆转递物品和信件,手续要完备。

(1) 必须问清何物。若是应税物品,应促其纳税。若转交物品是食品应婉言拒绝,请其自行处理。

(2) 请游客写委托书。应注明物品名称、数量,并当面点清、签字并留下详细通信地址和电话。

(3) 将物品或信件交给收件人后,请收件人写收条并签字盖章。

(4) 将委托书和收据一并交旅行社保管以备查用。

(5) 若是转递给外国驻华使、领馆及其人员的物品或信件,原则上不能接收。在推托不了的情况下,导游员应详细了解情况并向旅行社领导请示,经请示同意后将物品和信件交旅行社有关部门,由其转递。

案例 13-23

游客要求代为转递物品的处理案例

全陪小李在陪同美国 LJ-O34 团完成在中国的旅程后,将乘 FA933 航班出境。该团离境前,团里的一位游客找到她,请她将一个包裹转交给 B 市的一位朋友。该位游客向她解释说,包裹里是些贵重东西,是从美国给他的朋友带的。他没有想到该团抵达 B 市时,他的朋友有事出差到外地去了,其家人也无法联系上,现在看来亲手交给他是不可能了。小李为使游客高兴,接受了他的委托,并亲自将包裹交给了该游客的朋友。可事隔半年后,该游客写信给旅行社,询问为什么李小姐没将包裹交给他的朋友。社领导听小李介绍了整个过程后,严肃地批评了她。

1. 领导的批评对不对?为什么?
2. 怎样处理游客转交贵重物品的要求?

>> 案例分析

1. 领导批评得很对,小李对此事的处理确实有错,主要错在:
(1) 违背了处理游客转交物品要求的一般原则。
(2) 在不请示领导、不知包裹中是何物时就接受游客转交贵重物品的委托。
(3) 既没有让那位游客写委托书,也没有让收件人写收据。
2. 对待游客转交贵重物品的要求,导游员的正确做法是:
(1) 一般要婉言拒绝。
(2) 让游客亲自将物品交给朋友或陪他去邮局邮寄。
(3) 游客确有困难又坚持请导游员转交时,应请示领导经批准后方可接受游客的委托。
(4) 要请游客打开包裹检查要转递的物品,若是应税物品先让其纳税,若是食品应婉拒。
(5) 让委托人写委托书(必须写明物品名称和数量,收件人姓名和详细地址),物品送交收件人后要让其写收据。
(6) 导游员要妥善保管委托书和收据(或交旅行社保管)。

(三) 游客要求亲友随团活动的处理

1. 游客要求会见的亲友是中国人

游客要求会见中国籍亲友,导游员可协助联系,应抓紧了解其亲友的中文姓名、职业、工作单位详细地址,以及与游客的关系,以前是否见过面或只是通信相约。如果其亲友居住在旅游线以外的城市或地区,一般不应同意游客离团前往探亲,但可允许其约亲友到旅游路线内的城市见面。一般情况下,游客与其亲友进行会见时,导游员不必参加,如果一方或双方希望导游员协助翻译,在不影响旅游团活动的前提下,可以答应。

游客以前在中国期间结识了我国有关旅行社领导或工作人员，要求见面叙旧，导游员可予以协助，并按旅行社有关规定办理。

游客没有中国亲友的详细地址，一时联系不上，但确有其要见的人在国内，要求旅行社帮助查找并联系见面，导游员在问明情况后，应通过有关途径积极协助联系。

导游员如发现个别中国人与游客之间以亲友身份作掩护进行不正常的往来，或游客会见人员中有异常现象，应及时汇报。

游客提出希望旅行社准许其中国亲友参加旅游团在当地的活动，甚至随团一起到其他城市旅游，在条件允许（如车上有空位且不影响其他人）的情况下，可满足游客要求，但事先要争得领队和旅游团其他成员的同意，然后到旅行社办理入团手续，并交付各种费用。导游员对游客随团活动的亲友，应热心服务，一视同仁，并根据情况给予照顾。如果其亲友不办理手续、不交纳费用就直接随团活动，导游员应有礼貌地问清他们与游客的关系、姓名和工作单位，向游客及其亲友解释旅行社的有关规定，请其谅解，说明他们须先办理手续，然后再随团活动。

案例 13-24

游客要求亲友随团活动的处理案例(1)

英国 YH-15 团一行 27 人于 10 月 8 日 20:25 乘 SH4523 航班抵达 S 市游览。小刘担任该团在 S 市期间的地陪。在机场接团的时候，她遇到一位也是迎接该团的女士。团队抵达后，上车清点人数时，她发现那位女士和团里的一位老太太坐在一起。她上前询问时，该游客告诉她，这是她在 S 市一所学校担任外教的亲戚，由于时间关系，她想让这位亲戚在她在 S 市旅游期间随团活动，她住的是单间，可以让她的亲戚和她住在一起。小刘就没有再过问了。

请问：小刘的做法对吗？如果你是该团的地陪，你会如何处理？

>> **案例分析**

1. 小刘对该问题的处理是不对的。
2. 地陪处理游客亲属随团的正确做法是：
(1) 了解具体情况。
(2) 向旅行社汇报，讲清详情。
(3) 因太晚当晚办不了随团活动手续时，要告诉当事人并保证第二天帮其办理。
(4) 征得领队和其他游客的同意。
(5) 带游客亲属去旅行社办理入团手续：出示有效证件、填写表格、交纳费用。
(6) 办好入团手续后，应对游客的亲属热情接待、周到服务。
(7) 不办理入团手续、不交清费用者不准随团。

2. 游客要求会见的是外国人

根据国际法和国内有关法律规定,一切在华外国人依法享有与在中国的其他外国人自由交往的权利。凡游客提出要求会见本国驻华使领馆人员及其在华外籍亲友时,导游员不应干预,条件许可时可给予热情帮助。

游客会见的是使、领馆官员或工作人员,导游员可提供地址和行车路线,一般不陪同前往,即使陪同前往也不能进入外国使、领馆。

旅游团(者)应本国驻华使、领馆的邀请出席在那里举行的宴会或招待会,并邀请导游员参加翻译,导游员应拒绝。如确需参加,应征得有关方面的同意。

游客会见在华的普通外国人,可让其自行联系,也可协助联系,但不参与他们的会见。

游客要求其外籍亲友随团活动,一般情况下,在征得领队和其他成员的同意后方可允许。但外籍亲友须出示有效证件,办理入团手续,交付必要的费用。对使领馆人员的随团活动要求,导游员要了解其姓名、身份及活动的内容。如果是外交官员还应给予相应的外交礼遇。对他们的接待和活动安排应严格按我国政府的有关规定办理。如果游客的在华亲友以记者身份参加旅游团的活动,一般不予以同意,特殊情况请示有关部门的批准。

案例 13-25

游客要求亲友随团活动的处理案例(2)

法国 WH-0301 团乘豪华游船抵达 W 市,团里的一位老年游客对地陪小许说,他的儿子在该国驻 W 市领事馆工作,他儿子想从 W 市开始陪同他直到出境,想请小许帮忙办理相关的手续。

请问:小许如何正确处理这个要求?

>> **案例分析**

处理此个别要求前要注意以下两点:其一,该要求不是一般的随团活动,而是中途参团;其二,参团人员的身份特殊。

小许正确的处理方式是:

(1) 要向组团社和地接社报告,由于关系到该团余下的行程人数变更问题,所以一定要得到组团社的同意。

(2) 要征求领队和其他游客的意见。

(3) 由于是外交人员,要按政府的有关外事规定办理手续。

(4) 办理参团手续,交清相关费用。

(5) 通知下站有关变更问题。

（四）游客要求中途退团的处理

1. 因特殊原因提前离开旅游团

游客因患病、家中出事、工作上的问题，或因其他特殊原因，要求提前离开旅游团、终止旅游活动，经接待方旅行社与组团社协商后可予以满足，至于未享受的综合服务费，按旅游协议书规定，或部分退还，或不予退还。

案例 13-26

游客要求中途退团的处理案例

导游员王林正在准备接待一个来自意大利的旅游团时，部门经理过来对他说，刚才接到组团社的通知，他即将接待的团里一位叫艾利丝的游客，她的母亲因病去世了，在王林接到团队后，应将这个消息转告给艾利丝，请她立即与家里联系。在接到旅游团后，考虑到各种因素，王林没有在机场将此消息告诉这位游客，而是到达饭店后告诉了她。她听到此消息后非常悲痛，当时就哭着去房间打电话。过了一会，她与领队一起找到小王，请他帮助联系尽快返回意大利处理她母亲的后事。

请问：小王该如何妥善处理？

>> **案例分析**

小王具体处理可参照如下：

（1）表示哀悼，安慰艾利丝小姐。

（2）立即报告接待方旅行社，由其与国外组团社联系、协调后，满足艾利丝小姐的要求。

（3）如果是团体签证则协助艾利丝小姐办理分离签证；重订航班、机座和办理其他离团手续，所需费用由其自理。

（4）艾利丝小姐因提前离团未享受的综合服务费，由中外旅行社结算，按照旅游协议书规定或国际惯例退还。

（5）安排人员负责艾利丝小姐的送站工作。

（6）通知内勤有关变更事项。

（7）通知下站和组团社有关变更事项。

---

2. 无特殊原因执意退团的

游客无特殊原因，只是因某个要求得不到满足而提出提前离团。导游员要配合领队做说服工作，劝其继续随团旅游；若接待方旅行社确有责任，应设法弥补；若游客提出的是无理要求，要做耐心解释；若劝说无效，游客仍执意要求退团，可满足其要求，但应告知其未享受的综合服务费不予退还。

外国游客不管因何种原因要求提前离开中国，导游员都要在领导指示下协助游客进行重订航班、机座,办理分离签证及其他离团手续,所需费用游客自理。

(五)游客要求延长旅游的处理

1. 由于某种原因中途退团,但本人继续在当地逗留需延长旅游期

对无论何种原因中途退团并要求延长在当地旅游期限的游客,导游员应帮其办理一切相关手续。对那些因伤病住院,不得不退团并要延长在当地逗留时间者,除了协助办理相关手续外,还应前往医院探视,并帮助解决患者或其陪伴家属在生活上的困难。

2. 不随团离开或出境

旅游团的游览活动结束后,由于某种原因,游客不随团离开或出境,要求延长逗留期限,地陪应酌情处理:若不需办理延长签证的一般可满足其要求;无特殊原因游客要求延长签证,原则上应予婉拒;若确有特殊原因需要留下但需办理签证延期的,地陪应请示旅行社领导,向其提供必要的帮助。办理延长签证手续的具体做法是,先到旅行社开证明,然后陪同游客持旅行社的证明、护照和集体签证到公安局外国人出入境管理处,办理分离签证手续和延长签证手续,费用自理。

如果离团后继续留下的游客需要帮助,一般可帮其做以下工作:协助其重新购买机票或火车票、预订饭店等,并向其讲明所需费用自理;如其要求继续提供导游或其他服务,则应与接待社另签合同。

案例 13-27

游客要求延长旅游的处理案例

美国 TW-12 团乘 SH4517 航班 14 时抵达 N 市,导游员魏力带游客登车时,团里的一位游客告诉他说,他接到美国公司的通知,因为他的公司在 N 市有投资项目,一时缺人手,要求他在 N 市留下来工作一段时间。他想请小魏帮助他办理相关手续。

请问:小魏应如何处理?

>> **案例分析**

该问题的处理涉及以下两个方面:

1. 中途退团:

(1)立即向旅行社报告,由其通知国外旅行社。

(2)按照与国外旅行社与地接社签订的旅游接待合同的有关规定帮助其办理中途离团手续。

(3)向其说明有关费用的规定,办理有关手续的费用自理。

(4)如果是团体签证,则应到当地公安部门办理分离签证。

(5)通知内勤变更事项,并请其通知组团社。

(6)通知下站变更事项。

2. 在一地延长时间:

(1)由旅行社开具证明,陪同该游客带着护照、团体签证到公安部门外国人出入境管

理部门办理分离签证和延长签证。

(2) 帮助其机票转签。

(3) 由此产生的费用由该游客自理。

(4) 向该游客说明离团后的一切费用自理。

(5) 告诉该游客,如有其他方面的需求,可以办理单项委托。

❓ 思考题

1. 什么是"错接事故"?如何处理错接事故?又应如何避免?
2. 如何预防误机(车、船)事故的发生?
3. 比较丢失外国护照和中国护照处理方法的不同。
4. 饭店发生火灾,导游员如何带领游客自救?
5. 什么是越轨行为?何谓"四个分清"?
6. 游客要求自费观看文娱节目,导游员应提供哪些服务?
7. 游客购买古玩时,导游员应提醒其注意哪些内容?
8. 哪些情况下不允许游客自由活动?
9. 游客因多次不合理要求被拒绝而要求退团,导游员如何处理?

21世纪经济与管理规划教材
旅游管理系列

常 识 篇

第十四章　导游服务安全知识
第十五章　导游服务其他知识

第十四章　导游服务安全知识

第一节　旅游安全注意事项

一、旅游安全相关概念

（一）事故

事故是指造成主观上不希望出现的结果或意外突发的事件，其发生的后果可分为死亡、疾病、伤害、财产损失或其他损失五大类；突发公共事件是指突然发生，造成或者可能造成重大人员伤亡、财产损失、生态环境破坏和严重社会危害，危及公共安全的紧急事件。

（二）安全

安全指免受不可接受的风险的伤害。不可接受（承受）风险的发生，通常会带来人员伤亡或物的损失，因此，避免此类事件发生的过程和结果可称安全。

（三）旅游安全

广义的旅游安全指旅游现象中的一切安全现象的总称，既包括旅游活动中各相关主体的安全现象，也包括人类活动中与旅游现象相关的安全事态和社会现象中与旅游活动相关的安全现象。例如，"恐怖主义"是一种社会政治现象，但它与旅游活动的开展有关，因此，"恐怖主义"也属于旅游安全的广义范畴。

狭义的旅游安全指旅游活动中各相关主体的一切安全现象的总称。它包括旅游活动各环节中的安全现象，也包括旅游活动中涉及人、设备、环境等相关主体的安全现象；既包括旅游活动中安全的观念、意识培育、思想建设与安全理论等"上层建筑"，也包括旅游活动中安全的防控、保障与管理等"物质基础"。

（四）旅游安全问题

旅游安全问题是旅游活动中各种安全现象的具体表现，既包括旅游活动中各相关主体的安全思想、意识问题，也包括发生在旅游活动各环节或旅游活动中各相关主体的具体的安全事件或安全事故。

二、旅游安全的特点

（一）危害性

旅游安全问题造成的危害和破坏极大。旅途中的不安全问题不仅使游客蒙受巨大的经济和名誉损失,遭受生命威胁;并且进一步从社会安全角度来看,还将可能造成旅游企业的财产损失等,严重的还会涉及旅游安全问题发生地全部旅游企业的发展,甚至危害到国家的形象和声誉。

（二）复杂性

旅游活动是一种开放性活动,而旅游企业正是为这种开放性活动提供各种服务的企业。例如,旅游饭店作为一个公共场所,每天有大量的人流出入其中,鱼龙混杂,因此,饭店安全管理涉及的环节和人员复杂而众多。因而,旅游安全工作表现出极大的复杂性,除防火、防食物中毒外,更要防盗、防暴力、防各种自然和人为灾害等。

（三）特殊性

在旅游活动中,游客为了追求精神的愉悦与放松,常常对安全防范有所放松,因此,旅游过程中发生的各类案件与事故不同于一般的民事、刑事案件,也不同于其他行业的安全问题,有自己的规律性和特殊性。

（四）突发性

旅游活动中的许多安全问题都是在极短的时间内、在人毫无防备的状况下发生的,如火灾。旅游中的自然灾害也具有突发性。因此,这就要求各旅游管理部门、旅游企业、旅游从业人员在平时要有处理各种突发事件的准备。只有这样,才能在发生突发旅游安全问题时临危不惧。

三、旅游安全的一般注意事项

游客外出旅游时,应具备必要的安全常识,其一般注意事项包括:

(1) 搭乘飞机时,应注意飞行安全:系好安全带,不带危险品或易燃品,不在飞机升降期间使用手提电脑、移动电话等相关电子用品。

(2) 贵重物品放置在饭店保险箱,如随身携带,务必注意保管,切勿离手。

(3) 参加水上活动,如搭乘快艇或漂流木筏,须按规定穿着救生衣,并遵照工作人员的指导。

(4) 海边戏水,切勿超越安全警戒线,不熟悉水性者,切勿独自下水。

(5) 行程中或自由活动时若见有刺激性活动项目,身体状况不佳者切勿参加。患有心脏病、肺病、哮喘病、高血压者切忌从事水上、高空活动。

(6) 搭车时切勿任意更换座位,头、手勿伸出窗外,上下车时请注意来车方向以免发生危险。

(7) 搭乘缆车时,须依序上下,听从工作人员指挥。

(8) 行走雪地、陡峭山路,须小心谨慎。

(9) 团体旅行时不可擅自脱队,如需单独离队,须征得全陪导游员同意,并随身携带当地所住宿饭店的地址、电话,以免发生意外。

(10) 抵达景区游览前,谨记导游员交代的集中地点、时间、所乘游览巴士车号等。万一脱团,于集中地点等候导游员返回寻找。

(11) 外出旅行,注意身体健康,切勿吃生食、已剥皮的水果,勿光顾路边无牌照摊档,暴饮暴食;应多喝开水,多吃蔬菜水果,少抽烟,少喝酒。

(12) 夜间或自由活动期间如自行外出,须告知全陪导游员或团友,务必注意安全。

(13) 切勿在公共场所露财,购物时也勿当众清点钞票。

(14) 每次退房前,请检查所携带的行李物品,特别注意个人证件和贵重财物。

小知识:火灾自救

在火灾中,被困人员应有良好的心理素质,保持镇定,不盲目地行动,而要选择正确的逃生方法。多掌握一点自救的要诀,困境中也许就能获得第二次生命。下面介绍几条火灾逃生的要诀。

(1) 熟悉环境,临危不惧。每个人对自己工作、学习或居住所在的建筑物的结构和逃生路径平日就要做到了如指掌;而当身在陌生环境,如入住酒店、商场购物,或进入娱乐场所时,为了自身安全,务必留心疏散通道、安全出口和楼梯方位等,以便在关键时候能尽快逃离。

(2) 保持镇定,明辨方向。突起火灾时,首先要强令自己保持镇定,千万不要盲目地跟随人流、互相拥挤、乱冲乱撞。撤离时要注意,朝明亮处或者外面空旷处转移,要尽量背向烟火方向离开,通过阳台、气窗等逃离火灾区。

(3) 不入险地,不贪财物。在火灾现场,人的生命最重要,不要因害羞或顾及贵重物品,把宝贵的逃生时间浪费在穿衣服或寻找、搬出贵重物品上,已逃离火场的人千万不要重返险地。

(4) 简易防护,匍匐前进。火场逃生时,经过充满烟雾的路线,可用毛巾、口罩蒙住口鼻,匍匐撤离,以防止烟雾中毒,导致窒息。由于热空气上升的作用,火灾中产生的大量浓烟将漂浮在上层,因此在火灾中离地面30厘米以下的地方还应该有空气,因此浓烟中应尽量采取低姿势爬行,头部尽量贴近地面。在浓烟中逃生,如果防护不当,容易将浓烟吸入人体,导致昏厥或窒息,同时眼睛也会受浓烟的刺激,导致刺痛而睁不开,此时,可以利用透明塑料袋;透明塑料袋不分大小都可以利用,使用大塑料袋可将整个头罩住,并提供足量的空气供逃生之用;如果没有大塑料袋,小塑料袋也可以,虽然不能完全罩住头部,但也可以遮住口鼻部分,供给逃生需要的空气。使用塑料袋时,一定要将其完全张开,但千万别用嘴吹开,因为吹进去的气体都是二氧化碳,效果适得其反。另外,也可采用向头部、身体浇冷水或用湿毛巾、湿棉被、湿毯子等将头部和身体裹好后,再冲出去。

(5) 善用通道,莫入电梯。规范标准的建筑物都会有两条以上的逃生楼梯、通道或安全出口。发生火灾时,要根据情况选择进入较为安全的楼梯通道。除可利用楼梯外,还可以利用建筑物的阳台、窗台、屋顶等攀爬到周围的安全地带;也可沿着下水道、避雷线等建筑物的凸出物下滑下楼脱险。千万要记住,高楼着火时,不要乘坐普通电梯。

(6) 避难场所,固守待援。首先应该用手背去接触房门,试一试房门是否已变热,如果是热的,门不能打开,否则烟和火就会冲进卧室。此时,首先要关紧迎火的门窗,打开背火的门窗。用湿毛巾、湿布塞住门缝,或用水浸湿棉被,蒙上门窗,然后不停地用水淋透房间,防止烟火渗入,固守房间,等待救援人员到达。

(7) 传送信号,寻求援助。被烟火围困时,尽量待在阳台、窗台等易被人发现和能避免烟火近身的地方。在白天可向窗外晃动鲜艳的衣物等,在晚上可用手电筒不停地在窗口闪动和敲击东西，及时发出有效的求救信号。在因烟气窒息失去自救能力时，应努力滚到墙边或门边，以便于消防人员寻找、营救，也可防止房屋塌落时伤到自己。

（8）火已及身，切勿惊慌。在火场如果发现自己身上着火了，惊跑和用手拍打只会形成风势，加速氧气补充，助大火势。正确的做法是赶紧脱掉衣服或就地打滚，压灭火苗。能及时跳到水里或让人往身上泼水就更有效。

（9）缓降逃生，滑绳自救。高层、多层建筑物发生火灾后，可迅速利用身边的绳索或床单、窗帘、衣服等自制简易救生绳，并用水打湿后，从窗台或阳台沿绳滑到下面的楼层或地面逃生。即使跳楼也要跳到消防人员准备好的救生气垫上，或四层以下才可以考虑采取直接跳楼的方式，还要注意选择有水池、软雨篷、草地等的地方跳。如有可能，要尽量多抱些棉被、沙发垫等松软的物品或打开大雨伞跳下。跳楼虽可救生，但也会对身体造成一定的伤害，所以要慎之又慎。

第二节　旅游交通安全知识

旅行过程中，乘坐交通工具一旦遇到意外事故，不要惊慌失措，以下的一些方法可助你转危为安或减少伤害。

一、火车遇险的急救措施

火车发生意外，往往都是因信号系统发生故障所致，故大多发生在火车进出站时。此时车速不快，伤害也较轻。如果旅游团所在的车厢发生意外，导游员应让游客迅速下蹲，双手紧紧抱头，这样可以大大减少伤害。

二、汽车遇险的急救措施

在所有交通工具中，汽车的事故发生率最高，伤亡的人数也最多。乘坐大客车万一发生事故，千万不要急于跳车，否则很易造成伤亡。此时应迅速蹲下，保护好头部，看准时机，再跳离车厢。若乘坐的汽车有安全带，不要嫌麻烦，及早系上。这样一旦遭遇意外，受伤害的程度也会较轻。

三、飞机遇险的急救措施

相对于其他交通工具，乘坐飞机遭遇意外的概率并不高。但一旦发生意外，伤害程度却往往是最高的。乘坐民航机是没有降落伞包的，万一发生事故，应将身上的硬物摘下（如手表、钢笔甚至鞋等），以求尽量减少对身体的伤害。另外，在空中飞行过程中，游客突发急病或猝死的现象时有发生，为避免此类问题，旅客在乘机前，一定要确认自己的身体状况是否适宜空中旅行。

四、轮船遇险的急救措施

乘坐轮船是最安全的交通工具。因为就算发生意外，你也不会直接受到损伤，而且还有时间逃生。乘船危险性只在于当时轮船所在位置和附近有没有救援船。为了增强安全感,在乘船前你要做的准备工作:学会游泳知道如何找到救生工具;尽量多穿衣服,以保持体温。

第三节　卫生安全知识

人们离开居住地参加旅游团到各地旅游,打破了日常生活的规律,加上气候、饮食、起居的改变,容易引起游客身体不适或疾病的发生。生病不仅给游客带来痛苦,而且使其游兴大减,甚至不得不提前中断旅游,同时还会给导游工作带来很多麻烦。为了保证旅游活动的顺利进行,导游员要十分重视游客的健康,对游客时常提醒关照,并向他们介绍一些旅游安全知识和自救的方法,同时也应掌握一些旅游常见病和急症的防治知识。

一、晕车(机、船)

晕车、晕船、晕机在医学上称为晕动病,主要是由于车、船和飞机在行驶时产生颠簸,或由于速度的改变刺激了人内耳的平衡器官,使其平衡功能暂时失调而引起的。当人不断观看迅速移动的景物、闻到汽油味或饥饿、过饱、睡眠不足时,往往易诱发晕动病。

(一) 症状

晕车、晕船和晕机的症状因人而异,轻者仅感头昏、恶心;比较重的有头晕目眩、恶心呕吐、面色苍白、出冷汗,甚至血压下降而虚脱昏倒。严重的晕动病,会因呕吐频繁而导致水电解质紊乱,发生酸中毒性休克。

(二) 预防措施

预防晕动病的办法很多,如平时要加强抗晕锻炼,可以荡秋千、走浪木、练滚轮、坐转椅、转动头部等。乘车、船和飞机前要保证充足的睡眠,旅途中不宜过饥、过饱;要尽量坐在颠簸较轻(如车厢前部)或舒适的位置上;注意车厢、船舱、机室内的通风换气,保持空气新鲜;眼睛要看着远方或车厢内的固定物体,也可闭目养神;有晕动病史者,可在乘车、船和飞机前半小时口服晕海宁50毫克或其他抗晕药物。

简易预防法概括如下:

(1) 在乘车、船和飞机前半小时,取3厘米×3厘米大小的伤湿止痛膏或卫生胶布贴在肚脐上,有良好的防晕作用。

(2) 有晕动病史的人,可以在乘车、船和飞机前,切一片生姜敷在内关穴(男左女右)上,用手帕包扎住即可,也可以起到良好的防晕作用。

(3) 在乘车、船、飞机前和途中,可反复含服人丹几粒,或用清凉油反复涂擦太阳穴,也有一定的防晕效果,出行必备药品:晕海宁、灭吐灵、人丹等。

(三) 治疗方法

发生晕动病时,应立即让患者平卧休息;不能平卧时,可坐在车厢前部中央或仰卧于船舱中央,以尽量减少头部晃动。患者闭目或双目凝视车、船、飞机内某一固定物体,戴多层涂有清凉油的口罩,可以缓解因视觉或嗅觉因素而诱发晕动病的症状。束紧腹带,可减少腹中脏器的振动,也有助于减轻症状。由于空气不流通或汽油味刺鼻而引起的晕动病,应将患者移至通风处或无汽油味处。晕动病的治疗方法如下:

(1) 刮痧疗法。手指弯曲,将食、中二指第一指关节蘸水,挟弹病人的印堂穴及颈部两侧和背部脊柱两旁的皮肤,直至皮下出现紫红色斑点为止。

(2) 在太阳穴或鼻唇沟两侧反复涂清凉油,同时口服人丹10粒或饮用十滴水(2—3毫升),也可服生姜汁水。

(3) 症状较重者可服用抗晕片,用量如下:① 晕海宁50毫克,每日3次;苯海拉明25毫克,每日3次;安其敏25毫克,每日3次;② 灭吐灵10毫克,每日3次;异丙嗪25毫克,每日3次;③ 莨菪浸膏片2—3片(每片8毫克),每日3次;④ 安定片2.5毫克,每次2—3片,并使患者尽可能入睡,以减少晕动反应;⑤ 如呕吐不止,可服阿托品2—3片,加维生素B6 2—4片。

(4) 消除患者的紧张心理,转移其注意力,不要与有晕车反应的人谈论乘车(船、机)发生的晕动病事例,以减少诱发因素与刺激。

二、中暑

中暑是指在高温和热辐射的长时间作用下,机体体温调节出现障碍,水、电解质代谢紊乱及神经系统功能损伤的症状的总称。颅脑疾患病人、老弱及耐热能力差者,尤其容易发生中暑。导游员在夏季带团时要注意劳逸结合,避免游客长时间在骄阳下活动。如有人中暑,应尽快将其移至阴凉通风处,平躺,解开衣领,放松裤带;可以让其饮用含盐饮料,发烧者还须采取降温措施,服用必要的防暑药物;病情缓解后让其静坐或平躺休息。严重者在必要的处理后应该立即送往医院治疗。

(一) 症状

中暑的症状主要有以下三方面:

(1) 发热、乏力、皮肤灼热、头晕、恶心、呕吐、胸闷。

(2) 烦躁不安、脉搏细速、血压下降。

(3) 重症病例可有剧烈头痛、昏厥、昏迷、痉挛。

(二) 急救措施

发生中暑病例,导游员应立即将中暑者带离高温环境,转移至阴凉通风处休息,使其平卧,头部抬高,松解衣扣,并做如下救护:

1. 补充液体

如果中暑者神志清醒,并无恶心、呕吐,可饮用含盐的清凉饮料、茶水、绿豆汤等,以起到降温、补充血容量的作用。

2. 人工散热

可采用电风扇吹风等散热方法,但不能直接对着患者吹,以防造成感冒;亦可采取冷敷,可在头部、腋下、腹股沟等大血管处放置冰袋(用冰块、冰棍、冰激凌等放入塑料袋内,封严密即可),并用冷水或浓度30%的酒精擦拭,直到皮肤发红。

3. 测量体温和脉搏

每10—15分钟测量一次体温,以监测患者的体温是否正常。测量脉搏时,若患者的脉搏在每分钟110次以下,则表示体温仍可忍受;若达到110次以上,应停止使用降温的各种方法,观察约10分钟后,若体温继续上升,再重新给予降温。待患者恢复知觉后,给其提供盐水,但不能给予刺激物。此外,应依据患者的舒适程度,提供覆盖物。

三、腹泻

腹泻的病因很多,常见的有:食物中毒、痢疾、细菌感染、腹寒及情绪压力大等。黄连素片是预防和治疗腹泻的良药,如果旅途中在进食后感到胃肠不适、觉得饮食店的卫生不尽如人意,或进食的食物不太新鲜,均应立即服用黄连素。需要注意的是腹泻者应多补充水分。

四、外伤出血

游客受伤部位不同、轻重不一,其处理方法也有所不同:游客擦伤皮肤,流血不多,导游员可协助其在附近寻找医疗点,消毒包扎;在旅游中如被刀等利器割伤,可用干净水冲洗,然后用清洁的布或手巾等包住。轻微出血可采用压迫止血法,1小时过后每隔10分钟左右要松开一下,以保证血液循环。如仍出血不止,可用布条或带子扎紧止血,一般扎在出血部位的上方,每半小时放松一下,直至血止住。小伤口进行简单处理后就可以止血;较大的伤口一般可采用指压法、包扎法、止血带法等方法止血。较重的外伤在进行现场初步处理后应尽快将伤者送往医院。

五、其他

(一) 食物中毒

食物中毒所出现的症状,因病菌种类不同而症状各异。以呕吐、发烧、腹痛和腹泻为主,这与急性胃肠炎的症状相似,故称为急性胃肠炎型食物中毒;以呕吐、腹内剧痛、高烧和严重脱水为主,严重时有虚脱、皮肤发紫、抽风和昏迷现象,称为类霍乱型食物中毒;还有一类由葡萄球菌毒素引起的食物中毒,表现为恶心、呕吐(这种症状很突出)、脱水、肌肉抽筋,严重的可以引起虚脱,或者腹痛、头痛等。

如发现食物中毒,可做如下应急处理:

(1) 病人应该躺下休息。

(2) 只要不吐或者呕吐停止之后,病人可以摄入一些流质食物,如米汤、鸡蛋羹、藕粉等;待症状好转、病情转轻时,病人不妨摄入一些半流质食物,如稀粥、面片汤等,但须忌油腻,也不能吃刺激性食物,如辣椒、胡椒等。如果呕吐,就不要吃东西,可喝些茶水或淡盐水,以补充吐泻所失掉的水分;否则,人会虚脱,陷入缺水的危险境地。

(3) 轻症,可即时服用备用药品并迅速请医生诊治。

(二) 骨折

游客受伤后忌按摩、揉搓,疑为骨折时,要让伤者立即停止活动。对开放性骨折,必须进行必要的现场处理:设法止血、消毒,四肢骨折应设法就地取材进行固定。比如,将伤肢用厚纸板、平直的木板树枝、毛巾等垫好后用布条固定,也可将伤肢固定在健肢或躯干上:右腿骨折,固定在左腿上;上肢骨折,固定在胸部;四肢骨折固定时,要上肢屈肘,下肢伸直,固定范围包括上下关节;脊椎疑为骨折时,让伤者平卧在木板上,固定好后才能搬动,并拨打120求助。

(三) 溺水

1. 游客溺水的预防

为有效地预防游客溺水,导游员应注意以下几点:

(1) 在河、湖边游览时,要提醒游客尤其是孩子和老人不要太靠近边缘行走,以免落水。

(2) 在乘船和竹筏时,要提醒游客不要超载、不能打闹。

(3) 不让游客在非游泳区游泳,在游泳区游泳前,要提醒游客做好全身准备活动,提醒水性不好者不去深水处游泳,并提醒父母监护好自己的孩子。

(4) 进行水上活动时,应提醒游客穿好救生衣,带好救生圈等救护设备。

(5) 将码头的电话告知游客,以备天气突变时进行联系。

2. 游客溺水的处理

游客落水或在游泳、水上活动时发生危险,导游员应立即组织抢救,必要时请救生员、救生艇协助救援;救上岸后,帮助其吐出脏水,换上干衣服,必要时让其喝姜汤水,以防感冒;对严重溺水者,应拨打120求助并及时报告旅行社。

第四节　躲避天灾的安全知识

一、地质灾害

(一) 地震

地震灾害最有可能造成惨重的人员伤亡和巨大的财产损失,引发的次生灾害也比其他灾害严重,甚至危害旅游业的发展。地震虽然具有不可抗拒性,但是人们依然可以通过一些措施来减少损害。

1. 现场自救

室内避险应就地躲避;躲在桌、床等结实的家具下;尽量躲在窄小的空间内,如卫生间、厨房或内墙角;如有可能,应在两次震动之间迅速撤至室外。

室外避险切忌乱跑乱挤;不要扎堆,应避开人多的地方;远离高大建筑物、窄小胡同和高压线;注意保护头部,防止砸伤。旅游团在游览时遇到地震,导游员应迅速引导游客撤离建筑物、假山等,集中在空旷开阔的地域。

2. 受灾者的自救

地震时被压在废墟下、神志还清醒的幸存者,最重要的是不能在精神上崩溃,而应争取创造条件脱离险境或保存体力等待救援。比如,若能挣脱开手脚,应立即捂住口鼻,以隔挡呛人的灰尘,避免窒息;设法保存体力,不要乱喊,而要在听到外面有人时再呼救;若能找到水和食物,要有计划地使用,尽可能地维持生命。

(二) 泥石流

泥石流多发生在山区。泥石流在我国的大多数山区时有发生,我国西南山区则尤为严重,每年雨季泥石流、滑坡等自然灾害频发。泥石流发生的主要原因是暴雨集中、山高、坡陡和植被稀疏等。泥石流发生频率高、破坏性大,对旅游业有较大的影响。

1. 灾害特性

泥石流主要具有季节性和周期性：

(1) 季节性。我国泥石流的爆发主要是受连续降雨、暴雨,尤其是特大暴雨等集中降雨的影响。因此,泥石流发生的时间规律是与集中降雨的时间规律相一致的,具有明显的季节性,一般发生于多雨的夏、秋季节。

(2) 周期性。泥石流的发生多受雨洪、地震的影响,而雨洪、地震总是周期性地出现,因此,泥石流的发生和发展也具有一定的周期性,且其活动周期与雨洪、地震的活动周期大体一致。当雨洪、地震两者的活动周期相重合时,常常形成一个泥石流活动周期的高潮。

2. 自救措施

遇到泥石流,导游员要镇定地引导游客逃生：

(1) 泥石流发生时,不能在沟底停留,而应迅速向山坡坚固的高地或连片的石坡撤离,抛掉一切重物,跑得越快越好,爬得越高越好。

(2) 切勿与泥石流同向奔跑,而要向与泥石流流向垂直的方向逃生。

(3) 到了安全地带,游客应集中在一起等待救援。

二、台风

旅游团若遇强大风暴,要立即采取自我保护措施：

(1) 若在室内,最好躲在地下室、半地下室或坚固房屋的小房间内,避开重物;不能躲在野外小木屋、破旧房屋或帐篷里。

(2) 若被困在普通建筑物内,应立即紧闭临风方向的门窗,打开另一侧的门窗。

(3) 若被飓风困在野外,不要在狂风中奔跑,而应平躺在沟渠或低洼处,但要避免水淹。

(4) 旅游团在旅游车中时,司机应立即停车,导游员要组织游客尽快撤离,躲到远离汽车的低洼地或紧贴地面平躺,并注意保护头部。

三、海啸

海啸威力巨大,会在瞬间吞噬数十万人的生命。旅游团在遇到海啸时要注意以下几点：

(1) 地震海啸发生的最早信号是地面强烈震动,地震波与海啸的到达有一个时间差,正好有利于人们逃离。

(2) 如果发现潮汐突然反常涨落,海平面显著下降或者有巨浪袭来,都应以最快的速度撤离岸边。

（3）海啸前海水异常退去时往往会把鱼、虾等许多海生动物留在浅滩,场面蔚为壮观;此时千万不要前去拾拣,而应迅速离开海岸,向内陆高处转移。

（4）发生海啸时,航行在海上的船只不可以回港或靠岸,应该马上驶向深海区,深海区相对于海岸更为安全。

（5）导游员应该镇定自若,有序指挥游客撤向安全地带,不能惊慌失措、临阵脱逃。

? 思考题

1. 什么叫旅游安全,旅游安全有什么特点?
2. 游客在旅途中中暑了,导游员如何应对?
3. 如何应对旅游过程中的突发自然灾害?请举一自然灾害例子具体说明。
4. 火灾自救的基本常识有哪些?
5. 地震中导游员带领游客应采取哪些自救措施?

第十五章　导游服务其他知识

第一节　出入境知识

世界上每个主权国家或地区,对出入境人员均实行严格的检查制度,只有具备合法身份的人员才能出入国境。虽然近年来国际旅游手续已日趋简化,但常规的出入境手续仍需要办理。特别是随着我国出境旅游的迅猛发展,出入境知识已成为导游员知识体系中的重要组成部分。

一、出入境手续

各个国家(地区)对出入境旅客均实行严格的检查手续。办理这些手续的部门一般设在口岸和旅客入出境地点,如机场、车站、码头等。

出入境手续包括边防检查、海关检查、安全检查和检疫:

(1) 边防检查,这项检查在很多国家由移民局负责。入出境者要填写入出境登记卡片(有时航空公司代发卡片,可提前填写),交验护照和签证。卡片的内容有姓名、性别、出生年月、国籍、民族、婚否、护照种类和号码、签证种类和号码、有效期限、入境口岸、日期、逗留期限等。护照、签证验毕加盖出入境验讫章。

(2) 海关检查,海关检查人员一般仅询问有否需申报的物品,但有的国家要出入境者填写携带物品申报单。海关有权检查出入境者所携的行李物品,有的海关对个人日用品、衣物等的检查不十分严格,对持外交护照者可以免检。各国对出入境物品管理规定不一,烟、酒、香水等物品常常按限额放行;文物、武器、当地货币、毒品、动植物等为违禁品,非经允许,不得出入国境。有些国家要求填写外币申报单,出境时还要核查。

(3) 安全检查,近年来,由于劫持飞机事件不断发生,因此对登机的旅客采取安全检查措施越来越普遍,手续也日趋严格,主要是禁止携带武器、凶器、爆炸物、剧毒物等。检查方式包括安全门、用磁性探测器近身检查、检查手提包、搜身等。我国也实行国际上通用的安全检查方法。安全检查往往根据当时的局势、国际状况及其他方面的各种因素而定,有时较严,有时较松。

(4) 检疫,交验黄皮书。很多国家对来往某些国家、地区的旅客,免验黄皮书。但对发生疫情的地区,则检查特别严格,对未进行必要接种的旅客,则会采取隔离、强制接种等措施。

出境旅游者非法滞留境外或者入境旅游者非法滞留境内的,旅行社或者其分社应当在发现非法滞留后 7 日内,分别向所在地县级以上旅游行政管理部门、公安机关和外事部门报告。

二、出入境证件

与其他主权国家一样,我国对出入境旅客也实行严格的检查制度。外国人、华侨、港澳台同胞及我国公民出入中国国境均须在指定的口岸向边防检查站(由公安、海关、卫生检疫三方组成)交验有效证件,填写入出境卡,经边防检查站查验核准加盖验讫章后方可出、入境。

有效证件指各国政府为其公民颁发的出国证件。其种类很多,不同类型的人员使用的有效证件名称也不同。

(一)护照

护照是一国主管机关发给本国公民或在国外居留的证件,证明其国籍和身份。

1. 护照的种类

按照颁发对象和用途的不同,世界各国护照一般分为三种:外交护照、公务护照和普通护照。此外,有的国家为团体出国人员(旅游团、体育代表队、文艺团体等)发放团体护照。

(1)外交护照。其颁发对象为前往国外进行国事活动的国家元首、政府首脑、议员和出访的政府代表团成员,以及外交和领事官员,以及上述人员的配偶及未成年子女;其护照封面上一般标有"外交"字样;该护照一般享有外交特权和豁免。在各类护照中,受到的尊敬和礼遇程度最高。

(2)公务护照。其颁发对象为一般性出访的官员,在驻外使、领馆和其他外交代表机关中从事技术和辅助工作的人员,以及因公务派往国外执行文化、经济等任务的一些临时出境人员。其护照封面一般标有"公务"字样。

(3)普通护照。其颁发对象为前往国外或旅居外国的普通公民。其护照封面不作特别标识。

2. 我国护照

(1)护照种类。我国现行护照有外交护照、公务护照、普通护照和特区护照。普通护照又分为因公普通护照和因私普通护照(简称"因私护照")。特区护照分为香港特别行政区护照和澳门特别行政区护照。外交护照、公务护照和因公普通护照统称为"因公护照"。旅游护照属于普通护照。

(2)护照式样。我国护照封面中央印有烫金国徽,国徽上方印有"中华人民共和国"烫金字样,国徽下方分别印有"外交护照""公务护照""因公普通护照""因私普通护照"字样。我国外交护照为大红封面、烫金字,因而也叫"红色护照";我国公务护照的封面为墨绿色;因旅游目的出境申请的普通护照,封面为棕色,其个人资料页的内容包括:中文姓名、英文姓名或汉语拼音姓名、性别、出生日期、签发地、签发日期等,还印有持证人本人的彩色数码照片。

(3)护照有效期。我国外交护照、公务护照、因公普通护照由外事部门颁发,因私普通护照由公安部门颁发。2007 年 1 月 1 日实施的《护照法》根据不同年龄段,规定了护照的不同有效期:十六周岁以下人员护照有效期为5年,十六周岁以上人员护照有效期为10年;同时根据《国际民航组织公约》的相关规定,取消了护照延期的规定。

(二) 签证

签证是主权国家颁发给申请者,进入或经过本国国境的许可证明,是附签于申请人所持出入境通行证件上的文字证明,也是一个国家检查进入或经过这个国家的人员身份和目的的合法性证明。在我国,华侨回国探亲、旅游无需办理签证。

1. 签证种类

按照颁发对象和由此引发签证颁发国对持证人待遇的不同,可将签证分为外交签证、公务签证、普通签证三类。

(1) 外交签证。其签发对象为入境或过境的应给予外交官员待遇的外国人(一般持外交护照)。其签证上标明"外交"字样。按照国际惯例,世界各国对持有本国外交签证的外国官员,一般都给予过境或停留期间外交豁免。

(2) 公务签证。其签发对象为入境或过境的外国公务人员(一般持公务护照)。其签证上注明"公务"字样。

(3) 普通签证。其签发对象为入境或过境的普通人员(一般持普通护照)。其签证上一般只有"签证"字样。旅游签证属于普通签证,在我国为L字签证(发放来我国旅游、探亲或为其他私人事务入境的人员);签证上规定持证者在我国停留的起止日期;签证的有效期不等。9人以上的旅游团可发给团体签证。团体签证一式三份,签发机关留一份,来华旅游团两份,一份用于入境,一份用于出境。

另外,按照签发国许可持证人的出入境行为,可将签证分为入境、出境、出入境、出入境、过境五种签证。

2. 签证有关事项

外国人来我国旅游,需向我国驻外国的使、领馆办理旅游签证,9人以上组团来我国旅游的可申请办理团体旅游签证。去深圳、珠海、厦门经济特区的外国人,可直接向上述口岸签证机关申请"特区旅游签证";到海南省洽谈商务、旅游、探亲,停留不超过15天,可以临时在海口或三亚口岸办理入境签证;对已到香港、澳门特别行政区持普通护照的建交国家的外国人,到珠江三角洲地区旅游实行简化手续,提供入境便利的政策。

持联程客票搭乘国际航班直接过境,在我国停留时间不超过24小时,不出机场的外国人免办签证;要求临时离开机场的,需要经过边防检查机关的批准。

随着国际关系的改善和旅游事业的发展,许多国家间采取签订协议的方式互免签证。截至2014年1月,已有45个国家对中国公民实行免签或落地签,其中与中国互免签证的国家有4个,单方面对中国免签的国家有6个,可办理落地签证的国家有35个。

(三) 港澳居民来往内地通行证

港澳同胞回内地旅游、探亲,原可凭《港澳同胞回乡证》入境、出境。为加快口岸验放速度,方便港澳居民来往内地,公安部决定将《港澳同胞回乡证》改为《港澳居民来往内地通行证》,自1999年1月15日起正式起用。新证件为卡式证件,设置机读码,出入境边防检查机关用机器查验证件,持卡人可免填出入境登记卡。2010年2月,公安部出入境管理局通盘研究实行通行证"终身号码"。通行证有效期分为 3 年有效和 10 年有效两种,年满 18 周岁的为 10 年有效,未满 18 周岁的为 3 年有效。

（四）台湾同胞旅行证

台湾同胞旅行证是台湾同胞回大陆探亲、旅游的证件。所需证件在中国香港地区,由我国外交部驻香港签证办事处办理,或由香港中国旅行社代办;在美国、日本或其他国家,由我国驻外使、领馆办理旅行证件。该证件经口岸边防检查站查验并加盖验讫章后,即可作为出入境及在大陆旅行的身份证明。

（五）港澳通行证

目前,内地居民要到港澳旅游,必须办理《中华人民共和国往来港澳通行证》并申请港澳旅游签证,内地居民可以到当地的公安局出入境管理部门申办。

三、海关手续

（一）出入境旅客通关

"通关"系指出入境旅客向海关申报,海关依法查验行李物品并办理出入境物品征税或免税验放手续,或其他有关监管手续之总称。

"申报"系指出入境旅客为履行中华人民共和国海关法规规定的义务,对其携带出入境的行李物品实际情况依法向海关所作的书面申明。

1. 须通过设有海关的地点出入境,接受海关监管

根据《中华人民共和国海关法》和《中华人民共和国海关对进出境旅客行李物品监管办法》的规定,出入境行李物品必须通过设有海关的地点出境或入境,接受海关监管。旅客应按规定向海关申报。

2. 携带物品以自用合理数量为原则

除依法免验者外,出入境旅客行李物品,应交由海关按规定查验放行。海关验放出入境旅客行李物品,以自用合理数量为原则,对不同类型的旅客行李物品,规定了不同的范围和征免税限量或限值。

3. 依法向海关申报

旅客出入境,携带须向海关申报的物品,应在申报台前,向海关递交《中华人民共和国海关进/出境旅客行李物品申报单》(2005 年 7 月 1 日起开始使用新版),按规定如实申报其行李物品,报海关办理物品出境或进境手续。其中,携带我国法律规定管制的物品,还须向海关交验国家行政主管部门出具的批准文件或证明。旅客行李物品,经海关查验征免税放行后,才能携离海关监管现场。

4. 依法选择合适的通关方式

在实施双通道制的海关现场,旅客携带有须向海关申报的物品时,应选择"申报"通道(又称"红色通道")通关;携带无须向海关申报物品的旅客,则可选择"无申报"通道(又称"绿色通道")通关。

5. 妥善保管有关单证

经海关验核签章的申报单证,应妥善保管,以便回程时或者入境后,凭此办理有关手

续。海关加封的行李物品，不得擅自开拆或者损毁海关施加的封志。

（二）部分限制进出境物品

1. 烟、酒

表 15-1 详细列示了各进出口限量标准：

表 15-1　烟酒进出口限量标准

旅客类别	免税烟草制品限量	免税 12 度以上酒精饮料限量
来往港澳地区的旅客（包括港澳旅客和内地因私前往港澳地区探亲和旅游等旅客）	香烟 200 支、雪茄 50 支或烟丝 250 克	酒 1 瓶（不超过 0.75 升）
当天往返或短期内多次来往港澳地区的旅客	香烟 40 支、雪茄 5 支或烟丝 40 克	不准免税带进
其他进境旅客	香烟 400 支、雪茄 100 支或烟丝 500 克	酒 2 瓶（不超过 1.5 升）

2. 旅行自用物品

出入境旅客旅行自用物品限照相机、便携式收录音机、小型摄影机、手提式摄录机、手提式文字处理机各一件，超出范围的，需向海关如实申报，并办理有关手续。经海关放行的旅行自用物品，旅客应在回程时复带出境。

3. 金银等贵重金属及其制品

旅客携带金、银及其制品入境应以自用合理数量为限，超过 50 克应填写申报单证；复带出境时，海关凭本次入境申报的数量核放。

携带或托运出境在我国境内购买的金、银及其制品（包括镶嵌饰品、器皿等新工艺品），海关验凭中国人民银行制发的"特种发票"放行。

4. 外汇和人民币

旅客携带外币、旅行支票、信用证等入境，数量不受限制。携带外币现钞出境时，超过 1 000 美元应向海关进行申报，海关允许放行的数额为 5 000 美元；超过 5 000 美元的，携带人应出示《携带外汇出境许可证》，海关才予以放行。

旅客携带人民币出入境，应当按照国家规定向海关如实申报。自 2005 年 1 月起，我国公民出入境、外国人出入境，每人每次携带的人民币限额调整为 20 000 元。

5. 文物、字画、中成药

旅客携带文物、字画出境，必须向海关申报。对旅客购自有权经营文物的商店（文物商店或友谊商店）的文物、字画，海关凭"文物古籍外销统一发货票"和我国文物管理部门加盖的鉴定标志查验放行。对在境内通过其他途径得到的文物、字画，如家传旧存文物和亲友赠送的文物、字画，凡需要携带出境，必须事先报经我国文物管理部门鉴定。经过鉴定准许出口的，由文物管理部门开具出口许可证明。文物、字画出境时，海关凭文物管理部门的出口许可证明放行。

旅客携带中药材、中成药出境，前往港澳地区，总值限人民币 150 元；前往国外，总值限人民币 300 元。个人邮寄中药材、中成药出境，寄往港澳地区，总值限人民币 100 元；寄往国外,总值限人民币 200 元。入境旅客出境时携带用外汇购买的、数量合理的自用中药材、中成药,海关凭有关发货票和外汇兑换水单放行。

麝香、犀牛角和虎骨(包括其任何可辨认部分和含其成分的药品、工艺品)严禁携带出境;入境药用羚羊角限 50 克免税放行,超出部分,征税放行;携带、邮寄羚羊角出境,海关凭国家濒危物种进出口管理办公室核发的《允许出口证明书》放行。

6. 旅游商品

入境旅客出境时携带用外汇在我国境内购买的旅游纪念品、工艺品,除国家规定应申领出口许可证或者应征出口税的品种外,海关凭有关发票和外汇兑换水单放行。

(三)行李物品和邮寄物品征税办法

为了简化计税手续和方便纳税人,我国海关对入境旅客行李物品和个人邮递物品实施了专用税制和税率。现行税率主要为三个税级:10%、20%、50%。其中,书报、刊物、教育专用电影片、幻灯片、原版录音带、录像带、金银及其制品、食品、饮料适用税率 10%;纺织品及其制成品、化妆品、照相机、自行车、手表、钟表(含配件、附件)、其他电器用具适用税率 20%;烟、酒适用税率 50%。居民旅客携带在境外获取的总值超过人民币 5 000 元(含 5 000 元)的自用物品,对超出部分海关予以征税放行;非居民旅客携带拟留在我国境内的总值超过人民币 2 000 元的自用物品,对超出部分海关予以征税放行。

(四)禁止出入境物品

1. 禁止入境物品

(1)各种武器、仿真武器、弹药及爆炸物品。

(2)伪造的货币及有价证券。

(3)对我国政治、经济、文化、道德有害的印刷品、胶卷、照片、唱片、影片、录音带、录像带、激光视盘、计算机存储介质及其物品。

(4)各种烈性毒药。

(5)鸦片、吗啡、海洛因、大麻以及其他能使人成瘾的麻醉品和精神药物。

(6)带有危险性病菌、害虫及其他有害生物的动物、植物及其产品。

(7)有碍人畜健康的、来自疫区的以及其他能传播疾病的食品、药物或其他物品。

2. 禁止出境物品

(1)列入禁止进境范围的所有物品。

(2)内容涉及国家秘密的手稿、印刷品、胶卷、照片、唱片、影片、录音带、录像带、激光视盘、计算机存储介质及其物品。

(3)珍贵文物及其他禁止出境的文物。

(4)濒危的和珍贵的动物、植物(均含标本)及其种子和繁殖材料。

四、边防检查、安全检查和卫生检疫

(一)边防检查

边防检查站是国家设在口岸的出入境检查管理机关,是国家的门户。它的任务是维护国家主权、安全和社会秩序,发展国际交往,对一切出入境人员的护照、证件和交通运输工具实施检查和管理。

1. 入境检查

外国人来我国,应向我国的外交代表机关、领事机关或外交部授权的驻外机关申请办理签证(互免签证的除外)。除签证上注明出、入境的口岸外,所有入出境人员,可在全国开放口岸入出境。

外国人到达我国口岸后,要接受边防检查站的检查。填好入(出)境登记卡,连同护照一起交入境检查员检验,经核准后加盖入境验讫章,收缴入境登记卡后即可入境。

2. 出境检查

外国人入境后应在签证有效期内从指定口岸离开我国。出境时,应向出境检查员交验护照证件和出境登记卡;持我国政府签发的居留证者,如出境后不再返回,应交出居留证件。出境检查员核准后,加盖出境验讫章,收缴出境登记卡后放行。

中国人出境必须向主管部门申领护照,除有特殊规定外,不论因公因私,必须办好前往国签证,才能放行。

(二) 安全检查

根据我国政府规定,为确保航空器及旅客的安全,严禁旅客携带枪支、弹药、易爆、腐蚀、有毒、放射性等危险品。旅客在登机前必须接受安全人员的检查,拒绝接受检查者不准登机,否则后果自负。安全检查既要检查旅客本人,也要检查旅客随身携带的所有物品。其检查方式常包括探测安全门、手提式磁性探测器和人工检查。

(三) 卫生检疫

中华人民共和国卫生检疫局是中华人民共和国国务院授权的卫生检疫涉外执法机关,它及其下属的各地国境卫生检疫机关在对外开放的国境口岸,对出入境人员依法实施如下主要卫生检疫内容:

1. 出境、入境的微生物、人体组织、生物制品、血液及其制品等特殊物品的携带人、托运人或者邮递人必须向卫生检疫机关申报并接受卫生检疫,未经卫生检疫机关许可,不准出境、入境。海关凭卫生检疫机关签发的特殊物品审批单放行。

2. 出境、入境的旅客个人携带或者托运可能传播传染病的行李和物品应当接受卫生检查。卫生检疫机关对来自疫区或者被传染病污染的各种食品、饮料、水产等应当实施卫生处理或者销毁,并签发卫生处理证明。海关凭卫生检疫机关签发的卫生处理证明放行。

3. 来自黄热病疫区的人员,在入境时,必须向卫生检疫机关出示有效的黄热病预防接种证书。对无有效的黄热病预防接种证书的人员,卫生检疫机关可以从该人员离开感染环境的时候算起,实施六日的留验,或者实施预防接种并留验到黄热病预防接种证书生效时为止。

4. 出境、入境的交通工具、人员、食品、饮用水和其他物品以及病媒昆虫、动物均为传染病监测对象。

5. 卫生检疫机关阻止患有艾滋病、性病、麻风病、精神病、开放性肺结核的外国人入境。来我国定居或居留一年以上的外国人,在申请入境签证时,需交验艾滋病血清学检查证明和健康证明书,在入境后30天内到卫生检疫机关接受检查或查验。

第二节 交通知识

一、航空客运常识

(一) 航空旅行常识

1. 航班、班次、时刻

民航的运输飞机主要有三种形式:班期飞行、加班飞行和包机飞行。其中,班期飞行是按照班期时刻表和规定的航线,定机型、定日期、定时刻的飞行;加班飞行是根据临时需要在班期飞行以外增加的飞行;包机飞行是按照包机单位的要求,在现有航线上或以外进行的专用飞行。此外,还有不定期航班与季节性航班飞行。

航班分为定期航班和不定期航班,前者是指飞机定期自始发站起飞,按照规定的航线经过经停站至终点站,或直接到达终点站的飞行。在国际航线上飞行的航班称为国际航班,在国内航线上飞行的航班称为国内航班。航班又分为去程航班和回程航班。

目前国内航班的编号一般用航空公司的两个英文代码和四个阿拉伯数字组成。其中,第一个数字表示执行该航班任务的航空公司的数字代码,第二个数字表示该航班终点站所属的管理局或航空公司所在地的数字代码。第三和第四个数字表示该航班的具体编号,其中,第四个数字为单数的表示去程航班,双数的表示回程航班。如 CZ3115 是南方航空公司自武汉至北京的飞机,CZ3256 是南方航空公司自深圳返武汉的飞机。

自 2002 年起,我国民航实施资源重组,组建了三大航空公司:中国国际航空公司、中国东方航空公司和中国南方航空公司。中国民航下辖的管理局有华北管理局、西北管理局、广州管理局、西南管理局、华东管理局和沈阳管理局。

班次是指在单位时间内(通常用一个星期计算)飞行的航班数(包括去程航班与回程航班)。班次是根据往返量需求与运能来确定的。

班期表上用阿拉伯数字 1—7 表示星期一到星期日,用"＊"号表示次日的航班时刻,"BW"表示该航班隔周飞行等。

世界各国对航班飞机的出发和到达时刻,统一使用 24 小时制,用连写的四个阿拉伯数字来表示。如"1020",即指上午 10:20。到达时刻即指抵达当地的地方时刻。在中转换乘飞机时,需要问清时间,以免订错衔接航班。

2. 我国主要航空公司代码

中国国际航空公司(Air China)　　　　　　　　　　　　　　　代码:CA
中国东方航空公司(China Eastern Airlines)　　　　　　　　　代码:MU
中国南方航空(集团)公司 (China Southern Airlines)　　　　　代码:CZ

3. 飞机机型

国际航空运输中,通常用英文字母和阿拉伯数字来表示某一航班所使用的飞机机型。如,"74M"代表 BOEING747-200B;"COMBL"代表波音 747 客货混用机;"M82"代表麦道 MD-82;"320"代表空客 A320;"TU5"代表图 154Tupolev154;"IL6"代表苏制伊尔 62 客机;

"YN7"代表运-7。

4. 客舱等级和餐饮供应

国际航空运输中,通常用英文字母表示客舱等级。

F = 头等舱 First Class

C = 公务舱 Business Class

Y = 经济舱 Economy Class

K = 平价舱 Thrift

国际航空运输中,通常用符号表示餐饮供应。如刀叉图案,是表示在该航段飞行期间供应正餐;杯碟图案,表示在该航段飞行期间有早餐或点心供应。

5. 机场建设费

机场建设费 1980 年在北京一地试行,1981 年在全国推行,开始是面向出境国际旅客征收,后为了建立旅游发展基金,征收对象扩大到除下述旅客外的所有离境旅客:在国内机场中转未出隔离厅的国际旅客;乘坐国际航班出境和乘坐香港、澳门地区航班出港持外交护照的旅客;持半票的 12 周岁以下的儿童;乘坐国内航班在当日中转的旅客。

自 2004 年 9 月 1 日起,机场建设费并入机票中,收费标准为:乘坐国内航班每人 50 元,乘坐国际和港、澳地区航班每人 90 元,而乘坐支线的 8 种小型航班则为每人 10 元。根据规定,2 周岁以内的婴儿、12 周岁以内的儿童及持外交护照乘坐国际及港、澳地区航班出境的旅客可以免收机场建设费;旅客退票时机场建设费要一并退还,并在退款单中单列,不收退票手续费。

2007 年颁布的《民航机场管理建设费征收使用管理办法》规定,机场建设费的征收标准为:乘坐国内支线航班的旅客每人次 10 元;乘坐除支线航班以外的其他国内航班旅客每人次 50 元;乘坐国际及香港、澳门、台湾地区航班的旅客每人次 70 元。

2012 年 4 月,财政部公布新的《民航发展基金征收使用管理暂行办法》以下简称《办法》,规定机场建设费由民航发展基金取代。新《办法》中取消了国内支线航班的机场建设费,同时在国际航线中增加了一项旅游发展基金,修改之后的国际航班机场建设费征收标准由 70 元增至 90 元,也就是国际航线新增 20 元。

(二) 机票的有关事项

1. 订购机票

乘坐飞机旅行,旅客应根据有关规定购票。我国旅客购票,须凭本人居民身份证或其他有效身份证件,并填写旅客订座单;外国旅客、华侨、港、澳、台胞购票,须凭有效护照、回乡证、台胞证、居留证、旅行证或公安机关出具的其他有效身份证件,并填写旅客订座单。机票只限票上所列姓名的旅客本人使用,不得转让和涂改,否则客票无效,票款不退。

2. OK 票和 OPEN 票

旅客在购买机票后,还必须预订座位。凡是确定好座位的机票,都被称为"OK"票。旅客持有确定好座位的机票,即可按上边的日期和航班号登机启程。"OPEN"机票是相对"OK"机票而言的。凡是机票上的没有确定起飞具体时间,即没有预订妥座位的有效机票,都被称为"OPEN"票。也就是说,购买机票而未预订座位,是不能登机的。只有既购买了机票,又确定妥座位才能登机。

3. 电子机票

作为信息时代纸机票的一种替代产品,电子机票是目前世界上最先进的客票形式,它依托现代信息技术,实现无纸化、电子化的订票、结账和办理乘机手续等全过程,给旅客带来诸多便利,也为航空公司节约了成本,在世界主要发达国家和地区的民航运输领域得到了广泛使用。中国民航的电子客票项目于1999年正式启动,目前,国内航空公司均已开始了电子机票业务的推广。

随着电子客票项目服务系统的完善,购买电子机票的全过程都可以通过互联网在异地完成,无须再到柜台去付款、取票。乘客在线购买成功后,会得到一个电子票号,在机场凭该电子票号和有效证件到值机柜台换取乘机凭证,并可在值机柜台获得报销凭证。

4. 儿童票

已满2周岁未满12周岁的儿童按成人全票价的50%购票;未满2周岁的婴儿按成人全票价的10%购票,不单独占一座位。每一成人旅客只能有一个婴儿享受这种票价,超过的人数应购买儿童票。

5. 客票及有效期

客票的有效期为一年,定期客票自旅客开始旅行之日起计算,不定期客票自填开客票之次日零时起计算;特种票价的客票有效期,按航空公司规定的该特种票价的有效期计算。

6. 客票遗失

旅客遗失客票,应以书面形式,向航空公司或其销售代理人申请挂失,并提供原购票的日期、地点、有效身份证件、遗失地公安部门的证明以及足以证实客票遗失的其他证明。在申请挂失前,客票如已被冒用或冒退,航空公司不承担责任。

7. 变更和退票

旅客购票后,如要求改变航班、日期、舱位等级,应在原指定航班飞机规定离站时间48小时前提出,变更舱位等级,票款多退少补。客票只能变更一次,再次变更,须按退票有关规定办理后,重新购票。

(三) 乘机的有关事项

1. 乘机时间

旅客应当在班机起飞前90分钟抵达机场,凭客票及本人有效身份证件按时办理乘机手续。停止办理登机手续的时间,为航班规定离站时间前30分钟。国际航班提前45分钟。

2. 办理登机手续

旅客凭机票、个人有效证件(居民身份证、护照、团队签证等)办理乘机手续,工作人员发给旅客登机卡,上有旅游姓名、具体座位号,旅客凭此卡从指定的登机口登机。如有随机托运行李,还发有行李票,到目的地后,旅客凭行李票领取行李。

3. 安全检查

在乘机前,旅客及其行李必须经过安全检查。

4. 误机

误机指旅客未按规定时间办妥乘机手续或因其旅行证件不符合规定而未能乘机。旅客误机后,应在原航班起飞时间的次日中午 12 时(含)以前进行误机确认,如果要求改乘后续航班或退票,按航空公司的规定办理。

5. 航班不正常服务

因航空公司的原因,造成航班延误或取消,航空公司应免费向旅客提供膳宿等服务;由于天气、突发事件、空中交通管制、安检和旅客等非航空公司原因,在始发站造成的延误或取消,航空公司可协助旅客安排餐食和住宿,费用应由旅客自理。

6. 伤害赔偿

航空公司对每名旅客死亡、身体伤害的最高赔偿限额为人民币 400 000 元。

7. 旅客保险

旅客可以自愿向保险公司投保国内航空运输旅客人身意外伤害险。此项保险金额的给付,不免除或减少航空公司应当承担的赔偿限额。

(四) 行李的有关事项

1. 随身携带物品

持头等舱客票的旅客,每人可随身携带两件物品;持公务舱或经济舱客票的旅客,每人只能随身携带一件物品。每件物品的体积不得超过 20×40×55 厘米,上述两项总重量均不得超过 5 千克。超过规定件数、重量或体积的物品,要按规定作为托运行李托运。

2. 免费行李额

持成人票或儿童票的旅客,每人免费托运行李的限额为:头等舱 40 千克,公务舱 30 千克,经济舱 20 千克;持婴儿票的旅客无免费行李额。

3. 不准作为行李运输的物品

旅客不得在托运行李或随身携带物品内夹带易燃、爆炸、腐蚀、有毒、放射性物品、可聚合物质、磁性物质及其他危险物品。旅客乘坐飞机不得携带武器、管制刀具、利器和凶器。

4. 不准在托运行李内夹带的物品

旅客不得在托运行李内夹带重要文件、资料、外交信袋、证券、货币、汇票、贵重物品、易碎易腐物品,以及其他需要专人照管的物品。航空公司对托运行李内夹带上述物品的遗失或损坏,按一般托运行李承担赔偿责任。

二、铁路客运常识

(一) 旅客列车的种类

旅客列车分为国内旅客列车和国际旅客列车。

自 2000 年 10 月 21 日我国铁路提速以来,在新的列车时刻表中,列车分为以下几种:

冠"G"字的高速动车(列车行驶速度每小时不低于 250 公里);

冠"D"字的动车(列车行驶速度每小时 200 公里—250 公里);

冠"Z"字的准高速列车或直达特快旅客列车(列车行驶速度每小时 160 公里左右);

冠"T"字的特快旅客列车(列车行驶速度每小时 140 公里以上);

冠"K"字的快速旅客列车(最快时速每小时 120 公里);

车次序号为 4 位数的普通旅客列车(开头数字为 1、2、3、4、5,普通旅客快列车的最快速度不超过每小时 120 公里);

车次序号为 4 位数的普通旅客慢车(开头数字为 6、7、8);

冠"L"字的临客普快列车多在春运、暑运期间增开;

冠"Y"字的临时快速旅游列车则在春游、秋游和节假日增开。

此外,还有冠"C"的城际列车以及在广深高速线上,冠"S"的广深列车。

(二) 车票

车票是旅客乘车的凭证,也是旅客加入铁路意外伤害强制保险的凭证。

1. 车票的种类

车票的基本种类有客票和附加票两种:

(1) 客票:包括软座、硬座、市郊、棚车客票。

(2) 附加票:包括加快票(特别加快、普通加快)、卧铺票(高级软卧、软卧、包房硬卧、硬卧)、空调票。附加票是客票的补充部分,除儿童外,不能单独使用。

车票票面主要应载明以下内容:发站和到站站名、座别、卧别、径路、票价、车次、乘车日期、有效期。

2. 加快票

旅客购买加快票,必须有软座或硬座客票。发售加快票的到站,必须是所乘快车或特别快车的停车站。发售需要中转换车的加快票的中转站还必须是有同等级快车始发的车站。

3. 卧铺票

旅客购买卧铺票必须有软座或硬座客票,乘坐快车时还应有加快票。卧铺票的到站、座别必须与客票的到站、座别相同。中转换车时,购买卧铺票的旅客在中途站上车时,应在买票时说明,售票员应在车票背面注明站上车。乘坐其他列车到中途站时,应另行购买发站至中途站的车。

4. 站台票

到站台上迎送旅客的人员应购买站台票。站台票限当日使用一次有效。对经常进站接旅客的单位,车站可根据需要发售定期站台票。随同成人进站身高不足 1 米的儿童及特殊情况经车站同意的进站人员,可不买站台票。

5. 儿童票

随同成人旅行身高 1.2—1.5 米的儿童,享受半价客票、加快票和空调票(以下简称"儿童票"),超过 1.5 米时应买全价票。每一成人旅客可免费携带一名身高不足 1.2 米的儿童。超过一名时,超过的人数应买购儿童票。儿童票的座别应与成人车票相同,其到站不得远于成人车票的到站。免费乘车的儿童单独使用卧铺时,应购买全价卧铺票,有空调时还应购买半价空调票。

6. 学生票

在普通大专院校、军事院校、中小学和中等专业学校、技工学校就读,没有工资收入的学生、研究生,家庭居住地和学校不在同一城市时,凭附有加盖院校公章的减价优待证的学生证(小学生凭书面证明),每年可享受四次家庭至院校(实习地点)之间的半价硬座客票、加快票和空调票(以下简称"学生票")。华侨学生和港、澳、台地区的学生按照上述规定同样办理。

（三）车票有效期

车票票面上印有"限乘当日当次车，×日内有效"的字样。"限乘当日当次车"，就是要按票面指定的日期，乘坐指定的列车。"×日内有效"，指的就是车票有效期。北京到广州车票的有效期是6天，北京到上海车票的有效期是5天，北京到武汉车票的有效期是4天。

根据《铁路旅客运输规程》规定，客票和加快票的有效期是按乘车里程计算的：500公里以内，车票的有效期是2天；超过500公里时，每增加500公里增加一天，不足500公里的尾数也按一天计算。

各种车票有效期，从指定乘车日起到有效期最后一天的24点止计算。以武汉到北京的车票为例，如果车票上指定的乘车日期是2月4日，票面上注明"4日内到有效"，就是说持有这张车票的旅客，必须在2月7日的24点以前到达北京。如果客票改签后提前乘车，有效期就要从实际乘车日起计算。如2月4日的车票改签在2月2日上车，那就必须在2月5日24点以前到达北京。如果改晚乘车，有效期仍然按原票指定的乘车日起计算，也就是说，2月4日的车票改签为2月5日时，旅客仍须在2月7日的24点以前到达北京。

（四）退票

旅客要求退票时，按下列规定办理，并核收退票费：

（1）在发站开车前，特殊情况也可在开车后2小时内退还全部票价。团体旅客必须在开车48小时以前办理。

（2）自2013年9月1日起，铁路部门实行新的火车票退票和改签办法，推出火车票全国通退通签业务，即旅客退票和改签由原来的票面指定的开车时间前仅能在购票地车站或票面乘车站办理，改为在票面指定的开车时间前，可到任意一个车站办理。同时，实施梯次退票方案：(1)票面乘车站开车前48小时以上的，退票时收取票价5%的退票费；(2)开车前24小时以上、不足48小时的，退票时收取票价10%的退票费；(3)开车前不足24小时的，退票时收取票价20%的退票费；(4)因旅客原因办理车票改签，且改签后车票的乘车日期在春运期间的，退票时按票面票价的20%核收退票费。

（3）旅客启程后不能退票。但如因伤病不能继续乘坐时，经站、车证实可退还已收票价与已乘区间票价差额。已乘区间不足起码里程时，按起码程计算；同行人同样办理。

（4）退还带有"行"字戳迹的车票时，应先办理行李变更手续。

（5）站台票售出不退。

（五）旅客携带品的有关规定

1. 旅客携带品由自己负责看管

每位旅客免费携带品的重和体积是：儿童(含免费儿童)10千克，外交人员35千克，其他旅客20千克。每件物品外部尺寸长、宽、高之和不超过160厘米。残疾人旅行时代步的折叠式轮椅可免费携带，并不计入上述范围。

2. 下列物品不得带入车内

（1）国家禁止或限制运输的物品。

（2）法律、法规、规章中规定的危险品、弹药和承运人不能判明性质的化工产品。

（3）动物及妨碍公共卫生（包括有恶臭等异味）的物品。

（4）能够损坏或污染车辆的物品。

（5）规格或重量超过规定的物品。

3. 为方便旅客的旅行生活，限量携带下列物品

（1）气体打火机5个，安全火柴20小盒。

（2）不超过20毫升的指甲油、去光剂、染发剂。不超过100毫升的酒精、冷烫精。不超过600毫升的摩丝、发胶、卫生杀虫剂、空气清新剂。

（3）军人、武警、公安人员等凭法规规定的持枪证明佩带的枪支和子弹。

三、公路客运常识

公路交通以其机动灵活，在旅游运输中占有重要的地位。

（一）公路的分类

1. 按行政等级划分

公路按行政等级可分为国家公路、省公路、县公路和乡公路（简称为国、省、县、乡道）和专用公路五个等级。一般把国道和省道称为干线，县道和乡道称为支线。

国道是指具有全国性政治、经济意义的主要干线公路，包括重要的国际公路、国防公路，连接首都与各省（自治区、直辖市）首府的公路，连接各大经济中心、港站枢纽、商品生产基地和战略要地的公路。

2. 按使用任务、功能和适应的交通量划分

公路按使用任务、功能和适应的交通量分为高速公路、一级公路、二级公路、三级公路、四级公路五个等级。

高速公路为专供汽车分向车道行驶并应全部控制出入的多车道公路。目前主要有四车道、六车道和八车道高速公路。根据我国2004年年底国务院通过的《国家高速公路网规划》，国家高速公路网将采用放射线与纵横网格相结合的布局，形成由中心城市向外放射以及横连东西、纵贯南北的大通道，由7条首都放射线、9条南北纵向线和18条东西横向线构成，简称为"7918网"。

（二）国道编号常识

我国国道采用数字编号，分为四种编号方式：第一类是放射状的，这些公路排序都是"1"字开头；第二类是南北向的，以"2"字开头；第三类是东西向的，以"3"字开头；第四类是"五纵七横"主干线，以"0"字开头。国道编号为三位数字，颜色为红底、白字、白边，形状为长方形。分别设在公路的起终点及该路沿途的主要交叉路口。

以北京为中心或以北京为起点的国道，用"1××"表示，这类国道共12条，编为101—112线，包括以北京为中心的环线（仅112一条）和以北京为起点的国道。

南北向的国道用"2××"表示，共有28条，编为201—228线，这类国道的总体走向为

南北向,多贯穿南北、跨数省区,为我国南北的交通干线。

东西向的国道用"3××"表示,共有30条,编为301—330线,此类国道通常为东西走向,横贯祖国大地连接数省区,是我国东西向的交通动脉。

(三) 公路客运班车常识

这里所说的"客运",是指以旅客为运输对象,以汽车为主要运输工具实施的有目的的旅客空间位移的运输活动。

客运班车是指城市之间、城镇之间、乡镇之间定期开行的客运方式。其具有固定线路、固定班次(时间)、固定客运站点和停靠站点的特点。道路班车客运按运行区域可以分为五类:

(1) 县内班车客运:指运行区域在县级行政区域内的班车客运。
(2) 县际班车客运:指运行区域在设区的市辖县与县之间的班车客运。
(3) 市际班车客运:指运行区域在本省行政区域内设区的市之间的班车客运。
(4) 省际班车客运:指运行区域在我国省与省之间的班车客运。
(5) 出入境班车客运:指国与国之间的班车客运。

四、水上客运常识

(一) 乘船旅行常识

我国水路客运按运营区域分为沿海航运和内河航运两大类;按运营形式又分为水路游览运输和水路旅客运输两种形式。

以旅客运输为主要功能的近海、内河客运,多利用天然水道和载运量大的客船,因而降低了运输成本,价格较为低廉。我国内河航运以长江、漓江和京杭大运河最为发达。沿海航运主要以大连、天津、烟台、青岛、上海、厦门、广州、海口等沿海城市和香港地区最为活跃。长江三峡地区以及香港、广州、海口之间的近距离客运已向高速化发展,如水翼船等快速客船。航行在沿海和内河的客轮大小不等,设备、设施和服务也有差别,但大都将舱室分为不同的等级。如大型客轮的舱室一般分为二等舱(2人)、三等舱(4—8人)、四等舱(8—12人)、五等舱(12—24人),还有散席(无床位)。随着水路客运向旅游方向的发展,客轮在设备方面有了较大的改进,如有些客轮的舱室已分为一等舱(1人,套间)、二等舱(2人,带卫浴、彩电)、三等甲(2—4人,带卫浴)、三等乙(4—6人,带卫浴)、四等舱(6—12人)。

以水路游览运输为主要功能的现代远洋游船和内河豪华游船在很大程度上超越了传统意义上的单一客运功能,成为集运输、食宿、游览、娱乐、购物等为一体的豪华旅游项目。游船一般定期或不定期沿一定的水上线路航行,在数个观光地停泊,以方便游客登岸参观游览。游船的种类很多,按照内部设施和装修档次、服务的不同,我国内河游船采取不同的星级予以区别;按照航行水域的不同又可分为远洋游船、近洋游船、沿海游船和内河游船。

远洋、近洋、沿海游船一般吨位较大、性能优越、内部设施豪华、造价昂贵。如目前亚洲最大的游轮处女星号(丽星游轮公司),造价3.5亿美元,拥有各类客房1 000间,载客量2 019名。拥有的服务设施包括歌剧院、电影院、卡拉OK、酒廊、图书馆、棋牌室、夜总会、游戏室、健身中心、美容美发室、露天泳池、日光浴场、网球场、会议室、购物廊、商务中心等,仅在饮食方面便有十几种风格的餐厅。

内河游船在内陆天然河道或运河及湖泊中航行,一般吃水浅,吨位小。游客既可以观赏沿途风光,也可以在停泊地登岸游览。我国长江、漓江、太湖、西湖等开设有水上旅游专线。其中,长江三峡以其雄、奇、秀的自然风光,吸引着成千上万的中外宾客慕名而去,而观赏这奇特风光的最好工具目前只有豪华旅游船。长江豪华旅游船自长江海外旅游总公司1977年"昆仑号"开创三峡旅游之先河算起,发展到现在已有60多艘。

(二)船票

普通客轮的船票分成人票、儿童票和优待票(学生票、残疾军人票),且分为一等、二等、三等、四等、五等几个级别,船票票面注明有"船名""日期""开航时间"和"码头编号"。旅客购买了船票后,因故改变行程或行期,需要退票时,应在开船时间前2小时;团体票应在规定开船前24小时办理退票,超过规定时限不能退票。

我国长江星级游船的船票现多采取预订,船票有淡季和旺季、上水和下水、标准房间和总统套间等区别。船票费用包括船上餐费和长江沿岸游览费,不包括在行船期间的酒吧饮料、洗衣、理发、邮电、医疗、按摩、购物等其他私人消费。行业内多称为一票制。

(三)行李

乘坐沿海和长江客船,每一成人随身携带物品不得超过30千克,儿童不超过15千克;每件物品体积不得超过0.2立方米,长度不超过1.5米,重量不超过30千克。其每件行李、包裹的重量不能大于50千克,长度不能超过2.5米,体积不能超过0.5立方米。托运的行李中不得夹带违禁物品,以及有价证券、贵重物品等。

第三节 货币知识

一、外汇

(一)外汇概念

外汇,是指以外币表示的用于国际结算的一种支付手段,我国外汇管理条例规定的外汇有外国货币(钞票、铸币等)、外币有价证券(政府债券、公司债券、公司股票等)、外币支付凭证(票据、银行存款凭证、邮政储蓄凭证等)、特别提款权以及其他外汇资产。我国外汇管理的方针是国家统一管理、集中经营。在我国境内,禁止外汇流通、使用、质押,禁止私自买卖外汇,禁止以任何形式进行套汇、炒汇和逃汇。

(二)在我国境内可兑换的外币

世界各国或地区发行的货币有150多种,在我国大陆能收兑的外币有如下29种:欧元(EURO)、美元(USD)、英镑(GBP)、法国法郎(FRF)、德国马克(DEM)、日本元(JPY)、澳大利亚元(AUD)、奥地利先令(ATS)、比利时法郎(BEF)、加拿大元(CAD)、意大利里拉

(ITL)、瑞士法郎(CHF)、丹麦克朗(DKK)、荷兰盾(NLG)、挪威克朗(NOK)、瑞典克朗(SEK)、芬兰马克(FIM)、新加坡元(SGD)、马来西亚林吉特(MYR)、港币(HKD)、澳门币(MOP)、泰国铢(THB)、菲律宾比索(PHP)、南非南特(ZAR)、埃及镑(EGP)、土耳其里拉(TRL)、卡塔尔里亚尔(QAR)、俄罗斯卢布(SUR)。台湾地区发行的新台币,可按内部牌价收兑。

(三) 外汇兑换

我国境内居民通过旅行社组团出境旅游,都有资格在银行兑换外汇。原来采取的方式是由旅行社集体办理兑换外汇手续,2002年9月国家外汇管理局在全国范围内正式启动了境内居民个人购汇管理信息系统,将出境游个人零用费由旅行社代购,调整为由游客自行购买。游客可在出境前,持因私护照和有效签证、身份证或户口簿即可到开办居民个人售汇业务的银行办理个人零用费的购汇手续,也可以委托他人代为办理。如由他人代办,除需提供原规定证明材料外,还应当提供代办人的身份证或户口簿。凭身份证,境内居民每人每日累计可兑换不超过5 000美元;同时,境外个人每人每日可将累计不超过等值500美元(境内关外网点限额为1 000美元)的人民币兑出外币现钞。

外国游客来华携入的外币和票据金额没有限制,但入境时必须如实申报。根据我国现行的外汇管理法令规定,在中华人民共和国境内,禁止外币流通,并不得以外币计价结算。为了方便来华旅游的外宾和港澳台同胞用款,中国银行及其他外汇指定银行除受理外币旅行支票、外国信用卡兑换人民币的业务外,还受理外币现钞和台湾新台币的兑换业务。另外,为了尽量对持兑人给予方便,除了银行以外,一些机场、饭店或商店也可办理外币兑换人民币的业务。兑换时要填写"外汇兑换水单"(俗称水单,有效期为半年),导游员应提醒游客妥善保存该单。兑换后未用完的人民币在离境前可凭本人护照和六个月内有效期的外汇水单兑换成外币(其兑换金额不得超过水单上注明的金额),携带出境。不同情况兑换时使用不同的牌价即货币兑换率,由中国银行决定,全国统一。兑换旅行支票、信用卡、汇款使用买入汇价;兑出外汇,包括兑出外币现钞,使用卖出汇价;兑入外币现钞,使用现钞买入价。

二、信用卡

(一) 信用卡概念

信用卡是消费信用的一种形式,是由银行或其他专门机构向客户提供小额消费信贷的一种信用凭证。持卡人可依据发卡机构给予的消费信贷额度,凭卡在特约商户直接消费或在指定的银行存取款或转账,然后及时向其发卡机构偿还消费信贷本息。信用卡一般采取特殊塑料制作,上面凸印有持卡人的卡号、账号、姓名及卡片有效期等,背面有持卡人的预留签字、防伪磁条和银行简单声明。

(二) 信用卡种类

信用卡的种类很多,按发卡机构的性质分为信用卡(银行或金融机构发行)和旅游卡(由旅游公司、商业部门等发行);按持卡人的资信程度分为普通卡和金卡(白金卡);按清偿方式的不同分为贷记卡和借记卡;按流通范围不同分为国际卡(如外汇长城万事达卡、维萨卡)和地区卡(如牡丹卡、人民币长城万事达卡)。为避免经营风险,发卡机构往往对其发行的信用卡规定1—3年的使用期限,以及每次取现和消费的最高限额。

贷记卡是指持卡人无须事先在发卡机构存款就可享有一定信贷额度的使用权,即"先消费,后还款"。境外发行的信用卡一般属于贷记卡。借记卡是持卡人必须在发卡机构存有一定的款项,用卡时需以存款余额为依据,一般不允许透支,即"先存款,后消费"。

(三) 我国目前受理的外国信用卡

(1) 万事达卡(Master Card)。主要由美国的加利福尼亚银行、克罗克国家银行、香港的汇丰银行、东亚银行等发行,总部设在美国的纽约。

(2) 维萨卡(Visa Card)。世界上有13 000多家银行发行这种信用卡,总部设在美国的旧金山。

(3) 运通卡(American Express Card)。由美国运通公司及其世界各地的分公司发行,分为金卡和绿卡两种。

(4) JCB卡。1981年由日本最大的信用卡公司JCB发行,每年发行额达几十亿美元。

(5) 大莱卡(Diners Card)。该卡是世界上最早发行的信用卡,由大莱卡国际有限公司统一管理,世界各地均有其分公司办理发行。

(6) 发达卡(Federal Card)。由香港南洋商业银行发行。

(7) 百万卡(Million Card)。由日本东海银行发行。

第四节 其他知识

一、国际时差

英国格林威治天文台每天所报的时间,被称为国际标准时间,即"格林威治时间"。

人们在日常生活中所用的时间,是以太阳通过天体子午线的时刻——"中午"作为标准来划分的。每个地点根据太阳和子午线的相对位置确定的本地时间,称为"地方时"。

地球每24小时自转一周(360°),每小时自转15°。自1884年起,国际上将全球划分为24个时区,每个时区的范围为15个经度,即经度相隔15°,时间差1小时。以经过格林威治天文台的0度经线为标准线,从西经7.5°到东经7.5°为中区(称为0时区)。然后从中区的边界线分别向东、西每隔15°各划一个时区,东、西各有12个时区,而东、西12区都是半时区,合称为12区。各时区都以该区的中央经线的"地方时"为该区共同的标准时间。

我国是以位于东八区的北京时间作为全国标准时间。表15-2列出了世界主要城市与北京的时差。

表15-2　北京与世界主要城市时差表　　　　　　　　　　　　　　单位:小时

城市名称	时差数	城市名称	时差数
香港、马尼拉	0	赫尔辛基、布加勒斯特、开罗、开普敦、索菲亚	-6
首尔、东京	+1		
悉尼、堪培拉	+3	斯德哥尔摩、柏林、巴黎、日内瓦、华沙、布达佩斯、罗马、维也纳、雅温得	-7
惠灵顿	+4		
新加坡、雅加达	-0.5		
河内、金边、曼谷	-1	伦敦、阿尔及尔、达喀尔	-8
仰光	-1.5	纽约、华盛顿、渥太华、哈瓦那、巴拿马城	-13
达卡	-2		
新德里、科伦坡、孟买	-2.5	里约热内卢	-11
卡拉奇	-3	芝加哥、墨西哥城	-14
迪拜	-4	洛杉矶、温哥华	-16
德黑兰	-4.5	安克雷奇	-17
莫斯科、巴格达、内罗毕	-5	夏威夷(檀香山)	-18

注:北京零点时与世界主要城市相比。"+"表示比北京时间早,"-"表示比北京时间晚。各地时间均为标准时间。

二、摄氏、华氏换算

世界上温度的测量标准有两种:摄氏(℃)、华氏(℉)。我国采用摄氏测量温度。导游员应掌握摄氏与华氏之间的换算公式:

(一) 摄氏(℃) = 5/9 × (℉ - 32)

例如,将华氏90度换算成摄氏度数:

$$5/9 \times (90 - 32) = 5/9 \times 58 = 32.2$$

即华氏90度等于摄氏32.2度。

(二) 华氏(℉) = ℃ × 9/5 + 32

例如,将摄氏30度换算成华氏度数:

$$30 \times 9/5 + 32 = 54 + 32 = 86$$

即摄氏30度等于华氏86度。

三、度量衡换算

(一) 长度

1千米(公里) = 1 km = 2市里 = 0.6214英里

1米 = 1 m = 1公尺 = 3市尺 = 3.2808英尺 = 1.0936码

1海里(n mile) = 3.7040市里 = 1.15英里

1市里 = 0.5千米 = 0.3107英里

1英里(mi.) = 1 760码 = 5 280英尺 = 1.6093千米 = 3.2187市里

1市尺 = 0.3333米 = 1.0936英尺 = 10市寸

1 英尺 = 0.3048 米 = 0.9144 市尺 = 12 英寸

1 码(yd.) = 3 英尺 = 0.9144 米 = 2.7432 市尺

(二) 面积

1 平方千米(平方公里) = 1 000 000 平方米 = 0.3681 平方英里 = 100 公顷 = 4 平方市里

1 平方英里 = 640 英亩 = 2.5900 平方千米 = 10.3600 平方市里

1 公顷(ha) = 10 000 平方米 = 100 公亩 = 15 市亩 = 2.4711 英亩

(三) 容积

1 升(L) = 1 公升 = 1 立升 = 1 市升 = 1.7598 品脱(英) = 0.2200 加仑(英)

1 加仑(英) = 4 夸脱 = 4.5461 升 = 4.5461 市升

1 市斗 = 10 市升 = 10 升

(四) 重量

1 吨(t) = 1 公吨 = 1 000 千克 = 0.9842 英吨 = 1.1023 美吨

1 千克(kg) = 2 市斤 = 2.2046 磅(常衡)

1 磅(lb) = 16 盎司 = 0.4536 千克 = 0.9072 市升

1 盎司(oz) = 16 打兰 = 28.3495 克 = 0.5670 市两

1 克拉(宝石) = 0.2 克

❓ 思考题

1. 外国游客出入我国旅游应持有的有效证件有哪些？
2. OK 票和 OPEN 票分别指的是什么机票？
3. 我国目前受理的主要外国信用卡有哪几种？
4. 我国北京标准时间是如何确定出来的？

参考文献

[1] 熊剑平,袁俊.导游业务.武汉:武汉大学出版社,2004.
[2] 熊剑平,董继武.导游业务.武汉:华中师范大学出版社,2006.
[3] 熊剑平,李志飞,张贞冰.导游学:理论·方法·实践.北京:科学出版社,2007.
[4] 熊剑平,刘承良,章晴.成功导游素质与修炼.北京.科学出版社,2008.
[5] 袁俊,夏绍兵.导游业务.武汉:武汉大学出版社,2008.
[6] 湖北省旅游局人事教育处.导游业务.武汉:华中师范大学出版社,2006.
[7] 国家旅游局人事劳动教育司.导游业务.北京:旅游教育出版社,2005.
[8] 陈乾康.导游实务.北京:中国人民大学出版社,2006.
[9] 问建军.导游业务.北京:科学出版社,2005.
[10] 杜炜,张建梅.导游业务.北京:高等教育出版社,2002.
[11] 刘峰.现代导游职业技能自我提升实用指南.北京:中国旅游出版社,2008.
[12] 胡静.实用礼仪教程.武汉:武汉大学出版社.2003.
[13] 佟瑞鹏.旅游景区事故应急工作手册.中国劳动出版社2008.
[14] 郭书兰.导游原理与实务.大连:东北财经大学出版社,2002.
[15] 侯志强.导游服务实训教程.福建:人民出版社,2003.
[16] 赵湘军.导游学原理与实践.湖南:人民出版社,2003.
[17] 陶汉军,黄松山.导游服务学概论.北京:中国旅游出版社,2003.
[18] 王连义.海外旅游领队20谈.北京:旅游教育出版社,1990.
[19] 王连义.怎样做好导游工作.北京:中国旅游出版社,1997.
[20] 王连义.导游技巧与艺术.北京:旅游教育出版社,2002.
[21] 王连义.幽默导游辞.北京:中国旅游出版社,2002.
[22] 蒋炳辉.导游带团艺术.北京:中国旅游出版社,2001.
[23] 蒋炳辉.导游员带团200个怎么办.北京:中国旅游出版社,2002.
[24] 韩荔华.导游语言概论.北京:旅游教育出版社,2000.
[25] 韩荔华.实用导游语言技巧.北京:旅游教育出版社,2002.
[26] 〔加〕帕特里克·克伦.导游的成功秘诀.北京:旅游教育出版社,1989.
[27] 导游服务质量.中华人民共和国国家标准(GB/T15971-1995).
[28] 导游员管理实施办法.中华人民共和国国家旅游局[2005]第15号令.
[29] 导游员管理条例.中华人民共和国国务院[1999]第263号令.
[30] 旅行社条例.中华人民共和国国务院[2009]第550号令.

教辅申请说明

北京大学出版社本着"教材优先、学术为本"的出版宗旨，竭诚为广大高等院校师生服务。为更有针对性地提供服务，请您按照以下步骤通过**微信**提交教辅申请，我们会在 1~2 个工作日内将配套教辅资料发送到您的邮箱。

◎扫描下方二维码，或直接微信搜索公众号"北京大学经管书苑"，进行关注；

◎点击菜单栏"在线申请"—"教辅申请"，出现如右下界面：

◎将表格上的信息填写准确、完整后，点击提交；

◎信息核对无误后，教辅资源会及时发送给您；如果填写有问题，工作人员会同您联系。

温馨提示：如果您不使用微信，则可以通过以下联系方式（任选其一），将您的姓名、院校、邮箱及教材使用信息反馈给我们，工作人员会同您进一步联系。

联系方式：

北京大学出版社经济与管理图书事业部
通信地址：北京市海淀区成府路 205 号，100871
电子邮箱：em@pup.cn
电　　话：010-62767312 /62757146
微　　信：北京大学经管书苑（pupembook）
网　　址：www.pup.cn